KB160952

가상자산사업자의 실제소유자 확인제도

▣ 차정현

서울대학교 법학과 졸업
서울대학교 법과대학 석사
서울대학교 법과대학 박사

제46회 사법시험 합격
사법연수원 36기
금융위원회 금융정보분석원 기획행정실 행정사무관
금융위원회 금융정보분석원 심사분석과 행정사무관
특별감찰관실 감찰담당관
특별감찰관실 특별감찰과장
특별감찰관 직무대행
고위공직자범죄수사처 검사 (現)

금융위원회 금융정보분석원 제재심의위원
금융위원회 금융정보분석원 정책자문위원

CAMS(자금세탁방지전문가), CGSS(국제제재전문가), CAMS-RM(자금세탁방지 위험평가전문가) MEA(자금세탁 상호평가자), CFE, CDCS, FRM 등

가상자산사업자의 실제소유자 확인제도

초판 1쇄 인쇄 | 2022년 10월 27일
초판 1쇄 발행 | 2022년 11월 10일

지 은 이 차정현

발 행 인 한정희
발 행 처 경인문화사
편 집 유지혜 김지선 한주연 이다빈 김윤진
마 케 팅 전병관 하재일 유인순
출판번호 제406-1973-000003호
주 소 경기도 파주시 회동길 445-1 경인빌딩 B동 4층
전 화 031-955-9300 팩 스 031-955-9310
홈페이지 www.kyunginp.co.kr
이 메 일 kyungin@kyunginp.co.kr

ISBN 978-89-499-6665-6 93360
값 24,000원

가상자산사업자의 실제소유자 확인제도

차 정 현 지음

경인문화사

서 문

출간계기

본 법학연구총서 서적은 제가 2010. 8. 서울대학교 석사학위 논문인 "자금세탁방지법제의 고찰과 그 개선안에 대한 연구"와 2022. 2. 서울대학교 박사학위 논문인 "자금세탁방지법제에서의 법인·단체 실제소유자 확인제도에 대한 연구" 중에서 특히 최근 가상자산사업자가 특정금융정보법상 수범대상으로 진입하면서 중요도가 증가하고 있는 자금세탁방지법제에서의 실제소유자 부분과 가상자산사업자의 실제소유자의 확인 및 검증 부분 등을 추가로 정리하여 발간한 책자입니다.

무엇보다 이번 서적을 발간하면서 부족한 저의 학위논문을 서울대학교 법학연구총서 우수학술도서로 선정하여 출간할 기회를 주신 서울대 법학연구소 편집위원님들 및 연구소 관계자 여러분들께 감사드립니다.

제가 처음 자금세탁방지제도에 대해 공부를 하고 접하게 된 것이 저의 첫 직장이기도 한 금융위원회 금융정보분석원에 입사를 한 2010년 4월이었습니다. 그 당시에는 우리나라가 자금세탁방지 국제기구인 FATF에 정회원으로 가입한지 얼마되지 않은 시점이기도 했고, 자금세탁방지법제도도 의심거래보고, 고액현금거래보고, 고객확인제도가 마련되어 시행을 시작하고 있는 시점이기도 했습니다.

물론 당시에는 현재 활발하게 운영되고 있는 금융실명법상 불법차명거래금지의무나 특정금융정보법상 실제소유자 확인의무는 당연히 도입되기 이전이었고, 이미 마련된 자금세탁방지 제도조차도 그 개념이 생소하기도 하였으며, 또한 기본적으로 자금세탁방지제도는 금융회사에게 당장은 평판위험의 감수만 된다면 별도로 수익을 창출하는 영역이 아니라서 금융회사의 활동을 규제하는 영역이라는 인식이 강하였기 때문에 제도의 태생적 이해상충 요소로 작용하여 외국에서 그 비중이 나날이 증가되는 것과는 다르게 당시 금융회사 등에서도 그 중요도가 강조되기 어려운 실정이기도 했습니다.

이후 자금세탁방지제도는 눈부신 변화를 거듭하고 있습니다. 당장 제도자체가 국내외적으로 강화되어 운영되고 있는 추세이고 기존 금융회사 이외에도 전자금융업자, 대부업자, 온라인연계투자업자, 특히 최근 이슈가 되고 있는 가상자산사업자 등 자금세탁방지법의 수범대상자 확대로 인해 점점 그 영역을 넓혀가고 있습니다. 또한 단순히 체크리스트를 마련해서 제도이행여부를 형식적으로 점검하던, 일부 대형금융회사들만 열심히 준수하는 규정준수의 시대에서 이제는 어떤 형태이든 크던 작던 모든 금융회사에서도 자금세탁방지의 문제에 대한 전사적 위험평가 대응의 시대로 바뀌며 그 중요성이 증가하게 되었습니다.

이에 모든 금융회사 등은 자체적으로 독립적인 자금세탁방지부서를 두고, 기존의 보고체계를 업그레이드하여 금융회사마다 위험평가 시스템 및 보고시스템을 구비하고 전사적인 자금세탁방지체계를 구축하는 등 자금세탁방지는 이제 금융의 핵심영역으로 자리잡게 되었습니다.

내용의 구성

본 서적은 자금세탁방지법상 실제소유자 확인제도에 관한 최근 개정된 특정금융정보법령과 자금세탁방지 업무규정을 중심으로 주요 관련 규정인 특정 금융거래정보 보고 및 감독규정, 특정 금융거래정보 보고 등에 관한 검사 및 제재규정, 가상자산 자금세탁방지 가이드라인 등 주요한 제도를 빠짐없이 설명하였습니다. 무엇보다 본 서적은 제도의 소개가 아니라 실제 제도가 어떻게 운영되는지와 문제점 및 개선안을 같이 살펴보는 부분을 중심으로 기술하였기 때문에 기존의 법학서적과는 형태가 많이 다릅니다.

학설, 판례의 서술, 학술적인 담론 부분은 되도록 지양하고 현재 자금세탁방지법상 실제소유자 확인제도의 주요내용에 대한 내용과 이에 대한 저와 실무전문가 분들의 해석을 살펴보았습니다. 또한 현재 실효적으로 업권에 작용하고 있는 금융위원회 보도 및 업무지침, 가이드라인, 협조 공문을 중심으로 제도에 대해 세부설명을 하였으며, 최신 유권해석과 금융감독원의 검사·감독사례 및 비조치의견서 및 관련실무사례를 배치하였습니다. 이에 본 서적은 이론서로서의 기능도 하면서 최대한 상아탑적 논의에 그치지 않게 하기위해 자금세탁방지 등 금융업무 현장의 목소리를 담고 이에 대한 개선 방안 등을 담으려고 노력했습니다.

뿐만 아니라 제가 고민하거나 혹은 여러 전문가, 실무가분들께 문의나 의뢰받은 여러 사례를 각 해석에 적용하여 이를 서술하면서 되도록 실제상황에 응용할 수 있는 서적이 될 수 있도록 노력하였습니다. 실무상 여러 경우의 수를 맞이하는 실제소유자 확인사례와 관련하여 나올 수 있는 모든 케이스 등을 소개하고 해설하였고, 법인·단체의 실제소유자 단계적 확인 부분은 실무에서 즉시 활용할 수 있도록 실제 경우의 수를 각종의 사례로 만들어 같이 풀어보는 방식으로 작성하였습니다. 해당 부분을 자세히 서술하기 위해 제가 가진 역량에 비해 많은 관심과 사랑을 주신 2021년 출간된 "자금세탁방지법 강의" 부분도 함께 기술하여 최대한 완성도를 높이려 노력하였습니다.

특히 본 서적은 외국의 논의 과정도 적시하여 입체적인 시각에서 살펴볼 수 있도록 하였고, 앞부분의 불법차명거래 금지 부분의 경우에는 각 형사법·금융관련법 및 기타 개별법으로 차명거래를 어떻게 단속할 수 있는지, 명의 대여자와 명의차용자는 각 금융거래에서 어떻게 처벌로 의율할 수 있는지를 여러 개의 사례를 만들어 이를 보기 좋게 표로 현출함으로써 불법차명거래금지와 이를 적발하기 위한 실제소유자 확인제도 전반을 이해할 수 있도록 하였습니다.

감사의 말

논문이나 책을 쓴다는 것은 그동안의 시간을 주위의 소중한 분들과 함께하지 못했다는 것이고, 그에 대한 미안함과 그리움은 마음속에 누적되어 남아 있습니다. 앞으로 사랑하는 그리고 소중한 분들과 더 아름다운 장면, 귀중한 시간을 공유할 수 있도록 노력하겠습니다.

저의 첫 직장이자 항상 아껴주시고 걱정해주시는 금융위원회와 금융정보분석원 선배, 후배, 동료분들, 저의 좁은 식견과 부족한 법적인 지식을 다채로운 금융지식과 매일 금융거래 현장에서 발생하는 실무적인 내용으로 다듬어 주신 자금세탁방지 전문가 선배·동료분들, 금융감독원, 외교부, 법무부, 경찰청 등 정부기관과 금융연수원, 보험연수원, 금융투자교육원, 여신금융협회, 저축은행중앙회, 성균관대학교 자금세탁방지 과정 등 온·오프라인 교육관계자 및 바쁜 업무일정 가운데 강의를 수강해 주신 금융인·수강생 여러분들, 자금세탁방지의 이슈뿐만이 아니라 제가 여러 일이 있을 때마다 걱정해주시고 고민해주신 금융권 실무전문가 분들, 선배·동료·후배분들께 감사의 마음을 전합니다.

이번 책의 근간이 되는 박사학위 논문에 있어 저를 이끌어 주신 분은 2008년부터 14년째 사제의 연을 맺고 있는 제 지도교수님이신 서울대학교 법과대학 이상원 교수님입니다. 교수님의 애정과 지도 덕분에 24년간 다닌 학교를 결국 박사 마지막 학기인 12년차 2022년 2월에 졸업을 할 수 있게 되었습니다. 교수님께서 항상 "차수석이 박사논문을 쓰면 학교를 떠나게 될 것이니, 얼굴을 자주 못 보게될까 걱정된다"고 하셨지만 제가 향후에도 실증적으로 그러지 아니함을 입증해 드리기 위해 매일 노력하겠습니다.

특히 박사논문 심사과정에서 한인섭 논문 심사위원장님, 그리고 논문 심사 교수님들께서 부족한 초고를 여러 번 성심성의껏 고쳐주시고 지도해주신 덕분에 부족했던 글에 생기를 넣어주셨다고 생각하고 있습니다.

역량이 부족한 아들이지만 항상 저의 마음에 무한의 자긍심을 매일 전개하여 주시고 국가에 봉사하는 삶을 제일의 목표로 북돋아 주시는 아버님, 항상 어떠한 상황에서도 바르고 강인한 마음을 가질 수 있도록 방향을 설정해 주시면서 동시에 자애롭게 보다듬어 주시는 어머님께 너무 감사드립니다.

무엇보다 조직 해체 이후 월급이나 전기비도 수개월간 나오지 않는 어려운 시기에도 저를 믿어주시며 함께 근무한 특별감찰관실 동료분들께 감사드립니다. 또한 저는 아직 제도도입단계에 있는 고위공직자범죄수사처에서 일하고 있습니다. 그 지위가 높은 사람이라 하여 그 편에 들지 않고, 나무가 굽었다하여 같이 휘지 않는 "법불아귀(法不阿貴) 승불요곡(繩不撓曲)"의 마음가짐으로 항상 진심을 다해 일하겠습니다.

자금세탁방지제도는 변화하고 새로운 해석이 계속 나올 것입니다. 향후 제도변화의 시간과 공간 속에서 아무쪼록 본 서적이 독자님들의 업무와 연구에 도움이 되었으면 하는 마음뿐입니다.

감사합니다.

2022년 어느 해보다도 더운 여름
과천에서
차 정 현 올림

목차

서문

제1장 서론 ······ 1
제1절 연구의 배경 ······ 3
제2절 연구의 목적 ······ 7

제2장 고객확인제도와 차명거래금지제도 ······ 13
제1절 고객확인제도의 의의 ······ 15
Ⅰ. 자금세탁방지 법제도 ······ 15
Ⅱ. 자금세탁방지법상 고객확인제도 ······ 27
제2절 실제소유자 확인제도 주요내용 ······ 37
Ⅰ. 의의 및 필요성 ······ 37
Ⅱ. 실제소유자 확인 ······ 43
제3절 차명거래금지제도의 도입과 법률관계 ······ 54
Ⅰ. 차명거래금지제도 ······ 54
Ⅱ. 차명거래금지 관련 법률 ······ 56
Ⅲ. 차명거래의 실제소유자 결정 논의 ······ 58
Ⅳ. 차명거래금지제도 도입 이후의 규제 ······ 63
Ⅴ. 불법차명거래의 형사법적 규제 ······ 71

제3장 가상자산사업자의 실제소유자 확인제도의 문제점 및 개선방안 ·· 91
제1절 가상자산사업자 실제소유자 확인 미비 ········· 93
Ⅰ. 의의 ········· 93
Ⅱ. 개정법의 도입 ········· 94
Ⅲ. 신고서상 실제소유자 확인 ········· 96
Ⅳ. 신고과정에서의 실제소유자 확인면탈 및 개선방안 ········· 99
Ⅴ. 별도 회피법인의 설립을 통한 탈법행위 문제와 개선방안 ········· 131
제2절 계층적 실제소유자 임의적 확인으로 인한 문제 ········· 150
Ⅰ. 의의 ········· 150
Ⅱ. 문제점: 임의적인 확인으로 인해 형식적 실제소유자 확인 ········· 153
Ⅲ. 개선방안 ········· 176
제3절 실제소유자 확인 면제대상의 문제 ········· 194
Ⅰ. 의의 ········· 194
Ⅱ. 실제소유자 확인면제 대상법인 ········· 194
Ⅲ. 문제점: 금융회사 등의 확장해석 ········· 198
Ⅳ. 개선방안 ········· 202
제4절 형식적인 실제소유자 신고주의 ········· 218
Ⅰ. 신고주의의 의의 ········· 218
Ⅱ. 문제점: 무양식과 고객신고주의 ········· 219
Ⅲ. 개선방안: 직권심사의무 도입과 법령의 적극적 해석 ········· 224
제5절 요주의 인물 확인제도의 형해화 ········· 263
Ⅰ. 요주의 인물 확인제도의 의의 ········· 263
Ⅱ. 요주의 인물 확인제도 문제점 ········· 276
Ⅲ. 개선방안 ········· 283
제4장 결론 ········· 299

참고문헌 ········· 307
찾아보기 ········· 315

제1장
서론

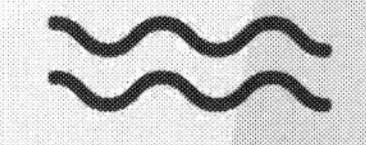

제1절 연구의 배경

차명금융거래란 자기의 금융자산을 타인명의로 거래하는 것을 말한다. 차명금융거래가 범죄로 이어지는 것을 차단하기 위해서는 차명금융거래 자체를 규제할 필요가 있다.[1] 다만 현재 차명거래금지제도가 정립되기 이전에는 차명금융거래를 하더라도 명의대여자는 "금융실명거래 및 비밀보장에 관한 법률"("금융실명법"이라고 한다)[2]에 의한 규제조치를 제외하고는 별도의 형사적 제재는 받지 아니하였다.

구 금융실명법에서는 실지명의 원칙은 이미 규정은 하고 있었다. 즉 금융회사는 개인이든 법인이든 그 실명에 의해 금융거래를 하여야 한다는 일반원칙은 규정하고 있었다. 실명확인은 소위 실지명의에 의해 이루어지게 되는데 실지명의는 개인의 경우에는 성명과 주민등록번호의 확인뿐만 아니라 실명확인증표에 첨부된 사진 등에 의하여 반드시 거래자 본인여부를 확인토록 하며, 제시된 실명확인증표의 사진에 의하여 본인여부의 식별이 곤란한 경우에는 다른 실명확인증표를 보완적으로 사용하도록 운용되고 있다.[3]

법인이나 단체의 경우도 실지명의 확인의 예외는 아니다. 금융거래의 상대방인 법인이나 단체 고객의 실지명의라고 하면 사업자등록증상의 명의, 그 밖에 대통령령으로 정하는 명의를 말한다(금융실명법 제2조 제4호).[4] 이에 실무적으로는 개인에 대해서는 성명, 개인사업자는 개인

1) 차정현, "지하경제 양성화를 위한 미국 FIU의 정보활용 실태조사 연구", 인사혁신처 국외부처간공동용역보고서 (2013. 12.), 14면.

2) 금융실명거래및비밀보장에관한법률 제정이유서 (1997. 12. 31.) 참조. 금융실명제는 1993년 8월 12일 대통령긴급재정경제명령 제정을 통하여 시행된 후, 법률로 대체입법되었다. 금융실명법 제정목적은 실지명의(實地名義)에 의한 금융거래를 실시하고 그 비밀을 보장하여 금융거래의 정상화를 꾀함으로써 경제정의를 실현하고 국민경제의 건전한 발전을 도모함을 목적으로 한다.

3) 금융투자협회, 금융투자회사의 컴플라이언스 매뉴얼 (2020), 184면.

성명(사업자명), 법인에 대해서는 법인명, 임의단체인 경우 단체명을 실지명의로 각각 기재한다. 외국인(개인)의 경우 성, 이름(Last Name, First Name)순으로 기재하며 외국기업의 경우에는 사업자등록증상 기재된 한글명칭을 기재하는 것이 원칙이다.

반면 금융실명법상 실지명의 확인 이외에 "특정 금융거래정보의 보고 및 이용 등에 관한 법률"(이하 "특정금융정보법"이라고 한다)에서는 고객확인제도가 규정되어 있다. 금융실명법상 실지명의 확인도 당사자의 이름과 고유식별번호, 그리고 당사자인지 여부를 사진 등을 통해 검토하므로 광의의 고객확인의 과정으로 볼 수는 있지만, 특정금융정보법상의 고객확인제도와는 별개의 제도이다. 금융실명법상 실지명의 확인과 특정금융정보법상 고객확인제도는 이렇듯 법도 다르고 제도도 별개로 규정되어 있지만 기본적으로 금융거래의 투명성을 제고하기 위한 제도라는 점에서는 일맥상통하는 상호보완적인 제도라고 할 수 있다.

금융실명법에서는 원칙적으로 모든 금융거래는 실지명의에 의하여야 한다고 규정을 하였다. 하지만 금융실명법상 실지명의 확인의 원칙이 있다고 하여도, 또한 특정금융정보법상 고객확인의 원칙을 도입하여 운용하였지만 이를 통해서는 차명거래금지를 원천적으로는 막을 수는 없었다. 근본적으로 차명주체와 다른 실제소유자가 있다고 한다면 합의차명 등의 경우에는 눈앞에 보이는 고객은 차명주체이기는 하나 실지명의는 동일할 것이므로 금융회사 등의 입장에서는 불법차명거래로 판단하기 어려운 경우가 많았기 때문이고, 법인이나 단체의 경우에는 그 지분구조를 알 방법이 쉽지가 않아 실질적으로 차명거래를 단속하는데 불가능한 구조적 한계가 존재하였기 때문이다.

불법차명거래에 대한 방지방안은 시간을 두어 논의가 지속되다가 결국 2014년 차명거래금지제도가 도입되어 그 전환점을 맞이하게 된다. 큰 틀에서는 금융실명법과 특정금융정보법의 동시개정이 이루어지게 되었

---

4) 금융실명법 시행령 제3조.

는데 우선 과거에는 금융실명법상 금융거래는 실명으로 하여야 한다는 일반적인 원칙에서 더 나아가 원칙적으로 불법목적의 차명거래 및 관련 알선행위를 금지하여 불법재산의 은닉, 자금세탁행위, 공중협박자금조달행위와 함께 강제집행의 면탈, 그 밖의 탈법행위를 목적으로 타인의 실명으로 금융거래를 하는 행위를 금지하는 원칙적 금지조항이 신설되었다.

뿐만 아니라 과거에는 실명거래를 위반하는 경우 일부 과태료만 금융회사 등에 부과하던 것에서 벌칙 조항을 신설하여 불법 차명거래자, 불법 차명거래를 알선·중개한 금융회사 등의 종사자는 5년 이하의 징역이나 5천만 원 이하의 벌금을 과할 수 있도록 하였다. 무엇보다 차명금융거래 계좌의 소유권을 문제삼는 것이 차명금융거래를 방지하는 주된 대책이라는 생각에 차명계좌의 경우에는 그 계좌의 소유권이 출연자나 실제소유자에 있는 것이 아니고 차명계좌주에 있는 것으로 추정하도록 하는 소유권 추정조항을 도입하였다. 또한 금융회사 등이 차명금융거래의 핵심역할을 수행하거나 방조해주는 것을 방지하기 위해 금융회사 등의 임직원은 금융거래시마다 차명금융거래금지 서약서 등을 징구하여 수리하고 고객에게 금융실명법상 차명거래금지 주요의무를 설명하도록 하였다.

이에 발맞추어 특정금융정보법도 대대적인 개정작업을 거쳤다. 특정금융정보법에서는 금융실명법에서 차명금융거래 금지제도 도입이 되는 것과 맞추어 금융거래가 차명금융거래 여부인지를 알아야 하는 것이 핵심이므로 고객의 실제소유자 여부 확인을 기본확인의무 사항으로 도입하게 되었다. 종전에는 실제소유자 확인의무는 강화된 추가확인사항의 요소 중 하나로만 규정되어 있어 임의적이었는데 이를 개인이나 법인 또는 단체 고객 구분할 것 없이 모든 고객에 있어서 실제소유자의 확인을 기본확인사항으로 규정하게 되었다.

또한 실제소유자를 단순히 확인하는데 그치는 것이 아니고 관련 확인서를 징구하고 이에 대해 신뢰할 수 있고 독립적인 자료원으로 검증하도록 의무적으로 실제소유자 확인의무제도를 도입하기에 이른다. 뿐만 아니라 이러한 실제소유자 확인의무규정에 강행성을 두기 위해 단순히 고객을 확인해서 확인절차가 끝나는 것이 아니고 고객확인시 실제소유자에 관한 사항을 기본적으로 확인하는데, 그 과정에서 만약 고객의 실제소유자 여부가 의심스러운 경우가 발생하는 경우에는 거래를 거절하거나 기존 거래관계를 종료하도록 규정하였으며 추가적으로 더 나아가 이러한 경우에는 불법차명거래에 해당할 여지가 높으므로 특정금융정보법상 의심거래 보고의무도 부과할 수 있도록 하였다.

제2절 연구의 목적

차명거래금지제도 도입 초기에는 금융거래당사자들이 제출하여야 하는 서류나 확인서가 많아지고 계좌 개설에 시간이 더 소요되기 때문에 고객의 항의가 다수 제기되었다. 무엇보다도 특정금융정보법을 지켜야 하기 때문에 실제소유자를 의무적으로 확인하여야 하는 금융회사 등의 입장에서는 절대 업무량이 증가하고 각종 실제소유자 확인 및 검증자료에 대한 준비 및 위 확인 및 검증자료의 보존문제로 제도도입에 어려움이 있었다. 제도도입 이후에도 실제소유자 확인제도가 우리나라의 자금세탁방지 법제도의 핵심이라는 평가에도 불구하고 금융회사 등의 필수적인 의무인 실제소유자 확인의무는 다수의 제도상 문제점과 운용상의 한계가 노출되고 있다.

일단 개인고객의 경우에는 비대면거래의 일부의 경우를 제외하고는 현재로서는 실제소유자 확인 및 검증에 큰 제도상 한계는 보이지 않는다. 개인고객의 실제소유자 확인 및 검증은 특별히 어렵지 않은 측면도 있는 것이 비대면 고객이 아닌 대면고객인 개인의 경우 대부분 눈앞에 있는 거래당사자가 실제소유자로 간주될 것이기 때문이다. 물론 비대면 개인고객의 경우에는 직접 고객을 볼 수 없기 때문에 차명거래를 방지하고 실제소유자 확인 및 검증에 충실을 기하기 위해 복수의 비대면 고객확인방식을 취하고 있으면서 이를 보완하고 있다.

문제는 법인 또는 단체인 고객의 실제소유자 확인 및 검증에서 발생한다. 법인 또는 단체의 실제소유자 확인 방법 및 절차에 대한 규정은 특정금융정보법 시행령 제10조의5제2항[5])에 명시적으로 규정되어 있다. 그 방법은 의외로 간단한데 법인의 실제소유자인 자연인의 지분율 확인 방법을 골자로 하여 총 3단계의 절차에 따르는 단계적 확인 순서를 거치

5) 특정금융정보법 시행령 제10조의5.

게 되어 있다. 순차적인 3단계의 흐름에 의해 실제소유자가 누구인지에 대한 분석을 시작하기 때문에 이를 소위 단계적 확인방법이라고 칭하는 바, 단계적인 확인을 거쳐 실제소유자에 해당하는 사람(자연인)이 있으면 그 실제소유자의 성명, 생년월일[6] 및 국적을 확인하여야 한다. 물론 실제소유자 확인과 함께 "자금세탁방지 및 공중협박자금조달금지에 관한 업무규정"(이하 "자금세탁방지 업무규정"이라고 한다)의 개정으로 실제소유자에 대한 검증의무가 추가되었기 때문에 해당 검증의 증빙서류도 첨부해야 한다.

법인 또는 단체의 실제소유자 확인 단계는 크게 사전 준비단계를 추가하여 3단계로 이루어진다. 준비단계인 사전단계에서는 거래상대방인 법인이나 단체가 만일 투명성이 보장되거나 정보가 공개된 국가·지자체·공공단체·금융회사 및 자본시장과 금융투자업에 관한 법률 제159조 제1항에 따른 사업보고서 제출대상법인의 경우에 해당하는 실제소유자 확인의무 면제대상법인 등을 우선 확인한다. 만약 이러한 거래상대방인 법인이나 단체가 면제법인에 해당한다면 별도로 그 거래상대방인 법인이나 단체의 실제소유자를 확인하지는 아니하고 실제소유자란에 그 법인명을 적는 것으로 확인처리한다.

그런 연후에 3단계 확인원칙에 따라 우선 1단계로 100분의 25 이상의 지분증권을 소유한 사람(여기에서 사람은 법인이 아니다. 법인의 경우 추가적인 자연인이 나올 때까지 확인한다. 이에 사람은 자연인을 의미한다), 2단계로 대표자 또는 임원·업무집행사원의 과반수를 선임한 주주

---

6) 2021. 6. 17. 특정금융정보법 시행령 입법예고 보도자료, 2면 참조. 특정금융정보법 시행령에서는 금융회사등은 고객이 법인 또는 단체인 경우, 대표자의 성명, 생년월일 및 국적을 확인해야 하나(시행령 제10조의4), 과거 개정전 특정금융정보법 시행령에서 고객의 실제소유자 확인과 관련하여서는 대표자의 생년월일 확인을 면제하고 있어 다소 혼란을 초래하고 있어 고객이 법인 또는 단체인 경우 동명이인 식별을 위해 대표자의 생년월일을 확인해야 한다는 점을 명확하게 개정하였다. 이는 이미 제3호의 해당 법인 또는 단체의 대표자인 경우에는 그 생년월일이 법인, 단체고객확인서에서 징구 입수되었을 것이기 때문이다.

(자연인), 최대 지분증권을 소유한 사람(자연인), 그 외에 법인·단체를 사실상 지배하는 사람(자연인)중 해당하는 당사자를 적는다. 1단계와 2단계를 거쳐서도 실제소유자를 특정할 수 없다면 마지막 3단계로 거래상대방 법인 또는 단체의 대표자(자연인)를 기입한다.

후술하겠지만 이 규정 자체의 구조적인 문제점뿐만 아니라 각 금융회사 등에서 이 제도를 형식적으로 운용하는 바람에 실제소유자 확인이라는 당초의 법제도의 취지와는 달리 오히려 법인이나 단체의 실제소유자를 발견하기 어렵게 되어 있다는 점이다.

또한 특히 최근 기이한 가격상승의 붐에 편승하여 성장하고 있는 가상자산에 대해 이를 운용하는 가상자산거래소 및 가상자산사업자들의 진입규제를 이 특정금융정보법에서 규율하고 있는데, 해당 일부 가상자산사업자들의 경우 법인 또는 단체의 실제소유자 확인의 제도적·운용상의 미비점을 이용하여 별도 형태의 회피법인의 설립 등이 성행하고 있기도 하다.

이 뿐만이 아니다. 법인 또는 단체의 3단계의 계층적 실제소유자 규정의 공백을 활용하여 여러 구조가 복잡하거나 자료를 구하기 어려운 신탁 등 특수한 법률관계, 계열회사, 법인의 본·지점의 경우, 비영리법인, 외국회사 등의 경우에는 제대로 된 지배구조 심사가 이루어지기 쉽지 않아 형식적인 심사를 받거나 단계별 심사를 거치지 아니하고 법인 또는 단체의 실제소유자 확인인 과정의 3단계인 대표자 명의를 기재하면서 실제소유자 확인이 이루어지고 있다.

일부 국가나 지방자치단체, 공공단체, 금융회사, 사업보고서 제출대상법인에게만 가능한 실제소유자 확인면제 규정도 법의 규정문구에 관계없이 지나치게 편의적으로 확대되어 운용되고 있으며, 근본적으로 실제소유자 확인서와 그 자료를 신고인이 내는 자료에 의존하다 보니 실질적인 심사가 이루어지지 않는 등 여러 문제점들을 노출하여 실제소유자 확인제도가 아닌 실제소유자 확인 면피제도로 기능을 하고 있는 실정이다.

또한 최근 대면고객확인보다 모바일기기 등의 보급과 그 편리함으로 인해 비대면 금융거래가 성행하고 있는데 개인의 비대면 금융거래보다 더 제출하여야 하는 서류가 복잡한 법인이나 단체의 경우에는 실제소유자 확인은 더욱 자료의 수보나 검증에 있어 어려움을 맞이하고 있으며, 특히 법인이나 단체의 경우 법인 대표자가 금융거래를 체결하는 경우 이외에 총무부서에서 대리로 금융거래계약을 체결하는 경우가 다수이다 보니 추가로 대리관계를 입증할 수 있는 서류를 제출하는 등 실제소유자 확인 과정에서 점검하여야 되는 측면이 많아지게 되었다.

궁극적으로 실제소유자 확인이 부실하게 이루어지다 보니 추가적으로 이루어져야 하는 문제법인의 관리 측면, 상대 거래법인 당사자의 금융거래거절과 거래종료의 활용도 부실하게 이루어질 수밖에 없는 부분이 있다. 뿐만 아니라 법인 또는 단체의 실제소유자의 경우에는 자금세탁위험이나 테러자금조달 위험이 높은 요주의인물 확인대사 부분까지 이루어져야 되는데 선행절차인 실제소유자 확인이 형식적으로 이루어지다 보니 연쇄적으로 요주의인물 확인 대사에도 부정확한 실제소유자 확인 데이터를 통한 요주의 인물 확인 대사로 인해 그 영향을 끼치고 있어 문제점이 확대 재생산되고 있는 상황이다.

이에 본 논문에서는 차명거래금지제도 본질을 검토해보고 개정된 차명거래금지규제체제를 살펴본 연후에 현행 규정상 발생하고 있는 법규상, 운용상의 문제점들을 고찰하고 이를 현행제도 내에서 개선할 방안과 제도개선이 필요한 부분들로 나누어서 대응방안 및 개선방안을 검토해 보고자 한다.

본 논문은 총 4장으로 구성되며 그 내용은 다음과 같다.

제1장은 이 논문의 서론부분으로서 연구의 목적과 범위 및 방법론에 대하여 서술한다.

제2장에서는 자금세탁방지법제도상 자금세탁행위를 막기 위한 방어

기제로서의 금융회사 등의 조치와 그 중 핵심제도인 고객확인제도를 살펴보고 특히 개정법에 의해 바뀐 요건인 계좌의 신규개설 등의 의미에 대해 살펴보았다. 뿐만 아니라 차명거래금지제도의 도입과 그 효과에 대해 살펴보면서 불완전하게 도입된 제도로 인하여 발생할 수 있는 논의들에 대해 금융실명법 제정 이전, 이후 및 차명거래금지제도 도입 이후로 3단계로 나누어 분석하였다.

제3장에서는 자금세탁방지법상 실제소유자 확인제도의 문제점과 개선방안에 대해 서술하였다. 이는 크게 5가지 영역으로 나누어 살펴보았는데 우선 제1절에서는 가상자산사업자 실제소유자 확인 미비 부분에 대해, 제2절에서는 계층적 실제소유자 확인의 임의성 문제부분에 대해, 제3절에서는 실제소유자 확인의 면제대상의 문제부분에 대해, 제4절에서는 형식적인 실제소유자 신고주의 부분에 대해, 제5절에서는 요주의 인물확인 부분에 대해서 각 문제점과 개선방안에 대해 기술하였다.

마지막으로 제4장에서는 지금까지의 논의와 개선방안을 요약하였다.

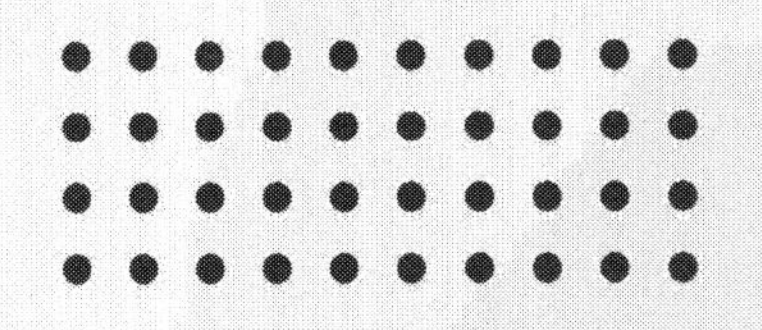

제2장

고객확인제도와 차명거래금지제도

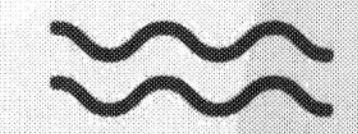

제1절 고객확인제도의 의의

Ⅰ. 자금세탁방지 법제도

1. 의의

일반적으로 고객확인제도는 자금세탁방지 법제도의 핵심적인 제도로 칭하여진다. 이에 고객확인제도를 이해하기 위해 그 제도의 큰 틀이라 할 수 있는 자금세탁방지제도를 먼저 이해할 필요가 있다. 일반적으로 자금세탁(Money Laundering)은 "범죄행위로부터 얻은 불법재산을 합법재산인 것처럼 위장하는 과정[1] 또는 불법적으로 획득한 수익을 합법적인 원천에서 생긴 것으로 보이게 하기 위하여 그 동일성 또는 원천을 은폐하거나 가장하는 절차"[2]를 의미하며 각국의 정치·사회적인 환경, 연구목적, 법령 등에 따라 다양하게 정의되고 있다.[3] 이러한 자금세탁행위를

---

1) 박상기, "돈세탁행위의 유형과 특정금융정보법 종사자의 책임", 형사법연구 제9호 (1998), 286면.

2) Kelly Neal Carpenter, "Money Laundering", American Criminal Law Review, vol 30 (1993), 83면.

3) FATF, INTERNATIONAL STANDARDS ON COMBATING MONEY LAUNDERING AND THE FINANCING OF TERRORISM & PROLIFERATION, The FATF Recommendations (2020), 119면 참조. 그러나 각국에서는 적어도 아래와 같은 "지정된 범죄유형(designated categories of offences)"에 속하는 일련의 범죄는 전제범죄에 포함되어야 한다.
   (1) 조직범죄집단에의 관여 및 중대범죄(participation in an organised criminal group and racketeering)
   (2) 테러자금제공을 포함한 테러행위(terrorism, including terrorist financing)
   (3) 인신매매 및 밀입국(trafficking in human beings and migrant smuggling)
   (4) 아동에 대한 성적 착취를 포함한 성적 착취(sexual exploitation, including sexual exploitation of children)

막기 위한 행위를 자금세탁방지행위라고 한다.

우리나라의 경우 자금세탁행위의 개념을 범죄수익은닉의 규제 및 처벌 등에 관한 법률(이하에서는 "범죄수익은닉규제법"이라고 한다) 제2조 제4호의 규정에 의한 범죄수익 등의 취득, 처분 또는 발생원인에 관한 사실을 가장하거나 범죄수익은닉규제법 제2조 제1호의 규정에 의한 특정범죄를 조장하거나 적법하게 취득한 재산으로 가장할 목적으로 범죄수익 등을 은닉하는 행위뿐만 아니라 마약류범죄의 발견 또는 마약류 불법거래 방지에 관한 특례법 제2조 제5항의 규정에 의한 불법수익 등의 출처에 관한 수사를 방해하거나 불법수익 등의 몰수를 회피할 목적으로 불법수익 등의 성질·소재·출처 또는 귀속관계를 은닉하거나 가장하는 행위, 탈세를 목적으로 재산의 취득·처분 또는 발생 원인에 관한 사실을 가장하거나 그 재산을 은닉하는 행위로 규정하고 있다.[4)]

우리나라에서는 자금세탁방지법이라는 명칭의 법은 없고, 대신 특정

(5) 마약 및 향정신성 물질의 부정거래(illicit trafficking in narcotic drugs and psychologic substances)
(6) 무기의 부정거래(illicit arms trafficking)
(7) 장물 등의 부정거래(illicit trafficking in stolen and other goods)
(8) 부패 및 증수뢰(corruption and bribery)
(9) 사기(fraud)
(10) 통화위조(counterfeiting currency)
(11) 제품의 위조 및 불법복제(counterfeiting and piracy of products)
(12) 환경범죄(environmental crime)
(13) 살인 및 중상해(murder, grievous bodily injury)
(14) 유괴, 감금 및 인질행위(kidnapping, illegal restraint and hostage-taking)
(15) 강도 또는 절도(robbery or theft)
(16) 밀수(smuggling)
(17) 강요(extortion)
(18) 위조(forgery)
(19) 해적행위(piracy)
(20) 내부거래 및 시장조종(insider trading and market manipulation)

4) 특정금융정보법 제2조 제5호.

금융정보법을 기본 규율법으로 하여 금융실명법, 범죄수익은닉규제법, 공중 등 협박목적 및 대량살상무기확산을 위한 자금조달행위의 금지에 관한 법률(이하에서는 "테러자금금지법"이라고 한다), 자금세탁방지 업무규정, 특정 금융거래정보 보고 등에 관한 검사 및 제재규정, 특정 금융거래정보 보고 및 감독규정, 가상자산 자금세탁방지 가이드라인 및 다수의 금융정보분석원 고시 등의 형태로 나누어져서 이를 규율하고 있으며 본 논문에서는 위와 같은 총합적인 국내의 자금세탁방지 법제도를 묶어서 자금세탁방지법제라고 표현을 하였다.

자금세탁은 일반적으로 막대한 현금을 발생시키는 범죄에 수반된다. 왜냐하면 대부분의 범죄자금은 현금의 형태로 획득되는데, 현금은 부피와 무게가 많이 나가고 휴대하기 어렵기 때문에 보다 이동하기 편한 형태로 전환되어야 하기 때문이다. 예컨대 현금을 자기앞수표, 지급지시서(money order), 수표, 카지노 칩 등 부피가 가벼운 지급수단으로 전환시키게 되면 법집행기관의 감시에서 벗어나기가 보다 용이해진다. 또한 자금세탁은 허위의 서류를 작성하거나, 입출금을 반복하거나, 케이먼 제도, 바하마 제도, 네덜란드령 안틸러스 등 역외금융피난처(offshore banking haven)로 전자자금이체를 함으로써 자산의 출처 또는 소유자를 은닉하는 방법을 통해서 이뤄진다.[5]

따라서 자금세탁은 ① 자금세탁에 의하여 재산의 진정한 소유자 및 출처를 은닉할 수 있어야 하고, ② 자금세탁 진행 도중이나 이후에도 당해 자금에 대한 통제를 유지할 수 있어야 하며, ③ 자금세탁에 의하여 범죄수익의 형태를 변경할 수 있어야 한다.[6]

---

5) 강석구, "주요 국가의 불법자금추적체계 연구", 연구총서 05-17, 한국형사정책연구원(2005. 12.), 45면.
6) 금융정보분석원, 한국의 자금세탁방지제도, 법신사(2002), 8면 내지 11면.

2. 자금세탁행위에 대한 방어기제

자금세탁의 유형은 해마다 다양해지고 있다. 공식적 은행시스템을 이용하지 않으려는 고객을 대신하여 국가 간에 자금이나 다른 형태의 가치재를 이전하는 방법이라든지, 도박 등 복표를 이용하여 당첨된 복권 등을 웃돈을 주고 구입하여 명백한 자금출처에 대한 근거가 없어도 최근에 얻은 재산에 대한 변명을 하기도 한다. 뿐만 아니라 거액의 현금을 소액으로 나누어 수개의 금융회사 또는 지점 예금계좌에 입금하거나 다른 지급수단으로 변환하게 하는 현금 분할거래라던지, 자금세탁 행위자가 위장 사업체를 설립하거나 실제로 운영되고 있는 사업체를 이용하여 범죄수익을 마치 그 사업체가 합법적으로 벌어들인 소득처럼 가장하는 방법, 상품과 서비스에 대한 국제거래는 거래당사자가 결제가격을 얼마든지 조작할 수 있다는 편의성 때문에 재산해외도피 또는 범죄행위에 자주 이용하는 무역거래를 이용한 자금세탁행위도 있다.

최근에는 주식, 선물, 옵션시장 등의 파생상품시장의 이용 및 보험계약의 구매 후 환매, 제3당사자의 이용 등 금융자산 등을 이용한 자금세탁행위도 성행하고 있다. 후술하겠지만 다수의 자금세탁 사례가 그 이용의 편리함과 신속성으로 인해 기존의 수단들은 물론이고 가상자산을 통해 이루어지거나 이러한 가상자산 등의 수단과 함께 고전적인 자금세탁행위의 수단인 현금의 사용과 함께 병용하여 이루어지는 경향이 많다.

이러한 수단들을 이용하는 자금세탁행위의 채널로는 제3자 명의로 자금세탁범죄 관련계좌의 예금주나 자동차, 건물 등 재산의 소유자를 등록하는 등 차명거래나 차명계좌를 이용하는 방법이다. 가상자산이 최근 자금세탁의 주된 수단으로 등장하고 있는 원인도 근저에는 그 실제소유자 파악에 곤란함을 느끼는 경우가 다수 존재할 수 있기 때문인 것이다. 이러한 차명금융거래는 2014년 금융실명법과 특정금융정보법에 차명거래금지제도가 도입되면서 일부 이를 선제적으로 차단하는 효과가 있었다. 즉 자금세탁 범죄 관련계좌의 예금주나 자동차, 건물 등 재산의 소유자가 제3자 명의로 등록되어 있는 경우가 많은데 이는 실제소유자의 해당자산에 대한 소유관계를 은닉하기 위함인 경우가 많기 때문이다. 여기에서 등장하는 제3자는 실존인물로서 대부분 자금세탁행위자가 신뢰할 수 있는 가족, 친구 등이 대다수일 것이므로 자금세탁행위자와 긴밀한 연결관계가 존재하는 탓에 제3자 스스로 자금세탁에 이용되고 있는 것을 인식하고 있다고 볼 수 있다(합의차명 방식). 이에 이러한 명의상 소유자와 실제소유자를 분리해서 이를 확인·검증하자는 방법론이 제안되었으며 이에 1차적으로 보완 개정된 방안이 바로 특정금융정보법상의 실제소유자 확인제도와 금융실명법상의 차명거래금지제도이다.

우선 금융실명법상 차명거래금지제도는 다양한 요소로 이러한 불법적인 차명금융거래에 대해서 제한을 가하고 있다. 대표적으로 불법재산의 은닉, 자금세탁행위, 테러자금 조달행위 및 강제집행의 면탈, 그 밖의 탈법행위를 목적으로 타인 실명에 의한 거래를 금지하고 실명이 확인된 계좌에 보유하고 있는 금융자산은 명의자 소유로 추정한다. 불법차명거래의 명의차용자 즉 실제소유자와 이를 알선·중개한 금융회사 종사자는 형사벌에 처하고 있다. 특정금융정보법에서는 금융거래시 계좌주 즉 거래상대방의 신원뿐만 아니라 실제소유자의 신원도 확인하도록 하였으며, 만약 고객확인이 불가능한 경우에는 금융거래를 거절하는 것을 의무화하도록 규정을 강화하였다.

다만 이러한 제도의 1차적 수정에도 불구하고 여전히 법인 또는 단체의 실제소유자 확인의무제도의 미비점을 악용하여 오히려 차명거래 등을 활용한 자금세탁이 성행하고 있으며, 특히 법인 및 단체의 실제소유자는 파악하기 어렵다는 점을 악용하여 국내법인 보다는 외국법인이나 단체의 차명거래를 활용하면서 불법차명거래는 계속되고 있다. 또한 비대면 금융거래가 많다는 점을 악용하여 이 틈새를 파고드는 차명거래가 성행하고 있다.

이 뿐만이 아니다. 거래의 흐름이 분산원장기술에 의해 연결되어 거래흐름을 비교적 파악하기 쉬운 특성을 가지고 있는 가상자산거래에 있어서도 그 가상자산의 지갑 소유주를 확인하기 어려운 특성을 이용하여 다수의 차명 가상지갑을 이용하여 가상자산거래에 나서는 등 매년 자금세탁방법이나 유형은 변천하고 있다.

이에 대응하기 위해 최전면에 나서는 것은 의외로 정부당국이 아닌 금융회사 등이다. 금융회사는 이렇게 시시각각 변화하는 자금세탁행위에 대응하고 자금세탁방지업무의 최전방에서 직접 자금세탁행위자를 만나보기 때문에 1차적 고객 대면기관으로서 자금세탁행위자의 조속한 발견과 정확한 고객확인정보의 기입이 필요하고 이후 의심거래의 정보분석·보고에 있어서 주된 보고책임자 역할을 수행하는 자금세탁방지법제의 당사자라고 할 수 있다.

이를 살펴보면 자금세탁행위에 대한 방어장치로 금융회사 등은 강력한 자금세탁방지 내부통제체제 구축의무가 있다. 이에 금융거래정보의 원활한 보고와 자금세탁행위 및 공중협박자금조달행위 방지를 위한 ① 보고책임자 임명, ② 내부보고체제 수립, ③ 금융회사별 업무지침 작성 및 운용, ④ 임원과 직원 교육 및 연수 등의 의무를 규정하고 있을 뿐만 아니라(특정금융정보법 제5조), 이러한 과정에서 고객의 사생활침해가 있는 경우 등을 방지하기 위하여 특정금융거래정보 등의 비밀보장 의무가 있다.

구체적으로는 금융회사 등의 의무로는 의심거래보고의무, 고액현금거래보고업무를 담당할 자의 임명 및 내부보고체제의 수립, 금융회사 등의 임직원이 직무를 수행할 때 따라야 할 절차 및 업무지침의 작성·운용 등의 의무가 있는 바, 여기에서 "자금세탁방지 업무지침"[7]이라 함은 금융회사등이 자신의 업무특성 또는 금융기법의 변화를 고려하여 자신이

7) 물론 이는 금융정보분석원의 고시인 자금세탁방지 업무규정이 아닌 금융회사가 자율적으로 규정하는 내부지침이다. 하지만 실무적으로 그 형태는 대부분 자금세탁방지 업무규정을 따르고 있다.

자금세탁행위 및 공중협박자금조달행위에 이용되지 않도록 하기 위한 정책과 이를 이행하기 위한 구체적이고 적절한 조치 등을 서술한 내부 지침을 말한다. 자금세탁방지 업무지침에서는 의심거래보고, 고객확인 의무에 관하여 고객 및 거래유형별로 자금세탁의 위험 정도에 따른 적절한 조치내용·절차·방법 등을 정할 수 있다(특정 금융거래정보 보고 및 감독규정 제24조). 각 금융회사 등은 다음에서 볼 자금세탁 방지의 3대 제도를 상세히 규정한 자금세탁방지 업무지침을 두어 자금세탁행위에 대응하여야 하는데 이에는 금융거래 등에 내재된 자금세탁의 위험을 식별, 분석, 평가하여 위험도에 따라 관리 수준을 차등화하는 업무체계의 구축 및 운영에 관한 사항,[8] 의심거래, 고액현금거래 보고를 효과적으로 수행하기 위해 필요한 금융거래에 대한 감시체계의 구축 및 운영에 관한 사항, 고객확인의무를 위해 고객의 자금세탁위험을 평가하는 절차 및 방법에 관한 사항, 다른 금융회사 등을 통해 고객확인을 이행하는 경우에 준수해야 할 절차 및 방법에 관한 사항, 신규 금융상품 및 서비스를 제공하기 전 자금세탁위험을 평가하기 위한 절차 및 방법에 관한 사항, 대한민국 외에 소재하는 자회사 또는 지점의 자금세탁방지 의무의 이행을 감시하고 관리하기 위한 절차 및 방법, 그 밖에 위 업무를 효율적으로 방지하기 위해 금융정보분석원장이 정하여 고시하는 사항 등이 포함되어 있어야 한다.

---

8) ① 독립된 부서나 기관에서 그 업무수행의 적절성, 효과성을 검토·평가하고 문제점을 개선하기 위한 업무체계의 마련·운영에 관한 사항, ② 자금세탁행위를 효율적으로 방지하기 위하여 대통령령으로 정하는 사항, ③ 임직원의 교육 및 연수 등.

3. 자금세탁방지 3대 법제도

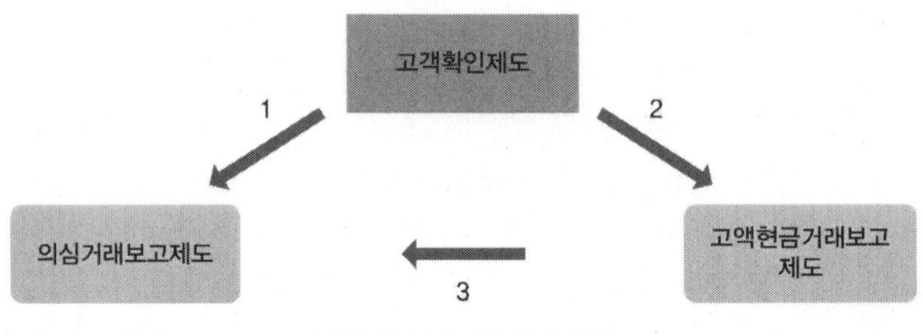

〈그림 1〉 3대 제도간의 관계

가. 고객확인제도[9)]

금융회사가 고객과 금융거래 등을 하는 때에 자신이 제공하는 금융상품 또는 서비스가 자금세탁 등에 이용되지 않도록 고객의 신원확인 및 검증, 거래목적 및 실제소유자 확인 등 고객에 대하여 합당한 주의를 기울이는 것을 고객확인제도라고 한다. 이는 쉽게 설명하면 금융회사 등이 고객을 만나 다양한 정보를 묻고 답하며 기록하고 검증을 하게 되는 바 확인된 고객정보는 의심거래보고 등 판단의 기초자료로 사용된다. 물론 확인된 고객정보는 고액현금거래보고의 기초자료로도 사용되는데 주로 금융거래자가 동일인인지 여부를 판단하는 기준자료로 사용된다(〈그림 1〉의 1, 2번 화살표 부분). 구체적인 내용은 Ⅱ. 자금세탁방지법상 고객확인제도 부분에서 후술하도록 하겠다.

9) 영문은 Customer Due Diligence가 원어이다. 약칭으로 CDD라고도 한다.

나. 의심거래 보고제도[10)]

고객확인제도가 차명거래를 사전에 예방하는 제도라고 한다면 불법재산·자금세탁행위로 의심되는 금융거래를 금융정보분석원에 보고하도록 하는 의심거래보고제도는 사후적으로 불법차명거래를 적발하는 제도라고 할 수 있다. 금융거래 등과 관련하여 수수한 재산이 불법재산이라고 의심되는 합당한 근거가 있거나 금융거래 등의 상대방이 자금세탁행위나 공중협박자금 조달행위를 하고 있다고 의심되는 합당한 근거가 있는 경우, 범죄수익은닉규제법 등 관련법에 따라 금융회사 종사자가 관할 수사기관에 신고한 경우 등에는 이를 금융정보분석원에 보고하는 제도이다.[11)]

의심거래는 불법재산 또는 자금세탁행위나 공중협박자금 조달행위가 의심되는 거래를 대상으로 하며 과거 의심거래보고의 기준금액이 있었지만, 이 기준금액은 폐지되었다.

의심거래보고의 보고주체는 금융회사 등에서 종사하는 임원이나 직원인 개인 종사자가 아니라 금융회사이며 의심거래의 보고대상을 '의심되는 합당한 근거가 있는 경우'로 규정하고 있는데, 이는 금융회사 등이 해당 금융업계의 일반적 지식과 경험을 전제로 해당 금융거래의 형태를 판단하였을 때 수수한 금융자산이 불법재산이라는 의심이 있거나 자금세탁행위를 하고 있다는 의심이 있는 경우를 의미한다. 이를 파악하기 위해서는 금융회사는 각 사안마다 그 업무과정에서 파악하고 있는 고객의 직업·사업내용, 당해 고객의 평소 거래상황, 송금방법·양태 등 개개의 요소를 종합적으로 고려하여 판단하도록 되어 있다.[12)]

특정금융정보법 제4조 법문상에서는 구체적으로는 (1) 금융거래와 관

---

10) 영문은 Suspicious Transaction Report가 원어이다. 약칭으로 STR이라고도 한다. 이를 혐의거래보고라고도 하는데 본 논문에서는 의심거래보고로 용어를 사용하도록 하겠다.

11) 특정금융정보법 제4조.

12) 특정금융정보법 시행령 제8조.

련하여 수수(授受)한 재산이 불법재산이라고 의심되는 합당한 근거가 있는 경우, (2) 금융거래의 상대방이 「금융실명거래 및 비밀보장에 관한 법률」제3조제3항을 위반하여 불법적인 금융거래를 하는 등 자금세탁행위나 공중협박자금조달행위를 하고 있다고 의심되는 합당한 근거가 있는 경우, (3) 「범죄수익은닉의 규제 및 처벌 등에 관한 법률」제5조제1항에 따라 금융회사 등의 종사자가 범죄사실을 관할 수사기관에 신고한 경우, (4) 「공중 등 협박목적 및 대량살상무기확산을 위한 자금조달행위의 금지에 관한 법률」제5조제2항에 따라 금융회사등의 종사자가 관할 수사기관에 신고한 경우 등을 규정하고 있고 이외에도 (5) 고액현금거래기준금액을 회피하기 위한 분할거래를 하는 경우, (6) 가상자산 자금세탁방지 가이드라인에서의 의심거래보고의무가 발생하는 경우에는 의심거래보고의무가 발생한다.

실무적으로는 금융회사 등의 직원은 고객확인의무 이행을 통해 확인·검증된 고객의 신원사항 또는 실제 당사자 여부 및 거래목적과 금융거래 과정에서 취득한 고객의 직업, 주소, 소득, 평소 거래상황, 사업내용 등을 감안하여 업무지식이나 전문성, 경험 등을 바탕으로 종합적으로 판단하여 의심거래 보고유형을 결정한다. 금융거래자가 금융회사에서 수행하는 거래태도, 금액, 방법 등에 대해 파악되는 요소를 의심거래 또는 혐의거래 참고유형이라고 하는데,[13] 대표적으로 수신거래에 대한 유형들의 경우 ① 합리적 이유 없이 거액 현금에 의한 입·출금 거래가 빈번히 일어나는 거래, ② 직업 등 신분이 확인되지 않은 외국인 또는 국민인 비거주자 계좌를 통한 반복적인 거액 현금거래, ③ 출처가 불분명한 거액 현금으로 자기앞수표를 발행하거나, 다종·다량의 거액 자기앞수표를 현금으로 지급하는 거래, ④ 단기간에 빈번히 거액이 입·출금된 후 해지되거나 거래가 중단된 계좌의 거래, ⑤ 합리적 이유 없이 직업이

13) 김재식·정희철, "자금세탁방지제도에 대한 이해와 대응 방안", 삼일회계법인(2007), 70면.

나 사업에 비해 과도한 자금을 제3자로부터 송금받은 직후 현금으로 인출하여 다수인에게 빈번히 송금하는 거래, ⑥ 자금의 출처나 수취인 등을 숨기기 위해 다수인이 동시에 분할하여 거래하거나 고액현금거래보고 등을 회피하기 위해 동일인이 일정금액 미만으로 수차례 나누어 입·출금하는 거래, ⑦ 실질적으로 타인명의 계좌를 이용하는 거래, ⑧ 휴·폐업자명의 또는 위장설립법인의 계좌를 이용하는 거래(미성년자, 고령자, 신용관리대상자 등의 거액거래), ⑨ 합리적 이유없이 동일 대리인이 특정인 또는 여러 명의 예금계좌를 다수 개설하는 거래, ⑩ 본인이 합리적 이유없이 다수의 요구불예금계좌를 개설하는 거래, ⑪ 기존에 거래가 많지않던 고객이 대여금고를 개설하여 단기간 빈번하게 이용한 후 해지하는 거래, ⑫ 야간금고를 이용하는 고객이 거액을 입금하고, 익일 현금인출하는 등 거래형태가 평소와 크게 다른 거래, ⑬ 합리적인 이유없이 거액의 현금을 원격지에서 입·출금하는 거래, ⑭ 회사의 규모 대비 거액의 어음 또는 수표 등 결제자금을 빈번히 타인의 자금으로 충당하는 거래 등은 자금세탁행위를 하고 있다고 의심되는 합당한 근거가 있는 경우라고 볼 것이다.[14]

이외에도 자금세탁의 전제범죄[15]에 해당하는 경우에는 자금세탁행위를 하고 있다고 의심되는 합당한 근거가 있는 경우에 해당한다고 할 것인데, 이는 범죄수익은닉규제법에 의한 범죄수익으로서 폭력단체 구성, 도박장 개장 등 조직범죄, 사기, 횡령, 배임, 주가조작 등 경제범죄, 뇌물죄 등 부패범죄, 해외재산도피, 외화밀반출 범죄, 정치자금법 위반죄, 식품위생, 건강기능식품, 보건범죄, 마약류불법거래방지법에 의한 불법수익 등의 범죄 및 마약류관리에 관한 법률에 의한 죄와 공중협박자금조달금지법에 의한 공중협박자금의 기준범죄를 저지르는 경우 등으로 범

14) 금융정보분석원, 혐의거래 참고유형 (2005), 목차 1면 내지 2면 축조 요약.
15) 금융정보분석원, 자금세탁 전제범죄 해설 (2010), 18면 참조. 자금세탁방지 관련 법률의 적용 대상이 되는 범죄군을 의미하며, 이에 해당할 경우 전제범죄와 별개로 자금세탁행위를 처벌하고, 관련 범죄수익은 몰수·추징이 가능하다.

죄수익은닉규제법에서 특정범죄로 규정되어 있는 바, 본 논문에서는 간이하게 이를 전제범죄라고 하겠다.[16]

다. 고액현금거래 보고제도[17]

고액현금거래 보고제도는 금융거래자가 1거래일 동안 1천만 원[18] 이상의 현금을 입금하거나 출금한 경우 금융회사가 위 금융거래자의 신원과 거래일시, 거래금액 등을 금융정보분석원에 보고하는 제도이다.[19] 전술한 의심거래보고가 금융회사등이 자금세탁의 의심이 있다고 주관적으로 판단하는 금융거래에 대하여만 보고토록 하는 등 의심거래보고제도는 금융회사등의 주관적 판단에 1차적으로 의존하므로 금융회사등의 보고가 없는 경우에는 불법자금을 적발하기가 사실상 불가능하다는 한계가 있기 때문에 객관적 기준에 의해 일정금액 이상의 현금거래를 반드시 보고토록 함으로써 불법자금 유출입 또는 자금세탁혐의가 있는 비정상적 금융거래를 효율적으로 규제하려는데 주목적이 있다. 이러한 취지에서 FATF[20] 등 자금세탁방지 관련 국제기구에서도 동 제도의 도입을

16) 차정현, 앞의 논문(주1), 20면 내지 21면 참조. 일선 현장에서는 불법재산 수수등의 전제가 되는 구체적인 특정한 범죄의 존재 사실까지 확인할 필요는 없으며, 당해 거래가 불법재산 수수 또는 자금세탁행위나 공중협박자금조달행위로 의심되는 합당한 근거가 있으면 보고대상으로 판단한다.

17) 영문은 Currency Transaction Reporting System라고 한다. 약칭으로 CTR이라고도 한다.

18) 우리나라는 2006년에 이 제도를 처음 도입하였으며(특정금융거래정보의 보고 및 이용 등에 관한 법률 제14조의2, 시행일자: 2006. 1. 18.), 도입 당시는 보고기준금액을 5천만 원으로 하였으나, 2008년부터는 3천만 원, 2010년부터는 2천만 원, 2019년 7월부터는 1천만 원으로 단계적으로 인하하여 운영하고 있다.

19) 특정금융정보법 제4조의2.

20) 자금세탁방지 및 테러자금조달차단을 위해 기준을 제시하고 정책을 개발·촉진시키는 국제기구. 1989년 G7정상 회의에서 금융기관을 이용한 자금세탁에 대처하기 위하여 Task Force를 설치키로 합의하여 설치된 국제기구를 말한다

권고하고 있으며 우리나라도 이를 도입하였다.

고액현금거래보고의무를 회피하려는 분할거래의 경우 의심거래보고가 필요(〈그림 1〉의 3번 화살표 부분)하다. 금융회사 등은 금융거래의 상대방이 고액현금거래보고를 회피할 목적으로 금액을 분할하여 금융거래를 하고 있다고 의심되는 합당한 근거가 있는 경우[21]에는 그 사실을 금융정보분석원장에게 보고하여야 한다(특정금융정보법 제4조의2 제2항). 이 보고는 고액현금거래보고에 규정되어 있으나, 일정기준에 해당하는 현금을 분할하여 지급 또는 영수한 경우를 말하는 것으로 객관적으로 고액현금거래보고요건에 해당할 수가 없고 다만 이는 성질상 의심거래보고에 해당한다고 할 것이다.

Ⅱ. 자금세탁방지법상 고객확인제도

1. 의의

고객확인제도란, 금융회사가 고객과 금융거래시 고객의 신원, 실제소유자 여부, 거래목적 등을 파악하는 등 고객에 대한 합당한 주의를 기울이는 제도로서, 우리나라는 2006년 1월 18일에 도입되었다. 자금세탁방지 업무규정에서는 금융회사 등이 고객과 금융거래를 하는 때에 자신이

(https://www.fatf-gafi.org/,last visit 2021. 12. 25.).

21) 특정 금융거래정보 보고 및 감독규정 별표 제2호 고액현금거래보고서 작성방법 2.1.5 "분할거래"라 함은 하나의 보고기관에서 동일인 명의의 현금거래가 1거래일 이내에 1회 이상 이루어졌으며, 그 건별 거래금액의 합계액이 보고기준금액 이상인 경우를 말한다. 불특정 다수인으로부터 자금출처가 불분명한 자금을 빈번하게 이체·영수하는 거래 및 입금거래 시 거래자가 현금거래로 처리 요청하는 경우가 많다. 요청내용의 경우 현금 출금 후 현금 입금 거래는 사실상 현금을 수반하지 않는 이체거래이나 각 출금 및 입금 거래 시 거래자가 현금거래로 처리를 요청하는 등 자금세탁 목적거래로 의심되는 경우가 다수이다.

제공하는 금융상품 또는 서비스가 자금세탁행위등에 이용되지 않도록 법 제5조의2에 따라 고객의 신원확인 및 검증, 거래목적 및 실제소유자 확인 등 고객에 대하여 합당한 주의를 기울이는 것(자금세탁방지 업무규정 제20조제1항)이라고 정의하고 있다.

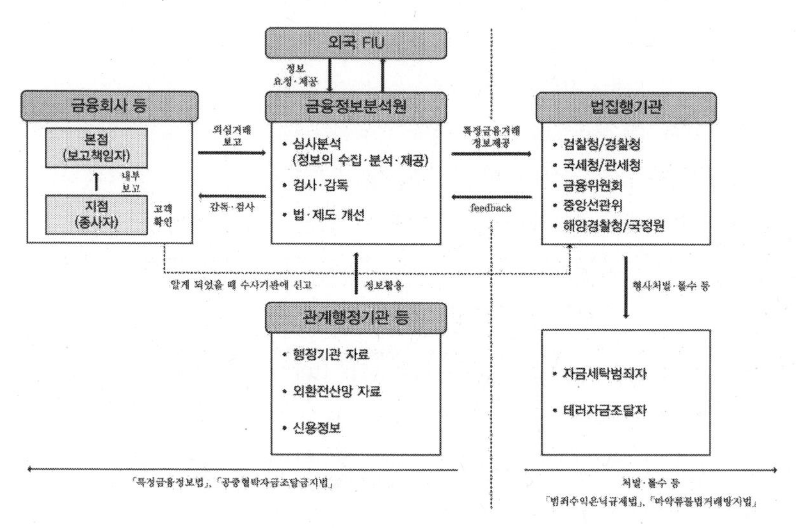

〈그림 2〉 자금세탁방지 고객확인 업무프로세스[22)]

우리나라 금융회사는 계좌의 신규개설이나 일정금액의 일회성 금융거래시 고객의 신원을 확인해야 한다.[23)] 〈그림 2〉에서 보듯이 금융회사

---

22) 금융정보분석원 소개페이지 업무구조도를 간단하게 변형하여 새로 업무프로세스를 단순하게 재편집함(https://www.kofiu.go.kr/kor/policy/amls01.do).

23) 예를 들어, 보험·공제계약, 대출·보증·팩토링 계약의 체결, 양도성예금증서, 표지어음의 발행, 금고대여 약정, 보관어음 수탁 등도 "계좌의 신규개설"에 포함된다(자금세탁방지 및 공중협박자금조달금지에 관한 업무규정 제22조). 또한 1천만원(외화 1만 불) 이상의 일회성 금융거래는 금융기관 등에 위와 같이 개설된 계좌에 의하지 아니한 금융거래를 말하며, 무통장입금(송금), 외화송금·환전, 자기앞수표 발행, 어음·수표의 지급, 선불카드 매매 등이 이에 해당한다(자금세탁방지 업무규정 제23조).

의 고객확인의무는 고객신원자료의 데이터를 모아서 이를 기록 및 보존하고 증빙자료를 검증함으로써 금융회사가 평소 고객에 대한 정보를 파악·축적하고 이후 고객의 거래에 대해 신원자료를 같이 분석하면서 혐의거래 여부를 파악하는 토대가 되는 것으로 자금세탁방지제도의 필수요건이라고 할 수 있다. 이러한 일련의 고객확인 정책에 대하여 자신의 고객이 누구인지를 알고 그 중 범죄자에게는 자신의 금융서비스를 제공하지 말아야 하는 정책이라 하여 "Know Your Customer Policy"라고 한다.

고객확인의무는 BIS 은행감독을 위한 바젤위원회가 "Customer due diligence for banks"라는 보고서를 발표하면서 본격적으로 논의되기 시작하였다. 이후 FATF 권고사항[24]에서 관련개념을 도입하게 되었다.

금융회사는 고객정보 취득 과정에서의 고객 답변과 행태를 통해서도 의심거래 여부를 판단하며, 또한 취득한 고객 정보에 따라 고객의 직업이나 상황에 맞지 않는 의심되는 거래를 판단할 수 있고, STR, CTR 보고의 충실성을 제고하여 FIU의 의심거래 분석에도 도움이 될 수 있기 때문에 자금세탁방지제도의 사전적 예방제도로 그 중요성을 더해가고 있다.

---

24) FATF, 앞의 책, 13면 내지 14면 참조. 위 권고사항의 원문은 FATF 홈페이지에서 발행본을 별도로 확인할 수 있다(https://www.fatf-gafi.org/publications/fatfrecommendations/documents/fatf-recommendations.html). 정식 번역은 금융위원회 금융정보분석원의 국제기준 및 국제기구 국문번역본에서 확인 가능하다(https://www.kofiu.go.kr/kor/policy/iois04_1.do). 이하 본 논문 각주에서 소개하는 FATF 권고사항은 모두 금융위원회 금융정보분석원의 국문 번역본을 기재한다.

10. 고객확인제도 (CDD) 금융기관의 익명 또는 가명계좌 개설은 금지되어야 한다. 금융기관은 다음과 같은 경우 고객확인의무를 이행하도록 요구된다:

(a) 거래관계(business relation)를 수립하는 경우

(b) 다음과 같은 일회성 거래행위(occasional transactions)를 행하는 경우: (i) 기준금액(USD/EUR 15,000) 이상의 거래, 또는 (ii) 권고사항 16의 주석서에 의해 규제되는 전신송금

(c) 자금세탁 또는 테러자금조달이 의심되는 경우

(d) 금융기관이 기존에 확보된 고객확인정보의 진위나 타당성을 의심하는 경우금융기관이 CDD를 이행하여야 한다는 원칙은 법률로 규정되어야 한다.

고객확인에 대해서는 정형화된 양식 규정은 별도로 규정하지는 않았는데 특정 금융거래정보 보고 및 감독규정에서 의심거래보고서 양식이나 고액현금거래보고서 양식이 규정된 것과는 반대로 고객확인제도는 자금세탁방지 업무규정에서 고객확인제도 필수구성요소 정도만 규정하여 반드시 확인 및 검증해야 되는 사항들에 대한 나열은 관련 자금세탁방지 업무규정 등에서 그 얼개 정도만 규정하고 있는 정도이며, 별도로 그 고객확인서 등의 양식이 지정되어 있지 아니하다. 이는 각 금융회사에서 만나게 되는 고객이 각 업권별로 상이하기 때문에 각 금융회사에서 자율적으로 내규로 정하는 것이 효율적이고 타당하기 때문이다.[25)] 다만 자율적으로 규정할 수는 있다고 하더라도 고객확인의무 내규 수준은 법규에서 정하는 핵심적인 사항 등에 대해서는 규정하고 있어야 할 것이어서 실무적으로는 각 업권별 협회를 중심으로 고객확인서의 표준양식을 만들어 배포하고 있기도 하다.

고객확인제도는 그 종류를 일반 고객확인 이외에 강화된 고객확인과 간소화된 고객확인으로 분화하여 이해할 수 있다. 금융회사 등이 고객과 거래시 고객의 신원을 확인·검증하고, 실제소유자, 거래의 목적, 자금의 원천을 확인하도록 하는 등 금융거래 등 또는 금융서비스가 자금세탁 등 불법행위에 이용되지 않도록 고객에 대해 합당한 주의를 기울이도록 하는 제도를 일반(적인)고객확인이라고 한다.

이외에 고객확인 조치를 이행하는 금융회사 또는 금융정보분석원 등 정부에서 실시한 위험평가 결과 자금세탁행위 등의 위험이 낮은 것으로 평가된 고객 또는 상품 및 서비스에 한하여, 고객확인을 위한 절차와 방법 중 일부(기본 고객신원확인 제외)를 적용하지 않을 수 있다(자금세탁방지 업무규정 제20조제2항). FATF는 고객의 위험도에 따른 차등적 고객확인 시행을 권고하면서 고위험에는 강화조치(enhanced measures)를 취하더라도 저위험에는 간소화조치(simplified measures)를 통해 고위험에

---

25) 특정 금융거래정보 보고 및 감독규정 제24조.

확인 및 모니터링(사후관리)을 집중할 수 있도록 자원의 효율성을 극대화하는 것을 중시하고 있다. 이에 저위험상품이나 저위험 고객의 경우에는 간소화된 확인절차를 적용할 수 있다고 하겠다.[26] 다만 간소화된 고객확인의 경우에도 유의해야 하는 것은 자금세탁방지 업무규정 제38조(신원확인)사항은 간소화된 고객확인을 실시한다고 하더라도 생략할 수 없다는 것이다.[27]

역으로 강화된 고객확인도 존재한다. 강화된 고객확인은 고객확인조치를 이행하는 금융회사 등 또는 정부에서 실시한 위험평가결과 자금세탁행위 등의 위험이 높은 것으로 평가된 고객 또는 상품 및 서비스에 대하여 기본신원확인 및 검증 이외에 실제당사자 확인·검증과 요주의 인물확인, 추가적인 정보를 확인하는 것(자금세탁방지 업무규정 제20조제3항)을 의미한다.

실제소유자 확인과 검증에 대해서는 자금세탁방지 업무규정에서 단일화된 형태로 규정을 하고 있는데 실제소유자의 확인·검증과 관련하여서는 개정된 자금세탁방지 업무규정 제41조(실제당사자)상 금융회사등은 고객을 궁극적으로 지배하거나 통제하는 자연인(실제소유자)이 누구

---

26) FATF, 앞의 책, 10면 참조. 각국은 자국의 자금세탁 및 테러자금조달 위험을 확인, 평가 및 이해하여야 하며, 위험을 효과적으로 경감시킬 수 있도록 위험평가를 총괄(coordinate)할 당국 혹은 메커니즘을 지정하는 등의 조치(action)를 취하고 재원을 사용하여야 한다. 각국은 그 위험평가 결과에 기초하여, 자금세탁 및 테러자금조달 방지 또는 감소를 위한 조치들이 확인된 위험에 상응하도록 하는 위험 중심의 접근법을 적용하여야 한다. 이 접근법은 AML/CFT 체제 전반에 걸쳐 재원을 효율적으로 배분하고 FATF 권고사항을 위험수준에 따라 이행하기 위한 주요 기틀이 되어야 한다. 보다 높은 위험이 확인된 경우, 각국은 자국의 AML/CFT 체제가 해당 위험에 적절하게 대응할 수 있도록 하여야 한다. 보다 낮은 위험이 확인된 경우, 각국은 특정 조건 하에서 FATF 권고사항의 일부에 대하여 간소화된 조치를 이행하기로 결정할 수 있다. 각국은 금융기관과 특정 비금융사업자·전문직(DNFBP)이 자신의 자금세탁 및 테러자금조달 위험을 확인·평가하고 이를 경감시킬 수 있는 조치를 취하도록 의무화하여야 한다.

27) 자금세탁방지 업무규정 제38조.

인지를 신뢰할 수 있고 독립적인 관련정보 및 자료 등을 이용하여 그 신원을 확인하고 검증하기 위한 합리적인 조치를 취하여야 한다고 규정되어 있어 이를 일반고객확인과 강화된 고객확인에 따라 별도로 나누어 구정하고 있지는 않다.

〈표 1〉 특정금융정보법 고객확인제도

금융실명법 실지명의 확인	특정금융정보법상 고객확인제도(CDD)	
	기본고객확인 (06.1월 도입되었으며 실제소유자 여부가 추가)	고위험고객(강화된 확인제도, EDD) (08.12월 도입되었고 확인 및 검증사항은 법개정을 통해 지속강화)
성명, 주민번호	성명, 주민번호 + 주소, 연락처 + 실제당사자 여부	성명, 주민번호, 주소, 연락처, 실제당사자 여부 + 거래자금의 원천 + 거래목적

2. 고객확인의 요건

고객확인의 요건에 해당하기 위해서는 금융거래관계를 개시할 목적으로 비즈니스 관계, 즉 사업관계를 맺어야 한다. 이를 법률에서는 크게 계좌를 신규로 개설하는 법률관계와 일정한 금원 이상의 일회성 금융거래에 나서는 경우에 해당하여 새로운 비즈니스 관계를 맺는 것으로 규정하고 있다.

구체적으로 특정금융정보법 제5조의2제1항제1호에서 "계좌를 신규로 개설"을 규정하면서 이는 동조 제1항에 따른 금융거래를 개시할 목적으로 금융회사등과 계약을 체결하는 것을 말하며, "일회성 금융거래"란 금융회사등에 개설된 계좌에 의하지 아니한 금융거래를 말하고 있다. 이를 분류하면 아래 〈표 2〉와 같이 나누어 비교할 수 있다.

〈표 2〉 계좌의 신규개설과 일회성 금융거래 비교

계좌의 신규개설[28]	일회성 금융거래[29]
예금계좌, 위탁매매계좌 등의 신규개설 보험·공제계약 체결 대출·보증계약 체결 팩토링계약 체결 양도성 예금증서, 표지어음 등의 발행 펀드 신규 가입 대여금고 약정, 보관어음 수탁을 위한 계약 기타 영 제10조의2 제2항에 따른 금융거래를 개시할 목적으로 금융회사등과 계약을 체결하는 것	무통장 입금(송금), 외화송금 및 환전 자기앞수표의 발행 및 지급 보호예수(봉함된 경우 기준금액 미만으로 봄) 선불카드 매매

가. 계좌의 신규 개설

계좌의 신규 개설이라 함은 고객이 금융회사에서 예금계좌, 위탁매매계좌 등을 개설하는 경우뿐만 아니라, 일반적으로 금융회사와 계속적인 금융거래를 개시할 목적으로 계약을 체결하는 것을 말한다. 자금세탁방지 업무규정에서는 보험·공제계약, 대출·보증·팩토링 계약의 체결, 양도성예금증서, 표지어음의 발행, 금고대여 약정, 보관어음 수탁 등도 "계좌의 신규개설"에 포함시키고 있다(자금세탁방지 업무규정 제22조).

나. 기준금액 이상의 일회성 금융거래

금융회사 등과 계속하여 거래할 목적으로 계약을 체결하지 않은 고객[30]에 의한 금융거래가 전제가 된다. 그러한 고객이 무통장입금(송금),[31]

---

28) 자금세탁방지 업무규정 제22조.

29) 자금세탁방지 업무규정 제23조.

30) 계속적 거래의 목적으로 금융회사등과 계약을 체결하거나 하려고 한 고객으로서, 계좌의 신규개설에 따른 확인대상이 된 고객이 수행한 금융거래는 일회성

외화송금[32]·환전, 자기앞수표 발행,[33] 보호예수, 선불카드 매매 등을 수행하는 경우 해당 금융거래가 이에 해당한다(자금세탁방지 업무규정 제23조). 외국은 일회성 금융거래를 "기존에 금융거래를 맺지 아니한 고객"을 의미하는 것으로 해석하는 경우가 많은데 우리나라의 경우 당초에는 이를 "계좌거래에 의하지 아니한 고객"으로 이해하여 운용하고 있었다. 이는 일회성 금융거래를 금융실명법상 개념과 병용해서 금융실명법이 금융실명거래를 "실명 확인 계좌"를 판별하는 기준으로 접근하다 보니 일회상 금융거래는 회사 등에 기존계좌를 개설하지 않은 거래[34]로 정의한 적이 있었기 때문이다. 다만 이 개념의 경우에는 금융실명법이 적용되지 않는 거래 (여신, 보험 등)의 경우 계좌를 사용하지 않는 거래도 있기 때문에 계좌 개념이 모호하여 일회성 거래 구분이 불명확하다는 지적이 계속 존재하였다. 이를 정리하기 위해 〈표 3〉의 신구조문 대비표에서 볼 수 있듯이 일회성 금융거래의 정의를, 동일 금융회사에서 고객확인 미실시 대상 고객이 하는 일회적인 금융거래로 정리하게 된 것이다.[35]

금융거래에 해당하지 않을 것이다.

31) 만약 무통장 송금을 어음이나 수표로 하더라도 고객확인 대상이 된다.

32) 금융위원회 법령해석 회신문, "소액해외이체업자를 통한 해외송금의 일회성 금융거래 해당 여부" (2017. 12. 20.) 참조. 고객이 '소액외화이체업자'를 통해 특금법상 금융회사 등과 '외화송금' 거래를 하는 경우도 마찬가지이다. 소액외화이체업자' 는「외국환거래규정」상 금융회사이지만 이 금융거래에서는 실질적으로 금융회사등으로부터 업무를 위탁받아 지급 등을 수행하는 자로 독립적으로 업을 수행하는 자가 아니므로 결과적으로 외화송금은 고객과 금융회사등 사이의 금융거래에 해당한다고 볼 수 있다.

33) 당행 은행이던 타행 은행 발행이던 모두 포함된다.

34) 통장·거래카드 등에 의하지 아니하고 금융회사등을 통해 증권·증서·채권(통장거래제외), 어음·수표 등을 매매·상환·환급·발행 및 지급 등을 하는 금융거래 형태(은행연합회, 금융실명거래업무해설 (2016), 24면 참조).

35) 가령 기존 계좌 중심의 개념에 의할 때에는 금융회사가 확인을 수행한 고객이 다시 일회성 금융거래 기준금액을 초과하는 외환송금, 환전 등의 일회적 금융거래를 할 경우 외환송금, 환전 등은 '계좌에 의하지 아니한 거래'이므로 기확인 고객을 중복확인하는 문제가 발생하고, 외환송금, 환전 이외에도 일회적 금

〈표 3〉 고객확인제도 특정금융정보법 시행령 개정표

제10조의2(고객확인의무의 적용 범위 등) ① (생략)	제10조의2(고객확인의무의 적용 범위 등) ① (현행과 같음)
②법 제5조의2제1항제1호 각 목 외의 부분에서 "계좌를 신규로 개설"이란 제1항에 따른 금융거래를 개시할 목적으로 금융회사등과 계약을 체결하는 것을 말하며, "일회성 금융거래"란 금융회사등에 개설된 계좌에 의하지 아니한 금융거래를 말한다.	②____ 거래관계가 수립되지 아니한 고객에 의_______________.

구 특정금융정보법 시행령 제10조의3에서는 일회성 금융거래의 금액에 대해 1. 법 제2조제2호다목에 따른 거래의 경우에는 3백만 원 또는 그에 상당하는 다른 통화로 표시된 금액을, 2. 법 제5조의3에 따른 전신송금의 경우에는 1백만 원 또는 그에 상당하는 다른 통화로 표시된 금액을,[36] 3. 그 밖의 일회성 금융거래의 경우는 외국통화로 표시된 외국환거래의 경우로 1만 미합중국달러(실제환율)[37] 또는 그에 상당하는 다른 통화로 표시된 금액을, 이외의 기타 금융거래의 경우에 대해 규정하면서 1천 5백만 원으로 나누어서 규정하고 있었다.[38]

융거래 형태가 다양하여, 해당 거래가 시행령 상 일회성 금융거래에 해당하는지 여부가 불분명하다는 문제점이 지적되었다. 개정된 일회성 금융거래 개념에 의할 경우에는 금융회사가 확인을 수행한 고객이 다시 금융회사를 방문하여 일회적 금융거래를 하더라도 특별한 사유가 없는 한 고객확인 이행이 불요하게 될 것이다(금융위원회 2018. 05. 10. 특금법 시행령 입법예고 참고자료).

36) 100만 원 이하의 송금도 자금세탁의 의심있는 경우에는 물론 고객확인의 대상이 될 수 있다. 이 부분은 금융실명법상 100만 원 이상의 무통장 송금의 경우에만 실명확인의 대상이 되게 하고 있기 때문에 그 기준금액을 전신송금의 경우 100만 원으로 정한 것으로 볼 수 있다. 확인 대상은 자금세탁방지 업무규정 제24조에 의한다.

37) 특정 금융거래정보 보고 및 감독규정 제22조 제2항.

38) 한편 1백만 원 이하의 일회성거래 고객확인은 금융회사의 과도한 업무부담 및

이에 대해서 전신송금 외의 일회성 금융거래시 고객확인의 기준이 되는 금액이 국내통화(1천 5백만 원)와 외국통화간(1만 미합중국달러 상당) 차이가 있어 규제 형평성을 제고하고, 특정금융정보법 개정(제17113호, 2020. 3. 24. 공포, 2021. 3. 25. 시행)으로 가상자산사업자에 대한 자금세탁방지 의무가 부과됨에 따라 가상자산의 일회성 거래시 고객확인을 해야 하는 기준금액을 정하기 위하여 기준금액을 다시 강화하여 개정하였다. 이에 금융회사 등이 확인해야 하는 일회성 금융거래(전신송금 이외의 거래)의 기준금액을 종전 1천 5백만 원에서 1천만 원[39]으로 낮춤으로써 강화하여 규정하고, 가상자산의 일회성 거래시 고객확인[40]을 해야하는 기준금액을 1백만 원[41]으로 정하였다.[42]

금융거래 관행에 미치는 영향이 과다할 것으로 판단되어 현행금액을 일단 유지하고 장기적으로 재검토할 필요가 있다.

39) 한편 20년 4월 실시된 상호평가에서도 우리나라의 일회성 금융거래의 국내통화 기준금액이 높다는 지적이 있었다. FATF, Republic of Korea, Mutual Evaluation Report (2020. 4.), 178면 참조.

40) 2020. 10. 금융정보분석원 규제영향분석서, 20면 참조. 가상자산을 이전할 때 제공해야 하는 정보의 대상·기준 등도 100만 원 상당의 가상자산 이전에 대하여 송신인·수취인의 이름, 가상자산 주소 등을 확인하고 정보를 공유하도록 하는 송금자정보제공의 원칙(소위 TRAVEL룰)을 규정하였다. 이 역시 FATF 국제기준에 의하면 미화 1,000달러/1,000유로 이상의 가상자산 이전시 송신인의 실지명의·계좌번호, 수취인의 이름·계좌번호 등을 공유하도록 규정하고 있는바, 다만 가상자산 이전시 정보제공 조항의 경우 사업자간 공동의 시스템 도입 필요성 등을 고려하여 적용을 1년 유예('22.3.25일부터 시행)하도록 하였다.

41) FATF, VIRTUAL ASSETS AND VIRTUAL ASSET SERVICE PROVIDERS (2019), 25면참조. 가상자산 및 가상자산사업자 가이드라인 제92항에서는 VASP(가상자산사업자)가 일회성 거래를 수행하는 경우에는 CDD(고객확인의무) 수행 기준금액이 INR.15의 7(a)에 따라 미화 1,000달러/1,000유로다고 규정하고 있다.

42) 2020. 11. 특정금융정보법 조문별 제개정이유서 참조. ① 미국의 경우 고객확인을 해야하는 일회성 금융거래의 기준금액을 1만 달러로 정하고 현재 특정금융정보법 및 시행령에 따른 고액현금거래보고의무 기준 금액도 1천만 원인 점, ② 현재 법정화폐 전신송금의 경우 고객확인 기준금액이 1백만 원이며 가상자산의 경우 국제자금세탁방지기구(FATF)는 가상자산 활동의 자금세탁방지 위험

제2절 실제소유자 확인제도 주요내용

Ⅰ. 의의 및 필요성

1. 의의

고객을 최종적으로 지배하거나 통제하는 자연인을 실제소유자라 한다. 실무상 문제가 되는 경우는 개인의 실제소유자가 아니라 고객이 법인이거나 단체인 경우 해당 법인이나 단체의 실제소유자 판별 부분이다. 법인이나 단체의 경우 그 소유구조가 복잡하고 누가 실제소유자인지 판별하기 어려운 경우가 많으며, 뿐만 아니라 실제 자금세탁이 문제되는 경우 중 많은 부분이 법인이나 단체 등을 이용한 자금세탁의 사례가 빈번히 발생하고 있기 때문이다. 이러한 경우를 대비해서 우리 특정금융정보법령에서는 고객이 법인 또는 단체인 경우에는 특정금융정보법 시행령(대통령령)으로 정하는 확인 및 판별 방안을 규정하여 실제소유자를 식별할 수 있도록 하였다.

자금세탁방지 FATF 국제기준 권고사항[43]에서도 실제소유자 확인에 대한 사항을 규정하고 있는데 우선 FATF 국제기준 제10조에서는 모든

과 국경 초월적 특성을 감안하여 일회성 거래의 기준금액을 미화 1천 달러로 권고되고 있는 점 등이 고려되었다.

43) FATF (Financial Action Task Force)의 40 권고사항은 자금세탁·테러자금조달방지 분야에서 전세계적으로 가장 광범위한 영향력을 행사하고 있는 국제규범 중 하나이다. 권고사항은 자금세탁 및 테러자금조달에 대처하기 위하여 각국이 취해야 할 사법제도, 금융시스템 및 규제, 국제협력 등 포괄적인 분야에 대한 권고사항을 제시하고 있는데 용어에서 알 수 있듯이 권고사항은 구속력이 있는 다자협약은 아니나, 회원국에 대한 상호평가, 자금세탁방지 비협조국가 지정 등을 통하여 사실상의 구속력을 발휘하고 있다. 한편 권고사항을 상세히 설명하는 주석서의 경우에도 FATF 국제기준의 일부가 된다.

고객에 대하여 타인의 금융거래를 대행하고 있는지 여부를 파악, 충분한 자료를 수집하여 실제소유자를 확인하도록 규정하고 법인이나 법률관계 고객의 경우, 관련 사항을 파악하기 위한 조치를 마련하도록 규정을 하고 있다.[44] 이에 기본적으로 소유주 및 해당법인이나 단체의 지배구조를 파악하고 법인의 최대주주 혹은 통제권을 지닌 자연인(사실상 지배자)이 누구인지 파악(해당 법인이나 법률관계에 결정적인 통제권한을 행사할 수 있는 인물 포함)하도록 하고 있다.

당초에 실제소유자의 확인은 기본고객확인의 대상은 아니었다. 원래 특정금융정보법은 자금세탁행위나 공중협박자금조달행위를 할 우려가 있는 경우에 실제 당사자 여부를 확인하도록 규정을 하면서 개정 전 구 자금세탁방지 업무규정은 위험도에 따라 만약 고위험으로 판단되는 경우 실제소유자의 신원을 확인하도록 규정하고 있었다. 하지만 개인의 경우는 대포통장 이용 거래, 미성년자 명의 고액거래, 망인 명의의 통장거래 등 지속적으로 차명계좌여부가 사회적으로 문제가 되었으며 특히 법인의 경우, 적법한 사업체로 위장한 유령회사를 통한 자금세탁행위가 증가하고 특히 비영리법인이나 비상장 법인이 범죄에 이용될 위험성이 높아 관련 정보 확인이 필요하다는 의견이 제기되어 금융실명법의 차명거래금지 제도의 도입과 함께 실제소유자 확인의무가 기본고객확인 사항으로 위치하게 되었다. 이에 특정금융정보법은 자금세탁행위나 공중협박자금조달행위를 할 우려가 있는 경우에 실제 당사자 여부를 확인하도록 규정을 하면서 금융실명법의 차명거래금지 제도의 도입과 함께 실제소유자 확인의무가 기본고객확인 사항으로 위치하게 되었다.[45]

44) FATF, 앞의 책, 14면 중 고객확인의 구체적인 조치 부분 참조.
45) 금융감독원, “자금세탁방지 검사 주요 지적사례 (2019. 2.)”, 10면 참조.

2. 외국사례

각국의 자금세탁방지제도에 기본적인 가이드라인이 되는 것은 FATF 권고사항인데 권고사항 초기에는 실제소유자 확인에 대해서는 고객신원 확인 및 익명(anonymous) 또는 가명계좌(fictitious) 개설을 금지하는 수준에서 차명거래금지에 대한 부분을 규정[46]을 하다가 9.11테러 이후 자금세탁방지 및 테러자금조달금지 강화에 대한 국제적 논의가 확산되면서 사전예방적 차단수단으로 고객신원확인 및 실제소유자 확인에 대해 금융회사의 의무를 부과하기 시작했다. FATF 권고사항은 모든 계좌의 실제소유자 신원확인과 이를 검증하기 위한 합리적 조치를 원칙적으로 요구하고 있으며, 법인 또는 단체의 지배지분율(controlling ownership interest)과 관련하여서는 권고사항 주석서 해설각주 35번에서 일응의 예시적 기준으로 지분율 25% 이상[47]을 제시하고 있다.

외국의 경우에는 각 국가별로 상이하기는 하지만 대부분 처음에는 금융회사를 통해 각 금융관행으로 고객의 정보를 확인하여 기입하는 방식으로 운영이 되다가 자금세탁방지, 금융기관 영업위험관리 등 차원에서 불법차명거래 등을 방지하기 위해 점점 각국의 금융회사의 설치규정이나 자금세탁방지법규 등에서 금융회사의 고객확인의무와 이에 의한 실명확인과 실제소유자 확인제도를 운용하고 있는 경향이 있다.

우선 미국의 경우에는 USA PATRIOT 제정을 계기로 2003년에 BSA (Bank Secrecy Act)[48]가 개정됨으로써 일반 고객확인과 강화된 고객확인을 포함하는 엄격한 금융실명을 요건으로 하는 고객확인제도(customer

---

46) FATF, 앞의 책, 14면. Financial institutions should be prohibited from keeping anonymous accounts or accounts in obviously fictitious names.

47) FATF, 앞의 책, 65면. A controlling ownership interest depends on the ownership structure of the company. It may be based on a threshold, e.g. any person owning more than a certain percentage of the company(e.g. 25%).

48) 미국 은행비밀법으로 우리나라의 금융실명법과 유사한 법이다.

identification program, CIP)가 도입되었다.[49] 미국은 이에 실무적으로는 재무부 규정(Treasury Regulation)인 31 CFR 103.121에서 상세한 사항을 정하는 것과 함께 우리나라의 금융감독원의 검사·감독메뉴얼에 준하는' 연방금융회사 검사위원회(FFIEC[50]))의 '은행비밀법/자금세탁방지 검사 매뉴얼'을 운용하고 있다.

동 메뉴얼에 의하면 모든 금융회사는 고객신원확인 프로그램(Customer Identification Program)[51]을 보유하여야 하고, 각 금융회사는 고객의 신분을 파악했다는 합리적인 믿음을 형성하도록 하기 위한 것으로 각 고객으로부터 제공받아야 하는 신분확인 정보를 상술하는 계좌 개설 절차가 포함되어야 하며, 금융회사는 계좌를 개설하기 전에 이름·생년월일·주소·신분번호(Identification number[52]))를 최소한 요구하여야 한다.[53] 또한 미국의 USA PATRIOT Act of 2001 Section 325 및 Section 326과 FinCEN의 AML규칙에서는 금융회사 등에게 소유권 또는 지배권을 가진 최종적인 실제소유자의 확인 및 검증 의무를 부과하고 있다.[54] 이러한 실제소유

---

49) 김자봉, "금융실명제도의 연구-미국의 고객확인제도(CIP)와 우리나라의 실명확인제도/고객확인제도의 비교를 중심으로", 은행법연구 제12권 제2호(2019. 11.), 179면 참조.

50) Federal Financial Institutions Examination Council's. 금융회사 감독에 있어 통일된 원칙, 표준 및 보고서 형태를 정하고 통일성을 촉진하기 위하여 1979년 3월에 설립되었으며, 연방준비제도이사회(FRB), 연방예금보험공사(FDIC), 통화감독청(OCC), 전국신용조합관리청(NCUA), 소비자금융보호국(CFPB) 등 5개 연방기구와 국가연락위원회(State Liaison Committee)로 구성되어 있다.

51) Customer Identification Programs for Certain Banks (Credit Unions, Private Banks and Trust Companies) That do not Have a Federal Functional Regulator. https://www.treasury.gov/resource-center/terrorist-illicit-finance/Terrorist-Finance-Tracking/Documents/staterule.pdf.

52) 미국인에게는 납세번호(taxpayer identification number) (TIN) 등이, 미국인이 아닌 자에게는 여권번호(국적, 소재지, 사진 등이 포함) 등을 요구하여야 한다.

53) OCC: final CIP rule https://www.occ.gov/news-issuances/news-releases/2005/nr-occ-2005-42a.pdf.

54) Alaa Saleh Ghaith, "Ultimate Beneficial Owners (UBO) Between Identification and

자 확인의무를 위반하는 경우에는 기본적으로 우리나라와 같이 거래종료, 즉 계좌의 폐쇄가 가능하며 벌금부과도 가능하다. 일부의 경우에는 형사처벌도 가능한데 만약 고객확인의무를 이행하지 않은 금융회사 및 고객 등은 BSA에 따른 민사금전제재(civil money penalty)뿐만 아니라 형사법적으로 위조죄(forgery), 개인정보도용죄(identity theft), 사기죄(fraud) 등의 처벌이 적용될 수 있다.[55)]

EU의 경우 계좌보유자(account holder)를 최종적으로 소유하거나 지배하는 모든 자연인, 혹은 거래나 활동의 혜택을 받는 모든 자연인[56)]으로 실제소유자를 정의하고 있으며, 법인 또는 단체의 실제소유자 판단 보유지분율에 대해서는 우리나라의 1단계 원칙과 같은 비율인 25%의 비율을 우선적으로 고려하고 있다.[57)]

영국의 자금세탁방지법[58)]은 실제소유자를 거래자에 대해 지배권을 행사하거나 거래의 목적 당사자인 자를 실제소유자로 규정하면서 금융회사는 고객의 위험정도에 따라 실소유자를 확인·검증하기 적절한 조치를 취해야 한다고 규정하고 있다. 만약 실제소유자가 확인되지 않는다면 신규계좌 개설 금지 및 기존 거래관계의 종료[59)]의무도 도입하고 있다. 위 영국의 자금세탁법규에 따르면 금융회사는 고객확인의무를 고객을

Verification", pp. 5-6 available at 〈http://files.acams.org/pdfs/2016/Ultimate_Beneficial_Owners_A_Ghaith.pdf〉.

55) 김자봉, 앞의 논문, 187면 참조.

56) DIRECTIVE (EU) 2015/849 OF THE EUROPEAN PARLIAMENT AND OF THE COUNCIL of 20 May 2015' 제3조 (6)참조. 'beneficial owner' means any natural person(s) who ultimately owns or controls the customer and/or the natural person(s) on whose behalf a transaction or activity is being conducted and includes at least:~(후략).

57) 김양곤, "자금세탁방지법상의 실제소유자 확인 및 검증에 관한 소고", 경희법학 제53권 제2호 (2018), 480면 참조.

58) "The Money Laundering, Terrorist Financing and Transfer of Funds (Information on the Payer) Regulations 2017"이 법 표제명이며 약칭으로 "Money Laundering Regulations (2017)"로 칭한다.

59) Money Laundering Regulations(2017) § 31.

확인하고, 독립적인 문서를 통해 고객의 신원을 검증하는 것이라고 정의하고 있으며, 만일 고객이 실제소유자가 아닌 경우에는 실소유자의 신원을 파악하여야 하고, 금융회사 담당자는 법인, 신탁 또는 이와 유사한 법적 관계에 대하여 그 소유권과 지배구조를 이해할 수 있는 조치를 취하는 등 실제소유자가 누구인지를 충분히 알 수 있도록 하여야 한다고 규정하고 있다.[60]

일본은 범죄수익이전방지법에서 과거에는 실제소유자에 대한 정의가 없고 금융기관 의무규정에서 고객의 실제소유자를 확인하거나 검증하기 위해 노력해야 한다는 규정이 없었다. 다만 우리나라의 고객신원정보에 해당한다고 할 수 있는 고객 본인의 특정사항, 가령 이름이나 생년월일, 주소 등 본인을 특정할 수 있는 사항을 확인하는 본인특정사항확인제도를 도입하고 있을 뿐이었다.[61] 하지만 2016년 10월부터 시행되고 있는 일본의 개정 범죄수익이전방지법에 의하면 일정 요건에 해당하는 금융거래시에는 본인특정사항 이외에 거래상대방이 법인이나 단체의 경우에는 대표자 등의 본인특정사항과 거래권한, 거래목적, 직업, 실질적 지배자가 있는 경우에는 그 실질적 지배자의 본인특정사항을 확인하도록 규정하면서 고객확인제도를 도입하기에 이르렀다. 특히 우리나라와 유사하게 법인이나 단체의 고객을 거래상대방으로 수용하는 경우에는 과거 개정 전 범죄수익이전방지법에서는 이 법인이나 단체의 실질적 지배자 판단기준으로 주식보유 여부를 기준으로 하여 의결권 비율을 기준으로 그 실질적 지배력의 요소를 판단하였으나, 개정 범죄수익이전방지법에서는 이러한 의결권 지분비율 이외에도 회사를 실질적으로 지배하고 있는 영향력도 판단요소로 규정에 수용함으로써 마치 우리나라의 법인이나 단체의 실제소유자 판단기준에서 3단계 판별법에 의해 지분비율뿐만 아니라 실질 지배력도 고려될 수 있도록 규정하고 있는 형태와 유사한

60) Money Laundering Regulations(2017) § 28.

61) FATF, “Mutual Evaluation Report Japan”(2021. 8.), 213면 참조.

구조를 따랐다. 이에 개정법에서는 개인뿐만이 아니라 법인 및 단체의 실질지배자(우리나라의 실제소유자)를 확인하여야 한다는 조항을 규정하여 법인 또는 단체의 실제소유자 확인 및 검증 의무를 규정하고 있다.[62]

Ⅱ. 실제소유자 확인

특정금융정보법 시행령 제10조의5에서는 고객의 실제소유자에 대한 확인의무를 규정하고 있다. 금융회사 등은 특정금융정보법 제5조의2제1항제1호나목 본문에 따라 개인인 고객의 실지명의로 금융거래를 하기로 하는 약정 또는 합의를 한 다른 개인 등 고객을 최종적으로 지배하거나 통제하는 사람("실제소유자")이 있으면 그 실제소유자의 실지명의 및 국적(그 실제소유자가 외국인인 경우로 한정한다)을 확인하여야 한다(특정금융정보법 시행령 제10조의5제1항).[63]

실제소유자라는 용어는 원래 FATF 권고사항에서 beneficial owner에 대한 확인 및 검증의무를 국내에 도입하는 과정에서 이를 표현한 용어로 고객을 최종적으로 지배하거나 통제하는 자연인을 의미하는 것인데, 당초 2019. 7. 1.부터 시행된 자금세탁방지 업무규정(금융정보분석원 고시 제2019-2호)로 개정되기 이전 구 자금세탁방지 업무규정(금융정보분석원 고시 제2015-20호)[64]의 경우에는 "실소유자"라는 용어를 사용하고

---

62) FATF, "Mutual Evaluation Report Japan"(2021. 8.), 218면 참조.

63) 특정금융정보법 시행령 제10조의5(실제소유자에 대한 확인) ① 금융회사등은 법 제5조의2제1항제1호나목 본문에 따라 개인인 고객의 실지명의로 금융거래등을 하기로 하는 약정 또는 합의를 한 다른 개인 등 고객을 최종적으로 지배하거나 통제하는 사람(이하 이 조에서 "**실제소유자**"라 한다)이 있으면 그 실제소유자의 실지명의 및 국적(그 실제소유자가 외국인인 경우로 한정한다. 이하 이 조에서 같다)을 확인해야 한다. 〈개정 2021. 3. 23.〉

64) 구 자금세탁방지 업무규정 제20조(정의) ① 고객확인이란 금융기관등이 고객과 금융거래를 하는 때에 자신이 제공하는 금융상품 또는 서비스가 자금세탁

있다가 2016. 1. 1. 시행된 특정금융정보법(제12716호)부터 고객이 대리인이나 사자 등의 경우 본인, 즉 자금의 원천 소유자, 해당 금융거래 자금의 소유자를 지칭하는 용어로 "실제소유자"가 특정금융정보법에서 규정되어 사용되었다.

1. 개인고객의 실제소유자 확인

개인고객의 경우에는 대부분 거래당사자가 실제소유자로 간주될 것이다. 이에 만약 거래당사자가 타인을 위한 거래를 하고 있다고 의심되거나 고객이 실제소유자가 따로 존재한다고 밝힌 경우에만 실제소유자를 새로 대리인을 통한 금융거래인지 등을 파악하면 되는 경우가 많을 것이고 기타 이러한 특별한 경우 외에는 '계좌 명의인 = 실제소유자'로 간주하면 된다. 예외적인 경우라면 이 사람이 대리인인지 여부를 확인하고 고객이 밝힌 실제소유자에 대해 파악된 실제소유자의 실지명의(성명, 주민등록번호 혹은 외국인의 경우 생년월일)를 확인하고 기재하면 될 것이다.[65]

실무적으로 개인고객 실제소유자 확인의 경우에는 가장 간이하게 실명확인증표(주민등록증, 운전면허증 등)로 당사자인지 여부를 확인한다. 물론 개인고객이 아닌 임의단체 고객 중에서도 개인의 실명확인증표로 고객확인을 시도할 수 있다. 즉 고유번호증이 발급되지 아니한 임의단체의 경우에는 단체가 임의단체 여부를 확인할 증빙서류가 없기 때문에 할 수 없이 대표자의 실명확인증표로 확인하는 절차를 따를 것이다.

등에 이용되지 않도록 법 제5조의2에 따라 고객의 신원확인 및 검증, 거래목적 및 **실소유자 확인** 등 고객에 대하여 합당한 주의를 기울이는 것을 말한다.

65) 금융투자협회, 금융투자회사의 컴플라이언스 매뉴얼 (2020), 60면.

2. 법인 또는 단체고객의 실제소유자 확인

가. 의의

법인 또는 단체인 고객의 실제소유자로서 특정금융정보법 시행령 제10조의5제2항 각 호[66]의 어느 하나에 해당하는 사람이 있으면 그 실제소유자의 성명, 생년월일 및 국적을 확인하여야 한다.

법인 또는 단체 고객의 실제소유자 확인의 경우 실제소유자 확인과 함께 자금세탁방지 업무규정의 개정으로 자료의 검증의무가 추가되었기 때문에 해당 증빙서류도 첨부해야 한다. 여기에서의 실제소유자의 검증은 실제소유자를 충실히 확인하는 차원의 이용가능한 다양한 검증수단과 방법을 적용할 수 있다는 것을 의미하는 것으로서 반드시 실제소유자인 자연인에 대한 실명확인증표 확인 등 개인고객에 준하는 검증까지 요구하는 것은 아니다.[67] 이에 금융회사 등은 정부가 발행한 문서는 물론이고 이외에도 신뢰할 수 있고 독립적인 문서·자료·정보 등을 통하여 실제소유자를 검증하기 위한 합리적인 조치를 취할 수 있다. 법인의 경우 해당법인이나 법률관계에 결정적인 통제권한을 행사할 수 있는 자연인이 누구인지 파악함에 있어, 자금세탁의 위험도에 따라 그 신원을 확인하여야 하며 검증방법에는 특별히 제한을 두고 있지 않아 이 특정서류만이 확인 서류라고 단정할 수는 없다.

법인등기부등본 자체에는 법인에 대한 일반 등기정보가 나와 있고 지분에 대한 정보는 존재하지 아니한다. 하지만 법인의 대표자나 임원, 고위 임원에 대한 정보, 대표권제한 여부, 공동대표자 여부 등의 정보가 존재하므로 실제소유자의 인적사항을 확인하고 이를 판단함에 있어 중

66) 특정금융정보법 시행령 제10조의5 제2항.
67) 금융위원회 법령해석 회신문, "자금세탁방지 및 공중협박자금조달금지에 관한 업무규정 제41조의 '검증'에 대한 법령해석" (2020. 9. 28.) 참조.

요한 정보가 될 수 있다.

나. 단계별 실제소유자 확인제도

〈표 4〉 단계별 실제소유자 확인도[68]

(1) 사전단계: 투명성이 보장되거나 정보가 공개된 국가·지자체·공공단체·금융회사 및 「자본시장과 금융투자업에 관한 법률」 제159조제1항에 따른 사업보고서 제출대상법인의 경우 확인의무 면제가 가능 (2) 1단계: 100분의 25 이상의 지분증권을 소유한 사람 (자연인) (3) 2단계: ①, ②, ③ 중 택1 (자연인) ① 대표자 또는 임원·업무집행사원의 과반수를 선임한 주주(자연인) ② 최대 지분증권을 소유한 사람(자연인) ③ ①, ② 외에 법인·단체를 사실상 지배하는 사람(자연인) (4) 3단계: 법인 또는 단체의 대표자 (자연인) • 금융회사는 주주, 대표자, 임원 등을 법인등기사항증명서, 주주명부 등을 통해 확인 • 파악된 실제소유자의 성명, 생년월일, 국적(외국인의 경우) 확인

1) 사전단계: 실제소유자 확인의 면제

거래상대방인 법인 또는 단체고객이 만약 투명성이 보장되거나 정보가 공개된 국가·지자체·공공단체·금융회사 및 「자본시장과 금융투자업에 관한 법률」제159조제1항에 따른 사업보고서 제출대상법인의 경우 실제소유자 확인의무 면제가 가능하다.[69]

---

68) 금융위원회 보도자료, "16년부터 신규계좌 개설시 실제소유자를 확인합니다"(2015. 11), 3면 도해도를 변형하여 다시 표로 그림.

69) 해당 실제소유자 확인 면제 법인의 자세한 내용은 제3장의 제3절 실제소유자 확인의 면제 대상의 문제에서 논의하도록 하겠다.

2) 단계별 지분 확인

지분확인은 각 단계별 순서대로 실시되어야 한다. 이에 총 3단계로 이루어진 법인 또는 단체의 실제소유자 확인에 있어서 1단계 확인이나 2단계 확인을 거치지 아니하고 바로 3단계인 법인이나 단체의 대표자를 확인한다던지, 단계별 순서를 지키지 아니하는 경우에는 특정금융정보법 시행령에 따르는 실제소유자 확인이라고 할 수 없다. 물론 1, 2, 3단계의 지분확인 과정 등을 거치지 아니하고 거래상대법인이나 단체인 당사자를 실제소유자에 기입하여서도 아니된다. 이에 대해서는 금융당국의 지적사례도 다수 존재하는 바, 법인고객과 시설대여 계약을 체결하면서 실제소유자에 대한 생년월일과 국적 등을 미확인하는 경우나, 법인고객과 신규거래 등을 하면서 25% 이상의 지분증권을 소유한 주주를 확인하지 않는 등 단계별로 실제소유자 확인의무를 미이행[70]하는 경우는 모두 고객확인의무 이행이 미흡한 경우라고 지적하고 있다.[71]

〈표 5〉 실제소유자 확인의무 도입 후 고객확인 변동사항[72]

	고객확인제도		실제소유자 확인 의무 도입 후
개인	실지명의, 주소, 연락처	⇒	좌동
	-		실제소유자(성명, 주민등록번호)
영리 법인	실지명의, 업종, 소재지, 연락처	⇒	좌동
	대표자 실지명의		대표자 성명, 생년월일, (국적)
	-		실제소유자(성명, 생년월일)
비영리 법인	실지명의, 설립목적, 소재지, 연락처	⇒	좌동

70) 고객거래확인서, 실제소유자 확인서 등에 실제소유자가 아닌 거래법인명이 기재되어 있고, 주주명부 등 지분현황을 확인할 수 있는 자료를 미징구하거나 오류로 징구한 경우, 징구내용을 오기입한 경우도 포함될 것이다.

71) 금융투자협회, "금융투자회사의 컴플라이언스 매뉴얼 공통·증권·선물편"- 2018년 검사 주요 지적사례(자금세탁방지업무 설명회 개최 관련 협조요청, 금융감독원 자금세탁방지검사2팀-58, 2019. 02. 21.) 참조.

72) 금융위원회 보도자료, "16년부터 신규계좌 개설시 실제소유자를 확인합니다"(2015. 11), 3면 표를 참조하여 재구성하여 그림.

	대표자 실지명의		대표자 성명, 생년월일, (국적)
	-		실제소유자(성명, 생년월일)
외국인 및 외국단체	위 분류에 따른 확인필요 사항 및 국적, 국내 소재지	⇒	좌동
	-		실제소유자(성명, 실명번호 or 생년월일, 국적)

가) 1단계: 해당 법인 또는 단체의 의결권 있는 발행주식총수의 100분의 25 이상의 주식, 그 밖의 출자지분 등을 소유하는 자("주주등")

해당 법인 또는 단체의 의결권 있는 발행주식총수(출자총액을 포함)의 100분의 25 이상의 주식, 그 밖의 출자지분(그 주식, 그 밖의 출자지분과 관련된 증권예탁증권을 포함)을 소유하는 자를 "주주등"이라 한다.

이에 의결권이 제한되거나 무의결권 주주 등의 경우에는 제외한다.[73)]지분의 계산에서 의결권을 기준으로 본 이유는 실제소유자를 판단함에 있어서 의결권이 해당 법인이나 단체를 지배하는 지배력으로 생각하고

73) 회사가 발행할 수 있는 주식으로는 보통주식과 종류주식이 있다. 보통주식이란 이익배당, 의결권 행사 등에 대하여 어떠한 제한이나 특혜가 없는 주식으로 종류주식의 표준이 되는 주식으로 의결권이 있다. 반면 상법은 종류주식의 하나로서 의결권의 배제·제한에 관한 종류주식을 규정(상법 제344조4의)하고 있는 바, 의결권의 배제에 관한 종류주식은 주주총회의 모든 안건에 대하여 의결권이 없는 주식(무의결권주식)을 말한다. 의결권의 배제·제한에 관한 종류주식은 발행주식총수의 4분의 1까지만 발행이 가능한데(상법 제344조4의 제2항), 다만 상장회사는 자본시장법에 의해 외국에서 주식을 발행하거나 외국에서 발행한 전환사채·신주인수권부사채 및 그 밖에 주식과 관련된 증권의 권리행사로 주식을 발행하는 경우 등에는 발행주식총수의 2분의1까지 발행할 수 있다(자본시장법 제165조6의15). 이를 구체적으로 확인하기 위해서는 정관을 살펴보는 것이 좋다. 의결권 제한 종류주식의 정관기재 예시는 다음과 같다(상장사협의회, "2018 상장회사 실무해설집", 728면 참조).
(예시) 정관 제○조(의결권 배제 종류주식의 수와내용) ① 이 회사가 발행할 (○종) 종류주식은 의결권배제 종류주식 (이하 이조에서는 "종류주식"이라 함)으로 하며, 그 발행주식의 수는 ○○주로 한다.

있기 때문에 입법적으로 구성한 것으로 사료된다.

나) 2단계: ①, ②, ③ 중 택1

① 해당 법인 또는 단체의 의결권 있는 발행주식총수를 기준으로 소유하는 주식, 그 밖의 출자지분의 수가 가장 많은 주주등
② 단독으로 또는 다른 주주등과의 합의·계약 등에 따라 대표자·업무집행사원 또는 임원 등의 과반수를 선임한 주주등
③ 해당 법인 또는 단체를 사실상 지배하는 자가 가목 및 나목에 해당하는 주주등과 명백히 다른 경우에는 그 사실상 지배하는 자

(1) 해당 법인 또는 단체의 의결권 있는 발행주식총수를 기준으로 소유하는 주식, 그 밖의 출자지분의 수가 가장 많은 주주등

최대지분증권 소유자를 계산함에 있어서 특정금융정보법에서는 해당 법인 또는 단체의 의결권 있는 발행주식총수를 기준으로 소유하는 주식, 그 밖의 출자지분의 수가 가장 많은 주주 등으로 규정하고 있다. 이 주주 등에 특수관계인의 지분도 고려할 수 있을 것인지가 문제된다.

구체적인 특수관계인들의 지분처리방식과 관련하여 금융법규 중 금융회사의 지배구조에 관한 법률 제2조제6호[74] 및 보험업법 제2조 제17호[75]에서는 본인을 기준으로 본인과 특수관계인의 주식의 합이 최대일 때 그 본인을 최대주주로 하고 있다. 따라서 다른 자를 기준으로 하여 그와 특수 관계인의 주식의 합이 최대가 될 때(먼저 계산한 본인 및 특수 관계인의 주식의 합과 같을 때)에는 그 다른 자도 본인으로서 최대주주가 된다. 또한 본인 및 특수관계인의 주식수의 합이 최대이면 되는 것이지 본인이 반드시 1대주주이거나 본인 및 특수관계인 그룹 내에서 그

74) 금융회사의 지배구조에 관한 법률 제2조 제6호.
75) 보험업법 제2조(정의) 이 법에서 사용하는 용어의 뜻은 다음과 같다.
17. “대주주”란 「금융회사의 지배구조에 관한 법률」 제2조제6호에 따른 주주를 말한다.

본인이 1대주주일 필요는 없는 것으로 판단하고 있다. 여타의 금융관련 법에서는 이러한 금융회사지배구조법상의 개념을 차용하고 있는데 대표적인 법령이 자본시장과 금융투자업에 관한 법률 제9조제1항에서 동일하게 금융회사지배구조법상의 개념을 차용하고 있다.[76]

은행법은 대주주라는 개념을 사용하는 바, 은행법 제2조 제10호상 "대주주(大株主)"란 개념을 사용하면서 은행의 주주 1인을 포함한 동일인이 은행의 의결권 있는 발행주식 총수의 100분의 10[전국을 영업구역으로 하지 아니하는 은행("지방은행")의 경우에는 100분의 15]을 초과하여 주식을 보유하는 경우의 그 주주 1인 혹은 은행의 주주 1인을 포함한 동일인이 은행(지방은행은 제외한다)의 의결권 있는 발행주식 총수의 100분의 4를 초과하여 주식을 보유하는 경우로서 그 동일인이 최대주주이거나 대통령령[77]으로 정하는 바에 따라 임원을 임면(任免)하는 등의 방법으로 그 은행의 주요 경영사항에 대하여 사실상 영향력을 행사하고 있는 자인 경우에는 그 주주 1인을 대주주로 규정하고 있다.

일반 회사에 적용되는 최대주주의 개념은 상법을 살펴볼 수 있는데 상법에서는 상장회사의 주주로서 의결권 없는 주식을 제외한 발행주식 총수를 기준으로 본인 및 특수관계인이 소유하는 주식의 수가 가장 많은 경우의 본인으로 규정하고 있다.[78] 물론 상장회사의 경우 감사선임과 관련하여서는 더 엄격한 제한들을 설정하고 있다.[79]

---

76) 금융위원회 법령해석 회신문, "본인의 특수관계인인 친척이 대주주이자 대표이사로 있는 회사(본인 지분 0%)도 본인의 특수관계인에 해당하는지" (2006. 6. 26.) 참조.

77) 은행법 시행령 제1조의6 제1항 제1호·제2호.

78) 상법 제542조의8 제2항 제5호.

79) 상법 제542조의12, 동법 시행령 제38조.

(2) 단독으로 또는 다른 주주등과의 합의·계약 등에 따라 대표자·업무집행사원 또는 임원 등의 과반수를 선임한 주주 등

단독으로 또는 다른 주주등과의 합의·계약 등에 따라 대표자·업무집행사원 또는 임원 등의 과반수를 선임한 주주 등의 경우에는 사실상 지배자와 구별되는 측면은 주주의 지위에 있다. 특정금융정보법 시행령 제10조의5제2항제2호다목의 문구가 법인 또는 단체를 사실상 지배하는 자가 가목 및 나목에 해당하는 주주등과 명백히 다른 경우에는 그 사실상 지배하는 자로 규정되어 있기 때문에 본목의 문리적 해석상 주주의 자격은 가지고 있되 최대 지분권자는 아니지만 사실상 임원이나 대표자를 선임하거나 업무집행사원을 선임할 수 있는 실력적 주주를 의미하는 것이라고 볼 수 있다.

(3) 법인 또는 단체를 사실상 지배하는 자가 가목 및 나목에 해당하는 주주등과 명백히 다른 경우에는 그 사실상 지배하는 자

사실상 지배자의 개념은 당초 공정거래법[80]에 규정된 개념이다. 이에 공정거래법 시행령에서는 특수관계인의 범위에서 당해 회사를 사실상 지배하는 자라고 표현하며 이를 특수관계인에 포함시키고 있다. 물론 공정거래법 시행령 제3조에서는 기업집단의 범위에 포함시킬 대통령령이 정하는 기준에 의하여 사실상 그 사업내용을 지배하는 회사를 정하기 위한 기준으로 사실상 지배력의 개념을 규정하고 있다.

유사한 개념으로 금융관련법에서 "사실상 영향력"이라는 개념이 있는데 이는 은행법령에 규정되어 있고 금융회사 지배구조법[81] 등에서 이 개념이 사용되고 있다. 은행법 시행령 제1조의6에서는 은행법 제2조제1항제10호나목에 따라 은행의 주요 경영사항에 대하여 사실상 영향력을 행사하는 자는 단독으로 또는 다른 주주와의 합의·계약 등으로 은행장

80) 공정거래법 시행령 제11조.
81) 금융회사지배구조법 시행령 제3조(특수관계인의 범위) 제1항 자호.

또는 이사의 과반수를 선임한 주주, 경영전략, 조직변경 등 주요 의사결정이나 업무집행에 지배적인 영향력을 행사한다고 인정되는 자로서 금융위원회가 지정한 자를 사실상 영향력 행사 기준 및 경영관련 기준 대상자로 각각 보고 있다.

특정금융정보법에서의 사실상 지배자는 반드시 위의 개념들에 구속될 필요는 없겠지만 하나의 판단 기준으로는 사용할 수 있을 것이다. 이에 특정금융정보법 시행령 제10조의5제2항제2호나목과의 차이점으로 본다면 주주의 자격은 가지고 있지 않고 최대 지분권자는 아니지만 사실상 임원이나 대표자를 선임하거나 업무집행사원을 선임할 수 있는 실력적 지배자(출자자로서 창립자, 법인 경영을 사실상 지배하는 명예회장 등)를 의미하는 것이라고 해석해 볼 수 있다.

다) 3단계: 법인 또는 단체의 대표자

법인 또는 단체 대표자의 경우 이미 법인 고객확인시에 대표자의 성명과 생년월일 등을 확인하였으므로 실제소유자의 성명만 확인하도록 규정하였다. 누구를 대표자로 기입할 것인지에 대해서는 금융회사는 대표자, 임원 등을 법인등기사항증명서, 주주명부 등을 통해 확인하여 고객이 신고한 내용을 토대로 해당내용을 찾아 기입하면 될 것이다. 비영리법인의 경우에 누구를 대표자로 규정할 것인지가 특히 문제가 될 수 있다. 3단계 법인 또는 단체의 대표자 확인의 경우 다양한 직위의 대표자가 있을 수 있으며 특히 관리자와 대표자가 다른 경우가 많기 때문이다. 이에 실질적인 권리의무의 귀속주체로서 기관의 대표자가 누구인지를 관련서류 등을 통해 확정해야 되는 경우가 많다. 특히 의사록이나 등본 등의 확인을 통해 임기만료된 대표자는 아닌지, 대표권이 제한된 자인지 여부 등도 확인하여야 할 것이다.

사례 등을 통해 보면 일반적으로 비영리법인인 아파트입주자대표회의의 경우에는 관리사무소장이 대표자가 아니라 입주자대표회의 대표자가 해당 법인의 대표자가 된다. 워낙 법인이나 단체의 대표자를 누구로 특정하는지에 대해서는 다양한 법인 또는 단체의 유형에 따라 이를 파악하기가 어려운 경우가 많아서 실무적으로는 해당 법인의 법인등기부등본이나 정관 등을 통해 이를 파악하려 하고 있으며, 고객인 법인이나 단체로부터 공문을 수취하여 이를 기입하려는 경우도 많다. 실제소유자로 인정될 수 있는 대표자 등에 포함될 수 있는 예시로 위험평가지표에서는 법인의 대표기관의 예시로 참고할 수 있는 것은 "고객확인의무를 수행한 고객 중 법인의 실제소유자 확인(실제소유자로 인정되는 예시)"에 해당하는 대표기관들이 있는 바, 법인이나 단체별로 그 형태가 다양하여 일률적으로 적용하기 어려운 측면은 있지만 각 단체별 대표자로 상정될 수 있는 당사자의 예시로 이를 참고할 수 있다.

- 고객확인의무를 수행한 고객 중 법인의 실제소유자 확인
  (실제소유자로 인정되는 대표기관의 예시)[82]
  - ○ 영리법인/합명회사: (대표)사원 혹은 업무집행자
  - ○ 영리법인/합자회사: 무한책임사원
  - ○ 영리법인/유한책임회사: 업무집행자, 이사, 집행임원, 사원
  - ○ 영리법인/주식회사: 주주, 대표이사, (대표)집행임원
  - ○ 영리법인/유한회사: (대표)이사
  - ○ 비영리사단법인/사단법인: (대표)사원
  - ○ 비영리재단법인/일반재단법인: 이사장
  - ○ 비영리재단법인/학교법인: 이사장
  - ○ 비영리재단법인/의료법인 및 의료인단체: 협회장 또는 이사장
  - ○ 비영리재단법인/사회복지법인: 대표이사
  - ○ 비영리재단법인/기타법률에 따른 재단: 이사장

---

82) 금융위원회 금융정보분석원, "위험평가 운영위험 지표 정의서(2021. 8.)", 23면.

제3절 차명거래금지제도의 도입과 법률관계

Ⅰ. 차명거래금지제도

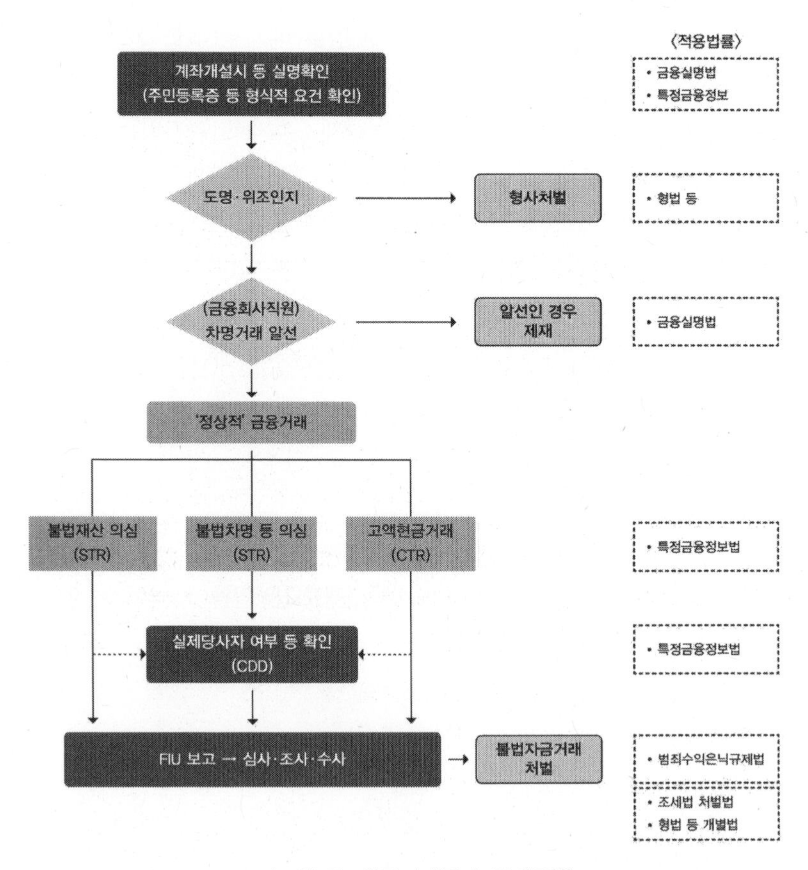

〈그림 3〉 차명거래금지 도해도[83]

83) 차정현, 앞의 논문(주1), 74면의 표 부분 참조하여 개정법에 맞게 재구성.

통상 차명거래라 함은 실소유자와 명의인 양자 간의 합의 또는 금융회사를 포함한 3자간의 합의에 기하여 실제소유자가 예금 등 금융상품에 대한 실질적인 권리를 행사하기로 하면서 명의인이 외형적 거래자로서 금융회사에 대하여 실명을 확인하여 이루어지는 금융거래를 말한다. 쉽게 생각하면 타인의 계산 혹은 명의로 이루어진 금융거래로서 금융거래의 원천과 명의가 다른 경우를 차명금융거래라고 정의할 수 있다.[84]

차명거래를 단속하기 위한 법은 쉽게 떠오르는 것이 금융실명법인데 차명거래금지제도가 도입되기 전의 구 금융실명법은 금융회사로 하여금 금융회사 임직원의 실명확인 의무 위반에 대해서는 과태료 부과(500만원 이하)[85] 및 징계조치(주의, 경고, 직무정지, 해임 등)에 취하도록 규율하고 있을 뿐, 일반국민에 대한 실명거래 의무 및 위반시 처벌조항이 없었다.[86] 즉 명의차용자나 명의대여자는 차명금융거래를 수단으로 하는 본래 목적의 범죄행위가 밝혀졌을 때 그 "해당 범죄"에 대해 형법상의 재산범죄와 각 특별법상 규정이 있는 경우에는 해당 규정에 대한 제재

84) 차정현, "차명거래금지와 자금세탁방지제도", 대한민국 정책브리핑, 2015. 3. 참조. 한편 광의의 차명거래에는 실소유자가 명의인의 동의 없이 실명증표를 도용(盜用)하여 이루어지는 도명거래도 포함하나, 도명은 그 행위 자체로 형법, 주민등록법 등에 의거 처벌 가능하며, 금융회사의 실명확인의무에 의거하여 차단이 가능하다. 이에 차명금융거래의 범주는 관계자간 合意에 의거한 차명거래에 대한 규제에 중점을 맞춘다.

85) 이 과태료 역시 선관주의를 명확히 위반하는 경우에만 인정된다. 이에 은행 직원이 단순히 인감 대조 및 비밀번호 확인 등의 통상적인 조사 외에 당해 청구자의 신원을 확인하거나 전산 입력된 예금주의 연락처에 연결하여 예금주 본인의 의사를 확인하는 등의 방법으로 그 청구자가 정당한 예금인출권한을 가지는지 여부를 조사하여야 할 업무상 주의의무를 부담하는 것으로 보기 위하여는 그 예금의 지급을 구하는 청구자에게 정당한 변제수령권한이 없을 수 있다는 의심을 가질 만한 특별한 사정이 인정되어야 한다(대법원 2013. 1. 24. 선고 2012다91224 판결 등 참조)는 판시도 있다.

86) 만약 본인의 동의없는 계좌의 개설·관리, 인감·서명 등 위조시 형법상 사문서위조(3년 이하 징역, 1천만 원 이하 벌금), 주민등록법상 도명(3년 이하 징역, 1천만 원 이하 벌금) 등에 의해 처벌될 수 있다.

를 받을 뿐이었다.

형사적으로는 차명금융거래의 명의를 주고받은 각 당사자에 대하여 직접 형사제재를 과하고 있지 아니하다는 점, 민사적으로는 판례 등에 의해서 차명계좌에 입금된 금원 소유권을 실제소유자의 주장과 입증에 의해 비교적 간이하게 실제소유자의 것으로 인정되도록 하는 점 등이 함께 작용하여 불법차명거래의 유인이 되었다. 쉽게 말하면 차명거래금지제도 도입이전에는 "세금문제 등의 약간의 피곤한 문제점 들을 논외로 하고 크게 처벌받지 않고 내 돈을 차명으로 맡기더라도 되찾아올 수 있다"라는 대명제에 의해 차명금융거래가 각종 범죄의 수단으로 광범위하게 사용되는 이유가 된 셈이었다.

Ⅱ. 차명거래금지 관련 법률

1. 금융실명거래 및 비밀보장에 관한 법률

금융실명법은 "금융실명제"의 근거법률로서 차명거래의 규제를 가능하게 하는 기초법률에 해당한다. 동법은 실명에 의한 금융거래를 실시하고 그 비밀을 보장하며 금융거래의 정상화를 기하려는 목적으로 제정되었다. 금융회사는 소정의 예외사유에 해당하지 않는 한 거래자의 실명에 의하여 금융거래를 하여야 하며(금융실명법 제2조 제1항), 금융회사 종사자는 명문의 예외사유[87]에 해당하지 않는 한 금융거래의 비밀보장의무를 부담하고(금융실명법 제3조 제1항), 명의인의 요구·동의 없이는 그

87) 금융실명법 제3조 제2항 참조. 이는 법 취지상 규모에 큰 문제가 없는 금액 등에 대해서는 불편해소 차원에서 예외를 인정해 주는 것이다. 국회 재정경제위원회 수석전문위원, "금융실명거래 및 비밀보장에 관한 법률안 검토보고(1997)", 5면 참고.

금융거래정보를 타인에게 제공하거나 누설해서는 아니되며(금융실명법 제4조 제1항), 이에 위반한 때에는 처벌하도록 규정하고 있다.

금융실명법은 금융회사 종사자가 외형상 나타난 금융거래자의 실명확인증표에 의하여 실명여부를 확인토록 의무를 부과하고 있다. 도입취지가 애당초 가명이나 차명을 통한 금융비밀주의를 지양하고 모든 금융거래는 실명사용을 원칙으로 하는 것이기 때문이다.[88]

다만 구 금융실명법에서는 모든 금융거래시 실제소유자에 의한 거래의무를 부과한다면 다수 국민을 범법행위자로 만들 우려가 있고, 금융자산이 외부로 나오지 아니하는 등의 우려가 있었으며, 무엇보다도 당시 실무적으로 금융회사가 실제소유자 조사권이 없는 현실이 고려되었다. 이에 따라 금융회사의 경우 실명확인증표 확인의무 위반 혹은 차명거래 알선·중개하는 경우 정도만 해당 임직원에 대해 5백만 원 이하 과태료 및 일부 신분상 제재만이 가능하였다. 물론 금융거래에 나선 차명거래자 등 금융거래자에 대한 직접적 제재는 존재하지 않았다.

2. 특정금융정보법(소위 "자금세탁방지법")

특정금융정보법은 우리나라의 자금세탁방지법이다. 본법에서는 금융회사 등을 통한 범죄자금의 세탁행위나 탈세 목적의 외환거래를 차단하는데 필요한 금융회사의 의심거래보고(STR), 고액현금거래보고(CTR), 고객확인의무(CDD) 규정, 금융정보분석원(FIU) 설치, 비밀누설금지에 대한 기본적인 내용을 규정하고 있다. 특정금융정보법과 시행령에 모두 내용을 규정하기 어렵기 때문에 세부적인 내용은 자금세탁방지 및 공중협박자금조달금지에 관한 업무규정에서 규정하고 있다.

---

88) 이계인, '주요국의 금융실명제도', 입법조사월보 통권 제222호, 국회사무처, 1993, 101면.

3. 범죄수익은닉규제법 등

불법자금 조성, 거래, 사용 행위 등에 대해서는 범죄수익은닉규제법, 조세범처벌법 등 개별법령에 따라 처벌하여, 범죄수익 등의 취득 또는 처분을 가장한 자(소위 자금세탁행위에 나선 행위자 등)는 범죄수익은닉규제법(제3조)에 따라 형사처벌(5년 이하의 징역[89] 또는 3천만 원 이하의 벌금)하고 있다.

Ⅲ. 차명거래의 실제소유자 결정 논의

1. 금융실명법 제정 이전

금융실명제 실시 이전에는 차명거래를 규제하는 금융실명법과 같은 특별법이 존재하지 않아 출연자가 자신의 자금 노출을 피하기 위해 타인명의를 빌려 예금계좌를 개설하고 예금명의에 관계없이 자신이 예금주로서 권리를 행사하는 금융거래가 가능하였고 차명예금계약도 일반법인 민법의 근본원리인 사적자치를 근거로 유효하였다. 따라서 예금반환청구권의 귀속이나 출연자 또는 예금명의자의 제 채권자들에 의한 권리행사 문제가 자주 제기되었다.[90]

---

89) 법무부, 범죄수익은닉의 규제 및 처벌 등에 관한 법률 해설 (2002), 83면 참조. 한편 범죄수익은닉규제법에서는 자금세탁행위의 전제범죄인 특정범죄군을 개별선정하고 있는바, 범죄수익은닉규제법의 별표를 개정하는 방식으로 특정범죄를 추가하고 있으며, 처음 특정범죄의 경우 원칙적으로 법정형 중 징역형이 장기 5년 이상인 범죄를 위주로 선정하였다고 하는데, 이는 범죄수익은닉죄의 법정형보다 중할 필요가 있다고 판단되었기 때문이라고 한다.

90) 박선아, “금융실명정책과 차명예금계약의 예금주 결정”, 대법원 선고 전원합의체 판결 2009. 3. 19. 선고 2008다45828, 「법과 정책연구」 9권 제2호, 한국법정책

합의차명예금의 소유권한에 대해서는 명의여하에 불구하고 실질적으로 예금에 대해 통제권을 행사하고 지배하고 있는 자, 즉 자신의 출연에 의하여 자기의 예금으로 하는 의사로 은행에 대하여 스스로 또는 대리인·사자를 통하여 예금계약을 한 자가 예금주라고 하는 객관설이 있다.[91]

반대로 예금 당시에 예입행위자가 특별히 다른 사람이 예금주임을 명시적 또는 묵시적으로 표시한다거나 또는 은행이 실질상의 권리자를 알지 못하는 한 예입행위자가 예금주[92]라고 하는 주관설이 있으며, 원칙적으로는 출연자가 예금주이지만 예금행위자가 자기의 예금이라는 것을 명시적 또는 묵시적으로 표시한 때에는 예입행위자가 예금주라는 절충설 등이 있었다.[93]

금융실명제 실시 이전의 판례들은 원칙적으로 실명확인을 한 예금의 명의자를 예금주로 보고 예외적으로 출연자와 금융회사 사이에 명의자가 아닌 출연자 등에게 예금채권을 귀속시킨다는 명시적 또는 묵시적 약정이 있는 경우에는 출연자 등을 예금주로 볼 수 있다는 입장을 견지[94]하였다. 즉 양 당사자의 의사의 합치가 있으면 차명금융거래는 유

학회(2009), 729면.

91) 박상철, "기명식 예금에 있어서의 예금주의 인정", 판례연구 3집, 부산판례연구회, 1993, 264면.

92) 예금주는 언제나 명의인으로 하는 것이 예금계약 성립의 명확화에 타당하다는 견해이다(전경근, "예금계약에 관한 연구", 서울대학교 법학박사 학위논문, 1999, 176면 내지 177면). 대출계약도 거래관계의 명확화를 위해 거래행위자를 중심으로 보아야 한다고 한다(전경근, 앞의 논문, 176면 내지 177면).

93) 윤진수, "계약당사자의 결정에 관한 고찰 특히 예금계약을 중심으로", 판례실무연구(1998), 375면. 객관설을 따르되 누가 예금의 자금을 출연하였는가 하는 점 외에 예금을 실질적으로 지배하고 있는 자라는 요건을 추가하는 절충적 견해도 있다(송재일, "금융실명제에서 계약해석과 법해석의 문제", 신협연구(제57호), 89면).

94) 김재형, "금융거래의 당사자에 관한 판단기준", 저스티스 제93호, 한국법학원(2006. 8.), 23면 내지 24면. 이에 다수의 학설의 견해도 금융실명법에서 권리나 의무관계에 별다른 규정이 없기 때문에 객관설로 해석하는 것이 다수의 견해이기도 하였다(이창구, "예금주의 인정에 관하여", 대법원 판례해설 제8호

효한 것이므로 개별법에 의해 당사자들이 형사처벌을 받는 것은 논외로 하더라도 차명금융거래 자체의 효력에는 문제가 없게 된다.

2. 금융실명법 제정 이후

과거 계좌명의자를 실제소유자로 보게 되는 것에 대해 금융실명제 시행 이후에는 명시적으로 실명으로 거래하여야 한다는 규정이 삽입되었으므로 금융회사가 만약 실명에 의한 금융회사의 확인의무를 위반하는 경우 금융거래의 계약이 유효할 수 있는지가 문제될 수 있다. 만약 계약이 무효가 된다면 사법상 효력 여부가 문제되고 계좌명의자는 실제소유자로 볼 수 없게 되기 때문이다.

하지만 금융실명제 시행 이후 판례에서도 금융실명법 제3조 제1항을 효력규정이 아닌 단순한 단속규정으로 보고 지속적으로 차명계약의 유효성을 인정하였다.[95] 결국 이에 의하면 돈을 넣은 자금인입자, 즉 명의차용자가 실제소유자가 되고 유효한 실제소유자로 될 것이므로 지속적인 불법차명거래의 동인이 생기게 된다.

판례의 태도에 대해서 학설은 나뉘게 되는데 금융실명법 시행 전과 마찬가지로 차명예금계약 유효성에 대해 금융실명법 제3조 제1항을 단속규정으로 보아 차명예금계약이 유효하다고 보는 견해가 있다. 금융실명제의 취지가 재산의 은닉 탈세 등을 목적으로 한 무기명 또는 허무인 명의의 예금을 막고자 하는데 있을 뿐인 점,[96] 규정을 위반한 경우에 금융회사의 임직원에 대하여만 과태료의 제재를 가할 뿐 무효라고 규정하고 있지 아니하며,[97] 법의 목적이 금융자산의 흐름을 국가가 더 잘 파악

(1988. 12.), 법원도서관, 90면).

95) 김유태, "차명거래의 법적쟁점에 대한 연구", 고려대학교, 2012, 9면 내지 10면.

96) 송덕수, "금융실명제하에 있어서 예금계약의 당사자 내지 예금채권자의 결정", 「판례실무연구」, 박영사 (1998), 352면.

97) 오창수, "금융실명제하에서의 예금주 명의신탁과 출연자와 명의자의 관계",

할 수 있게 하자는데 있다고 본다면 이는 예금주와 금융회사간의 사법적 관계를 직접 규율하려는 것은 아니고, 금융실명제를 위반한 행위자에게 일정한 제재를 가함으로써 실명거래를 유도하고 이를 통하여 금융거래의 투명성을 확보하려는 취지에서 제정된 단속규정으로 보아야 한다는 점[98] 등이 그 근거로 제시된다.

이에 반해 금융실명법 제3조 제1항을 효력규정으로 보아 차명예금계약이 무효라고 보는 견해도 있다. 차명예금계약을 무효로만 볼 수 있다면 금융회사의 고객확인 과정을 통해 불법차명금융거래가 무효인 계약으로 취급될 수 있고, 불법차명금융거래를 억제할 수 있는 효과가 있기 때문이다. 이에 현실적인 법령의 제정목적에 따라 차명거래자와 금융회사와의 통모에 의해 타인명의로 비실명거래를 하는 경우에는 사법상 효력을 부정하여야 한다는 점, 금융실명제는 가명 및 차명계좌를 통한 금융비밀주의를 지양하고 금융거래시 반드시 거래당사자의 실명을 사용하도록 하기 위한 것이므로 비실명거래의 사법상 효력을 부정하여야만 금융실명제의 목적을 달성할 수 있다고 볼 수 있으며 비실명거래의 사법상 효력을 부정하지 않고서는 자산의 흐름을 아는데 한계가 있을 수밖에 없다는 점을 무효로 보는 견해에서는 그 논거로 제시하고 있다.[99][100]

대법원 2009. 3. 19. 선고 2008다45828 전원합의체 판결에서는 금융실명거래 및 비밀보장에 관한 법률에 따라 실명확인 절차를 거쳐 예금계약을 체결하고 그 실명확인 사실이 예금계약서 등에 명확히 기재되어 있는 경우에는, 일반적으로 그 예금계약서에 예금주로 기재된 예금명의자나 그를 대리한 행위자 및 금융회사의 의사는 예금명의자를 예금계약

「판례연구」 15집 상, 서울지방변호사회 (2001), 120면.

98) 문성관, "금융실명제하에서의 출연자와 예금명의자가 서로 다른 경우 예금주의 인정기준 및 출연자의 예금반환채권의 행사방법", "재판실무연구(2001)", 32면.

99) 김재형, "금융거래의 당사자에 관한 판단기준", 「저스티스 제93호」, 한국법학원(2006), 32면.

100) 김유태, 앞의 논문, 9면.

의 당사자로 보려는 것이라고 해석하는 것이 경험법칙에 합당하다면서 "출연자 등을 예금계약의 당사자라고 볼 수 있으려면, 금융기관과 출연자 등과 사이에서 실명확인 절차를 거쳐 서면으로 이루어진 예금명의자와의 예금계약을 부정하여 예금명의자의 예금반환청구권을 배제하고 출연자 등과 예금계약을 체결하여 출연자 등에게 예금반환청구권을 귀속시키겠다는 명확한 의사의 합치가 있는 극히 예외적인 경우"가 없는 한 다수의견은 이전의 판례와 동일한 입장에서 비실명금융거래의 유효성을 인정하고 있으며 다만 일부 그 예외인정요건을 강화하여 예외사유를 살피고 있다.[101)]

---

101) 대법원 2009. 3. 19. 선고 2008다45828 전원합의체 판결. 갑이 배우자인 을을 대리하여 금융기관과 을의 실명확인 절차를 거쳐 을 명의의 예금계약을 체결한 사안에서, 갑과 을의 내부적 법률관계에 불과한 자금 출연경위, 거래인감 및 비밀번호의 등록·관리, 예금의 인출 상황 등의 사정만으로, 금융기관과 갑 사이에 예금명의자 을이 아닌 출연자 갑을 예금계약의 당사자로 하기로 하는 묵시적 약정이 체결되었다고 보아 갑을 예금계약의 당사자라고 판단한 원심판결을 파기하였다. 다만 대법관 박시환은 별개의견에서 금융실명거래 및 비밀보장에 관한 법률 제3조 제1항은 실명확인 절차를 거칠 것을 예금계약의 효력요건으로 규정한 것이고, 위 규정의 취지에 반하는 예금계약의 효력을 부정하는 강행규정이라고 보아야 한다며 따라서 출연자 등이 예금명의자 명의로 실명확인 절차를 거쳐 예금계약을 하면서, 금융기관과의 합의하에 출연자 등을 예금계약상의 예금반환청구권을 갖는 예금계약의 당사자로 하기로 별도로 약정한 경우 등에는, 그 별도의 약정에 관하여 당사자들이 명확한 증명력을 가진 구체적이고 객관적인 증거를 남겨 두었는지 여부와 관계없이, 그러한 별도의 약정 자체는 강행규정인 금융실명거래 및 비밀보장에 관한 법률 제3조 제1항에 위반되어 효력이 없는 것으로 보아야 한다. 결국 이러한 경우에는 금융기관과 예금명의자 사이의 예금계약만이 유효하게 성립할 뿐이어서, 예금반환청구권을 갖는 예금계약의 당사자는 예금명의자이다라고 판시하였다.

Ⅳ. 차명거래금지제도 도입 이후의 규제

1. 배경

(사례 1) 부부간, 부모-자녀간, 형제자매간 가계자금을 예치·사용하거나, 종중 등 각종 모임이 대표자 명의로 자금 운용하는 경우

(사례 2) 차명으로 부동산을 매매하는 경우

(사례 3) 불법적인 기업인수 합병(M&A)을 목적으로 다수 유령법인들의 계좌를 개설하여 금융거래에 나서는 경우

금융실명법은 기본적으로는 금융소득에 대한 과세표준 양성화, 금융소득종합과세 실시 등 공평과세의 기반을 조성함으로써 조세의 형평성을 제고하는 계기가 되었고, 불법정치자금 수수, 정경유착 등 사회 부조리 방지에도 기여하였다.[102] 다만 여전히 이 정도의 효과 외에는 불법차명금융거래를 효율적으로 단속하는 것은 무리였다. 특정금융정보법상 불법적 자금 거래감시 역시 한계가 있었는데 금융회사 등은 일정금액 이상에 해당하는 경우에만(고액현금거래보고의 경우 1천만 원 이상의 현금거래) 이를 FIU에 보고하도록 하였기 때문에 위 기준금액 이하 금액으로 차명거래가 이루어진 경우 이를 적발해 내는데 결함이 있었으며,[103] 금융회사 등이 의심거래보고의무와 고액현금거래보고의무를 위

102) 물론 금융실명법상 비실명 자산소득에 대해 과한 소득세율을 적용하도록 하는 것에 대해서 합리성 없는 자의적 차별이라는 견해도 있다(김완석, "차명금융거래의 문제점과 개선방안", 중앙법학 제6집 제3호, 2004, 92면).

103) 한편 위와 같은 결함을 시정하기 위해 정부는 2012. 11. 13. 금융회사 등이 특정금융거래 관련 재산이 불법재산이거나 금융거래의 상대방이 자금세탁행위 또는 공중협박자금조달행위를 하고 있다고 의심되는 경우 금융거래의 금액에 상

반하는 경우, 즉 의심거래·고액현금거래에 대해 허위보고 또는 미보고 시에는 허위보고에 대해서는 형사벌, 미보고에 대해서는 과태료 제재 등의 각 해당 위반 행위에 대해 벌칙을 부과하는 것 이외에 별다른 제한방법이 여전히 존재하지 않았다.

하지만 차명거래라고 해서 반드시 모두 법위반이라고 볼 수 없는 측면도 있는데 이를 사례를 나누어 살펴보도록 하겠다. 우선 위의 (사례 1)의 경우처럼 선량한 차명거래가 차명거래의 상당부분을 차지하는 상황도 존재할 수 있기 때문에 구분없이 모든 차명거래를 처벌하면 다수 국민을 범법자로 만드는 결과가 되기 때문이고 이는 당초의 금융실명법에서 실명금융거래를 도입한 입법자들의 의지는 아니라고 판단된다.

또한 대체물인 금전을 목적물로 하는 금융거래계약의 특성상 (사례 2)의 부동산처럼 아니면 등기나 공시가 가능한 다른 별도의 수단이 없기 때문에 그 차명이라는 행위에 대한 입증자료가 부족하다. 이에 비교할 수 있는 공시제도가 존재하는 부동산 명의신탁의 무효화[104]와 비교해 본다면 동일한 측면에서 이해하거나 취급하기 어렵다고 보인다.

이에 차명거래금지제도가 도입되기 이전에는 만약 법인이나 단체가 (사례 3)과 같은 불법목적의 금융거래에 나서는 경우 이전에 금융실명제도만을 도입한 체제에서 만약 규제를 하자고 한다면 금융실명법상의 실지명의거래원칙과 유기적으로 연계된 민사·형사·조세법상의 제재로서만의 단속을 생각해 볼 수 있었을 것이다. 즉 민사법상의 제재로서 명의인으로 당사자 확정시 출연자가 금원을 박탈될 가능성이 있는 위험부담, 조세법상의 제재로서의 가능성, 형사법상의 제재로서의 상법, 자본시장법, 조세포탈죄 등 처벌의 가능성 정도와 함께 자금세탁행위도 범죄수익은닉규제법에 의하여 처벌될 수 있는 수준 정도로 사료된다.

결국 궁극적으로 차명거래를 사후에 적발해 내기 보다는 이를 사전

관없이 금융정보분석원장에게 그 금융거래에 대하여 보고하도록 하는 법개정안을 국회에 제출하였다(http://likms.assembly.go.kr/bill; last visit: 2021. 11. 3.).

104) 부동산실명법 제4조.

적으로 차단하고 예방해 낼 수 있는 방안이 더 중요하게 되었으며, 불법 차명거래를 사전에 알아내기 위해서는 금융실명법상의 관련규정의 개정과 함께 특정금융정보법에서 이미 규정되어 있었던 고객확인의무제도를 강화하여 실제소유자 확인을 선택사항이 아닌 필수사항으로 둘 필요가 있었다. 이 제도의 실효력을 강화하기 위해 금융실명법상 불법차명거래를 금지하고, 특정금융정보법상 실제소유자 확인의무 위반에 대해서는 행정제재 및 과태료[105] 등을 규정하자는 차명거래금지 규제종합방안이 나오게 된다.

2. 차명거래 규제제도

가. 의의

구 금융실명법은 금융거래 당사자가 아닌 금융회사에 대해서만 실명확인 및 실명거래의무를 부과하고 있었다. 이에 금융자산의 실제소유자 확인이나 금융거래자의 실명거래의무를 직접 규정하고 있지는 않아 차명거래 행위자들 입장에서는 실제적으로 불법이든 합법이든 상관없이 각 차명거래가 사실상 모두 허용되고 있는 불합리가 발생하였다.

이에 일반 모든 금융거래자에 대하여 원칙적으로 불법차명거래를 금지하고, 이를 위반하는 경우에는 위반행위자에 대한 형사법상 처벌조항을 신설하되, 다만 이 경우 모든 금융거래 즉 합법적인 차명거래까지 규제가 확대되어서는 아니되고 금융거래자가 일정범죄를 범할 목적으로 차명계좌를 개설하는 경우로 한정되어야 할 것임은 당연하다.

105) 한편 법개정안의 규제개혁위원회 심사 당시 은행연합회에서는 보고의무 위반, 검사거부 등의 과태료 부과대상과 달리 고객확인행위는 금융회사 내부업무에 불과하고 과태료를 부과할 정도로 위법성이 높지 않으며 확인의무의 실효성 확보는 임직원제재로도 가능하다는 주장을 하였다.

나. 개정 차명거래금지제도(금융실명법, 특정금융정보법) 구조

〈표 6〉 개정 차명거래금지제도

법률	내용
금융실명법[106]	① (금지행위)차명거래 및 알선행위 금지: 불법재산의 은닉, 자금세탁행위, 공중협박자금조달행위와 함께 강제집행의 면탈, 그 밖의 탈법행위를 목적으로 타인의 실명으로 금융거래를 하는 행위를 금지 ② (제재) 벌칙 조항 신설: 불법 차명거래자, 불법 차명거래를 알선·중개한 금융회사등의 종사자는 5년 이하 징역 또는 5천만원 이하의 벌금 ③ (소유권) 차명계좌주로 추정 ④ (의무) 차명거래금지 주요의무 설명 ⑤ (위수탁) 금융회사간 위수탁 가능
특정금융정보법	① 차명거래 금지 위반시 의심거래 보고 ② 고객의 실제소유자 여부 확인: 고객확인시 실제소유자에 관한 사항을 기본적으로 확인하고 실제소유자여부가 의심스러운 경우에는 금융거래의 목적과 거래자금의 원천 등을 합리적인 범위 내에서 확인 ③ 신원확인 거부시 거래거절 의무 부과

1) 불법행위 목적의 차명거래금지

차명거래를 금지하는 개정 금융실명법이 모든 유형의 차명금융거래를 금지하지는 않고 이를 한정하여 불법·탈법행위 목적의 거래에 한하여 금지하도록 한다.[107]

2) 알선·중개행위의 금지

일반적으로 "알선행위"란 어떤 일이 이루어지도록 힘을 쓰는 행위이

106) 금융실명법 제3조.

107) 이에 대한 구체적인 내용은 V. 불법차명거래의 형사법적 규제 중 1. 불법차명거래자 및 명의대여자에 대한 처벌. 다. 금융실명법상 처벌 부분에서 기술한다.

며, “중개행위”란 당사자 사이에 매매 등 법률행위가 용이하게 성립할 수 있도록 조력하고 주선하는 행위를 가리킨다. 이에 금융회사 종사자가 단순히 금융거래를 성립시키는 것에 그치고, 고객에게 불법 차명거래의 소개·권유 등 알선이나 중개로 볼 수 있는 행위를 하지 않았다면 이는 알선·중개행위라고 할 수는 없다. 예를 들면 단체마케팅 등을 통해 특정 학교 학생들, 직장 근로자들의 예금을 일괄 유치하는 경우는 특별한 사정이 없는 한 금융회사 직원이 개별 금융거래자의 거래목적을 알 수 없을 것이고 이러한 경우는 알선·중개행위로 보기 어려울 것이다.[108]

3) 소유권의 차명계좌주 추정

차명계좌의 금융자산을 명의자의 소유로 추정하는 규정을 신설하였는데, 이러한 규정에 의하면 자금의 실제소유자가 차명금융계좌의 자금을 본인 소유로 주장하는 것은 더욱 곤란해질 것이다. 법률안 심사과정에서는 소유권의 ‘추정’보다 더욱 강하게 ‘의제’로 규정하자는 주장도 있었으나, 앞서 논한 대법원 판례가 소유자 명의로 ‘의제’가 아닌 ‘추정’하고 있음을 감안하여 개정법에서도 ‘추정’된다고 약화되어 규율되었다.[109][110]

---

108) 금융투자협회, “개정 금융실명법 안내”, 2014. 11., 10면.

109) 진정구, “차명금융거래 금지 통한 금융거래의 정상화”, 국회입법소식지 (2014), 74면 내지 75면.

110) 법제처 법령해석 회신문, “금융위원회 - 금융실명제 이전에 개설된 차명계좌를 차명에 따라 실명 확인한 경우 실소유자의 실명전환의무 유무 및 과징금 징수 여부(구「금융실명거래및비밀보장에관한긴급재정경제명령」제5조 등 관련)”(2018. 2. 12) 참조. 최근 이와 궤를 같이하는 유권해석이 있었는 바 ‘93. 8. 12일 금융실명제 실시 이전에 자금의 출연자를 위하여 타인이 그의 명의 또는 가명으로 개설한 계좌를 금융실명제 실시 후 실명전환의무 기간(2개월) 내에 자금 출연자가 아닌 타인의 명의로 실명확인 또는 전환하였으나 금융실명법 시행('97. 12. 31일) 이후, 해당 차명계좌의 자금 출연자가 따로 있다는 사실이 밝혀진 경우, 자금 출연자는 긴급재정경제명령(§ 5①) 및 금융실명법 부칙(§ 3)에 따라 차명계좌를 그의 실명으로 전환하고, 금융회사는 금융실명법

4) 설명의무

금융회사는 금융회사에 계좌를 개설하려는 자에게 불법차명거래가 금지된다는 내용을 문서 또는 구두로 설명해야 하며, 설명한 내용을 거래자가 이해하였음을 서명, 기명날인, 녹취 등의 방법으로 확인받아야 한다.[111] 물론 금융실명법에서의 설명의무는 불법차명거래 등을 하여서는 아니되고 처벌받을 수 있다는 내용에 대한 설명의무이지 소위 금융소비자보호법상 금융소비자 보호를 위해 금융소비자에게 필요한 정보를 제공하는 설명의무와는 궤를 달리하는 개념이다.

금융실명법상 설명은 실질적으로 이루어져야 하므로 서명, 기명날인, 녹취 이외에 ① 전자우편, 그 밖에 이와 비슷한 전자통신, ② 우편, ③ 전화자동응답시스템의 방법으로 확인받는 것도 가능하다. 만약 고객이 이미 인지하고 있어 자세한 설명이 불필요하다고 하더라도 설명문 또는 안내문의 단순송부만으로 거래자가 관련 내용을 이해하였다고 볼 수 없는 측면이 있고 이에 단순 송부행위만으로는 금융회사의 설명의무 취지를 이행한 것으로 인정하기 어려운 측면이 있다.[112]

부칙(§ 6①)에 따라 과징금을 원천징수해야 한다고 유권해석을 내린 바 있다.

111) 실무적으로는 다음과 같은 예시문구에 서명을 받는 것으로 행하여지고 있다.

설명 및 확인문구 예시
「금융실명거래 및 비밀보장에 관한 법률」 제3조 제3항에 따라 누구든지 불법재산의 은닉, 자금세탁행위, 공중협박자금조달행위 및 강제 집행의 면탈, 그 밖의 탈법행위를 목적으로 타인의 실명으로 금융거래를 하여서는 아니되며, 이를 위반시 5년 이하의 징역 또는 5천만 원 이하의 벌금에 처해질 수 있습니다. 본인은 위 안내에 대해 금융회사로부터 충분한 설명을 들어 이해하였음을 확인합니다. 년 월 일 □ 위의 내용을 설명들었음 고객성명 ______ (인·서명) (대리인 신청시) 본인 ______의 대리인 ______ (인·서명)

112) 자본시장법 시행령 제52조.

5) 실제소유자 등 고객확인의무의 이행 및 거래거절의무

거래자와의 대면을 통한 실제소유자의 확인은 차명거래 차단을 위한 가장 기본적인 조치라는 점에서 차명금융거래의 금지와 고객확인제도는 불가분의 관계에 있다. 특정금융정보법은 차명거래를 방지하기 위한 방안으로 이러한 실제소유자를 확인해야 하는 고객확인제도를 채택하고 있어, 본 제도가 차명금융거래 방지를 위한 중요한 요소로 작용하고 있다. FATF 권고사항 제10조에서는 익명·가명 계좌개설 금지는 명시하고 있고, 차명거래 관련은 명시하지 않고 있는데,[113] 대신 실제소유자(beneficial owner)에 대한 확인 및 검증 의무를 각 국가에 부과함으로써 실질적으로 차명거래를 금지하도록 하여 차명에 의한 자금세탁 등의 위험을 방지하고 있다. 한편 특정금융정보법령상 실제소유자 확인제도 도입시에는 확인의무는 있지만 이에 대한 검증의무가 없어 불법차명거래 문제 해결을 위해서는 국제기준에 부합하는 실제소유자 확인·검증이 필요하다는 지적이 많았었는데, 2019년 7월부터 시행되고 있는 개정 자금세탁방지 업무규정에서 실제소유자도 확인 및 검증이 이루어져야 한다는 부분이 도입되면서 이 부분은 입법적으로 해결되었다.

또한, 범죄자금 또는 자금세탁이 의심되는 차명거래 가령 통장을 개설한 사람과 실제로 사용하는 사람이 다른 경우 금융경로의 추적을 피할 수 있어 보이스피싱 등 각종 범죄에서 사기 피해자금의 수취 수단으로 대포통장[114] 등이 사용되는 경우가 많다. 이 경우 금융회사 등은 고객확인 및 실제소유자 확인과정에서 금융회사가 의심된다고 판단하더라도, 과거에는 거래를 거절할 수 있는 명백한 법적 근거가 없어서 거래를 거절하려고 하는 경우에도 금융회사의 부담이 크고 민원 발생 소지가 매우 높아 부담스러운 측면이 높았다. 이후 특정금융정보법상 거래거절의무 부과가 도입되면서 결국 금융회사 등의 입장에서는 거래를 종료하

113) FATF, 앞의 책, 14면 참조.
114) 금융감독원, "대포통장 근절 종합대책 마련 및 시행 공문"(2012. 10. 31.), 2면 참조.

거나 거절하고 싶지만 강제 거래관계 종료에 따르는 쟁송가능성이 높은 부담스러운 고객에 대해 "법에 있는 준비된 변명"으로 큰 기능을 할 수 있게 되었다. 만약 금융회사 등은 고객이 신원확인 등을 위한 정보 제공을 거부하여 고객확인을 할 수 없는 경우에는 계좌 개설 등 해당 고객과의 신규거래를 거절하고, 이미 거래관계가 수립되어 있는 경우에는 해당 거래를 종료하여야 하며, 거래를 거절 또는 종료하는 경우에는 금융회사 등은 특정금융정보법 제4조에 따른 의심되는 거래의 보고여부를 검토하여야 한다.[115]

6) 의심거래보고의무의 이행[116]

과거에는 불법재산, 자금세탁행위 또는 공중협박자금조달행위와 관련된 형사사건의 수사 등에 필요한 경우 분석한 특정금융거래정보를 제공(특정금융정보법 제7조 제1항)하도록 되어 있기 때문에 차명계좌에 대한 정보가 법집행기관에 제공될 가능성이 높지 않았다. 하지만 특정금융정보법 제2조제2호의 자금세탁행위에 차명계좌를 활용한 금융거래가 포함되어 이제는 더욱 적극적인 의심거래보고가 진행되고 있다.[117]

---

115) 관계부처합동, "국가 자금세탁·테러자금조달 위험평가 (2018)", 47면. 한편 대부분의 고객확인을 할 수 없는 경우는 비대면 거래의 경우에 발생할 것이다. 은행업권에서는 대포통장 개설로 자금세탁에 악용되거나, 위·변조 신분증을 이용한 계좌를 개설하여 금융사기 목적에 활용 등 부작용 발생 가능성이 높다고 보고 있다.

116) 실무적으로는 STR 보고 시에는 양식에는 계좌명의인을 보고 대상으로 하여야 할 것이고, 다만 실제 혐의자가 별도로 있는 경우 그 혐의자에 대한 내용을 관련인으로 기술하고 이에 대한 추가 자료를 첨부하는 방식으로 이루어지면 될 것이다.

117) 차정현, "차명거래금지와 자금세탁방지제도", 대한민국 정책브리핑, 2015. 3. 참조. 특히 차명계좌는 범죄수익 은닉의 대표적인 수단이므로 차명계좌와 이를 이용한 자금세탁행위를 구분하는 것은 사실상 무의미하다는 생각이며, 의심거래보고의 대부분도 차명거래의 경우에도 거래행태 및 거래자의 상황 등을 고려해볼 때 자금세탁행위로 의심된다고 하면서 보고되고 있는 실정이다.

V. 불법차명거래의 형사법적 규제

1. 불법차명거래자 및 명의대여자에 대한 처벌

가. 개별법상 처벌규정

〈표 7〉 개별법상 행위자 처벌규정

	차명거래자(실제소유자)	차명거래를 목적으로 하는 명의를 대여한 자(명의자)
마약류 불법거래 방지에 관한 특례법 제7조 제1항	• 불법수익등의 소재 등을 숨기거나 가장하는 과정에서 차명거래시 처벌 - 7년 이하의 징역 또는 3천만 원 이하의 벌금	• 공범으로 처벌될 가능성 있음
조세범 처벌법 제3조 제1항	• 조세포탈 등의 과정에서 차명거래시 처벌 - 2년 이하의 징역 또는 포탈세액 2배 이하의 벌금 - 3년 이하의 징역 또는 포탈세액등의 3배 이하에 상당하는 벌금(포탈세액이 3억 원 이상이고 포탈세액이 납부세액의 30/100 이상인 경우 또는 포탈세액이 5억 원 이상인 경우)	• 공범으로 처벌될 가능성 있음
관세법 제270조 제1항	• 관세포탈 등의 과정에서 차명거래시 관세포탈죄로 처벌가능 - 3년 이하의 징역 또는 포탈세액 5배 이하의 벌금	• 공범으로 처벌될 가능성 있음
특정범죄 가중처벌 등에 관한 법률 제8조 제1항	• 국세, 지방세 포탈 등의 과정에서 차명거래를 하고 포탈세액이 일정액 이상이면 가중처벌 - 연 10억 원 이상인 경우: 무기 또는 5년 이상 징역, 포탈세액의 2배 내지 5배 이하의	• 공범으로 처벌될 가능성 있음

	벌금 - 연 5억 원 이상 10억 원 미만인 경우: 3년 이상 유기징역, 포탈세액의 2배 내지 5배 이하의 벌금	
조세범 처벌법 제11조 제1항·제2항	• 조세의 회피 또는 강제집행의 면탈을 목적으로 타인의 성명을 사용하여 사업자등록을 한 경우 - 2년 이하의 징역 또는 2천만 원 이하의 벌금	• 조세의 회피 또는 강제집행의 면탈을 목적으로 자신의 성명을 사용하여 타인에게 사업자등록을 할 것을 허락한 경우 - 1년 이하의 징역 또는 1천만 원 이하의 벌금

현행 금융실명법상 차명거래 직접금지 및 형사처벌 제도를 살펴보기 이전 불법차명거래가 범죄와 관련되는 경우 처벌되는 개별법령에 대해 살펴볼 필요가 있다. 우선 위 〈표 7〉에서 보는 것처럼 불법차명거래자의 경우 개별법에 의해 사후적인 처벌이 가능하다. 이에 이러한 차명거래가 조세포탈의 과정에서 발생하는 것이라면 조세범처벌법에 의해, 관세포탈의 과정에서 발생한다면 관세법위반으로 처벌될 수 있다.

추가적으로 국세 또는 지방세 포탈세액의 다과에 따라 특정범죄 가중처벌 등에 관한 법률에 의율될 여지도 있다. 조세범 처벌법상 특별한 규정으로 만약 조세의 회피 또는 강제집행의 면탈을 목적으로 타인의 성명을 사용하여 사업자 등록을 한 경우에는 개별법에 의한 형사제재가 가능하다.

명의를 대여해 준 당사자의 경우도 차명거래를 목적으로 하는 명의대여자이므로 앞서 전술한 각 개별법령 위반행위자들의 공범으로 처벌될 가능성은 있다.

나. 범죄수익은닉규제법상 처벌규정

〈표 8〉 범죄수익은닉규제법상 행위자 처벌규정

	차명거래자(실제소유자)	차명거래를 목적으로 하는 명의를 대여한 자(명의자)
범죄수익은닉의 규제 및 처벌 등에 관한 법률 제3조 제1항 제1호	• 범죄수익등의 취득 또는 처분에 관한 사실 가장 등의 과정에서 차명거래시 처벌 - 5년 이하의 징역 또는 3천만 원 이하의 벌금	• 공범으로 처벌될 가능성 있음
범죄수익은닉의 규제 및 처벌 등에 관한 법률 제3조 제1항 제3호	• 특정범죄를 조장하거나 적법하게 취득한 재산으로 가장할 목적으로 범죄수익등을 은닉한 자 - 5년 이하의 징역 또는 3천만 원 이하의 벌금	• 공범으로 처벌될 가능성 있음

금융실명법상 차명거래금지제도가 도입되기 이전 범죄수익규제법에 의해서도 일정한 부분은 불법차명거래자와 차명거래를 목적으로 명의를 대여한 자에 대하여 처벌이 가능하였다. 즉 범죄수익은닉규제법 제3조 제1항[118]에서는 범죄수익 등의 취득 또는 처분에 관한 사실을 가장한 자를 5년 이하의 징역이나 3천만 원 이하의 벌금으로 처벌하고 있다.

본죄의 행위는 범죄수익의 취득·처분에 관한 사실을 가장하는 행위(범죄수익은닉규제법 제3조 제1항 제1호), 범죄수익의 발생 원인에 관한 사실을 가장하는 행위(범죄수익은닉규제법 제3조 제1항 제2호), 특정범죄를 조장하거나 적법하게 취득한 재산으로 가장할 목적으로 은닉하는 행위(범죄수익은닉규제법 제3조 제1항 제3호)의 3가지 유형으로 구분된다.

특히 제1호의 행위 즉 범죄수익의 취득·처분에 관한 사실은 취득원인 사실과 수익의 귀속에 관한 사실로 나누어 살펴볼 수 있다. 우선 취득원인 사실행위의 가장은 범죄수익 등을 마치 합법적인 영업활동이나 자금

118) 범죄수익은닉규제법 제3조.

거래 등 정당한 원인에 의하여 취득한 것처럼 그 원인을 가장하는 것을 말하는 것이다. 예를 들면 상품거래 또는 대출금 변제 등 합법적 거래나 정당한 사업수익으로 가장하기 위하여 허위 계약서나 장부, 전표를 작성하는 행위가 해당한다고 할 것이다.[119] 범죄수익의 귀속사실의 가장은 범죄수익 등이 제3자에게 정당하게 귀속하는 것처럼 위장하는 것인데 귀속사실 가장행위 중 주요 방법으로 불법차명금융거래가 사용된다는 것이다. 이에 차명계좌를 이용한 범죄수익의 예입행위, 대리인 또는 본인이 실제소유자로 있는 법인이나 단체를 이용한 동산 및 부동산 자산의 양도 등이 이에 해당할 수 있다.

범죄수익 등의 처분·가장행위에도 불법차명거래가 사용될 수 있다. 제3자의 명의를 이용하여 범죄수익으로 재산을 구입하거나 제3자 명의로 불법차명계좌를 개설하여 이로 정상적인 금융거래가 이루어지는 것처럼 계좌이체 송금하는 것도 이에 해당한다. 차명계좌를 이용한 이러한 취득에 관한 사실의 가장행위의 경우 그 계좌가 불법차명계좌인 경우에는 그 전제되는 범죄가 뇌물수수[120]의 경우, 변호사법 위반[121]의 경우, 사기[122] 등의 경우, 횡령[123]의 경우, 도박[124] 등의 경우에는 위 전제범죄 등을 통해 추출한 범죄수익 등을 입금하는 행위로서 이는 마치 정상적인 수입원이 제3자에게 귀속하는 것처럼 사실을 가장하는 행위로 보여 범죄수익의 취득에 관한 사실을 가장하는 행위에 해당할 것이다.[125] 물론

---

119) 법무부, 자금세탁범죄 해설과 판례 (2011), 62면 참조.

120) 부산지법 동부지원 2008. 7. 22. 선고 2008고단747 판결, 부산지법 동부지원 2005. 1. 21. 선고 2004고합227 판결, 서울중앙지법 2004. 4. 1. 선고 2004고합2 판결.

121) 부산지법 2007. 11. 27. 선고 2007고단3966, 2007고단5001(병합) 판결, 부산지법 2006. 6. 2. 선고 2006고합14 판결, 부산지법 2005. 12. 9. 선고 2005고합515 판결.

122) 부산지법 2007. 11. 13. 선고 2007고합521 판결, 서울서부지법 2006. 3. 30. 선고 2006고합11 판결.

123) 부산지법 2006. 5. 19. 선고 2005고합465 판결.

124) 인천지법 2010. 8. 12. 선고 2010고단2214 판결.

125) 대법원 2008. 2. 28. 선고 2007도10004 판결의 판시사항 제2항. 차명계좌에 범

이러한 구체적인 사안에서 차명계좌에 범죄수익금이 입금되었다고 해서 모두 범죄수익은닉규제법 위반행위가 되는 것은 아니고 해당 계좌의 실제 이용자와 계좌 명의인 사이의 관계 이용자의 해당 계좌 사용의 동기와 경위, 예금거래의 구체적 실상 등을 종합적으로 고려하여야 한다.[126]

불법차명계좌를 통한 범죄수익의 은닉도 가능하다. 범죄수익등의 은닉이라 함은 범죄수익등의 특정이나 추적 또는 발견을 불가능하게 하거나 현저히 곤란하게 하는 행위로서 통상의 보관방법이라고 보기 어려운 경우를 말한다.[127] 범죄수익 등의 은닉에는 일반적으로 범죄수익 등을 발견하기 어려운 장소에 보관하는 것과 같이 물리적 방법을 이용하는 것도 있을 수 있고, 금융거래 조사가 쉽지 아니한 외국 금융회사 등으로 송금하는 것과 같은 방법도 사용될 수 있다. 이에 차명계좌를 이용한 은닉행위로 사기나 횡령자금의 범죄수익을 은닉하기 위해 불법차명거래를 이용할 수 있다.[128]

다. 금융실명법상 처벌규정

〈표 9〉 금융실명법상 행위자 처벌규정

	차명거래자(실제소유자)	차명거래를 목적으로 하는 명의를 대여한 자(명의자)
금융실명거래 및 비밀보장에 관한 법률 제6조 제1항, 제3조 제3항	• 차명거래자는 특정금융정보법 제2조제4호에 따른 불법재산의 은닉, 같은 조 제5호에 따른 자금세탁행위 또는 같은 조 제6호에 따른 공중협박자금조달	• 차명명의 대여자는 본범의 공범(방조범)으로 처벌 가능

죄수익 등을 입금하는 행위가 범죄수익은닉의 규제 및 처벌 등에 관한 법률 제3조 제1항 제1호가 규정하는 '범죄수익 등의 취득 또는 처분에 관한 사실을 가장하는 행위'에 포함될 수 있는지 여부(적극).

126) 대법원, 2008. 2. 28. 선고 2007도10004 판결의 판결요지 제2항 참조.

127) 법무부, 자금세탁범죄 해설과 판례 (2011), 109면 참조.

128) 서울동부지법 2007. 4. 13. 선고 2006고합256, 386, 2007고합5 판결.

	행위 및 강제집행의 면탈, 그 밖에 탈법행위를 목적으로 타인의 실명으로 금융거래를 하여서는 아니됨 - 5년 이하의 징역 또는 5천만원 이하의 벌금	

1) 법률상 처벌규정

개정 금융실명법에 의하면 불법행위를 목적으로 하는 차명 금융거래는 금지(금융실명법 제3조 제3항)된다. 불법행위를 목적으로 하는 것의 의미는 특정금융정보법에서 규정(특정금융정보법 제2조 제3호 내지 제5호)하고 있는 불법재산의 은닉, 자금세탁행위(조세포탈 등), 공중협박자금조달행위 및 강제집행의 면탈, 그 밖의 탈법행위를 목적으로 하는 차명거래를 의미한다.[129] 금융실명법의 입법목적과 내용을 종합해 보면, 불법·탈법적 목적에 의한 타인실명의 금융거래를 처벌하는 것은 이러한 금융거래를 범죄수익의 은닉이나 비자금 조성, 조세포탈, 자금세탁 등 불법·탈법행위나 범죄의 수단으로 악용하는 것을 방지하는 데에 그 목적이 있으므로, 위와 같은 탈법행위의 목적으로 타인의 실명으로 금융거래를 하였다면 이로써 금융실명법 제6조 제1항의 위반죄가 성립하는 것이고, 그 타인의 의사와 관계없이 자유롭게 금융거래를 할 수 있는 경우에만 위 범죄가 성립하는 것이 아니다.[130]

위에서 조세포탈은 "사기 기타 부정한 행위로써 조세포탈·환급받는

129) 법원은 죄형법정주의의 명확성의 원칙상 그 밖의 탈법행위를 엄격하게 해석하는 판례가 있다. 공무원이 재산등록을 회피하기 위해 가족명의의 차명을 이용한 행위는 차명거래금지 위반으로 보는 반면, 허위 거래실적을 쌓아 대출을 받으려는 입출금행위 정도로는 그 밖의 탈법행위로는 포섭하고 있지는 아니하다. 그 밖의 탈법행위를 인정한 사례로는 대법원 2017. 12. 22. 선고 2017도12346 판결이 있고 그 밖의 탈법행위를 부정한 사례로는 청주지방법원 2019. 8. 23. 선고 2018노1363 판결이 있다.

130) 대법원 2017. 12. 22. 선고 2017도12346 판결.

행위"[131]로서 조세탈루와는 납세의무의 면탈이라는 점에서는 동일하나, "사기 기타 부정한 행위"의 행위반가치의 표지가 더해져서 형사불법을 형성하는 가중개념이다. 차명계좌의 이용은 가령 법인의 경우 명의를 위장하여 사업을 하였더라도 그 명의위장이 조세포탈과 관련이 없는 행위인 때에는 그 사실만으로 부정행위로 볼 수 없다고 할 것이나, 위장명의의 사용이 소득세법상의 누진세율의 적용을 회피하기 위한 경우에는 부정행위에 해당(예: 실무적으로 1개의 사업을 사실상 혼자 영위하면서 누진세율의 적용회피를 위하여 다수 제3자와 함께 공동명의로 그 사업을 영위하는 것처럼 위장하는 경우)된다고 할 것이다.

한편 차명거래이지만 금융실명법 위반에 해당되지 않는 선의차명들의 경우에는 동법의 적용대상에서 제외될 수 있다. 대표적인 사례로는 ① 계·부녀회·동창회 등 친목모임 회비를 관리하기 위하여 대표자(회장, 총무, 간사 등) 명의의 계좌를 개설하는 행위, ② 문중, 교회 등 임의단체 금융자산을 관리하기 위해 대표자(회장, 총무, 간사 등)명의 계좌를 개설하는 행위, ③ 미성년 자녀의 금융자산을 관리하기 위해 부모명의 계좌에 예금하는 행위 등을 들 수 있겠다.[132] ④ 기업의 정상적인 경영활동(영업관행상 기업자금을 자금부장의 명의로 관리, 법인 설립 전 공동설립자금 관리를 위한 발기인 대표자 명의로 임시관리, 사업자 등록 전 대표자 명의로 관리), ⑤ 통상적인 범위 이내의 자금의 관리(파산자의 경우 제3자인 파산관재인 명의로 관리), ⑥ 임시보관·예치금 성격(전자상거래 고객 예치금, 교통카드 등 충전선수금 관리, 법원 공탁금, 투자자 별도예탁금, 소비자 피해보상금 지급을 위한 법원의 예치금 관리 등), ⑦ 기타

---

131) 법원은 사기 기타 부정한 행위의 판단을 단순히 세법상의 신고를 하지 아니하거나 허위의 신고를 함에 그치는 행위와 납세자가 명의를 위장하여 소득을 얻은 경우, 명의위장 사실만으로 '사기 기타 부정한 행위'에 해당하는지 여부에 대해 인정하지 않는 것을 원칙으로 하는 경향이 있다. 대법원 2018. 11. 9. 선고 2014도9026 판결 등.

132) 금융투자협회, "개정 금융실명법 안내"(14. 11.), 6면.

축의·부의금 등의 대납을 위해 계좌이체 하는 경우, 타인의 착오로 잘못 이체받은 자금의 일시적인 보유, 정부·금융회사 등이 관리하고 있는 세금 과오납금, 휴면주식·배당 자금, 미반환 금전 계약금, 채권·채무 이행 담보 보증금 등 일상생활에서 발생할 수 있는 통상적인 금융거래의 경우에는 위 금융실명법상 금지조항에 적용될 여지가 크지 않다.

반면 채권자 강제집행을 피하기 위해 제3자 명의 계좌에 실제소유자 자금을 입금하는 강제집행 면탈행위라던지, 불법자금을 은닉하기 위해 제3자 명의계좌에 자금을 인입하는 경우 등은 불법차명거래에 해당하는 경우라고 할 수 있겠다.[133] 포괄적인 형태로 규정되어 있는 "그 밖의 탈법행위"는 법령상 금지규정을 위반한 위법행위 중에서 불법재산의 은닉, 자금세탁행위, 강제집행의 면탈 등과 같은 위법성의 정도에 이르는 것을 의미하는 바, 특히 조세포탈행위로 ① 증여세 납부회피를 위해 증여세 감면범위를 초과[134]하여 본인소유 자금을 가족명의 계좌에 예금하는 행위, ② 금융소득종합과세 회피를 위해 타인명의 계좌에 본인소유 자금을 예금하는 행위, ③ 생계형저축 등 세금우대 금융상품의 가입한도 제한회피를 위하여 타인명의 계좌에 본인소유 자금을 분산 예금하는 행위 등이 이에 해당한다고 하겠다.[135]

차명거래금지는 반드시 금융회사의 계좌개설 금융거래에만 한정하지 아니하고 기타 금융투자업권 등에도 넓게 해석할 수 있는 바, 금융투자업자의 소속 임직원이 「자본시장과 금융투자업에 관한 법률」제63조를 위반[136]하여 차명거래를 한 경우 본조상의 차명거래금지 위반에 해당하

---

133) 금융투자협회, "개정 금융실명법 안내"(14. 11.), 7면.

134) 상속세 및 증여세법 제53조. 거주자인 수증자가 배우자, 직계존속, 직계비속, 기타 6촌 이내의 혈족 및 4촌 이내의 인척으로부터 증여받은 경우에는 일정 금액을 증여세 과세가액에서 공제한다. 이에 증여세 감면 범위는 10년간 합산금액 기준으로 배우자의 경우에는 6억 원, 자녀의 경우에는 5천만 원(미성년자 자녀의 경우에는 2천만 원), 부모의 경우에는 5천만 원까지이다(https://www.nts.go.kr/nts/cm/cntnts/cntntsView.do?mi=6533&cntntsId=7960).

135) 금융투자협회, "개정 금융실명법 안내"(14. 11.), 7면.

는 것으로 볼 수 있다.[137]

2) 판례

개인 간 불법차명금융거래를 이용하는 경우 특히 보이스피싱의 수단으로 계좌를 활용하게 해주는 경우 최근 불법차명거래금지 조항으로 의율되는 판례가 다수 있다. 이에 ① 계좌에 입출금을 하여 거래실적을 올려 대출을 해주겠다라는 취지의 말을 듣고 이를 승낙하여 새마을금고 계좌와 연결된 통장을 사진촬영하여 보내주는 경우[138]에 금융실명법 제3조 제3항의 불법차명거래금지의 방조범으로 의율하여 처벌하였고, ② 공무원이 알선수재의 과정에서 모친이나 친형의 계좌를 통해서 금원을 수령한 경우,[139] ③ 법무사가 조세포탈 목적으로 수입금액을 타인 계좌로 송금받은 경우,[140] ④ 공직자의 재산등록에서 자신의 재산상태를 숨기기 위해서 급여 이외의 소득이나 그 밖의 재산상태를 은폐할 목적으로 타인에게 빌려주거나 빌린 금원의 원리금 및 토지매입대금 등을 입출금하는 데 타인의 계좌를 이용한 경우 불법차명금융거래의 정범으로 처벌(금융실명법 제3조 제3항)한 사례가 있는 바,[141] 특히 이 ④번 판례 사례에서는 피고인이 조합의 대표자인 조합장 계좌를 이용하였는데 법인·단체의 실제소유자 확인의 제3단계인 대표자 명의의 계좌를 불법차명거래 계좌로 사용하였다는 점에서 법인 및 단체의 실제소유자 확인의

136) 금융실명법 제3조제3항을 위반에 해당하는 경우 해당 금융회사가 「금융회사 검사 및 제재에 관한 규정」시행세칙 제67조제1항제3호에 따라 금융감독원장에게 보고하여야 할 금융사고(금융질서를 문란하게 한 경우)에 해당한다. 이를 금융사고보고라고 하는 데 검사규정의 시행세칙에 이 보고 금융사고에 대해 적시하고 있다. 검사규정 시행세칙 제67조.

137) 자본시장법 제63조.

138) 대구지방법원 2019. 12. 19. 선고 2019고정1009 판결.

139) 대법원 2021. 4. 15. 선고 2020도16902 판결, 서울고등법원 2020. 11. 26. 선고 2020노1005 판결, 서울중앙지방법원 2020. 5. 22. 선고 2019고합1028 판결.

140) 청주지방법원 2019. 5. 31. 선고 2019고단576 판결.

141) 창원지방법원 마산지원 2021. 2. 16. 선고 2019고단1313, 2020고단530 판결.

중요성이 더 현출된 사례였다.

반면 불법차명금융거래가 인정되지 아니한 사례도 있다. 이에 보이스피싱 조직원으로부터 카지노 환전 업무를 위해 수수료를 받고 수합계좌로 활용되게 하는 경우[142]에는 금융실명법상 불법차명거래 금지위반에 해당하지 않는다고 판시한 사례가 있다. 즉 불법차명거래금지에서의 탈법행위란 직접 강행법규를 위반한 것은 아니지만, 강행법규가 금지하고 있는 것을 회피수단에 의하여 실질적으로 실현하는 행위를 말하는데 어떠한 행위가 탈법행위에 해당하는지 여부는 해당 강행규정의 취지, 회피수단의 내용, 행위의 경위와 목적, 연관된 사회·경제적 사정 등을 종합적으로 고려하여 엄격하고 신중하게 판단하여야 하기 때문에 만약 이를 제한적으로 해석하지 아니하고 모든 범죄행위 내지 위법행위가 '탈법행위'에 해당한다고 넓게 해석할 경우 금융실명법 제3조 제3항 전단의 열거규정이 사실상 형해화되는 결과가 초래될 것이라고 판시하였다.

2. 실제소유자 확인면탈행위자에 대한 처벌

가. 범죄수익은닉규제법상 처벌규정

불법차명금융거래에 만약 범인이 범죄수익을 불법차명계좌를 이용하여 은행에 예입하는 경우를 상정해 볼 수 있다. 금융회사 종사자가 위 예입된 금원이 범죄수익이라는 점과 이를 금융회사의 계좌를 이용하여 은닉하는 것이라는 점을 알고 있는 경우에는 범죄수익 등을 수수하는 행위가 동시에 범죄수익등 수수죄와 범죄수익등 은닉행위(범죄수익은닉

142) 부산지방법원 2021. 6. 10. 선고 2021노674 판결. 구체적으로 범죄사실을 보면 보이스피싱 조직원인 일명 'K'로부터 "필리핀에서 카지노 환전 업무를 하고 있다. 당신의 계좌에 송금되는 돈을 인출하여 고객에게 입금시켜 주면 수수료를 주겠다."는 제안을 받고 이를 승낙하여 'K'에게 피고인의 아들인 B 명의의 D 계좌번호를 알려준 경우이다.

규제법 제3조 제1항 제3호), 방조하는 경우에는 범죄수익등 수수죄와 범죄수익등 은닉죄의 방조죄(범죄수익은닉규제법 제4조 및 형법 제32조 제1항)가 이론상으로는 성립할 수는 있다.

〈표 10〉 범죄수익은닉규제법상 금융회사 처벌규정

	차명거래자(실제소유자)	본범 가담 금융회사 임직원
범죄수익은닉의 규제 및 처벌 등에 관한 법률 제4조	• 범죄수익등의 취득 또는 처분에 관한 사실 가장 등 범죄수익은닉규제법 제3조 제1항 제1호로 처벌	• 정황을 알면서 범죄수익등을 수수(收受)한 자 - 3년 이하의 징역 또는 2천만 원 이하의 벌금
범죄수익은닉의 규제 및 처벌 등에 관한 법률 제3조 제1항 제3호	• 특정범죄를 조장하거나 적법하게 취득한 재산으로 가장할 목적으로 범죄수익등을 은닉한 자 - 5년 이하의 징역 또는 3천만 원 이하의 벌금	• 공범으로 처벌될 가능성 있음
범죄수익은닉의 규제 및 처벌 등에 관한 법률 제5조		• 수수한 재산이 범죄수익등이라는 사실을 알게된 경우 신고의무위반 - 2년 이하의 징역 또는 1천만 원 이하의 벌금

하지만 대부분의 경우에는 금융회사 직원의 경우에는 불법수익의 이익을 분배받는 공범의 수준에 이르지 않고서야 해당 현금이나 수표가 범죄수익이라는 사실과 당해 예금계좌가 차명계좌라는 사실을 인식하지 못하고 그 현금이나 수표를 수수한 경우에는 고의가 존재하지 않기 때문에 범죄수익등 수수죄는 성립하지 않는 경우가 대부분이다. 이에 실질적으로 금융회사 임직원에게 동 범죄수익 등 수수죄 등이 적용되기 어려운 경우가 많다.[143]

특정금융정보법 제2조제1호에 따른 금융회사 등에 종사하는 사람은 특정금융정보법 제2조제2호에 따른 금융거래등과 관련하여 수수한 재산

143) 금융투자협회, "개정 금융실명법 안내"(2014. 11.), 7면 참조.

이 범죄수익등이라는 사실을 알게 되었을 때 또는 금융거래등의 상대방이 범죄수익은닉규제법 제3조의 죄에 해당하는 행위를 하고 있다는 사실을 알게 되었을 때에는 다른 법률의 규정에도 불구하고 지체 없이 관할 수사기관에 신고하여야 한다. 이를 금융회사 종사자의 신고의무라고 하는데 신고의무를 위반하는 경우 범죄수익은닉규제법 제5조 제3항에 의해 미신고죄로 처벌되게 된다. 범죄수익은닉규제법 제5조상 미신고죄에서의 "알게 된 때"의 의미는 범죄수익은닉규제법 제4조의 범죄수익등 수수죄에 있어서 "정을 알고"와 동일하게 해석되기 때문에, 금융회사 등 임직원이 고객이 실제소유자 확인을 잠탈하고 불법 차명금융거래를 하게 되는 것을 알게되는 정도만으로는 의심거래보고의무는 발생할 수 있지만 범죄수익은닉규제법상 제5조상의 미신고죄에 해당한다고 보기는 어려울 것이다.[144]

판례에서도 범죄수익은닉규제법 제5조상의 미신고죄로 처벌된 사례의 경우는 가령 "몰수보전결정의 결정문을 송달받아 양도성 예금증서가 범죄수익임을 잘 알고 있는 경우에도 불구하고 제3자 명의로 지급하여 달라는 부탁을 받고 이를 승낙"하는 등 적극적인 개입행위가 있는 것[145] 이거나, "범죄행위자 임을 밝히고 양도성 지급증서의 지급을 받도록 요구하면서 도박개장 수익의 처분에 대한 사실을 가장함과 동시에 은닉하는 정을 알면서 관련 거래내용을 신고하지 아니하는 정도[146]"까지는 이르러야 인정되는 것으로 해석하고 있기 때문에 범죄수익은닉규제법 제5조상의 미신고죄를 적용하는 것은 쉽지 않은 경우가 많다.

144) 법무부, 자금세탁범죄 해설과 판례 (2011), 217면 참조.
145) 서울서부지법 2008. 4. 4. 선고 2008고단11 판결.
146) 서울서부지법 2007. 8. 31. 발령 2007고약13681 약식명령.

나. 금융실명법상 처벌규정

〈표 11〉 금융회사 임직원에 대한 처벌규정

구 분	불법차명금융거래를 알선하거나 중개하는 자
금융실명거래 및 비밀보장에 관한 법률 제3조제4항	• 금융회사등에 종사하는 자는 제3항에 따른 금융거래를 알선하거나 중개하여서는 아니됨 - 5년 이하의 징역 5천만 원 이하의 벌금

앞서 살펴본 범죄수익은닉규제법상의 처벌조항에도 불구하고 불법차명거래 관행이 근절되지 아니하고, 강화된 고객확인의 일환으로 도입되었던 특정금융정보법상의 실제소유자 확인제도 역시 그 형식적 운용으로 인해 금융회사 등은 적극적인 실제소유자 확인을 행하지 아니하거나 심지어는 실제소유자를 허위로 작성하거나 고의로 부실하게 기재하여 고객의 불법차명금융거래를 알선하거나 중개하는 경우가 다수 나타났다.

이에 개정 금융실명법 제3조 제4항에서는 명의대여자나 명의차용자로 활동하지 아니하는 금융회사 등에 종사하는 자의 경우에도 만약 불법차명금융거래를 알선하거나 중개하는 자의 경우에 해당한다면 이를 직접 처벌할 수 있도록 규정하고 있다.[147] 여기에서 알선행위의 경우에는 사전적인 의미에서는 어떤 일이 이루어지도록 힘을 다하는 행위를 의미하고, 중개행위는 당사자들 간에 특정 법률행위가 쉽게 이루어질 수 있도록 조력하고 주선하는 것을 말한다.[148] 이에 불법목적을 알아야 하는 것이 그 전제가 될 것이므로 그 목적을 모르는 경우에는 본 조항에 해당할 여지가 없을 것이며, 실제소유자 확인의 고의누락이나 면탈 수준

---

147) 금융실명법 제6조(벌칙) ① 제3조제3항 또는 제4항, 제4조제1항 또는 제3항부터 제5항까지의 규정을 위반한 자는 5년 이하의 징역 또는 5천만 원 이하의 벌금에 처한다.
금융실명법 제3조(금융실명거래) ④ 금융회사등에 종사하는 자는 제3항에 따른 금융거래를 알선하거나 중개하여서는 아니 된다.

148) 금융투자협회, "개정 금융실명법 안내"(2014. 11.), 10면 참조.

에 이르지 아니하는 단순 실제소유자 확인 과정에서 금융회사 임직원의 절차적 업무미비 행위의 경우에는 해당 금융회사가 특정금융정보법상 과태료 부과나 행정제재 등에 해당할 여지는 있을 수 있지만, 금융실명법상 불법차명거래의 알선·중개행위에 해당한다고 보기에는 어렵다.

3. 검토

가. 불법차명거래자 및 명의대여자 처벌의 문제점

불법차명금융거래를 막기 위해 마약류불법거래방지특례법, 조세범처벌법, 관세법, 특정범죄가중처벌법 등 개별법령에 의한 처벌의 경우에는 기본적으로 개별법에 의한 사후적인 처벌로서 일단 범죄자가 수사를 받아 그 본죄인 각 개별법령에 규정된 처벌을 받는 경우 그 부대효과로 차명계좌를 이용한 각 위반행위에 대해 처벌을 받는 것이다. 이에 이는 부수적으로 불법차명거래를 억제하는 효력이 있을 수는 있겠지만 본래적인 불법차명거래에 대한 처벌이라고 볼 수 없다.

또한 본범인 명의차용자 이외에 명의대여자에 대한 처벌의 경우에는 그 공범성 인정 여부를 별도로 살펴보아야 되는 문제점도 있기 때문에 명의대여자에 대한 실효적인 처벌에 흠결이 생길 수밖에 없다. 즉 개별법에 의율할 수 없는 경우에는 공범인 명의대여자나 금융회사 임직원의 고의적인 실제소유자 확인 잠탈행위 등 여러 공범에 대한 처벌의 흠결이 발생하여 불법차명거래에 대한 근원적인 대책이 될 수 없는 것이다.

또한 위 개별법 이외에 범죄수익은닉법상 범죄수익 가장·은닉죄로 의율하기 위해서는 단순히 불법차명거래를 이용한 것만으로는 부족하고 범죄수익은닉규제법상 범죄수익[149]에 해당하여야 하고 이러한 범죄수익의 가장 또는 은닉행위에 나서야 하며, 명의대여자의 경우 공범관계 등

149) 범죄수익은닉규제법 제2조 제2호.

도 입증을 하여야 하기 때문에 기본적으로 명의차용자, 즉 차명거래자는 논외로 하더라도 명의대여자 즉 명의자를 범죄수익은닉규제법상 범죄수익 가장·은닉죄로 의율하기 어려운 상황이 다수 있다.

뿐만 아니라 범죄수익은닉규제법에 의해 처벌하기 위해서는 범죄수익의 처분 및 귀속 공모 등의 다수 정황증거 등을 보완하여야 하는데 이 또한 인정하기가 수월하지 않은 경우가 많다.

나. 실제소유자 확인면탈 행위자에 대한 처벌의 문제점

고객확인의무에 따른 자금 출연자, 즉 실제소유자 확인을 하기 위해서는 자금세탁방지라는 행정목적의 달성을 위하여 금융회사에게 어느 정도의 조사권한을 부여하여야 가능하다. 다만 현재 이러한 고객확인을 위한 금융회사의 실제소유자 조사는 과거에는 상대방의 동의·협력을 전제로 하는 임의조사에 불과하므로 거래상대방에게 별도로 어떠한 공·사법상의 의무를 부과하는 것이 아닌 경우가 많았다.

이를 보완하고자 실효적인 금융회사의 금융거래 상대방에 대한 실제소유자 확인·검증이 이루어지도록 하기 위해서 특정금융정보법에서는 만약 실제소유자 확인을 포함한 고객확인의무에 고객이 이를 응하지 아니하는 경우 이에 따라 거래당사자와 실제소유자 확인 정보가 수보되지 아니하는 경우에는 금융회사등은 계좌개설 등 해당 고객과의 신규 거래를 거절하고, 이미 거래관계가 수립되어 있는 경우에는 해당 거래를 종료하여야 하여야 하는 것으로 규정함으로써 간접적으로 금융회사 등에게 고객확인의무 이행을 위한 자료확인 및 수보의무를 도입하여 고객들로 하여금 확인자료 제출을 강요하도록 하는 효과를 도모하였다.

만약 고객확인의무에 따르는 정보가 제대로 금융회사 등에 조사되지 아니하는 경우에는 자연히 금융회사 등은 특정금융정보법 제5조의2 제4항에 의해서 고객의 입장에서는 신규 거래를 거절당하고, 이미 거래관계가 수립되어 있는 경우에는 해당 거래를 종료당하게 될 것이므로 고객은 거래를 하고 계좌를 만들기 위해서는 금융회사의 자료요청에 응할 수밖에 없기 때문이다.

다만 문제는 금융회사 임직원이 고의적인 실제소유자 확인의 누락이나 탈루의 경우, 특히 법인 또는 단체의 실제소유자 확인의 경우에 있어서 가령 법인이나 단체의 실제소유자가 가상자산사업자인 경우이거나 거래상대법인으로서 가상자산사업자의 실제소유자 확인을 누락하여 불법차명금융거래를 용인해주거나 그 수준을 넘어서서 계좌개설 방법이나 여러 탈법적인 금융거래 관계 개시 방법을 소개하거나 권유하는 경우, 이에 대한 실효적인 법인이나 단체 실제소유자 확인이 이루어지지 아니하는 경우가 다수이고 이에 따라 금융실명법상 불법차명거래 알선·중개행위 금지조항 및 처벌조항이 실효적으로 작동하지 아니하고 있다는 데 있다.

이에 더하여 이미 금융실명법상 차명거래의 알선 또는 중개행위를 금지하는 금지조항이 이미 도입되었음에도 불구하고 아직까지도 금융거래조사는 결국 수사권이 있는 기관에서 조사·수사를 통해 사후적으로 차명거래 여부를 확인·판단할 수밖에 없다는 이유로 적극적인 금융실명법상 차명거래금지 위반을 적용하지 않고 있다는 점도 문제점으로 지적되고 있으며, 수사기관이나 법집행기관에서 위법·탈법행위 등의 차명거래는 현행 조세범처벌법, 범죄수익은닉처벌법 등을 통해 사후적으로 조사과정에서 밝혀질 때 동시에 금융실명법 위반도 부대적으로 조사하면 된다고 여겨지는 경우가 관행이 여전히 자리잡고 있어 금융실명법상 차명거래 알선·중개금지 조항의 적극적인 활용이 이루어지지 않고 있는 실정이다.

다. 소결

금융위원회는 2004년부터 금융실명법상 금융회사가 차명거래임을 알면서도 행한 실지명의위반 금융거래에 대해서는 과태료를 부과하고 있었다. 하지만 증가하는 차명거래에 과태료 처벌만으로는 제대로 대응할 수가 없었고 사망자 명의로 다수의 불법차명거래[150]까지도 나타나는 등 지속적인 차명거래에 효율적인 대응이 어려운 상황이었다.

〈표 12〉 금융실명거래에 대한 과태료 부과 및 징수실적[151]

(단위: 백만 원)

2009			2010			2011			2012		
부과액	건수	수납액	부과액	건수	수납액	부과액	건수	수납액	부과액	건수	수납액
934	673	825	114	106	97	258	186	227	1,079	647	929

제도상 개선이 이루어져서 금융실명법상 차명거래 금지조항의 도입[152] 및 그 운용이 현재 불법차명거래의 사전적이면서도 직접적인 형사처벌 대응방안이라고 볼 수 있지만, 위에서 살펴본 일부 판례들 이외

150) 국회 정무위원회, "금융실명거래 및 비밀보장 관한 법률 일부개정법률안 심사보고서", 2015. 5., 13면 참조. 2012년의 경우 사망자계좌 개설과 관련한 실명확인 위반자(우정사업본부 단위수협 121명)와 5개 저축은행 퇴출시 무단인출과 관련한 실명확인 위반자(82명)에 대한 다수 과태료 부과가 되었다.

151) 국회 정무위원회, "금융실명거래 및 비밀보장 관한 법률 일부개정법률안 심사보고서", 2015. 5., 13면 표를 참고하여 재구성.

152) 다만 금융실명법상 차명거래금지 조항은 "누구든지" 특정금융정보법 제2조 제4호에 따른 불법재산의 은닉, 특정금융정보법 제2조 제5호에 따른 자금세탁행위 또는 같은 조 제6호에 따른 공중협박자금조달행위 및 강제집행의 면탈, 그 밖에 탈법행위를 목적으로 "타인"의 실명으로 금융거래를 하여서는 아니된다라고 규정되어 있기 때문에 실제소유자인 차명거래자를 제외하고 차명거래를 목적으로 하여 명의를 대여한 명의자의 경우에 여전히 공범으로만 처벌이 가능한 흠결도 존재한다.

에는 현재 대부분의 수사실무의 경우 금융실명법상 차명거래금지규정 위반의 경우 그 전제되는 "실제소유자"의 판별이 형식적으로 이루어지고 특히 법인 및 단체의 경우에는 단계적 실제소유자 확인이 형식적으로 확인 및 검증되는 연유로 인하여 제도 본연의 취지대로 독립적으로 운용되지 못하고 있다.

이에 제도도입 이후에도 대기업의 불법 차명거래 및 비자금과 관련된 뉴스[153]나 국세청의 대기업 총수에 대한 차명계좌에 대한 과세통보 관련 기사[154]는 지속적으로 나오고 있는 실정이다. 판례들을 살펴보아도 아직까지도 기존 범죄수익은닉규제법상 범죄수익등 취득·처분 가장 행위의 경합범으로만 함께 포함되어 기소되고 유죄처벌을 받는 경우가 다수이다.[155]

이에 차명거래가 특정한 범죄행위와 연계되지 않더라도 차명거래 그 자체만으로도 제재대상이 되도록 하려는 당초 기대했던 불법차명거래금지의 사전예방적 처벌과 단속을 기대했던 법개정의 실익이 크게 발동되지 않는 경향이 있다. 특히 이는 정보비대칭성의 문제가 그 핵심에 있는데, 금융회사 등의 입장에서는 고객이 주는 고객확인정보를 기초로 고객정보도 확인하여야 하지만 실제소유자 여부인지 여부도 확인하여야 추가적으로 탈법적인 계좌 개설인지 여부를 나아가 판단할 수 있는 것인바, 이러한 문제점은 특히 실제소유자의 판별이 쉽지가 않은 법인이나 단체의 실제소유자 확인 및 검증에서 금융회사 등의 고객법인에 대한 정보수집의 난해함이 더욱 두드러진다. 이 때문에 명의대여자와 명의차

---

153) 경향신문, "검찰, '조세포탈·횡령' 부영그룹 압수수색", 2018. 1. 9.자 기사 참조.
154) 한겨레신문, "이건희 차명계좌 수백억 과세 통보", 2018. 3. 18.자 기사 참조.
155) 한편 이러한 실체적 경합범으로 처벌되는 것에 대해 범죄수익은닉규제법 제3조상에 의하면 5년 이하의 징역에 처할 수 있고 이에 더해 금융실명법 제3조 제3항에 의해 5년 이하의 징역에 처할 수 있으므로 두 범죄의 실체적 경합이 가능해지면, 중대범죄의 법정형의 1/2배를 가중할 수 있으므로 2.5년이 더 많은 7.5년까지 징역에 처할 수 있는 효과가 있다는 주장도 있다(김자봉, "금융실명제 시행 20년의 성과와 향후 과제", 한국금융연구원, 2016. 5., 72면 참조).

용자에 대한 금융실명법상 차명거래금지 처벌조항의 정범 및 공범으로의 적극적인 적용을 위해서는 계좌개설 단계 또는 일정금액이 넘는 일회성 금융거래 단계에서부터 철저한 실제소유자의 판별이 핵심적인 부분이다.

또한 조세포탈이나 관세포탈의 정도에 이르지 아니하는 탈세의 경우에도 비록 최종적으로 포탈의 정도에 해당하지 아니하여 개별법상 처벌이 되지 아니한다고 하더라도 이는 불법차명거래목적의 계좌개설일 가능성이 높아 탈법행위 목적의 차명거래일 가능성도 살펴야 한다. 특히 사전적으로 계좌개설을 차단과 함께 형사적 처벌을 활용하여 차명거래금지제도 도입의 본래 도입취지를 현실화할 필요성을 고려한다면 더욱 그러하다. 이는 규모가 더 크고 형태가 다양한 법인이나 단체의 경우, 특히 가상자산사업 관련 법인들의 경우에는 이러한 불법목적의 차명금융거래 가능성의 적발이 더욱 중요하다고 볼 수 있다.

실제소유자 확인의무가 있는 금융회사의 경우 고객확인의무 등을 철저히 준수하여야 하는 금융회사 임직원들이 도리어 적극적으로 타 금융회사에서 실제소유자 확인의무 위반의 방조행위를 하거나 고객에게 허위자료 제출방법을 알선하거나 상담·조언하는 경우 또는 고의적인 누락기입을 통해 금융회사 등의 고객유치나 실적증대를 위해서 법인 또는 단체의 실제소유자 확인의무를 위반하는 경우가 다수 나타날 수 있다.

이에 이하 제3장에서는 자금세탁방지법상 나타날 수 있는 실제소유자 확인제도의 문제점에 대해 특히 법인 또는 단체 중 가상자산사업자 실제소유자 확인 미비, 계층적 실제소유자 확인의 문제, 실제소유자 확인 면제대상의 문제, 형식적 실제소유자 신고주의, 요주의인물 확인제도 등 법인·단체의 실제소유자 확인 및 검증에서 나타날 수 있는 여러 문제점들에 대해 살펴보고 이에 대한 합리적인 개선방안을 살펴보아 차명거래금지 및 처벌제도가 실효적으로 작동할 수 있는 방안들에 대해 같이 살펴보도록 하겠다.

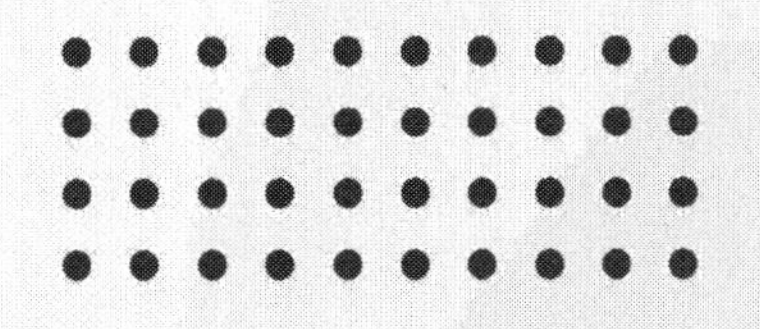

제3장
가산자산사업자의 실제소유자 확인제도의 문제점 및 개선방안

제1절 가상자산사업자 실제소유자 확인 미비

Ⅰ. 의의

특정금융정보법령이 개정된 이후로 가장 뜨거운 관심을 받게 된 계기는 그 수범범위에 포함되게 된 가상자산사업자와 가상자산거래 때문이다. 기본적으로 특정금융정보법은 자금세탁행위의 규제법인데 가상자산사업자 및 가상자산거래의 경우에는 현재 규율하고 있는 법규가 없어 자금세탁행위를 규제하고 있는 특정금융정보법에 대상 금융회사 등과 금융거래 등으로 각 포함되어 규율되기에 이르렀다.

금융거래 등의 대상으로 포함이 된 가상자산거래는 이동경로가 더 확실히 추적될 수 있음에도 불구하고 왜 자금세탁의 수단으로 빈용되어 그 규제가 되는지 의문이 들 수 있다. 가상자산의 이동경로는 거래 데이터를 중앙집중형 서버에 기록, 보관하는 기존 방식과 달리 거래 참가자 모두에게 내용을 공유하는 분산형 디지털 장부(distributed ledger), 즉 블록체인의 주소경로를 통해 더 확실히 살펴볼 수가 있다. 이는 네트워크 내의 모든 참여자가 공동으로 거래 정보를 검증하고 기록·보관함으로써 공인된 제3자 없이도 거래기록의 무결성 및 신뢰성을 확보하는 기술로서 해시(Hash), 전자서명(Digital Signature), 암호화(Cryptography) 등의 보안기술을 활용한 분산형 네트워크 인프라를 기반으로 다양한 응용서비스를 구현할 수 있는 구조이기 때문이다.[1] 다만 거래기록 관찰 이외에 가상자산거래의 자금세탁방지 규제 측면에서의 근본적인 문제 부분은 그 가상자산거래에 필요한 가상자산의 지갑이 그 실제소유자인 소위 지갑주인과 가상자산의 출처(불법, 탈세 등 목적으로 구매한 경우)가 불분명하다면 아무리 가상자산의 이동경로가 확실하더라도 자금세탁의 수단

1) 금융감독원, 금융용어사전 제198호 참조.

으로 악용될 소지가 많을 것이라는 것이다.

결국 가상자산의 거래기록은 일부 익명화된 가상자산을 제외하고는 누구에게나 공개되지만, 그 거래기록이 중요한 것이 아니라 가상자산사업자가 고객확인을 하지 아니한다면 별도로 가상자산 지갑의 소유자가 누구인지 알 수 있는 방법은 존재하지 않기 때문에 차명거래의 문제가 동일하게 시작된다. 이 고민은 결국 기존 금융거래에서 지속적으로 논의가 되어 온 차명금융거래의 부분과 일맥상통하는 부분이라고도 할 수 있다. 심지어 가상자산거래소에서 만든 지갑이 아닌 형태의 가상자산보관지갑의 경우에는 아무런 개인정보 심지어 이메일 주소도 넣을 필요가 없는 경우도 더러 있다. 이에 비트코인과 같은 가상자산 사용시 거래에 남아있는 정보는 A라는 주소에서 B라는 주소로 얼마의 비트코인이 전송되었다 정도이며 그 어떤 개인정보는 포함되지 않는 경우도 있다. 결국 지갑의 주인, 금융거래로 치환하면 계좌의 주인이 누구인지 알기 어렵다는 점에서 가상자산은 향후 지속적으로 자금세탁의 매우 유용한 도구가 될 수 있다.

Ⅱ. 개정법의 도입

당초에 특정금융정보법의 적용대상이 되는 금융회사 등에는 가상자산사업자가 포함되지 아니하였다. 이에 금융위원회에서는 가상자산사업자와 거래시 금융회사에게 여러 확인 및 의심거래보고의무를 부과하는 간접적인 규제방식으로 가상자산을 통한 자금세탁위험에 대비하는 구조를 취하고 있었다. 물론 이를 보완하기 위해 가상통화 관련 자금세탁방지 가이드라인을 제정하고 개정하면서 가상자산을 통한 자금세탁행위를 막기 위해 노력하였다. 하지만 이러한 가상통화 관련 자금세탁방지 가이드라인만으로는 근본적인 해결책이 되지 못한다는 견해가 많았다. 이후

G20 정상회의와 자금세탁방지기구(FATF) 등의 국제기구에서는 자금세탁방지 및 공중협박자금조달금지를 위한 국제기준을 제정하고, 회원국들에게 이를 이행할 것을 요구하고 있기 때문에 법에 이를 명시적으로 규정할 필요성이 제기되었고, 이에 특정금융정보법상의 개정조치가 요구되었다.[2]

이에 종합적으로 2020. 3. 24. 특정금융정보법의 개정을 통해 가상자산을 특정금융정보법 규율대상에 편입[3]하고 가상자산사업자에 대해서도 자금세탁행위 및 공중협박자금조달행위의 효율적 방지를 위한 의무를 부과[4]하는 한편, 금융회사 등이 가상자산사업자와 금융거래를 수행할 때 준수할 사항이 규정되었다. 특히 고객이 가상자산사업자인 경우 기존 금융회사 등의 경우에 확인의무가 추가되었는 바, 즉 가상자산사업자들이 실제소유자를 은폐하는 유령법인 들을 통한 편법거래행위들을 방지하기 위해 금융회사 등은 거래상대방인 법인 또는 단체고객으로 가상자산사업자를 만난 경우 더 살펴봐야 되는 고객확인의무사항이 추가된다. 구체적으로는 기존 금융회사가 거래상대방 고객으로 가상자산사업자인 경우에는 기존의 고객확인사항[5] 역시 준수하여 확인·검증하여야 할 것이며 추가적으로 ① 특정금융정보법 제7조제1항 및 제2항에 따른 신고 및 변경신고 의무의 이행에 관한 사항, ② 특정금융정보법 제7조제3항에 따른 신고의 수리에 관한 사항, ③ 특정금융정보법 제7조제4항에 따른 신고 또는 변경신고의 직권 말소에 관한 사항, ④ 예치금(가상자산사업자의 고객인 자로부터 가상자산거래와 관련하여 예치받은 금전을 말한다)을 고유재산(가상자산사업자의 자기재산을 말한다)과 구분하여 관리하는 지 여부에 대한 확인, ⑤ 「정보통신망 이용촉진 및 정보보호 등에 관한 법률」제47조 또는 「개인정보 보호법」제32조의2에 따른 정보보호

2) 특정금융정보법 법률 제17113호, 2020. 3. 24. 일부개정 이유문.
3) 특정금융정보법 제2조 제2호 내지 제3호.
4) 특정금융정보법 제2조 제1호 하목.
5) 특정금융정보법 제5조의2 제1항 제3호 가목.

관리체계 인증의 획득사항에 대한 확인이 추가적으로 필요하다.[6)]

즉 기본적인 기존의 고객확인의무사항을 지키는 것 이외에도 가상자산사업자와 거래하는 기존의 금융회사 등은 고객인 가상자산사업자의 기본사항(대표자, 거래목적 등), 가상자산사업자의 신고 수리 여부 및 예치금 분리보관 등을 확인할 의무를 이행해야 하며,[7)] 가상자산사업자가 금융정보분석원(FIU)에 미신고하거나 자금세탁 위험이 특별히 높다고 판단되는 경우 등에는 금융거래를 의무적으로 거절(종료[8)])하여야 한다.

이에 대해서는 실명확인 입출금계정을 발급하는 금융회사(특정금융정보법 시행령상으로는 1. 「은행법」에 따른 은행, 2. 「중소기업은행법」에 따른 중소기업은행, 3. 「농업협동조합법」에 따른 농협은행, 4. 「수산업협동조합법」에 따른 수협은행이 해당[9)])는 물론이고 이외에도 실명확인입출금 계정발급권이 없는 다른 금융회사 등의 경우에도 고객으로 가상자산사업자를 만나 이에 대한 고객수용여부 심사이후 일반 법인에 대한 금융거래 등으로 편입할 가능성이 있으므로(가상자산사업자가 법인계좌를 만들거나 보험계약을 체결하거나 금융투자상품을 매매하는 계약을 체결하는 경우 등), 모든 금융회사는 고객이 가상자산사업자인 경우 추가적인 확인사항을 점검하여야 할 의무가 있다고 할 것이다.

Ⅲ. 신고서상 실제소유자 확인

가상자산사업자는 상호 및 대표자의 성명, 사업장의 소재지, 연락처 등을 금융정보분석원장에게 신고[10)]하도록 하고, 이를 위반한 경우에 처

---

6) 특정금융정보법 제5조의2 제1항 제3호.
7) 특정금융정보법 제5조의2 제1항 제3호.
8) 특정금융정보법 제5조의2 제4항.
9) 특정금융정보법 시행령 제10조의12 제2항.
10) 이 법 시행 전부터 영업중인 특정금융정보법 부칙 제5조(가상자산사업자의 신

벌근거를 마련하였다(특정금융정보법 제7조 신설, 제17조 제1항·제2항 참조). 다만 이러한 신고는 신고했다고 해서 모두 수리되는 것은 당연히 아니다. 금융정보분석원장은 일정한 사유의 경우에는 신고불수리, 즉 신고결격 사유와 직권말소를 할 수 있도록 규정하고 있다. FATF의 권고사항 제15조 제3호 관련주석에서는 금융감독당국은 가상자산 취급업소에 대해 신고·등록제를 운영하고 범죄 관련자의 취급업소 소유·통제·경영을 방지하도록 한 내용[11]을 도입하였는 바, 이와 궤를 같이하는 것이다.

우선 신고불수리 및 신고결격과 관련하여서는 ① 정보보호 관리체계(정보통신망의 안정성·신뢰성 확보를 위하여 관리적·기술적·물리적 보호조치를 포함한 종합적 관리체계) 인증[12]을 획득하지 못한 자, ② 실명확인이 가능한 입출금 계정[13][동일 금융회사등(대통령령으로 정하는 금

고에 관한 경과조치) 제7조의 개정규정에도 불구하고 이 법 시행 전부터 영업중인 가상자산사업자는 이 법 시행일부터 6개월 이내에 같은 개정규정에 따른 요건을 갖추어 신고하여야 한다.

11) FATF, 앞의 책, 76면 참조. 3. VASPs should be required to be licensed or registered. At a minimum, VASPs should be required to be licensed or registered in the jurisdiction(s) where they are created. … Competent authorities should take the necessary legal or regulatory measures to prevent criminals or their associates from holding, or being the beneficial owner of, a significant or controlling interest, or holding a management function in, a VASP. …

12) 기업이 주요 정보자산을 보호하기 위해 수립·관리·운영하는 정보 보호 관리체계가 인증기준에 적합한지를 심사하여 인증을 부여하는 제도이다. 한국정보보호진흥원(KISA)에서 인증업무를 담당한다(https://isms.kisa.or.kr/main/isms/intro/). 정보통신망 이용촉진 및 정보보호 등에 관한 법률 제47조 참조.

13) 실명확인이 가능한 입출금 계정을 개시하는 기준, 조건 및 절차에 관하여 필요한 사항은 대통령령으로 정한다(특정금융정보법 제7조 제9항). 가상계좌 실명확인 입출금 서비스는 가상통화 취급업소의 거래 은행과 같은 은행의 계좌를 보유하고 있는 이용자는 해당 계좌를 통해 입출금하는 것으로 실명확인 입출금계정 서비스 개시 이후 가상통화 취급업소 이용자가 자금을 입금하기 위해서는 실명 확인 입출금계정 서비스를 제공하는 은행에 실명 확인 절차를 거쳐 계좌를 개설해야 한다. 은행이 실명 확인한 계좌주 정보와 가상통화 취급업소에서 받은 거래자 정보가 일치해 은행의 시스템상 거래자의 입출금 계좌로 등

융회사등에 한정한다)에 개설된 가상자산사업자의 계좌와 그 가상자산사업자의 고객계좌 사이에서만 금융거래등을 허용하는 계정을 말한다)을 통하여 금융거래 등을 하지 아니하는 자의 경우 신고불수리 및 결격사유가 될 수 있다. 또한 ③「특정금융정보법」,「범죄수익은닉의 규제 및 처벌 등에 관한 법률」,「공중 등 협박목적 및 대량살상무기확산을 위한 자금조달행위의 금지에 관한 법률」,「외국환거래법」 및「자본시장과 금융투자업에 관한 법률」 등 대통령령으로 정하는 금융관련 법률에 따라 벌금 이상의 형을 선고받고 그 집행이 끝나거나(집행이 끝난 것으로 보는 경우를 포함한다) 집행이 면제된 날부터 5년이 지나지 아니한 자(가상자산사업자가 법인인 경우에는 그 대표자와 임원을 포함한다), ④ 신고 또는 변경신고가 말소되고 5년이 지나지 아니한 자도 신고불수리 및 신고결격에 해당한다.[14)]

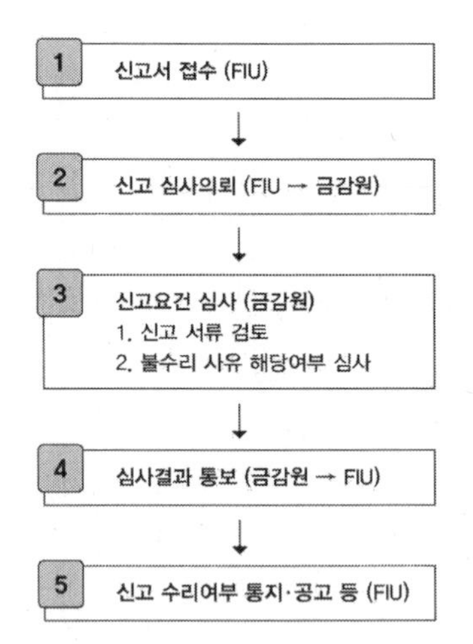

〈그림 4〉 가상자산사업자 신고 업무절차 흐름도[15)]

록이 완료된다.

14) 금융위원회, "가상자산사업자 신고메뉴얼(2021. 2. 17.)", 12면 참조.

15) 금융위원회, "가상자산사업자 신고메뉴얼(2021. 2. 17.)", 4면 참조.

Ⅳ. 신고과정에서의 실제소유자 확인면탈 및 개선방안

1. 문제점

우선 신고과정에서 문제되는 부분은 바로 가상자산사업자의 실제소유자가 문제가 되는 자연인이거나 신고하는 가상자산사업자의 대표자나 임원 등이 법위반자에 해당하는 경우 이를 실질적으로 심사하기가 어렵다는 부분에 있다.

두 번째 문제점은 가상자산사업자의 신고 심사를 받는 때에 있어서 금융위원회에서 신고 심사를 할 것을 대비하여 실제소유자를 감춘 형태의 별도의 법인을 설립하여 제3의 법인인 것처럼 행동하면서 적법한 가상자산사업자로 등장하는 경우의 문제점과 아예 이러한 제3의 법인을 설립하고 실제는 가상자산사업을 영위하면서 가상자산사업자가 아닌 것처럼 행동하여 금융위원회에 신고하지 않는 경우도 있을 수 있다.

우선 신고법인의 대표자나 임원 등이 법위반자 등에 해당하는 경우 현재 가상자산사업자 신고시스템 상에서는 이를 심사하기 어렵다. 현재 규정에 의하면 사업자 요건을 심사하여 사업자의 금융관련 법률 위반은 유관행정기관의 신원조회 결과와 신고인 제출 확인서를 통해 확인하게 된다. 사업자뿐만 아니라 사업자가 법인인 경우 대표자와 임원도 확인서를 제출해야 하며 여기서 임원은 등기임원을 의미한다. 이에 양식은 총 2가지로 규정되었다.

〈표 13〉 신고인 및 대표자, 임원 확인서[16)]

신고인 확인서

신고 불수리 요건 사유 내용	해당사항없음 확인 서명
금융관련 법률에 따라 벌금 이상의 형을 선고받고 그 집행이 끝나거나(집행이 끝난 것으로 보는 경우를 포함한다) 집행이 면제된 날부터 5년이 지나지 아니한 자	
신고 또는 변경신고가 직권 말소되고 5년이 지나지 아니한 자	

대표자 및 임원 확인서(개인)

신고 불수리 요건 사유 내용	해당사항없음 확인 서명
금융관련 법률에 따라 벌금 이상의 형을 선고받고 그 집행이 끝나거나(집행이 끝난 것으로 보는 경우를 포함한다) 집행이 면제된 날부터 5년이 지나지 아니한 자	

가상자산사업자 신고인의 경우 그리고 그러한 사업자의 대표 및 임원이 금융 또는 특정금융정보법상 관련 법률,[17)] 금융회사지배구조법 제2조제7호상의 법 위반행위[18)]를 저지르면 금융 당국이 가상자산거래소의 등록을 거부할 수 있다. 하지만 여기에는 '대표·임원'의 범죄 경력만을

16) 금융위원회, "가상자산사업자 신고메뉴얼(2021. 2. 17.)", 19면 내지 20면 붙임 3의 표 참조.

17) 특정 금융거래정보의 보고 및 이용 등에 관한 법률 제7조 제3항 제3호 상의 관련법률로서 특정금융정보법, 범죄수익은닉의 규제 및 처벌 등에 관한 법률, 공중 등 협박목적 및 대량살상무기확산을 위한 자금조달행위의 금지에 관한 법률, 외국환거래법 및 자본시장과 금융투자업에 관한 법률을 의미한다.

18) 금융회사의 지배구조에 관한 법률 제2조제7호, 금융회사지배구조법 시행령 제5조.

신고 불수리 요건으로 명시하고 있어 '실제소유자'의 범죄 경력에 관해서는 아무런 규정이 없어 사실상 사각지대에 놓여있다.

2. 개선방안

가. 신고서 요건의 적극해석

개선방안으로는 우선 가상자산사업자 신고서 요건의 적극적인 법률해석이 필요하다고 보인다. 이에 대해서는 항목별로 적극해석이 필요한 각 부분에 대해 살펴보도록 하겠다.

우선 가상자산사업자 법인의 '실제소유자'의 범죄 경력의 적극해석 필요성에 대해 살펴본다. ① FATF의 권고사항 26항[19]과 권고사항에 대한 해석 노트 15(새로운 기술)항[20]에 따라 각국의 관할당국은 범죄자 및 범

---

19) FATF, 앞의 책, 23면 참조. 26. 각국은 금융기관이 적절한 규제와 감독의 대상이며 FATF 권고사항을 효과적으로 이행하도록 하여야 한다. 권한당국은 범죄자나 그 관련자(associate)가 금융기관에 중대한 영향력을 미칠 수 있는 지분(significant interest) 또는 지배지분을 소유하거나 이에 대한 실소유자가 되는 것 또는 금융기관의 경영권을 가지는 것을 방지하기 위하여 필요한 법적·규제적 조치를 취하여야 한다. 각국은 위장은행의 설립 혹은 운영을 허용하여서는 아니 된다. (건전성 규제 관련 바젤위원회의) 핵심원칙을 적용 받는 금융기관의 경우, 건전성을 목적으로 적용되고 자금세탁 및 테러자금조달과도 관련 있는 규제와 감독조치를 AML/CFT 목적을 위하여 유사한 방법으로 적용하여야 한다. 이에는 AML/CFT 목적에 따른 금융기관의 본사와 지점, 자회사에 대한 통합적 그룹 감시와 고객확인 위험관리의 효과적인 이행이 포함되어야 한다. (핵심원칙을 적용 받지 않는) 그 외의 금융기관은 허가나 등록을 받아야 하고, 관련 분야의 자금세탁 및 테러자금조달의 위험을 고려하여 AML/CFT를 위한 적절한 규제와 감독 혹은 관리(oversight)를 받아야 한다. 최소한 자금 또는 가치 이전의 서비스를 제공하거나 환전업(money or currency changing)을 영위하는 기업들은 허가나 등록을 받아야 하고, 국가적 AML/CFT 의무사항에 부합하기 위한 효과적인 모니터링 체제의 대상이 되어야 한다.

20) FATF, 앞의 책, 76면 참조.

죄자의 관계자가 금융회사에서 중요한 또는 지배적 이해관계를 갖거나 실제소유자가 되는 것을 방지하기 위해 필요한 법적 또는 규제조치를 취해야 한다고 규정하고 있는 점, ② 특정금융정보법 적용대상이 되는 금융회사 등은 자금세탁방지 의무를 적정히 수행하기 위해 범죄자의 영향에서 자유로워야 할 필요가 있으며, 현재는 신고서에 가상자산사업자 대표와 임원의 범죄경력만 심사하게 되어 있는데, 실제소유자 및 대주주를 보아야 다른 업체에서 불법행위를 저지르고 이를 폐업한 연후에 다시 신생업체를 설립하거나 타업체를 인수하는 방식으로 얼마든지 신고등록 전과심사를 회피할 수 있다는 점 등을 고려하여 볼 때 대주주 심사 혹은 가상자산사업자의 실제소유자 확인이 필요하다고 생각한다.

이에 당연히 대주주 혹은 실제소유자로 인정되는 자가 앞서 제시한 특정금융정보법상 관련법률 또는 금융회사지배구조법상 법위반행위 등에 해당하는 범죄경력이 있으면 가상자산사업자로의 등록을 거부할 수 있는 내용을 포함하는 특정금융정보법의 개정이 필요하다고 생각한다. 금융위원회 등 관계기관도 2021년도 중점추진과제중 하나로 법령 정비과제를 통해 가상자산사업자의 경우 범죄경력이 있는 임직원 금지규정은 있으나, 실제소유자가 범죄자인 경우에 관한 내용보완을 특정금융정보법 개정을 통하여 행하겠다는 것을 골자로 한 중점법령 추진과제를 밝힌 바 있다. 다만 과거의 전례를 비추어 볼 때 특정금융정보법 법개정은 국회 정무위원회 및 본회의를 통과하여야 하는 만큼 많은 시일이 소요된다. 이에 규제 공백이 발생하지 않도록 심사중에 이러한 공백이 생기지 않도록 고려할 수 있도록 하여야 할 것이다.[21]

---

21) 금융정보분석원, "자금세탁방지 역량 강화방안 및 2021년 FIU 중점 추진과제"(2021. 2.), 14면 참조. 한편 그 내부통제의 중간단계로 우선 가상자산사업자로 하여금 가상자산사업자나 그 특수관계인이 발행한 가상자산의 매매·교환을 중개·알선하거나 대행하는 행위와 가상자산사업자의 임직원이 해당 가상자산사업자를 통해 가상자산을 매매하거나 교환하는 행위 등에 대한 거래를 제한하는 내용의 특정금융정보법 시행령이 일부 개정(2021. 11. 6. 시행)된 바 있다.

두 번째 적극해석하여야 되는 부분인 "적용시기의 부분"에 대해 살펴본다. 전술한 것처럼 이러한 가상자산사업자의 대주주 혹은 실제소유자를 그 신고서상의 신고 불수리 요건 심사의 하나의 요소에 자리잡게 한다고 하더라도 문제는 적용의 시기이다. 이는 비단 가상자산사업자의 실제소유자에게만 적용되는 부분이 아니고 현재 가상자산사업자 신고인, 대표자 및 임원 확인서에도 동시에 적용되는 문제이기도 하다.

현재 가상자산사업자 신고메뉴얼상 신고서 심사요건에 의하면 금융관련 법률 위반 사실이 있는 자는 동법 등 금융관련 법률에 따라 벌금 이상의 형을 선고받고 그 집행이 끝나거나 집행이 면제된 날부터 5년 경과 여부(법인인 경우 대표자와 임원 포함)라고 규정이 되어 있다.[22]

〈표 14〉 신고서상 주요확인사항[23]

구분	요건	주요 확인사항
금융관련 법률 위반	• 금융관련 법률 위반 사실	• 동법 등 금융관련 법률에 따라 벌금 이상의 형을 선고받고 그 집행이 끝나거나 집행이 면제된 날부터 5년 경과 여부

대상	신고 불수리 요건	세부내용	확인 방법
사업자 (법인시 대표자 및 임원 포함)	금융관련 법률 위반 (법§ 7③3.) * '21. 3. 25. 이후 최초로 법률 위반행위를 한 경우부터 적용(법 부칙§ 4)	금융관련 법률 위반 결격요건 (법§ 7③3. 및 영§ 12조의2 ③)	• 확인서(붙임3) • 제출서류 등 확인

대부분의 가상자산사업자 중 과거 범죄이력이 문제된 대상자나 혹은 범죄경력이 있는 가상자산사업에 진출하려고 하는 대상자들의 경우에는 법률위반 행위 시점이 특정금융정보법 시행 이전이기 때문에 개정된 특정금융정보법 조항이 적용될 여지가 크지 않다는 문제점이 존재한다. 이

22) 특정금융정보법 제7조 제3항 제3호 참조.
23) 금융위원회, "가상자산사업자 신고메뉴얼(2021. 2. 17.)", 6면 표 부분 참조.

적용시기의 문제는 법 제7조제3항제3호[24]의 적용시기와 관련이 있다.

현재 개정 특정금융정보법의 부칙 제4조[25]에 의하면 "부칙 제4조(가상자산사업자의 신고에 관한 적용례) 제7조제3항제3호의 개정규정은 이 법 시행 후 최초로 법률 위반행위를 한 경우부터 적용한다."라고 규정이 되어 있다. 이는 가상자산사업자를 특정금융정보법에 편입시키면서 가상자산사업자가 새로 자금세탁방지법제에 적용되는 측면이 있기 때문에 당사자에게 이를 준비할 수 있는 시간 등을 부여하고자 어느 정도의 여유기간을 부여 설정해 준 것이라고 볼 수 있다. 물론 이러한 여유기간이 설정되지 않은 부분이라든지 아니면 다른 기존 금융회사 등의 경우에는 원칙적으로 개정된 가상자산사업자에 대한 특정금융정보법령이 그대로 적용됨은 당연한 해석이다.

이에 가상자산사업자에게 일부 시행여유기간이 부여된 부분 이외의 규정에서 특정금융정보법 부칙 제2조[26]에서는 기존의 금융회사 등의 가상자산사업자에 대한 고객 확인의무에 관한 적용례를 규정하면서 "금융회사등의 이 법 시행 전부터 영업 중인 가상자산사업자에 대한 제5조의2의 개정규정 적용은 이 법 시행 후 최초로 실시되는 금융거래등부터 한다. 다만, 이 법 시행 전부터 영업 중인 가상자산사업자가 이 법 시행일부터 6개월 이내에 제7조제1항의 개정규정에 따라 신고를 하고 같은 조 제3항 및 제4항의 개정규정에 따라 신고가 수리되지 아니하거나 직권으로 말소된 사실이 확인되지 아니한 경우에는 제5조의2제4항제2호가목[27]

---

24) 특정금융정보법 제7조 제3항 제3호.

25) 특정금융정보법 〈법률 제17113호, 2020. 3. 24.〉 부칙 제4조(가상자산사업자의 신고에 관한 적용례).

26) 특정금융정보법 〈법률 제17113호, 2020. 3. 24.〉 부칙 제2조(금융회사등의 가상자산사업자에 대한 고객 확인의무에 관한 적용례).

27) 특정금융정보법 제5조의2(금융회사등의 고객 확인의무) ④ 금융회사등은 다음 각 호의 어느 하나에 해당하는 경우에는 계좌 개설 등 해당 고객과의 신규 거래를 거절하고, 이미 거래관계가 수립되어 있는 경우에는 해당 거래를 종료하여야 한다. 〈신설 2014. 5. 28., 2020. 3. 24.〉

의 개정규정은 적용하지 아니한다."고 규정하고 있다.

명문상 규정의 적용이 유보된 것은 오로지 법제5조의제4항제2호의 가목이기 때문에 기존 금융회사 등이 위 법제5조의제4항제2호의 가목이 아닌 기타 부분인 나목 내지 라목에 해당하는 내용 등을 확인한 경우에는 개정규정이 적용될 것이다. 이에 가상자산사업자인 고객이 법 제5조의2제4항제2호나목 이하에 해당하는 사실을 확인한 경우에는 법 제5조의2제4항의 개정규정이 그대로 적용되어 거래거절 및 거래종료 의무가 있다고 하겠다.[28)]

이와 같이 부칙에서는 별도로 기존 금융회사 등에 공통으로 적용되는 부분 이외에 가상자산사업자에 대해 적용되는 부분을 "가상자산사업자에 대한 특례" 형태로 규정하면서 신고의무 등을 규정하였고, 새로이

---

1. 고객이 신원확인 등을 위한 정보 제공을 거부하는 등 고객확인을 할 수 없는 경우
2. 가상자산사업자인 고객이 다음 각 목의 어느 하나에 해당하는 경우
   가. 제7조제1항 및 제2항에 따른 신고 및 변경신고 의무를 이행하지 아니한 사실이 확인된 경우
   나. 제7조제3항제1호 또는 제2호에 해당하는 사실이 확인된 경우
   다. 제7조제3항에 따라 신고가 수리되지 아니한 사실이 확인된 경우
   라. 제7조제4항에 따라 신고 또는 변경신고가 직권으로 말소된 사실이 확인된 경우
3. 그 밖에 고객이 자금세탁행위나 공중협박자금조달행위를 할 위험성이 특별히 높다고 판단되는 경우로서 대통령령으로 정하는 경우

28) 금융위원회 법령해석 회신문, "특정금융거래정보의 보고 및 이용 등에 관한 법률 부칙 제2조 단서 해석 여부" (2021. 8. 10.) 참조. 부칙 〈법률 제17113호 2020. 3. 24.〉 제2조단서의 적용 대상은 이 법 시행(2021. 3. 25.) 전부터 영업 중인 가상자산사업자가 2021. 9. 24.까지 법 제7조제1항에 따른 가상자산사업자 신고를 하고 신고가 수리되지 아니하거나(법 제7조제3항), 직권으로 말소(법 제7조제4항)된 사실이 확인되지 아니하는 경우에는 법 제5조의2제4항제2호가목(신고를 이행하지 아니한 사실이 확인된 경우 거래를 종료할 의무)을 적용하지 아니하는 것이며, 나목 이하의 규정이 적용되지 아니한다는 의미는 아니며, 법 제5조의2제4항의 규정은 2021. 3. 25.부터 원칙적으로 은행에 적용이 된다는 취지의 유권해석.

가상자산사업을 하려는 자는 금융정보분석원(FIU)에 미리 신고하여야 하며, 기존 사업자는 6개월 이내 신고 접수를 완료해야 하는데 그 6개월은 법 시행후 6개월로 2021. 9. 24.일까지를 의미하여서 신고에 대한 여유기간도 6개월을 설정하여 주었다.[29] 이에 기존 사업자가 2021. 9. 24일까지 신고 접수를 하지 않거나, 신고가 불수리된 상태에서 영업을 계속하는 경우, 미신고 사업자로서 5년 이하의 징역 또는 5천만원 이하의 벌금으로 처벌대상이 된다.

뿐만 아니라 자금세탁방지의 기본 의무인 고객확인의무, 의심거래보고의무, 고액현금거래보고의무 역시 만약 신고수리가 이미 완료된 가상자산사업자의 경우에는 고객확인, 의심거래보고의무, 가상자산사업자의 조치 등을 즉시 적용하게 하였지만 대부분 가상자산사업자는 이 신고를 하지 아니하고 있기 때문에 2021. 3. 25. ~ 2021. 9. 24. 기간 내에 가상자산사업자가 신고 수리를 완료하는 경우 그 신고수리 시점으로부터의 사업자의 고객확인, 의심거래보고의무, 가상자산사업자의 조치 등을 적용한다.

〈표 15〉 가상자산사업자의 타임라인

2021. 9. 24. 신고의무 **2021. 3. 25.** 자금세탁방지 기본의무(신고수리가 이미 완료된 사업자의 고객확인, 의심거래보고의무, 가상자산사업자의 조치 등) **2021. 3. 25. ~ 2021. 9. 24.** 자금세탁방지 기본의무(신고 수리 시점으로부터의 사업자의 고객확인, 의심거래보고의무, 가상자산사업자의 조치 등) **2022. 3. 25.** 가상자산 이전시 정보제공 의무

29) 특정금융정보법 〈법률 제17113호, 2020. 3. 24.〉 부칙 제5조(가상자산사업자의 신고에 관한 경과조치) 제7조의 개정규정에도 불구하고 이 법 시행 전부터 영업 중인 가상자산사업자는 이 법 시행일부터 6개월 이내에 같은 개정규정에 따른 요건을 갖추어 신고하여야 한다.

특히 가상자산 이전시 정보제공 의무 조항의 경우에는 그 적용이 기존의 금융회사 등과는 다르게 구조가 복잡하고 특히 각 가상자산거래소간 송금자 정보를 주고받을 수 있는 시스템 및 전산장비 마련도 필요한 측면이 있는 등 즉시 적용의 난해함이 있어 동 규정은 부칙에서 시행을 1년 유예하여('22. 3. 25. 시행) 규정 적용의 여유기간을 설정하였다.

이런 식으로 여러 경과규정을 두어 가상자산사업자들의 법적안정성을 고려한 측면은 입법권자의 재량이라고 생각하여 규제를 도입한 취지에 맞추어 충분히 가능한 영역이라고 생각한다. 다만 문제가 된다고 생각하는 부분은 바로 이 법 시행 이후 최초의 법률 위반행위부터 적용하도록 규정한 부칙 제4조(가상자산사업자의 신고에 관한 적용례)부분이다. 이 규정에 따라 기존에 대부분의 문제가 되는 가상자산사업 관련자들의 전과 부분인 사문서위조, 동행사, 사전자기록위작변작죄, 동행사, 사기, 횡령, 배임 등의 혐의 관련 수사·재판 상황이 사업자 등록 과정에 결격 사유로 작용하지는 않을 것이기 때문이다. 즉 이러한 전과부분의 경우에는 이미 이 법의 시행 이전에 범한 위법행위이기 때문에 이번 개정 특정금융정보법의 신고결격사유로 적용되지 않게 되는 결함이 발생한다.

이 부칙 제4조의 규정의 입법취지를 생각해 본다면 가상자산사업자들에 대해 이 법, 「범죄수익은닉의 규제 및 처벌 등에 관한 법률」, 「공중등 협박목적 및 대량살상무기확산을 위한 자금조달행위의 금지에 관한 법률」, 「외국환거래법」 및 「자본시장과 금융투자업에 관한 법률」 등 대통령령으로 정하는 금융관련 법률에 따라 벌금 이상의 형을 선고받고 그 집행이 끝나거나(집행이 끝난 것으로 보는 경우를 포함한다) 집행이 면제된 날부터 5년이 지나지 아니한 자(가상자산사업자가 법인인 경우에는 그 대표자와 임원을 포함한다)의 경우 가상자산사업자의 신고를 수리하지 않을 수 있는 결격사유로 작용을 하는 것이기 때문에 불이익한 규정을 신설한 것이라고 간주하고 이러한 결격사유를 신설하거나 강화하는 경우에 발생한 사유를 기준으로 법 시행 이전 발생한 사유에 대해서는 종전 규정에 따르도록 하는 경과조치를 두고, 법 시행 이후 발생한 사유에 대해서는 개정규정을 적용하도록 적용례를 두는 것으로 구성한 것으로 보인다.[30)]

하지만 이는 이미 "법적용의 대상이 되는 금융회사등(대상자)"에 대해 과거에는 없었는데 새로 결격사유를 신설하는 경우, 이 법적용이 대상이 되는 금융회사등(대상자)에게 예상하지 못한 불이익을 줄 수 있기 때문에 이를 막기 위해 부칙으로 적용례를 두는 것을 의미하는 것이다. 반면 기존 금융회사 등과 가상자산사업자와의 차이점은 금번 특정금융정보법 개정으로 법적용의 수범대상자가 아니었던 가상자산사업자에 새로이 신고권한을 주어 신고를 수리한 경우에는 지속적으로 가상자산사업의 영업을 할 수 있도록 영업허가를 설권한다는 부분에 그 차이가 있다. 즉 기존 금융회사에 제한을 새로 가하는 것과 특정금융정보법 대상 금융회사에 편입이 되면서 가상자산사업을 영위할 수 있도록 하는 부분은 다른 맥락에서 이해하여야 한다.

이에 법제처에서 되도록 부칙에서 법적용의 대상이 되는 부분 중 결격사유의 강화 및 신설의 경우에는 소급하지 아니하도록 해석하였던 신용협동조합법 부칙의 경우에는 "이미 법적용의 대상이 되는 당사자인 임원 또는 발기인이나 중앙회 임원 또는 준법감시인"의 결격사유를 강화하거나 신설하는 경우에 해당한다고 할 것이고, 금번 가상자산사업자에게 신고수리권을 주어 새로이 수익사업을 영위할 수 있는 권한을 새로 부여하는 것으로 해석될 수 있는 가상자산사업자들에 대해 범죄 경

---

30) 법제처, 법령안심사기준 (2020), 607면 참조. 이에 신용협동조합법도 부칙(법률 제11545호, 2012. 12. 11.)제3조(임원 등의 자격제한에 관한 적용례) 제28조제1항(제71조의2제6항 및 제76조의3제4항에서 준용하는 경우를 포함한다)의 개정규정은 이 법 시행 후 최초로 발생하는 사유로 인하여 조합의 임원 또는 발기인이나 중앙회의 임원 또는 준법감시인 자격제한사유에 해당하게 되는 사람부터 적용한다고 규정하는 형식을 취하고 있다고 한다.

력이나 결격사유를 심사하는 것과 동일한 측면에서 논의하기에는 어렵다고 생각한다.

이에 특정금융정보법상 가상자산사업자의 경우 경과조치나 적용례를 두지 않으면 모든 신고를 신청한 가상자산사업자에게 신설된 특정금융정보법상 기준이 적용되는 것이 원칙이라고 생각하며, 이에 부칙 4조와 같은 이후 위반행위 규정을 둘 필요가 없었다고 생각한다. 또한 신설 결격 규정을 적용하는 것이 종전 상황에 대한 신뢰[31]와 회사설립의 자유를 침해할 소지가 있다고도 보기 어렵다.

신뢰보호의 원칙이 적용되어야 하는 가장 큰 이유는 가상자산사업자 신고제도에서 보호되어야 되는 가상자산사업자의 보호이익은 '21. 3. 25. 이후 최초로 법률위반행위를 한 경우부터 적용된다는 부분인데 오히려 이는 입법의 불비에 가깝다는 점, 새로운 법령을 통해 실현하여야 하는 금융소비자 보호와 자금세탁방지라는 공익적 보호목적이 우월하다는 점, 이러한 점을 심사한다고 하여 문제가 없는 선의의 가상자산사업자의 신고서 제출이 불가능하지는 않고, 과거 위반사유에 대해 소명사유를 제출하여 면책을 받을 수도 있다는 점을 고려해보면 신뢰이익 침해의 중한정도나 신뢰의 손상정도, 신뢰침해의 방법 등과 다른 한편으로는 새 법령을 통해 실현하고자 하는 공익적 목적을 종합적으로 비교형량[32]할 필요가 있다.

이에 실질적으로 가상자산사업에 대한 규제의 공백상태에서 금융당국의 신고수리필증은 가상자산 사업의 인허가에 준하는 효력을 주는 측면이 없지 않으므로 결격사유를 두는 목적자체의 취지에 따라 문제를 일으켰던 소지가 없는 가상자산사업자를 특정금융정보법의 범주에 포함시키고, 이외에 문제가 있는 가상자산사업을 운영하려는 자, 가상자산사업자가 법인인 경우에는 대표자, 임원의 법위반 여부를 심사할 필요가

31) 행정기본법 제12조 제1항.

32) 대법원 2007. 10. 29. 선고 2005두4649 전원합의체 판결.

있다고 생각한다.[33)]

또한 만약 적용시기를 적극적으로 해석하지 않는다면 이미 아직 규제장치가 발동하기 전에 규제의 공백상태에서 블록체인 생태계를 이용하고 수많은 금융소비자들의 피해를 낳은 전과가 있는 가상자산사업자, 신고인, 임원, 대표자뿐만 아니라 대주주나 실제소유자들이 이번 특정금융정보법상 가상자산사업자 신고를 받는데 아무런 문제가 없어지는 아이러니한 상황이 생기게 된다는 현실적인 측면도 고려할 필요가 있다. 이에 입법적으로는 특정금융정보법 부칙 제4조의 경과규정은 삭제되거나 수정되어야 할 것이다.

마지막으로 "금융관련법률의 범위"에 대해 살펴본다. 가상자산사업을 신고하려는 자는 특정금융정보법 제7조제3항제3호[34)]에 의해 대통령령으로 정하는 금융관련 법률에 따라 벌금 이상의 형을 선고받고 그 집행이 끝나거나(집행이 끝난 것으로 보는 경우를 포함한다) 집행이 면제된 날부터 5년이 지나지 아니한 자(가상자산사업자가 법인인 경우에는 그 대표자와 임원을 포함한다)를 결격사유로 규정하고 있는데 이에 의해 특정금융정보법 시행령 제12조의2제3항, 지배구조법 제2조제7호상 벌금 이상의 형을 선고받고 그 집행이 끝나거나(집행이 끝난 것으로 보는 경우를 포함) 집행이 면제된 날부터 5년이 지나지 아니한 자(법인시 대표자 및 임원 포함)의 경우를 이에 해당하는 "금융관련법률"로 규정하고 있다.

현재 금융관련법률은 크게 2가지 측면에서 구성되어 있다. 우선 「특정 금융거래정보의 보고 및 이용 등에 관한 법률」 제7조제3항제3호 자체에서 규정된 규정의 위반 여부이다. 이에 「특정금융정보법」, 「범죄수익은닉의 규제 및 처벌 등에 관한 법률」, 「공중 등 협박목적 및 대량살상무기확산을 위한 자금조달행위의 금지에 관한 법률」, 「외국환거래법」 및 「자본시장과 금융투자업에 관한 법률」이 포함된다.

---

33) 법제처, 법령안심사기준 (2020), 174면 참조.

34) 특정금융정보법 제7조 제3항 제3호.

다음으로 「특정 금융거래정보의 보고 및 이용 등에 관한 법률 시행령」 제12조의2 제3항 및 「금융회사의 지배구조에 관한 법률」 제2조제7호에 따른 금융관계법령의 위반여부이다.

「금융회사의 지배구조에 관한 법률」 제2조제7호(동법 시행령 제5조)에서는 위반대상이 되는 금융관계법령을 열거하고 있는데 「공인회계사법」, 「근로자퇴직급여 보장법」, 「금융산업의 구조개선에 관한 법률」, 「금융실명거래 및 비밀보장에 관한 법률」, 「금융위원회의 설치 등에 관한 법률」, 「금융지주회사법」, 「금융혁신지원특별법」, 「금융회사부실자산 등의 효율적 처리 및 한국자산관리공사의 설립에 관한 법률」, 「기술보증기금법」, 「농림수산식품투자조합 결성 및 운용에 관한 법률」, 「농업협동조합법」, 「담보부사채신탁법」, 「대부업 등의 등록 및 금융이용자 보호에 관한 법률」, 「문화산업진흥 기본법」, 「벤처기업육성에 관한 특별조치법」, 「보험업법」, 「감정평가 및 감정평가사에 관한 법률」, 「부동산투자회사법」, 「사회기반시설에 대한 민간투자법」, 「산업발전법」, 「상호저축은행법」, 「새마을금고법」, 「선박투자회사법」, 「소재·부품·장비산업 경쟁력강화를 위한 특별조치법」, 「수산업협동조합법」, 「신용보증기금법」, 「신용정보의 이용 및 보호에 관한 법률」, 「신용협동조합법」, 「여신전문금융업법」, 「예금자보호법」, 「온라인투자연계금융업 및 이용자 보호에 관한 법률」,「외국인투자 촉진법」, 「외국환거래법」, 「유사수신행위의 규제에 관한 법률」, 「은행법」, 「자본시장과 금융투자업에 관한 법률」, 「자산유동화에 관한 법률」, 「전자금융거래법」, 「주식·사채 등의 전자등록에 관한 법률」, 「주식회사 등의 외부감사에 관한 법률」, 「주택법」, 「중소기업은행법」, 「중소기업창업 지원법」, 「채권의 공정한 추심에 관한 법률」, 「특정 금융거래정보의 보고 및 이용 등에 관한 법률」, 「한국산업은행법」, 「한국수출입은행법」, 「한국은행법」, 「한국주택금융공사법」, 「한국투자공사법」, 「해외자원개발사업법」이 이에 해당한다.

다만 이러한 심사대상 법률 범위의 한정은 자칫 기술한 법령 이외에는 위반 전력이 있어도 신고수리에 문제가 없는 것으로 여겨질 우려가 있다. 이 우려의 시작은 기존의 문제가 된 가상자산사업자의 경우 규제체계에 편입을 한 적이 없기 때문에 금융관련법령을 위반할 기회조차 없었다는 역설적인 상황 때문이다. 즉 가상자산사업자는 별도로 자본시장법이나, 은행법, 대부업법, 온라인투자연계업자 관련 규제법 등 어떠한 금융관련 법률로 포섭을 한 적이 없기 때문에 이러한 법률을 위반한 상황이 되지 못하였고 심지어 관련된 세금이나 이득을 어떻게 거두어들이느냐에 대한 논의도 진행되기 이전의 상황이었기 때문에 일반적으로 적용되는 금융관계법령 위반이라는 문구가 적용되기 어려운 측면이 없지 않다. 쉽게 생각했을 때 가상자산사업자들의 경우 금융관련법을 위반할 기회를 받은 적이 없어서 오히려 금융관련 전과가 없는 모순이 발생한다.

오히려 실무적으로는 문제가 되었던 가상자산사업 신청자들과 대상자들의 경우에는 기존에 사문서위조죄나 동행사죄, 사전자기록위작·변작죄나 동 행사죄, 또한 이와 관련된 재산상 이익 등에 대한 사기, 횡령, 배임 등의 혐의로 처벌을 받았고 관련 자산에 대한 몰수[35] 등이 이루어졌기 때문에 개별형사법규는 위반한 적은 있다고 하더라도 금융관련법률은 위반한 것이 아니게 되는 역설적인 현상이 발생한 것이라고 볼 수 있다. 물론 신청 사업자가 이러한 형사범죄 이외에 관계 금융관련법률을 위반한 전력이 있다면 의당 이러한 전력도 고려되는 것이 마땅하므로 이 조항 자체가 아예 의미가 없는 것이라고 볼 수는 없다.

가상자산사업자에게 미리 명확하게 범죄에 대한 범위를 현출하여 주지 않은 것이 아닌지에 대한 논의에 대해서는 모든 전과가 있는 가상자산사업자 신고자에 대해 심사를 하겠다는 것이 아니라 현재 범죄수익은닉규제법 별표 중대범죄에서 규정하고 있는 대상범죄 군을 심사하겠다는 것으로 한정하여 해석을 하고, 또한 현재 가상자산신고 메뉴얼에 범

35) 대법원 2018. 5. 30. 선고 2018도3619 판결.

죄수익은닉규제법 위반행위도 규정되어 있으므로, 범죄수익은닉규제법 상 전제범죄인 사문서위조나 행사죄 등의 전력도 모두 심사가 가능하다고 볼 것이다.

만약 현실적으로 새로 만든 특정금융정보법상의 법률조항을 수정하거나 삭제하는 조치가 어렵다는 점을 감안한다면 소비자들의 피해방지 등을 위해서 현재 유효하게 운영되고 있는 금융위원회의 가상자산사업자 신고메뉴얼(고시)을 적극적으로 해석하여 이러한 우려상황을 미연에 방지하는 조치가 가능하다고 생각한다. 즉. 범죄수익은닉규제법상의 관련 특정범죄 등도 범죄수익은닉규제법 위반여부의 심사에 모두 포함하는 개념으로 심사가 가능하다고 넓게 해석한다면, 범죄수익은닉규제법상 특정범죄[36]인 사문서위조나 동행사죄, 사기, 횡령, 배임 등의 과거 5년간의 형사범죄 위반여부도 모두 심사가 가능하다고 볼 것이다.

위와 같이 별도로 신고인의 사업자 요건을 심사하는 범죄수익은닉규제법상 전제범죄를 예시적인 위반 법률로 고려하여 해석하는 것이 자금세탁방지법의 취지에 부합한다고 생각하는 근거는 다음과 같다. 현재 가상자산 신고메뉴얼상 범죄수익은닉규제법의 위반여부를 심사하도록 규정되어 있는데 여기서 위반 여부는 명문상으로는 현재 범죄수익은닉규제법에서 규정하고 있는 범죄수익은닉·가장죄와 수수죄의 범죄사실 여부를 의미하는 것은 맞다. 즉 범죄수익은닉규제법에서는 범죄수익 은닉·가장죄[37]를 규정하여 범죄수익 등에 대한 취득·처분에 관한 사실 및 발생 원인에 대한 사실을 가장하거나 특정범죄를 조장 또는 동 수익이 적법하게 취득된 것으로 가장할 목적으로 범죄수익을 은닉하는 경우를 처벌하고 있다. 다만 여기서 가장이라 함은 취득의 가장[누가(취득자), 어떤 이유(취득원인)로 취득한 것인지에 관한 사실을 가장], 처분의 가장(수뢰한 현금을 이용해 제3자 명의로 주식취득), 발생원인의 가장(범죄

36) 범죄수익은닉규제법 제2조 제1호 나목.
37) 범죄수익은닉규제법 제3조.

수익의 제공자가 정당한 제공인 것처럼 허위전표나 차용증 등을 작성)으로 행위를 나눌 수 있다. 은닉이라 함은 범죄수익 등의 특정이나 추적/발견을 불가능하게 하거나 현저히 곤란하게 하는 행위로서 통상보관방법이라고 보기 어려운 경우들을 포함하는 개념이다. 뿐만 아니라 범죄수익 등의 수수죄[38]를 규정하여 범죄수익이라는 정을 알면서 범죄수익 등을 수수한 경우에는 형사처벌할 수 있도록 규정하고 있다. 이러한 점들을 비추어 본다면 범죄수익·은닉의 가장인지 수수인지에 대한 범죄사실을 심사하겠다는 것은 결국 그 범죄수익은닉의 전제범죄에 대한 심사를 포함하는 의미로 해석하는 것이 타당하다고 생각한다.

나. 적극적인 제재규정의 적용

1) 가상자산사업자에 대한 행정제재규정

특정금융정보법령에는 기존 금융회사 등에 대한 제재규정이 정하여져 있다.[39] 다만 큰 틀에서의 제재의 종류 등은 법령에 규정되어 있고 이에 대한 제재 조치별로 부과사유를 구체적으로 나열하고 양정에 대한 기준은 특정 금융거래정보 보고 등에 관한 검사 및 제재규정에 적시되어 있다. 특정금융정보법상 제제라는 개념을 큰 틀에서 본다면 형사적인 측면의 제재(형사벌) 등이 있을 수 있고 행정적인 제재로 기관제재와 인적제재를 살펴볼 수 있다. 물론 가상자산사업자의 경우 특정금융정보법상 고객확인의무 위반행위에 대해서는 과태료 및 행정제재 조치사항 등에 해당하여 복수로 제재가 진행될 가능성이 높다.

금융정보분석원장은 금융회사등이 가상자산과 관련한 금융거래시 특정금융정보법 또는 동법에 따른 명령·지시를 위반하는 경우 시정명령 등의 행정조치를 시행할 수 있다. 이러한 행정제재조치는 이제 가상자산

38) 범죄수익은닉규제법 제4조.
39) 특정금융정보법 제15조.

사업자도 금융회사 등 수범대상자의 범위에 포함되므로 동일하게 적용되어 발효될 수 있다.

특정 금융거래정보 보고 등에 관한 검사 및 제재규정상 금융회사 기관제재에 대해 금융회사등의 관련법규 위반행위를 즉시 바로잡을 필요가 있는 경우 시정명령[40]을, 시정명령을 이행하지 아니하여 금융거래 질서를 크게 해친 경우 혹은 금융거래의 상대방 또는 그의 관계자와 공모하여 의심거래, 고액현금거래보고에 따른 보고를 하지 아니하거나 거짓으로 하여 금융거래 질서를 해친 경우뿐만 아니라 영업의 전부 또는 일부 정지를 받고도 해당 영업을 계속하거나 동일 또는 유사한 위법행위를 반복하는 경우에는 영업의 전부 정지 요구(6개월 이내)[41]를, 시정명령을 이행하지 아니하여 금융거래 질서를 해친 경우, 금융거래의 상대방 또는 그의 관계자와 공모하여 의심거래, 고액현금거래보고에 따른 보고를 하지 아니하거나 거짓으로 하여 금융거래 질서를 해칠만한 상당한 우려가 있다고 인정되는 경우, 금융회사 등이 기관경고를 3회 이상 받은 경우에는 영업의 일부 정지 요구(6개월 이내)[42]를, 위법·부당행위가 해당 금융회사 등의 경영방침이나 경영자세에 기인한 경우, 관련점포가 다수이거나 부서 또는 점포에서 위법·부당행위가 조직적으로 이루어진 경우, 위법·부당행위가 금융회사 등의 중대한 필요조치 미이행 또는 감독소홀 등에 기인한 경우, 위법·부당행위가 금융거래자의 금전상 손실을 초래한 경우 기관경고[43]를, 위법·부당행위가 있었으나 정상참작의 사유가 크거나 위반·부당행위의 정도가 상당히 경미한 경우에는 기관주의[44] 처분을 할 수 있도록 규정하고 있다.

이러한 기관제재 이외에 행위자에 대한 인적제재도 가능하다. 특정

40) 특정 금융거래정보 보고 등에 관한 검사 및 제재규정 제14조 제1항 제1호.
41) 특정 금융거래정보 보고 등에 관한 검사 및 제재규정 제14조 제1항 제2호.
42) 특정 금융거래정보 보고 등에 관한 검사 및 제재규정 제14조 제1항 제3호.
43) 특정 금융거래정보 보고 등에 관한 검사 및 제재규정 제14조 제1항 제4호.
44) 특정 금융거래정보 보고 등에 관한 검사 및 제재규정 제14조 제1항 제5호.

금융거래정보 보고 등에 관한 검사 및 제재규정 규정상 금융회사 임원에 대해서는 해임권고(해임요구 및 개선요구를 포함),[45] 직무정지(6개월 이내),[46] 문책 경고,[47] 주의적 경고[48](위법·부당행위가 문책경고 사유에 해당되나 정상참작의 사유가 있거나 위법·부당행위의 정도가 비교적 가벼운 경우), 주의[49](위법·부당행위가 문책경고 사유에 해당되나 정상참작의 사유가 크거나 위법·부당행위의 정도가 상당히 경미한 경우)조치가 가능하다.

금융회사 직원에 대해서는 면직,[50] 업무의 정직(6개월 이내),[51] 감봉,[52] 견책[53](위법·부당행위가 감봉사유에 해당되나 정상참작의 사유가

---

45) 고의 또는 중대한 과실로 관련 법규를 위반함으로써 금융거래 질서를 크게 해치거나 해당 금융회사등의 건전한 운영을 크게 저해한 경우, 고의 또는 중대한 과실로 직무상의 감독 의무를 태만히 하여 금융거래 질서를 크게 해치거나 해당 금융회사등의 건전한 운영을 크게 저해한 경우(특정 금융거래정보 보고 등에 관한 검사 및 제재규정 제15조 제1항 제1호).

46) 위법·부당행위가 해임권고사유에 해당되고 해임권고에 따른 제재의 효과를 달성하기 위해 필요한 경우, 위법·부당행위가 해임권고에 해당되나 정상참작의 사유가 있는 경우(특정 금융거래정보 보고 등에 관한 검사 및 제재규정 제15조 제1항 제2호).

47) 관련 법규를 위반하거나 그 이행을 태만히 한 경우, 관련 법규에 따른 감독의무 이행을 태만히 하여 금융거래 질서를 해치거나 해당 금융회사등의 건전한 운영을 저해한 경우(특정 금융거래정보 보고 등에 관한 검사 및 제재규정 제15조 제1항 제3호).

48) 특정 금융거래정보 보고 등에 관한 검사 및 제재규정 제15조 제1항 제4호.

49) 특정 금융거래정보 보고 등에 관한 검사 및 제재규정 제15조 제1항 제5호.

50) 고의 또는 중대한 과실로 관련 법규를 위반함으로써 금융거래 질서를 크게 해치거나 해당 금융회사등의 건전한 운영을 크게 저해한 경우, 고의 또는 중대한 과실로 직무상의 감독 의무를 태만히 하여 금융거래 질서를 크게 해치거나 해당 금융회사등의 건전한 운영을 크게 저해한 경우(특정 금융거래정보 보고 등에 관한 검사 및 제재규정 제16조 제1항 제1호).

51) 위법·부당행위가 면직사유에 해당되나 정상참작의 사유가 있거나 위법·부당행위의 정도가 비교적 가벼운 경우(특정 금융거래정보 보고 등에 관한 검사 및 제재규정 제16조 제1항 제2호).

52) 관련 법규를 위반하거나 그 이행을 태만히 한 경우, 관련 법규에 따른 감독의

있거나 위법·부당행위의 정도가 비교적 가벼운 경우), 주의[54](위법·부당행위가 감봉사유에 해당되나 정상참작의 사유가 크거나 위법·부당행위의 정도가 상당히 경미한 경우)의 인적제재가 가능하다.

이에 대해 특정금융정보법 제15조는 금융회사등이 특정금융정보법 또는 동법에 따른 명령·지시를 위반하는 경우 제재조치(시정명령, 관계 행정기관의 장에게 영업정지요구 등)를 할 수 있도록 규정되어 있는데 가상자산사업자의 경우 신고접수기간이 도래할수록 여러 불법영업행위가 초래될 가능성이 높고 행정제재나 형사법적인 제재수단 이외에 긴급하게 해당행위를 막아서 금융소비자들을 보호해야 될 가능성이 높기 때문에 상기 기관제재나 인적제재 중 특히 시정명령의 발동이 필요한 경우가 많다고 생각한다. 이에 금융정보분석원장은 금융회사등이 가상자산과 관련한 금융거래시 특정금융정보법 또는 동법에 따른 명령·지시를 위반하는 경우 가상통화 관련 자금세탁방지 가이드라인에서 이를 유형화하여 예시적으로 적시한 다양한 시정명령을 적극적으로 활용할 필요가 있다.

금융정보분석원장은 가상자산사업자가 특정금융정보법 제15조제2항제1호에 따른 시정명령을 이행하지 아니한 경우, 특정금융정보법 제15조제2항제2호에 따른 기관경고를 3회 이상 받은 경우, 그 밖에 고의 또는 중대한 과실로 자금세탁행위와 공중협박자금조달행위를 방지하기 위하여 필요한 조치를 하지 아니한 경우로서 대통령령으로 정하는 경우에 해당하는 경우에는 대통령령으로 정하는 바에 따라 6개월의 범위에서 영업의 전부 또는 일부의 정지를 명할 수 있다. 물론 영업의 정지부분은 이미 금융회사등의 감독·검사 부분에 도입이 되어 있다.[55] 다만 특정금

무 이행을 태만히 하여 금융거래 질서를 해치거나 해당 금융회사등에게 중대한 손실을 초래한 경우(특정 금융거래정보 보고 등에 관한 검사 및 제재규정 제16조 제1항 제3호).

53) 특정 금융거래정보 보고 등에 관한 검사 및 제재규정 제16조 제1항 제4호.

54) 특정 금융거래정보 보고 등에 관한 검사 및 제재규정 제16조 제1항 제5호.

융정보법 제17조제4항상의 영업의 정지요구는 해당 금융회사 등의 영업에 관한 행정제재처분의 권한을 가진 관계 행정기관의 장에게 6개월의 범위에서 그 영업의 전부 또는 일부의 정지를 요구할 수 있는 권한을 의미하는 것으로서 가상자산사업자의 경우 법의 적용대상인 다른 금융회사등과 달리 관련 업(業)이나 영업행위를 규율하는 별도의 법률이 없고 자금세탁 및 테러자금조달 방지의무 부과대상을 특정하기 어려운 상황으로 현재 금융정보분석원이 신고수리 주무관청이라고 볼 수 있으므로 영업정지의 요구라는 개념이 정합성이 없어 자체적으로 영업의 전부 또는 일부의 정지를 할 수 있도록 규정하였다. 특히 가상자산사업자에 대한 신고의 직권말소 및 영업정지 사항은 인터넷 홈페이지 등에 공개[56] 할 수 있도록 하여 특정금융정보법 및 동법 시행령상 의무이행 사항의 실효성을 담보하였다.

시정명령에는 금융회사등에 적극적인 행위를 요구하는 내용의 시정명령("작위명령") 이외에 당해 법위반행위의 중지명령, 향후 위반행위 금지명령 등 금융회사등에 소극적인 부작위를 요구하는 내용("부작위명령")이 포함된다. 가상자산사업자의 자금세탁방지법에 위반되는 의심거래보고, 고액현금거래보고, 고객확인의무제도 운영, 기타 내부통제체계 운영이 많을 수 있으므로 형태적으로는 긴급시정명령은 "하지마라"는 형식의 부작위 명령이 많을 것이라고 생각된다. 이에 법 위반행위가 최종적인 제재처분 전까지도 진행중이거나 위반행위의 효과가 지속되는 경우 적극적인 행위중지명령[57]이, 법 위반행위가 제재와 관련한 처분일 전에 이미 종료되었으나, 가까운 장래에 당해 법위반행위와 동일 또는 유

55) 특정금융정보법 제15조 제1항 내지 제2항.

56) 특정금융정보법 시행령 제10조의16.

57) 금융위원회 금융정보분석원, "가상통화 관련 자금세탁방지 가이드라인" 제6절 제재 관련 사항 참조. 〈예시〉 금융회사 ○○○은 이 시정명령을 받은 날로부터 향후 ○년 (또는 ○○○의 위반 사항이 제거될 때)까지 가상통화취급업소인 ○○○에게 ○○○방법으로 ○○○의 금융거래를 하여서는 아니된다. 다만, ○년 이후의 위 행위는 새로운 법위반행위가 될 수 있다.

사한 행위가 반복될 우려가 있는 경우에는 적극적인 행위금지명령[58]이 필요하며, 금융정보분석원장은 시정명령을 이행하지 아니한 금융회사등에 대해서 관계 행정기관의 장에게 6개월의 범위에서 영업의 전부 또는 일부의 정지를 요구할 수 있어 실행력을 담보할 수 있다.

한편 이와 같은 행정제재규정 이외에 자율적 협회를 통해 규제하는 방안도 지속적으로 제기되고 있다. 아직 의원입법안 형태로만 규정된 가상자산업권법(김병욱 의원 대표발의 의안번호 10190)의 경우 가상자산업협회를 설립하도록 하고, 자율규제 기능을 부여하는 내용을 그 골자[59]로 하고 있는 바, 은행연합회, 금융투자협회, 각 보험업권협회, 저축은행중앙회 등 각 금융회사 업권 등의 경우 일부 자율규제 기능을 가지고 있다는 점, 감독·검사업무의 효율화를 위해서 일부 상호금융에 대해서는 자금세탁방지 검사권한을 농협중앙회, 수협중앙회, 산림조합중앙회, 신협중앙회, 새마을금고 중앙회 등의 경우 각 단위조합에 대해 각 중앙회에서, 새마을금고의 경우 각 단위 금고에 대한 검사를 각 중앙회에서 행하고 있는 측면 등을 같이 생각하면, 향후에는 일부 자율규제권한을 가상자산업권협회에 일부 부여할 수 있다고 생각한다.[60]

---

58) 금융위원회 금융정보분석원, "가상통화 관련 자금세탁방지 가이드라인", 제6절 제재 관련 사항 참조. 〈예시〉 금융회사 ○○○는 가상통화취급업소인 ○○○에게 ○○○방법으로 ○○○하는 금융거래와 동일 또는 유사한 금융거래를 앞으로 다시 하여서는 아니된다.

59) 가상자산업 발전 및 이용자 보호에 관한 법률안 제23조 제1항.

60) 한편 아직 금융위원회의 경우 정부가 협회를 통해 민간에 일정한 자율규제 권한을 부여하되 금융당국은 시정명령권 등 신속한 대응을 위한 필요최소한 감독권을 보유하기로 했다라는 주장 등에 대해 공식의견이 아니라고 하며 부인하고 있는 입장이다(2021. 11. 23. 및 2021. 11. 24. 가상자산업권 민간협회 관련 금융위원회 입장 보도자료 참조).

2) 과태료 규정

가) 이중부과 등의 문제

고객확인제도 미이행으로 발생할 수 있는 문제점은 금융실명법 위반과 특정금융정보법상 고객확인의무 위반이 동시에 발생하는 경우이다

과거에는 과태료의 경합부과의 이슈가 발생하지 아니하였다. 그 이유는 특정금융정보법상 고객확인의무 위반에 대한 과태료는 '13. 3. 22.부터 그 효력이 발생하였으므로 그 이전의 행위에 대해서는 금융실명법에 따라 과태료를 부과하는 것으로 처리하였기 때문이었다. 이에 소위 겹칠 행위불법결과가 없었다. 이후 금융실명법 개정을 통해 금융실명법상 실명 미확인은 3천만 원 이하의 과태료 부과 대상[61]으로 규정되었고, 특정금융정보법상 고객확인의무 위반도 과태료 부과(금융정보분석원장) 대상이 되면서 고객의 실명 미확인에 따르는 경합부과의 쟁점이 문제가 될 수 있게 되었다.

> 사례: 유효한 신분증을 징구하지 아니한 금융실명법상 실지명의의 미확인 행위와 이로 인해 고객확인 및 검증용 신분증 사본 자료 등을 올바르게 확인 및 검증하지 아니한 고객확인의무 위반행위

과태료의 부과·징수 등에 관한 사항을 규정하고 있는 질서위반행위규제법에서는 하나의 행위가 다수의 질서위반행위에 해당하는 경우에는 행위불법이 완벽하게 동일한 경우라면 각 과태료 중 가장 중한 과태료를 부과(질서위반행위규제법 제13조)[62]하는 원칙에 따라 처리하고 있다. 하지만 금융실명법과 특정금융정보법에서 규정하는 불법의 양태가 다르기 때문에 이중부과의 문제는 발생하지 아니한다고 생각한다.

---

61) 금융실명법 제7조.
62) 질서행위규제법 제13조.

기본적으로 금융실명법의 행위불법은 금융거래자의 실지명의(성명, 실명번호)를 확인하고, 동 확인증서(예: 주민등록증 사본)를 보관하는 금융실명법상 실지명의확인의무의 위반행위이다.

반면 특정금융정보법상의 행위불법은 금융거래자의 실지명의(성명, 실명번호), 주소, 연락처를 확인·검증하고 동 자료를 보관하는 특정금융정보법상 고객확인의무의 위반이다. 이에 유효기간이 경과한 금융실명법상 신분증으로 고객확인을 한 경우에는 금융실명법 위반과 고객확인의무 위반이 동시에 성립할 수 있고, 금융실명법상 실지명의 확인은 제대로 이행하였지만, 특정금융정보법상 주소나 연락처의 확인이나 검증의 미비의 경우나 특정금융정보법상 규정하고 있는 법인이나 단체의 실제소유자 확인의무 위반의 경우에는 금융실명법상 위반행위 없이 특정금융정보법상 고객확인의무 위반만이 성립할 수도 있는 것이다.

금융실명법상의 실지명의 확인의무 위반과 특정금융정보법상의 고객확인의무 위반의 경우 별도로 작동하는 원칙이라는 것은 업권별 법적용 양태에서도 살펴볼 수가 있다. 가령 보험회사의 보험·공제업, 여신전문금융업권의 금융거래 중 금융실명법의 적용이 되지 않는 금융거래의 경우, 금융실명법이 적용되는 금융거래가 아니라고 하더라도 특정금융정보법상 고객확인 대상이 되므로 고객확인의무상 확인 및 검증의무 위반이 단독적으로 나타날 수 있는 것이다. 실무상으로 보험금융과 신용카드 계약체결 업무에 있어서는 금융실명법 적용 금융거래대상이 아니어서 실명확인증표 사본을 확보하기가 쉽지 않은데 신원확인 및 검증을 주민등록증 발급기관 및 발급일자를 확인하고, 운전면허증 번호 등을 직접 금융회사 등이 확인하여 기재하도록 하는 등의 방법으로 특정금융정보법상의 고객확인의무 검증이행을 입증할 수 있어야 한다. 즉 비문서적 방법만으로는 특정금융정보법에서 요구하는 필수검증 사항을 모두 검증할 수 없으므로 "사진이 있으면서 성명, 실명번호, 주소 등이 모두 기재되어 있는 실명확인증표(주민등록증, 운전면허증 등)에 의한 검증"이 아니라면 본인음성 녹취 등의 검증방법을 추가적으로 고려하여야 했다.

보험금융이나 신용카드 계약체결 업무 역시 비대면으로 이루어지게 된다면 실제소유자 확인을 포함한 자금세탁방지 관련 고객확인의무는 금융실명법이 적용되지 아니하는 업권이라고 하더라도 직접 대면에 준하는 정도의 고객확인을 실행하여야 하며, 비대면 거래시 이중의 필수 확인과 다중의 권고 방식을 포함한 방식으로 고객확인이 이루어져야 할 것이라서 금융실명법 적용업권이 아닌 업권에도 충분히 특정금융정보법상 고객확인의무 위반으로 인한 독립적 행위불법이 형성될 수 있는 것이다.

이는 전자금융업무에도 마찬가지로 적용된다. 전자금융거래법에 따른 전자금융거래는 금융실명법상 적용 대상은 아니지만 특정금융정보법의 고객확인 적용대상이다. 게다가 기본적으로 특정금융정보법의 대상인 전자금융업자 등의 경우 특정 금융정보법상 고객확인의무 대상인 동시에 거래가 기본적으로 비대면이기 때문에 강화된 고객확인의무를 시행해야 하는 경우가 많을 수 있다는 점에서 복수의 비대면 확인 방법 등을 통해 최종적으로는 자금세탁방지 업무규정상 제38조 내지 제42조의 확인 및 검증 항목을 모두 적절한 확인서 및 검증방법을 통하여 채울 수 있어야 한다. 이러한 점 때문에 금융실명법과 특정금융정보법상의 행위불법은 별개로 작동한다. 이에 금융실명법 위반으로 과태료가 부과되었으니 무조건적으로 특정금융정보법 위반으로 과태료를 부과하는 것은 이중처벌이라는 논리 역시 성립하지 아니한다고 생각한다. 금융실명법의 보호공익과 특정금융정보법의 보호공익 및 법의 목적이 다르기 때문이다.

과태료의 부과와 관련한 쟁점에서 하나 더 살펴볼 수 있는 부분은 부과대상자를 누구로 특정할 수 있는지 부분이다. 실무적으로는 금융감독당국은 금융실명법 위반 과태료를 원칙적으로 금융실명법상 실지명의확인의무를 위반한 금융회사 임직원 당사자로서 이 금융회사 임직원에 대해 1차적으로 부과하고 다만 금융회사등이 위반행위를 방지하기 위하여 해당 업무에 관하여 상당한 주의와 감독을 게을리하지 아니한 경우가 아니라면 금융회사에게도 과태료를 부과하고 있다.

반대로 특정금융정보법에서의 과태료 부과대상은 고객확인의무 위반의 수범자인 개별 위반행위자인 금융회사의 임직원이 아니라 금융회사등으로서 결국 원칙적으로 금융회사의 임직원을 수범대상으로 하는 금융실명법상의 실지명의 확인의 원칙과 다르게 특정금융정보법상의 고객확인의무의 경우에는 그 부과대상자가 다르다고 할 것이다. 특히 최근 금융실명법 및 특정금융정보법에 관련하여 두 법의 취지가 다르며, 금융실명법상 실지명의확인의 원칙과 특정금융정보법상의 고객확인원칙은 일부 가족대리에 있어서 각 법규상 필요로 하는 서류가 각각 다르다고 하는 취지로 금융실명법과 특정금융정보법은 각 별개의 법의 목적으로 기능한다는 유권해석이 다수 나오고 있기 때문에 기본적으로 금융실명법상 실지명의확인원칙 위반과 특정금융정보법상 고객확인원칙 의무위반에 의한 과태료 부과가 가능하다고 생각한다.

가령 전술한 사례인 「유효한 신분증을 징구하지 아니한 금융실명법상 실지명의의 미확인 행위와 이로 인해 고객확인 및 검증용 신분증 사본 자료 등을 올바르게 확인 및 검증하지 아니한 고객확인의무 위반행위」에 의해 금융실명법상 실지명의 위반과 특정금융정보법상 고객확인의무 위반이 동시에 성립한다고 가정할 때 금융실명법 위반의 점에 대해서는 금융회사의 임직원에 과태료가, 특정금융정보법 위반의 점에 대해서는 금융회사등에 과태료가 각각 부과될 수 있다.

결국 금융회사 등이 가상자산사업자를 고객으로 맞아들였을 경우에 실명확인의 미비로 인한 금융실명법상 실지명의 위반 과태료와, 가상자산사업자에 대한 부가적인 고객확인의무 사항을 확인하지 못한 경우 특정금융정보법상의 위반 과태료가 각각 부과될 수 있을 것이라고 생각한다. 물론 이는 가상자산사업자가 자신의 가상자산거래소를 이용하는 고객들에 대한 고객확인의무를 위반하는 것에 대한 과태료와는 그 수범주체와 고객확인 대상을 달리하는 것으로 당연히 별개의 과태료 대상이 될 것이다.

나) 강화된 고객확인의무 위반 과태료 부과

가상자산사업자를 고객으로 상대하는 경우, 혹은 가상자산사업자가 자체 가상자산거래소 이용 고객을 확인하는 양자의 경우 공히 고객확인의무 미이행에 따르는 위반행위 산정은 고객확인의무 발생 건수를 각각 1건으로 하여 미이행시에 과태료 부과 산정의 기준행위를 정할 수 있을 것이다.

과태료 부과액은 3단계로 이루어진다. 기준금액을 결정하고 이후 건별금액을 산정하며 이를 합쳐서 부과예정금액을 만들고 마지막으로 최종 과태료 부과금액을 결정한다.

1단계로 특정금융정보법 제17조 제1항에서 정한 과태료의 법정최고금액을 과태료 부과 기준금액으로 우선 결정한다. 이 기준금액은 법에는 위반행위에 따라 강화된 고객확인의무 위반의 경우에는 1억 원 이하의 과태료[63]를, 기본고객확인의무 위반의 경우에는 3천만 원 이하의 과태료[64]를 부과하도록 규정되어 있지만, 특정금융정보법 시행령에 위반행위별로 다시 위임되어 기본고객확인의무 위반의 경우에는 위반행위 당 1,800만 원 이하로, 강화된 고객확인의무 위반의 경우에는 위반행위 당 6,000만 원 이하로 과태료 부과기준금액이 낮추어져 다시 재설정되어 있다.

이 개별기준 금액을 기준으로 하여 다음단계로 위반행위의 유형, 동

63) 특정금융정보법 제20조(과태료) ① 다음 각 호의 어느 하나에 해당하는 자에게는 1억 원 이하의 과태료를 부과한다.
2. 제5조의2제1항제2호를 위반하여 확인 조치를 하지 아니한 자

64) 특정금융정보법 제20조(과태료) ② 다음 각 호의 어느 하나에 해당하는 자에게는 3천만 원 이하의 과태료를 부과한다.
2. 제5조의2제1항제1호를 위반하여 확인 조치를 하지 아니한 자

기 및 그 결과를 고려하여 법정최고금액의 일정비율로 건별금액을 산정한다. 건별 금액 산정시에는 유형이나 동기 또는 그 결과를 고려하여 가중 감면하는 바, 이 개별기준에 따른 과태료 금액을 감경 또는 면제하거나 2분의 1의 범위에서 가중할 수 있다. 다만, 가중하는 경우에도 특정금융정보법 제17조제1항 및 제2항에 따른 과태료 금액의 상한을 초과할 수 없다. 마지막으로 건별금액을 합산하여 전체합산 부과예정금액을 산정한다. 이후 위반자에게 가중·감면사유가 있는 경우에는 위 부과예정금액을 가중·감면하여 최종 과태료 부과금액을 결정[65]한다.

〈표 16〉 특정금융정보법상 과태료 제재[66]

위반행위	벌칙 또는 과태료	처벌 대상자
• STR 보고를 하지 아니한 자 • CTR보고를 하지 아니한 자	1,800만 원 이하 900만 원 이하	금융회사등
• 기본고객확인의무를 하지 아니한 자	**1,800만 원 이하**	
• 자료 및 정보를 보존하지 아니한 자	1,800만 원 이하	
• 강화된 고객확인의무를 하지 아니한 자	**6,000만 원 이하**	
• 내부통제의무위반	6,000만 원 이하	
• 명령, 지시, 검사에 응하지 아니하거나 이를 거부·방해 또는 기피한 자	1억 원 이하	

실제소유자의 확인이 추가확인대상에서 기본고객확인대상이 되면서 실제소유자 확인 미비는 고객확인의무의 기본확인의무 미비가 되었다. 현재 기본고객확인의무는 법문상 특정금융정보법 제5조의 제1항 제1호를 살펴보면 금융회사 등은 고객이 계좌를 신규로 개설하거나 대통령령으로 정하는 금액 이상으로 일회성 금융거래등을 하는 경우에는 기본고객사항을 확인한다. 금융회사등이 확인하여야 하는 기본고객확인사항은 대통령령으

65) 특정 금융거래정보 보고 등에 관한 검사 및 제재규정 제18조 제2항 별표 과태료부과기준 중 1. 과태료 산정방식 참조.

66) 특정금융정보법 시행령 제17조 [별표 2].

로 정하는 고객의 신원에 관한 사항과 고객을 최종적으로 지배하거나 통제하는 자연인(실제소유자)에 관한 사항(다만, 고객이 법인 또는 단체인 경우에는 대통령령으로 정하는 사항)을 확인하여야 한다고 규정되어 있다.

이에 실제소유자 확인 해당사항의 오류나 미기입에는 당연히 기본고객확인사항의 미비로 기본 고객확인의무 위반 과태료(미이행 1건당 1,800만 원 이하)가 부과되는 것이 원칙적으로 맞다. 즉 실제소유자 확인 미비의 경우 기본적인 실제소유자의 확인사항의 누락기입의 경우라면 위와 같이 단순 기본고객확인 사항의 오류로 편입할 수 있다고 생각한다. 이에 실제소유자 확인란의 오류라던지, 미기입, 지분비율의 오류, 법인의 계층적 실제소유자 확인 오류, 3단계 확인과정에서의 오류, 면제법인의 오류, 실제소유자 확인란에 자연인이 아닌 법인의 이름이 적혀 있는 경우 등에는 기본고객확인의 오류로 해당 기본고객확인의무 위반에 해당하는 과태료가 타당하다는 데에는 동의한다.

하지만 법문상에도 특정금융정보법 제5조의 제1항 제2호에서는 고객이 실제소유자인지 여부가 의심되는 등 고객이 자금세탁행위나 공중협박자금조달행위를 할 우려가 있는 경우에는 전술한 각 기본고객확인사항 이외에 금융거래등의 목적과 거래자금의 원천 등 금융정보분석원장이 정하여 고시하는 사항(금융회사등이 자금세탁행위나 공중협박자금조달행위의 위험성에 비례하여 합리적으로 가능하다고 판단하는 범위에 한정한다)을 추가로 확인하도록 규정되어 있다.

이에 단순히 고객의 실제소유자 확인사항의 기입오류가 아닌 실제소유자인지 여부가 의심되는 등 우려가 있는 경우, 즉 고액자산가 고객의 실제소유자 확인의 의도적 오류 및 서류 누락, FATF에서 고위험국가로 발표한 국가들에 대한 반복적인 추가서류 미징구, 의심거래보고가 다수 이루어진 고객의 경우, 불충분하고 의도적으로 허위의 자료를 내는 고객의 경우에는 고객이 실제소유자인지 여부가 의심되는 등 자금세탁행위를 할 우려가 있는 경우로 볼 수 있을 것이다. 이러한 고객에 대해서 금융거래등의 목적과 거래자금의 원천 등 금융정보분석원장이 정하여 고시하는 사항(금융회사 등이 자금세탁행위나 공중협박자금조달행위의 위험성에 비례하여 합리적으로 가능하다고 판단하는 범위에 한정한다)을 확인하지 아니하거나 실제소유자에 대한 항목이 미비된 것으로 볼 수 있는 경우에는 기본 고객확인 오류가 아닌 강화된 고객확인 오류(미이행 1건당 6,000만원 이하) 등으로 의율할 수 있다고 생각한다.[67]

다) 과태료 감경제도의 원칙적 운용

고객확인의무 위반행위에 대한 과태료의 예정금액은 위반행위의 동기 및 결과를 고려하여 법정최고금액에 예정비율을 곱하여 산정한다. 이 동기 및 결과의 고려를 위해 특정 금융거래정보 보고 등에 관한 검사 및 제재규정에서는 〈표 17〉과 같이 별표에서 과태료 양정표를 규정하고 있다.

〈표 17〉 과태료 양정표[68]

동기 / 위반결과	고의	과실
중대	법정최고금액의 60%	법정최고금액의 50%
보통	법정최고금액의 50%	법정최고금액의 40%
경미	법정최고금액의 40%	**법정최고금액의 30%**

67) 금융위원회 금융정보분석원, “위험평가 운영위험 지표 정의서(2021. 8.)”, 67면 내지 68면 참조. 2021년 개정된 금융정보분석원 위험평가 운영위험 지표정의서에도 개인이나 법인고객 실제소유자 점검실적을 각 5점에서 10점으로 상향 조정하면서 실효적인 제도운용을 강조하고 있다. 이에 특정금융정보법 제5조의2 제1항 제1호 나목의 기본고객확인 사항보다 동조 제2호 가목에 의한 강화된 고객확인사항으로 보아야 할 것이다.

68) 특정 금융거래정보 보고 등에 관한 검사 및 제재규정 제18조 제2항 별표. 2. 예정금액의 산정. 나호 특정금융정보법 제5조제1항, 제5조의2제1항 또는 제8조를 위반하여 같은 항 각 호에 따른 확인 조치를 하지 아니하거나 제5조의4제1항을 위반하여 자료 또는 정보를 보존하지 아니한 경우 과태료 양정표.

과태료 양정표에서 “중대”는 사회·경제적 물의를 야기하거나 금융회사등의 건전한 운영을 위한 기본적 의무 위반 등으로 금융질서를 저해하는 경우 등을 의미하고, “보통”은 ‘중대’, ‘경미’에 해당하지 않는 경우 등을, “경미”는 단순법규 위반 등을 의미하는 것이다. 현재 규정되어 있는 과태료 양정표 자체가 특정금융정보법에서 규정한 부과금액보다 한층 낮추어 규정된 특정금융정보법 시행령상의 법정최고금액을 기준으로 하고 있다는 점, 그리고 양정표상 비율이 최고 부여될 수 있는 산식이 고의 및 중대해당 기준으로 계산한다고 하여도 법정최고금액의 60%밖에 부과될 수밖에 없다는 문제점이 발생한다.

또한 실무상 대부분의 경우 과실 및 경미해당 기준으로 부과되는 사례가 많아 이러한 경우에는 법정최고금액의 30% 정도만 부과될 수 있는 상황이다. 만약 예시적으로 실제소유자 확인미비로 인해 과태료를 부과한다고 할 때 그 정도를 과실·경미 판정에 의해 기본고객확인의무 위반 과태료를 계산한다면 이는 540만 원 정도(1,800만 원 × 30%)에 해당하는 금원이다. 설사 기본고객확인의무 위반이 아닌 강화된 고객확인 미비로 계산하여 과태료를 부과한다고 해도 고객확인의무 위반당 1,800만 원 정도(6,000만 원 × 30%)로 이는 금융회사들에 대해 별다른 과징금 등의 민사적인 제재금이 없는 현실과 외국의 자금세탁방지제도 위반행위에 대한 과징금, 과태료 부과수준[69]에 비해서는 너무 낮은 금액이며 금융회사

---

69) 2021. 3. 금융감독원 업무설명회 자료, 35면 참조. 미국 금융당국의 자금세탁방지 의무 위반 관련 제재 사례로 ① 대만 메가뱅크(’16.8월)의 경우 자금세탁 고위험국가인 파나마와 의심거래발생, AML담당자 전문성 부족, 의심거래 보고절차 및 내부통제미흡 등으로 벌금 1.8억 달러를, ② 중국 농업은행(’16.11월)의 경우 예멘 등의 제재대상국과 의심거래 발생, 전신송금거래정보 불투명, 거래모니터링 시스템 및 내부통제미흡 등으로 벌금 2.15억 달러를, ③ 도이치뱅크(’17.1월)의 경우 미러트레이딩을 통해 러시아 자금을 달러화로 외부로 유출하고 자금세탁위험평가 미흡과 금융범죄 및 자금세탁방지 체계 미흡 등으로 벌금 4.25억 달러를, ④ UAE Mashreqbank(’18.10월)는 거래모니터링 시스템 결함, 고객확인의무 관련 특정정보문서화 불충분, 감사기능미흡 등으로 벌금 4천만

등의 실정에 비추어 보면 제재의 실효성이 없다고 볼 수 있는 수준이라고 할 수 있다.

뿐만 아니라 위 과태료 양정표에 의해 과태료가 산정된다고 하더라도 지나치게 다수의 과태료 감경사유가 규정되어 있다. 당해 금융회사등이 자체감사 등을 통하여 동일 또는 유사한 위규사실을 계속적으로 적발하는 등 상당한 주의 및 감독을 한 사실이 인정되는 경우, 특정금융정보법 제4조 제1항 또는 제4조의2 제1항·제2항의 보고를 지체하거나, 제5조의2 제1항을 위반하여 같은 항 각 호에 따른 확인 조치를 하지 않았으나, 이를 금융정보분석원장 또는 수탁기관의 장이 인지하기 전에 스스로 시정하거나 자진신고한 경우에는 각 50%의 범위 내에서, 2개 이상의 동일한 종류의 위반행위에 대하여 부과하려는 예정금액의 총액이 해당 위반행위에 대한 법률상 최고한도액의 10배를 초과하는 경우에는 그 초과부분 이내에서 감경할 수 있다.

또한 2개 이상의 동일한 종류의 위반행위에 대하여 부과하려는 예정금액의 총액이 금융회사[70](직전 사업연도 종료일 현재의 대차대조표에 표시된 자본금 또는 자본총액 중 큰 금액), 일반회사[71](직전 사업연도 종료일 현재의 재무제표에 표시된 자산총액 또는 매출액 중 큰 금액), 개인사업자(직전 사업연도 종료일 현재의 총수입금액 즉 소득세법 제24조에서 규정하고 있는 총수입금액)의 각 10%를 초과하는 경우 그 초과부분 이내[72]에서 감경할 수 있다. 극단적인 사례로 개인사업자[73]가 1년

달러 등을 부과 받는 등 제재의 정도와 수위가 우리나라와는 비교할 수가 없을 정도로 강한 제재를 부과하고 있다.

70) 금융회사란 특정금융정보법 제2조 제1호 가목부터 타목까지의 회사, 동법 시행령 제2조 제1호부터 8호, 11호부터 15호까지의 회사를 말하며, 개인사업자는 제외한다.

71) 일반회사란 특정금융정보법 제2조 제1호의 금융회사등 중 (가) 금융회사를 제외한 회사를 말하며, 개인사업자는 제외한다.

72) 금융위원회, "「특정 금융거래정보 보고 등에 관한 검사 및 제재규정」 규정변경 예고 보도자료(2021. 3.)", 3면 참조. 소규모 사업자의 경우 과태료 금액이 과도

간 총수입금액 5,000만 원이라고 한다면 기본고객확인의무(CDD) 20건 위반으로 과태료 예정금액 1억 800만 원(과실·경미 적용)이 산정된다고 할 때 총수입금액이 5,000만 원이므로 이에 대한 10%의 금액인 500만 원을 초과하는 금원은 모두 감경이 될 수 있는 것이다.

뿐만 아니라 2개 이상의 동일한 종류의 위반행위에 대하여 부과하려는 예정금액의 총액이 위반행위자의 연령(법인은 제외한다), 현실적인 부담능력, 환경 또는 위반행위의 내용 및 정황 등을 고려할 때 감경이 불가피하다고 인정되는 경우에는 예정금액의 50% 이내에서 감경할 수 있다.[74] 이러한 낮은 과태료 양정산정기준과 감경온정주의 때문에 고객확인제도의 위반의 경우에 대형 금융회사를 제외한 기타 중소 금융회사와 개인사업자의 경우 제도 위반에 대한 부담이 높지 않아 자금세탁행위자들에게는 내부통제체계가 상대적으로 빈약한 금융회사 등을 선택하여 이용할 수 있는 동인이 되고 있다.

하게 부담되는 경우가 있어 이를 합리적인 수준에서 감경할 필요가 있었다. 과거 규정에서는 과태료 예정금액이 사업자 규모(자본금 또는 자본총액)의 10%를 초과하는 경우 그 초과부분 이내에서 감경을 허용하되, 감경한도는 예정금액의 50%까지만 인정되었으나, 이렇게 되면 상대적으로 규모가 작은 사업자의 부담능력 등이 반영되기 어려워 현실적인 여건을 감안하여 50% 한도를 폐지하였다.

73) 금융위원회, "「특정 금융거래정보 보고 등에 관한 검사 및 제재규정」 규정변경 예고 보도자료"(2021. 3.), 3면.

74) 금융위원회, "「특정 금융거래정보 보고 등에 관한 검사 및 제재규정」 규정변경 예고 보도자료"(2021. 3.), 2면. 「금융기관검사 및 제재에 관한 규정」과의 형평성을 감안하여 특정금융정보법 위반에 따른 과태료 부과의 경우에도 위반행위자의 현실적인 부담능력, 위반행위의 내용 및 정황 등을 고려하여 과태료를 50% 감경할 수 있는 조항을 신설하였다.

V. 별도 회피법인의 설립을 통한 탈법행위 문제와 개선방안

가상자산사업자의 신고에 금융위원회에서 심사를 할 것을 회피하기 위해 실제소유자를 감춘 형태의 법인을 설립하는 여러 방안에 대해서도 살펴볼 필요가 있다. 즉 별도의 다수 회피법인의 설립을 통한 탈법행위의 문제가 발생할 수 있다.

현재 그리고 앞으로도 가상자산사업자는 금융위원회에 실명계정 등을 조건으로 하는 관련 특정금융정보법상의 신고규제를 극복하기 위한 사업모델에 대한 변칙적인 고민이 많은 상황이다. 특히 가상자산취급업소의 경우 국내 원화(KRW)와 가상자산간의 거래에 나서게 된다면 특정금융정보법상의 가상자산취급업소에 해당한다는 부담이 존재한다. 이에 특정금융정보법상의 제한을 받지 아니하고 법화와 가상자산간 교환이 없어 예치금이 없는 등 실명계정이 필요없는 가상자산사업자의 형태로 운영하면서 제도권 금융회사에서 금융거래 등을 지속하려는 욕구가 생길 수밖에 없는데 이런 구조를 만들 수만 있다면 특정금융정보법상 규제를 받지 않고 실질적으로 가상자산의 법화(KRW)와의 교환 효과를 누릴 수 있으며, 부대적으로 거래자들의 유입효를 누릴 수 있다는 특장점들이 존재할 수 있다.

이에 기존 금융회사 중 상대적으로 자금세탁방지의 규제가 허약한 일부 소규모의 상호저축은행이나 대부업 등 사업을 실질적으로 지배하고 이후 1. 상호저축은행에서 직접 담보대출을 실행하는 방안, 2. 상호저축은행의 지원을 받은 대부업체에서 담보대출을 실시하는 방안, 3. 상호저축은행의 지원을 받은 제3자가 담보대출을 실시하는 방안을 통해 이러한 규제를 회피하는 방안, 4. 일반 법인으로 위장하는 경우 등이 가능할 수 있다. 즉 일부 소규모의 금고, 저축은행이나 대부업자, 온라인투자연계업자의 실제소유자 확인제도가 상대적으로 다른 업권에 비해 약할 수 있고, 위 일부 금고나 저축은행, 대부업자, 온라인투자연계업자의 경우에는 특정금융정보법상 금융회사 등에 포함되어 이들을 거래 상대방으로 맞이하는 경우에는 실제소유자 확인의 면제대상이 될 수 있다는 점까지도 활용하여 이러한 자금세탁방지제도가 취약한 일부 특정금융정보법상의 금융회사를 실질적 지배 혹은 인수하고 이를 통해 특정금융정보법상 자금세탁방지의무를 회피해가며 가상자산사업을 영위하여 나갈 수 있다는 맹점이 존재한다.

1. 실제소유자로 인수한 상호저축은행 혹은 대부업에서 직접 담보대출을 실행하는 방안

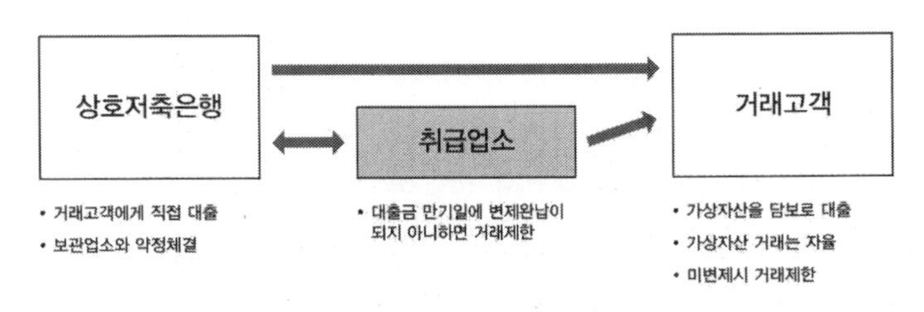

〈그림 5〉 직접 담보대출을 실행하는 방안

가. 문제점

〈그림 5〉에서 보는 것처럼 가상자산 보관부서를 상호저축은행 외부인 가상자산사업자나 제3자에게 보관하여 두고 직접 그 가상자산을 담보로 대출을 실시하는 방안으로 일단 가상자산보관부서를 상호저축은행 등 내부에 두는 경우 취약금융회사(저축은행 등)를 어렵게 인수하고도 작은 소액의 수수료 수입에 그칠 가능성이 높기 때문에 추가적으로 가상자산 담보대출에 나서는 경우 등을 생각해 볼 수 있다.

이 형태는 상호저축은행의 여신능력을 활용하여 대출을 일으킬 수 있다는 가장 큰 장점이 있고 상호저축은행 내부에 가상자산 취급부서를 만들 필요가 없으므로 관리의 측면과 금융당국의 검사·감독에서 어느정도 자유로울 수 있다는 특징이 있다. 뿐만 아니라 상호저축은행은 원화나 외화와 교환하는 가상자산 거래를 하지 아니하므로 별도로 실명계정 등의 신고를 득할 필요가 없다. 가상자산사업자는 고객의 가상자산 간 거래는 플랫폼을 자유롭게 제공할 수가 있고 법화와의 교환은 상호저축은행을 이용할 수가 있기 때문에 이미 설명한대로 가상자산사업자의 신고없이 실질적 법화와의 교환효를 누릴 수 있다. 이에 가상자산사업자 및 보관업소에게는 주로 BTC(비트코인), ETR(이더리움), XRP(리플) 등과 같은 거래가 많이 이루어지는 기축자산 성격을 가진 가상자산을 다른 가상자산이나 새로 ICO(가상자산발행행위)를 통해 만들어진 신생 가상자산과 교환하는 업무에만 치중하면 되므로 업무의 유연함을 추구할 수 있다.

다만 본 형태의 핵심은 금융회사(저축은행 등)와 취급보관업소간의 특약이다. 즉 대출금 만기일에 변제완납이 되지 않으면 압류에 준해서 거래를 제한한다는 특약을 맺는 것이 핵심이다. 이에 실시간으로 양 당사자간 의사소통을 하여야 할 필요성이 있으며 다양한 돌발상황이 있을 수 있기 때문에 즉 상호저축은행과 가상자산사업자와의 특약에 의해 이루어져서 양 거래당사자의 대주주를 장악하고 있거나 이사회 및 주요 경영진과 실무자들에 대한 운영 통제가 가능하여야 한다.

금융소비자는 2개의 약정을 체결하게 되는데 제1약정은 부대조건을 포함한 상호저축은행의 대출계약 약정이고 고객은 가상자산사업자와 거래제한 특약을 맺을 확률이 높다. 물론 실제로 이 특약에 의해 가압류와 같은 보전처분이 이루어질 수 있도록 구성될 가능성이 높다. 가상자산취급업자는 우선 가상자산 거래업자[75] 및 보관관리업자[76]에는 해당할 것으로

75) 금융위원회, "가상자산사업자 신고메뉴얼 (2021)", 2면 참조. 일반적으로 가상통화 매매·교환 등을 중개·알선하기 위하여 플랫폼을 개설하고 운영하는 사업자로서 가상자산(가상통화) 취급업, 교환업, 거래소 등으로 가상자산의 매도·매수(예: 현금과의 교환) 및 가상자산간 교환을 중개, 알선하거나 대행, 가상자산

보이나 법화와의 거래에 나서면 이러한 업체는 금융위원회에 가상자산 거래업소 신고를 하여야 하므로 법화와의 거래는 나서지는 않을 것이다.

나. 검토

이에 대한 개선방안으로는 우선 후술하겠지만 실제소유자 확인 면제 대상의 금융회사 등에는 제도권 금융회사 중 일부 위험평가를 거쳐 위험이 없는 것으로 평가되는 일부 금융회사 등에만 적용하고 대부분의 금융회사는 실제소유자 확인을 거치도록 하는 방안이 마련되어야 한다. 이에 특정금융정보법상 금융회사 등에 포함되는 금융회사라고 하더라도 무조건적으로 실제소유자 확인 면제가 되어서는 안되고 위험평가를 거쳐 고위험 등으로 판별되는 경우에는 그 금융회사 등의 실제소유자를 살피어 혹시 가상자산사업자 혹은 가상자산사업자의 임원, 대표자, 대주주 등의 투자처로 사용되지는 아니하였는지를 검토해 볼 필요가 있다.

다음으로 고객확인 대상이 되는 금융거래 등의 범위를 넓게 해석하여 금융회사(상호저축은행 등)가 가상자산업자와 체결하는 위와 같은 변제완납 통지 특약에 대해서도 이를 고객확인제도의 요건에 해당하는 새로운 비즈니스(거래관계)를 맺는 행위로 해석하여 특정금융정보법에서

을 이전하는 행위 등의 기능을 함께 수행한다. 다만 단순히 매수·매도 제안을 게시할 수 있는 장(場)만을 제공하는 경우, 단순히 이용이 가능한 가상자산이 있다는 사실이 게재만 되어 있는 게시판을 운영할 뿐, 당사자들 간 거래는 개인별 지갑이나 또는 그 게시판 관련 회사의 지갑이 아닌 별도 지갑을 통해 이뤄지는 경우, 단순히 가상자산의 거래에 대한 조언이나 기술을 제공하는 경우는 제외한다.

76) 금융위원회, "가상자산사업자 신고메뉴얼(2021)", 3면 참조. 타인을 위하여 가상자산을 보관·관리하는 행위를 영업으로 하는 자로서 가상자산(가상통화) 보관, 수탁사업 등으로 특정금융정보법상 가상자산을 보관·관리하는 행위를 주요 업무로 수행한다. 다만, 사업자가 개인 암호키 등을 보관·저장하는 프로그램만 제공할 뿐 개인 암호키에 대한 독립적인 통제권을 가지지 않아 가상자산의 이전·보관·교환 등에 관여하지 않는 경우는 제외할 수 있다.

규율대상으로 삼는 고객확인의 대상으로 편입하는 방식으로 금융거래에 대한 넓은 편입이 필요하다. 만약 위 변제완납의 특약이 고객확인의 대상으로 편입이 된다면 가상자산사업자들이 실제소유자로 있는 금융회사 등(상호저축은행)에 고객확인의무 대상이 되는 행위를 더 넓게 볼 수가 있고 이에 동 고객확인의무 위반행위에 대해 검사·감독뿐만 아니라 위반시 특정금융정보법상의 제재조치까지도 가능하다.

과거에 고객확인의 대상은 계좌의 신규 개설과 일정금원 이상의 일회성 금융거래에 한정하였지만 이제 이 범위를 넓게 해석할 수 있다. 계좌의 신규개설이라 함은 고객이 금융회사에서 예금계좌, 위탁매매계좌 등을 개설하는 경우뿐만 아니라, 일반적으로 금융회사와 계속적인 금융거래를 개시할 목적으로 계약을 체결하는 것을 말한다. 예를 들어, 보험·공제계약, 대출·보증·팩토링 계약의 체결, 양도성예금증서, 표지어음의 발행, 금고대여 약정, 보관어음 수탁 등도 "계좌의 신규개설"에 포함된다(자금세탁방지 업무규정 제22조).

그런데 이러한 계좌의 신규개설의 의미는 기존에 금융회사와 아무런 사업관계나 계약이 맺어져 있지 않은 고객과의 금융거래가 개시되는 경우라고 해석할 수 있으며 계좌 신규개설의 의미에는 기존에 사업관계가 수립되어 있는 경우에는 포함되지 아니한다. 다만 기존에 사업관계 혹은 계약관계가 수립되어 있지 아니하다가 금융거래를 개시할 목적으로 금융회사 등과 계약을 체결한다면 금융회사의 법인 영업부나 소매영업부의 법인 또는 기타 기구와의 계약체결행위도 이 범위에 포함된다고 해석할 수 있다. 이에 의뢰인이 가상자산사업자가 실제소유자로 있는 금융회사 등(저축은행 등)의 법인영업부가 가상자산사업자와 거래계약에 체결을 나설 때 이러한 상대 법인과 채권인수(총액, 잔액인수), 주식의 모집이나 매출, 사모 등 주선업무, M&A 중개 주선 또는 대리(SPAC 업무)업무계약을 체결하는 경우, M&A 자문업무, 구조화 금융관련 증권이나 채권의 발행 및 중개업무, PF 관련 중개업무(투자기관 모집, 시행사, 투자기관 주선 자문 등), 경영참여형 사모집합투자기구(PEF)조성 및 운용업무를 나서는 경우뿐만이 아니라 기타 계약기반 매매 및 중개영업부분에 나서는 경우도 만약 그 계약의 성격이 금융회사 등이 고객과 금융거래를 개시할 목적으로 계약을 체결하는 행위로 볼 수가 있다면 모두 고객확인의 대상에 포함된다고 볼 수 있다.

계약기반에 대한 고객확인의 범위는 최근 금융위원회의 유권해석을 보아도 그 범위가 넓어지고 있음을 알 수가 있다. 전자지급결제대행업자가 PG 업무(전자지급결제대행업무)에 따른 가맹점정산대금을 지급하는 과정에서, 가맹점정산대금을 가맹점이 아니라, 가맹점이 지정하는 제3자에게 지급하는 경우, 제3자에 대한 고객확인이 필요한지 여부에 대해서 전자지급결제대행업자와 직접적인 거래관계를 맺고 있지 아니한 제3의 수익자에게 대금을 지급하는 행위도 전자지급결제대행 업무의 일부로 판단된다고 확대하여 해석하면서 가맹점정산대금을 지급받는 제3자는 PG업자의 고객으로서 고객확인이 필요한 대상에 해당한다고 넓게 해석을 하고 있기 때문이다.[77)]

이렇게 고객확인 대상범위를 넓게 포섭할 수 있는 경우라면 금융회사 등(상호저축은행 등)과 가상자산법인과의 변제통지 특약은 이와 같은 특약의 경우에는 그 계약의 구체적인 내용에 따라 향후 중개계약의 특약이나 이익분담약정 특약 등의 새로운 금융계약관계를 체결하는 것으로 보일 수 있어 이를 포함하여 해석한다면 모두 새로운 거래관계를 맺는 것이라는 개념에 포함되어 이는 고객확인대상이 될 것이고 특히 이는 고객확인 대상 중 위험평가상 위험도가 높은 상대방인 가상자산사업자와의 계약체결행위에 해당하여 일반 고객확인이 아닌 강화된 확인대상에 해당할 가능성이 높다.[78)]

---

77) 금융위원회 법령해석 회신문, "전자지급결제대행(이하 'PG')업자가 PG 업무에 따른 가맹점정산대금을 지급하는 과정에서, 가맹점정산대금을 가맹점이 아니라, 가맹점이 지정하는 제3자(이하 '제3자')에게 지급하는 경우, 제3자에 대한 고객확인이 필요한지 여부"(2021. 3. 17.) 참조.

2. 실제소유자로 인수한 상호저축은행 혹은 대부업체의 지원을 받은 온라인투자연계업자 등에서 담보대출을 실시하는 방안

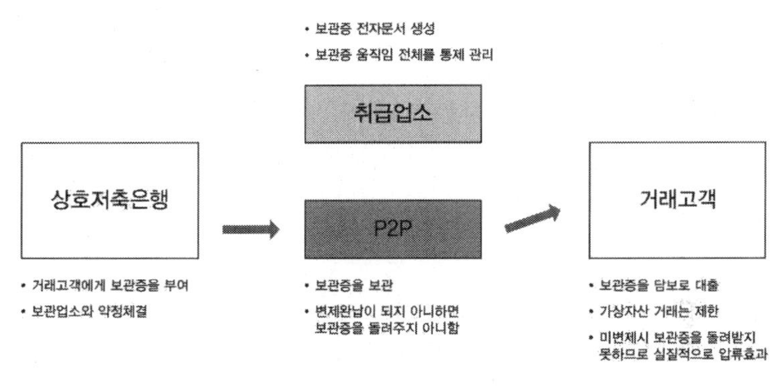

〈그림 6〉 P2P 업체 등을 이용하는 방안

가. 문제점

앞선 실제소유자 확인의무 및 계약기반 고객확인의무를 탈피하기 위한 변형 형태로 〈그림 6〉과 같이 실제소유자로 인수한 상호저축은행 혹은 대부업체의 지원을 받은 온라인투자연계업자 등에서 담보대출을 실시하는 방안도 생각해 볼 수 있다. 우선 실제소유자로서 인수한 상호저축은행에서는 가상자산을 상호저축은행의 전자지갑에 단순보관하고 대출은 상호저축은행이 아닌 별개의 온라인투자연계투자업자(P2P업체) 등이 대출을 시행하여 준다. 즉 상호저축은행에 가상자산을 맡기면 상호저축은행에서는 시중 금융회사에서 발급해주는 일반 양식에 따라 보관증을 발급하여 금융소비자인 고객들에게 부여한다. 고객은 위 전자지갑 보관증을 대출을 받을 때 P2P업체에 전자메일 등의 형식으로 제출을 하고

78) 금융위원회, "가상통화 투기근절을 위한 특별대책 중 금융부문 대책 시행"(2018. 1. 23.), 11면 참조.

고객이 대여금을 P2P업체에 완납을 하게 되면 P2P업체는 고객에게 가상자산 보관증을 전자메일로 돌려주는 방식이다.

이는 보관증을 담보 목적물로 삼을 수 있게 하는 것인데 이러하기 때문에 고객은 가상자산을 거래하기 위해 상호저축은행 전자지갑에 맡겨져 있는 가상자산을 P2P업체로부터 돌려받은 보관증을 반납하는 동시에 가상자산을 돌려받게 된다. 만약 이 형태에서 가상자산업체 등이 실제소유자로서 저축은행 등을 타인명의로 인수하고 그 소유지분을 숨기게 된다면 상호저축은행은 단순 보관업무만 수행하게 되므로 아무런 법적인 부담이 없게 된다. 게다가 추가적으로 부대 보관료 수입까지 징구할 수 있다. 또한 외관상으로는 상호저축은행 등 내부에 가상자산 취급부서를 만들 필요가 없으므로 관리의 측면과 외부 검사감독에서 상당히 자유로울 수 있다. 또한 기존 보호예수와 같은 형식으로 보관증을 발급해 주는 것이므로 추가적인 시스템의 설계나 양식의 징구가 필요도 없다. 게다가 인수한 상호저축은행에서 보관증만 발급하여 줄 뿐 자산이 유출되는 것이 전혀 없으므로 인수한 금융회사의 자산건전성의 측면에서는 외양상으로 아무런 지장이 없다. 물론 금융회사에 가상자산업자가 정식으로 실명계정을 득하여 가상자산거래를 하는 것이 아니고 이를 우회하여 담보대출을 하는 것이기 때문에 특정금융정보법에서 규율하고 있는 별도의 실명계정 등을 얻어서 금융정보분석원의 신고를 득할 필요도 없다.

이 구조에서 직접 고객을 대면하는 대출업무에 나서게 되는 온라인투자연계업자 즉 소위 P2P업체의 입장에서는 역시 보관증이라는 것을 수취하는 조건으로 신용대출을 해주는 것이므로 보관증담보부대출이라는 개념은 일종의 상호 약정서이긴 하지만 이것이 기존의 담보대출 금융거래 개념에 포섭되기 어려워 기존 규제체제나 특정금융정보법의 금융거래등에 해당한다고 보기 어려운 측면도 있으므로 신고에서 비교적 자유로울 수 있다.

또한 전자문서 형태의 보관증을 상호저축은행 혹은 차주로부터 받는 것이므로 그 전달이 비교적 간이하고 신속하다. 이들을 총지휘하고 지배자 지위에 있는 가상자산취급업체의 입장에서는 가상자산사업자는 고객의 가상자산 간 거래는 플랫폼을 자유롭게 제공할 수가 있고 법화와의 교환은 고객이 P2P업체와 하고 있는 것이므로 별도로 가상자산사업자의 신고없이 실질적 법화와의 교환효를 누릴 수 있다.

나. 검토

본 형태의 핵심은 3개 당사자 즉 상호저축은행과 온라인투자연계업자(P2P)업체 및 취급보관업소간의 특약이다. 이에 각 전자증명서 형태의 보관증이 대여시에는 상호저축은행 → (고객) → P2P업체의 방향으로 변제시에는 보관증이 P2P업체 → (고객) → 상호저축은행의 형태로 이루어지게 된다. 실제 상호저축은행이 발급해주는 전자보관증의 경우에는 서로 양해특약을 맺은 가상자산거래소의 전자지갑을 이용하게 될 것이므로 이 3개 업체간 원만한 운영의 효율성이 반드시 필요할 것이다. 이에 앞서 살펴본 "실제소유자로 인수한 상호저축은행 혹은 대부업에서 직접 담보대출을 실행하는 방안"에서 살펴본 것처럼 마찬가지로 일단 실제소유자 확인 면제대상 법인이 되는 금융회사 등의 범위에서 이와 같은 상호저축은행이나 대부업체, 온라인투자연계업체 등의 경우 위험평가를 거쳐서 일부 금융회사 등의 경우에는 실제소유자 확인면제 금융회사의 예외로 보아 일반 법인 또는 단체와 유사하게 보고 위험평가를 거쳐 해당 상호저축은행이나 대부업체, 온라인투자연계업체의 실제소유자를 살펴보아야 할 것이다.

또한 앞서 살펴본 계약기반의 고객확인제도 문제는 실제소유자로 인수한 상호저축은행 혹은 대부업체의 지원을 받은 온라인투자연계업자 등에서 담보대출을 실시하는 방안에서 등장하는 P2P업체의 경우에도 적극적으로 적용되어야 한다. 일단 대출 주체가 될 온라인투자연계업자도 특정금융정보법상 금융회사 등의 범주에 곧 포함이 될 것이기 때문에 역시 이를 적극적으로 해석하여 전술한 것처럼 부실한 고객확인을 이유로 그 책임을 상호저축은행 및 대부업체에 특정금융정보법상의 고객확인의무 위반의 책임을 물을 수 있어야 한다.

다만 본 사례에서 우려되는 점은 온라인투자연계업자의 경우 금융위원회에 소액의 자본금(약 5억 원)을 통해서 등록을 하도록 되어 있으며 그 등록자체가 난해하지 아니하여 비교적 설립절차가 간이한 장점이 있는 점,[79] 온라인투자연계업자의 경우 특정금융정보법 위반을 이유로 한 검사감독이 용이하기 어렵고 다른 업권과는 다르게 별도 중앙회나 연합회가 없기 때문에 검사·감독이나 지도 단속이 쉽지 아니하다는 점 등의 문제가 여전히 지속될 수 있다. 이에 결국 주축이 되는 실제소유자로 인수한 상호저축은행이나 대부업체 등에는 별다른 징계나 제재조치가 나가기 어려워 당사자인 상호저축은행이나 대부업체, 본질적으로는 그 상위 실제소유자인 가상자산사업자 등의 보호가 자동으로 이루어 질 수 있다는 점 등이 발생할 수 있다. 이에 이 부분에 대해서는 다층적 실제소유자의 확인의무를 임의적 의무사항에서 강행적 의무사항으로 바꾸어 운용하여 본 예시사례와 같은 "보관증 담보부 대출 계약" 등의 형태를 체결할 수 없도록 하는 동시에 고객거부 의무를 적용할 수 있도록 구성함으로써 최대한 이와 같은 편법적인 운용을 막아야 할 것이다.

79) 온라인투자연계금융업 및 이용자 보호에 관한 법률 제5조 제1항.

3. 실제소유자로 인수한 상호저축은행 혹은 대부업체의 지원을 받은 신설 위장법인인 합작대부업체를 설립하여 담보대출을 실시하는 방안

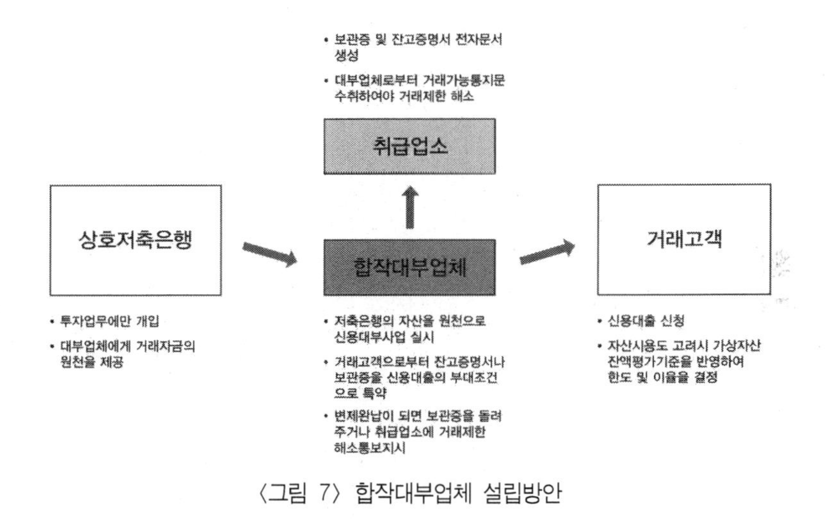

〈그림 7〉 합작대부업체 설립방안

가. 문제점

이 방안의 경우 실제소유자로서 인수한 상호저축은행이나 대부업체의 경우 가상자산을 보관하지도 않고 대출을 직접 실시하지도 않지만 인수한 상호저축은행이나 대부업체의 이사회 및 경영진을 장악하면서 이 금융회사 등을 전략적 투자자(IB)로서 이용하여 이율이 높은 PF 사업이나 채권에 투자를 하게 만드는 방식이다. 이때 투자를 받는 제3자(법인)(합작대부업체)는 합작투자법인 형태로 주 사업은 채권의 할인 혹은 개인대출, 신용대출 및 대부업 등을 영위하게 된다. 대부합작법인은 저축은행 등으로부터 투자받은 자금을 원천으로 하여 신용대출업무를 실시하는데 이때 신용대출에서 제출되어야 되는 담보력의 고려요소로 가상자산 잔고증명서 혹은 "보관증의 제출과 미처분 특약서"를 요구받는 방식을 사용할 수 있다.

고객인 금융소비자인 차주는 "미처분 특약 해제인증"을 합작대부업체로부터 받지 못하면 거래를 할 수 없다. 이 사례 형태에 의하면 상호저축은행은 투자업무에만 수행하게 되므로 앞선 실제소유자로 인수한 상호저축은행 혹은 대부업체의 지원을 받은 온라인투자연계업자 등에서 담보대출을 실시하는 방안인 2번째 탈피사례 보다도 아무런 법적인 부담이 없다. 심지어 2번째 탈피 사례는 가상자산보관증 발급업무라도 수행했지만 합작대부업체에 투자하는 방식을 사용하면 그런 가상자산의 보관업무조차도 수행할 필요가 없다. 합작대부업체 설립 혹은 투자참여 방식의 경우에는 바로 전에 전술한 2번째 탈피 사례와 마찬가지로 상호저축은행 내부에 가상자산 취급부서를 만들 필요가 없으므로 관리의 측면과 외부 검사·감독에서 상당히 자유로울 수 있다. 게다가 보관증을 발급해 줄 필요도 없이 오로지 합작대부업체에 고율의 이율을 받고 투자하게 되며 만기시 투자금을 회수하므로 현행 저축은행이나 대부업체의 업무시스템에 모두 포괄이 가능한 업무로 추가적인 시스템의 설계나 양식의 징구도 없는 간이한 방식이 될 수 있다.

본 사례의 가장 핵심은 SPC법인 형태의 합작대부업체를 설립하는 것이다. 본 합작대부업체는 대부업법에 의한 시도지사에게로의 간이한 등록만 있으면 설립할 수 있으므로 설립이 비교적 용이한 편이다.[80] 즉 금융위원회나 금융감독원에 대한 신고 등록, 인허가업무가 아니라 시도지사에 대한 등록업무이므로 그 등록업무가 금융위원회에 신고등록심사를 받는 것이 비해서는 매우 간이하고 형식적인 등록심사가 이루어질 가능성이 높다.

또한 전술한 것처럼 대부업자의 경우에도 특정금융정보법상의 규율대상에는 포함되나 협회의 영향력이 다른 협회에 비해 상대적으로 크지

80) 대부업법 제3조.

않고 현실적으로 검사·감독이 기존 은행, 금융투자업권, 보험업권 등의 금융회사 등을 위주로 이루어지기 때문에 대부업자들을 상대로 하는 특정금융정보법 위반을 이유로 한 검사감독이 어렵다. 특히 합작대부법인의 경우 그 근거지를 국외에 근거하여 해외합작법인의 형태로 설계할 수도 있다는 점도 있으며, 전술한 대로 그 구조형태를 알기 어려운 SPC 법인 형태이다 보니 설사 이를 투자계약의 형태로 보아 고객확인대상을 넓게 규정하여 계약기반 고객확인의무의 대상에 포함된다고 해석하더라도 그 자료의 수보 등이 어려워 구조를 쉽게 밝혀내기가 어렵다.

가장 상위 지점에서 전체를 자금의 흐름을 운용하고 관리하는 실제소유자인 가상자산취급업체 등의 경우에는 사업자 입장에서는 잔액증명서나 보관증의 유출입 업무만 담당하면 되므로 특정금융정보법의 적용대상이 아니게 되어 2번째 탈피 사례와 마찬가지로 기존의 가상자산의 담보 금융거래 개념에 포섭되기 어려워 기존 규제체제나 특정금융정보법의 신고에서 비교적 자유로울 수 있다. 또한 잔액증명서 및 보관증, 거래내역서 등 다양한 형태의 신용담보물을 이용할 수 있는 것이므로 다양한 기간의 상품과 여러 형태의 신용상품 및 이율의 설정이 탄력적으로 설정할 수 있다는 장점도 있다.

나. 검토

우선적으로 가상자산사업자가 인수한 혹은 실제소유자로 있는 금융회사 등(상호저축은행, 대부업체 등)에서 결국 투자자산이 유출되므로 이 부분에 대해서는 기존 저축은행 검사감독 및 대부업의 자산건전성에 대한 검사감독을 고려하여야 할 것이다.

하지만 근원적으로 합작투자법인이라는 SPC법인의 설립과 이 SPC법인에 대한 고객확인 및 실제소유자 확인이 본 유형의 핵심이라고 생각한다. 이는 결국 SPC법인에 대한 실제소유자 의무의 확인이 중요하게 작동한다. 현재 페이퍼컴퍼니인 SPC법인[81]의 경우에는 대출 등 금융거래 시 금융회사가 실제소유자를 확인해야 하는 대상은 SPC법인이 될 것이다. 문제는 SPC법인의 실제소유자는 누구를 기입하여야 하는 부분인 바, 이는 실제 대출이 집행되는 회사 및 그 회사의 실제소유자[82]가 될 것이다. 이러한 SPC법인의 실제소유자 확인은 다른 거래당사자가 SPC법인에도 동일하게 이루어져야 하는 것으로 금융회사가 SPC법인 또는 리츠회사와 공동대출 계약 등을 체결하는 경우 법무법인으로부터 법률의견서를 제출받고 법인 등기부등본 및 법인 인감 등 관련 서류도 받는다고 하더라도 이는 고객확인의 실제소유자 확인 과정에서 이루어진 것이 아니므로 별도로 이행하여야 한다.[83]

만약 거래당사자가 SPC법인이 아니라 실제소유자인 법인 또는 단체가 SPC법인인 경우에 실제소유자 확인이 문제될 수 있다. 즉 앞선 사례와 다르게 금융회사는 법인 또는 단체(주식회사)에 대한 실제소유자 확인과 관련하여 단계별로 '① 25% 이상의 지분증권 소유자(SPC법인) → ② 최대 지분증권 소유자 등 → ③ 법인 또는 단체의 대표자'의 방식으로 실제소유자를 파악하여야 하는 바, 문제는 이러한 과정에서 나타난 최대 지분증권 소유자 등인 법인 또는 단체 등에 대해서도 실제소유자를 확인하여야 하는데 이 법인 또는 단체가 SPC법인인 경우이다. 설사 출자·지분율 등을 확인할 수 없는 법인이나 단체[84]라고 해도 지분율 등에 대

---

81) 금융정보분석원, 자금세탁방지 유권해석 사례집 (2018), 74면 참조.

82) 물론 법인·단체 고객의 최대주주 등이 시행령 제10조의5 제5항 각 호 해당' 금융회사 등인 경우에는 실제소유자 확인 단계에서 제5항 각 호에 해당하는 법인·단체가 확인되는 경우 그 법인·단체를 확인(실제소유자란에 기재)한 것으로 실제소유자 확인을 갈음할 수 있다.

83) 금융투자협회, "금융투자회사의 컴플라이언스 매뉴얼 Ⅲ편(자산운용) 금융감독원 업무관련 Q&A(감총자금일-147) (2016. 4. 11.)", 제21번 문항.

84) 금융투자협회, "금융투자회사의 컴플라이언스 매뉴얼 Ⅲ편(자산운용) 금융감독원 업무관련 Q&A(감총자금일-147) (2016. 4. 11.)", 제25번 문항. 이에 반드시 SPC경우가 아니더라도 사단·재단법인의 경우 최초 정관을 통해 출자현황을 확인할 수 있으나, 법인으로 등록하지 않은 사단, 재단(종교단체 등) 등은 출자현

한 확인 없이 3단계인 대표자의 실지명의를 바로 확인해서는 안된다고 생각한다.

원칙적으로는 조문에 따라 실제소유자가 법인 또는 단체인 경우에는 불가피한 사유로 해당 법인 또는 단체(거래당사자)의 실제소유자 확인이 불가능한 경우가 있을 수 있는 바, 최대 지분증권 소유자 등인 법인 또는 단체(SPC법인) 등의 실제소유자에 대한 확인을 임의규정으로 정하였다는 측면을 보아서도 그러하다. 이에 따라서, 금융회사는 최선의 노력(사업자등록증, 주주명부, 정관 등)을 기울여 최대 지분증권 소유자 등인 법인 또는 단체(SPC법인)의 실제소유자를 확인하되, 확인이 불가능한 경우(① 외국법인 등으로 국내에 어떠한 참고 자료가 없고), 불가피하게(② 모든 외부 자료나 입증수단이 없는 경우) 3단계인 거래당사자 법인 또는 단체의 대표자를 실제소유자로 간주하여 확인할 수 있도록 SPC법인에 대한 고객확인의무를 엄하게 운영할 수 있도록 하여야 한다.[85)]

또한 근원적으로는 앞서 살펴 본 1. 실제소유자로 인수한 상호저축은행 혹은 대부업에서 직접 담보대출을 실행하는 방안, 2. 실제소유자로 인수한 상호저축은행 혹은 대부업체의 지원을 받은 온라인투자연계업자 등에서 담보대출을 실시하는 방안, 3. 실제소유자로 인수한 상호저축은행 혹은 대부업체의 지원을 받은 신설 위장법인인 합작대부업체를 설립하여 담보대출을 실시하는 방안 등을 사례로 설명하였지만 이를 봉쇄하는 방안은 실제소유자로 상호저축은행 등의 인수를 어렵게 만드는 대주주에 대한 엄밀한 자격심사를 포함한 인수실질심사가 가장 본질적인 대응방안이다.

이에 대해서는 금융위원회도 적극적인 심사를 예고하고 있다. 금융위원회 유권해석[86)]에서도 최근 저축은행이 비금융회사와 합병을 하여

황을 확인할 수 없는 경우가 다수 발생이 가능하다.

85) 금융투자협회, “금융투자회사의 컴플라이언스 매뉴얼 Ⅲ편(자산운용) 금융감독원 업무관련 Q&A(감총자금일-147) (2016. 4. 11.)”, 제27번 문항.

86) 금융위원회 법령해석 회신문, “저축은행이 비금융회사와 합병을 하여 저축은

저축은행이 존속법인이 되려고 하는 경우, 이러한 합병이 상호저축은행법상 허용되는지 여부에 대해 합병을 별도로 제한하고 있지 않지만, 합병후 존속법인이 되는 저축은행은 「상호저축은행법」을 위반할 소지가 없도록 해당 위반사유는 미리 해소하여야 할 것이며, 합병심사 시, 합병 후 법인의 새로운 대주주는 동법 제10조의6제1항에 따른 대주주 자격심사도 받아야 한다고 설시하는 등 실질심사원칙을 밝히고 있어 적극적인 대주주 자격심사를 통해 편법적인 상호저축은행을 지배하여 특정금융정보법상 규제를 회피하려는 가상자산사업자의 간접진입을 막아야 할 필요가 있다.

4. 일반 법인으로 위장하는 경우

가. 문제점

현재 가상자산 신고매뉴얼에 따라 정상적인 심사를 받고 영업을 영위하려고 하는 신고사업자들의 경우에는 앞으로 금융당국의 정기적인 모니터링을 받게 되고 검사 및 감독의 대상이 될 것이다. 문제는 고객인 법인이 실제 가상자산사업을 영위하는 법인임에도 불구하고 거짓 등으로 가상자산사업자가 아니라고 기존의 금융회사 등에게 밝히며 거래를 신청하는 경우이다. 즉 이러한 위장 일반 법인의 경우 기존 금융회사 등의 경우에는 해당 법인 고객이 가상자산사업자인지 여부를 판단하는데 있어 어려움이 있을 수밖에 없다.

물론 금융회사들은 통계청 표준산업분류에 따라 금융회사등의 고객이 1. 전자상거래, 2. 소매중개업, 3. 응용소프트웨어 개발 및 공급업, 4. 컴퓨터 및 주변장치, 소프트웨어 소매업, 5. 통신판매업 등에 해당하는

행이 존속법인이 되려고 하는 경우, 이러한 합병이 상호저축은행법상 허용되는지 여부 관련"(2021. 8. 9.) 참조.

경우 그 고객이 취급업소인지 여부를 식별할 수 있도록 특별히 주의하여야 하고 금융회사등 간에 공유한 취급업소 현황을 취급업소 식별에 활용하고 있다.[87] 하지만 현재 이와 같은 통계청 표준산업분류에 식별되지 않으면서 실제 그러한 사업을 영위하는 사업체도 많이 존재하며 또한 복수의 사업부분을 영위하면서 모호한 영역에 존재하는 사업자가 다수 존재한다. 이에 대해 기존 금융회사가 자체적으로 판단하기 부담스러운 상황이다. 또한 허위의 자료를 제출하면서 일반 법인 사업체인 것처럼 가장하는 법인사업체도 다수 존재한다.

나. 검토

규제 밖에서 이뤄지는 자금세탁 위험을 낮추고, 금융회사를 보호하기 위하여 신고대상 가상자산사업자 범위를 명확히 하고 식별한 업체에 대한 거래수용여부를 정확하게 점검하는 것이 중요하다. 특히 실제 가상자산사업을 주로 영위하면서 일반 법인인 것처럼 위장하는 사업체가 다수 있을 수 있으므로 지속적으로 가상자산사업자 신고를 의무화하고, 집금계좌에 대한 모니터링을 강화할 필요도 있다. 물론 금융회사의 타인명의 계좌 및 위장 제휴업체 계좌를 활용하는 등 불법자금은 지속적으로 숨어드는 경향이 있다. 즉 일반 법인 형태로 실명확인 입출금계좌를 사용하지 않는 중소규모 가상자산거래소들이 기존의 금융회사 여러 곳을 방문하여 마치 일반 법인계좌를 필요로 하는 것처럼 신청하여 심사받으면서 위장계좌, 타인계좌 개설과 중단반복도 가능하다. 이에 법인은 물론 개인고객의 철저한 고객확인을 통해 위장계열사 명의인지 아니면 법무법인 명의를 이용하고 있는지, 개인 임직원 명의를 이용하고 있는지, 상품권 구입을 통한 간접 집금계좌를 여전히 운영하는 형태인지를 철저히

87) 금융정보분석원, “가상통화 관련 자금세탁방지 가이드라인 (2018)”, 2면 내지 3면 참조.

파악하여야 한다.[88)]

별도 신설 법인을 만들어 집금계좌[89)]를 개설하는 경우는 모든 금융회사의 이용이 가능하다. 특히 이러한 경우 상대적으로 자금세탁방지제도가 최근에 도입된 신설 금융업권의 이용이 다수 존재할 수 있는데 전자금융업자인 PG사의 "가상계좌, 펌뱅킹서비스"를 이용하여 집금 및 출금이 이루어지는 곳도 존재할 수 있으며, 상호금융사 및 중소규모 금융회사에 집금계좌를 개설하는 경우도 늘어날 수 있다. 별도 신설 법인의 경우 대부분 복수의 사업목적을 영위하는 경우가 많을 것이므로 행위의 반복, 계속성, 영업성 등의 유무, 그 목적이나 규모, 횟수, 기간, 태양 등 여러 사정을 종합적으로 고려하여 사회통념에 따라 판단하여 주된 목적이 정상사업에 있는지 여부를 판단하고 특히 거래모니터링을 통해 거액인출, 거액이체, 잔고급감, 동일인에게 다수 이체 등의 변칙적인 거래가 이루어지는지에 대한 점검이 필요하다고 생각된다.

간접진입을 막는 좋은 해결방안 중 하나는 은행연합회에서 발표한 가상자산사업자 자금세탁 위험평가 방안을 응용하여 법인에 대한 위험

---

88) 금융위원회, "2021. 7. 1. 보도자료(가상자산사업자 등 관련 유관기관 협의회 개최)", 2면 참조.

89) 금융위원회, "2021. 7. 29. 보도자료(가상자산사업자 집금계좌에 대한 전수 조사결과 14개 위장계좌가 발견되었습니다)", 2면 참조. 집금계좌는 사업계좌와 겸용으로 운영되는 곳이 많으며, 집금·출금계좌를 은행을 달리해서 별도로 운영되는 곳도 존재하고 있다.

유형	설명
1. 실명확인 입출금계좌	실명확인 계좌를 통해 가상자산 입출금 허용
2. 사업계좌 겸용 집금계좌	가상자산 집금을 기존 사업계좌와 겸용
3. 집금/출금 별도 계좌	집금계좌, 출금계좌를 은행을 달리하여 개설
4. PG사 가상계좌 사용	집금계좌를 PG사의 가상계좌서비스를 이용
5. PG사 펌뱅킹서비스 사용	집금계좌를 PG사의 펌뱅킹서비스를 이용
6. 코인거래(BCT)수수료 집금	가상자산 입출금 없이 순수 코인거래 수수료 집금
7. 위장계좌/타인계좌	거래중단 추진 필요, 이상거래 모니터링
8. 혼합 운영계좌	2번, 3번, 4번, 5번, 6번이 혼합 운영

평가시 관련 요소를 참고하는 방안이다. 기본적으로 이 위험평가 방안의 경우에는 원래 은행이 가상자산사업자의 위험을 평가하여 실명확인 입출금계정(동일 금융회사등에 개설된 가상사업자의 계좌와 그 가상자산사업자의 이용자(고객)사이에서만 금융거래 등을 허용하는 계정)을 발급하여 줄지에 대한 위험을 평가하는 매뉴얼 목적으로 제작되었다. 하지만 가상자산사업자 및 유사가상자산사업자의 형태를 분석하여 불법 및 탈법행위를 방지하기 위해 동 위험평가에서 추가적으로 금융회사 등이 과거 가상자산사업을 영위하였거나 아니면 유의업종에 있는 법인의 평가에 필요한 요소들을 고려하는 것도 좋은 방안이 된다고 생각된다. 이에 거래상대법인이 1) 대표자, 대주주, 주요임원 국적이 고위험 국가 리스트에 포함되는지 여부, 2) 회사가 부도, 회생, 영업정지 등 법인 지속이 어려운 상태인지 여부, 3) 대표자 및 임직원이 횡령, 사기 등에 연루되었는지 여부, 4) 외부해킹이 발생하여 법인 지속이 어려운 상태인지 여부, 5) 회사 신용등급이 일정등급 이하인지 여부, 6) 회사가 일정 회계연도 이상 연속 당기순손실을 기록하고 있는지 여부 등을 종합적으로 살펴 이에 해당하는 요소가 있는 경우에는 거래상대방 법인을 평가하여 거래수용여부를 엄격하게 결정하는 것도 좋은 개선방안이 될 수 있다고 생각한다.[90]

90) 은행연합회, “가상자산사업자 자금세탁 위험평가 업무방법서 (2021)”, 32면 내지 33면 참조.

제2절 계층적 실제소유자 임의적 확인으로 인한 문제

Ⅰ. 의의

법인·단체의 실제소유자 확인을 위한 3단계 확인 과정에서 전단계인 1단계 혹은 2단계 중 최대지분권자에 해당하는 자가 자연인이 아니고 법인 또는 단체인 경우(소위 계층적 법인)에는 최종 자연인이 확인이 될 때까지 누적적으로 실제소유자를 확인할 수 있다. 이러한 누적적, 추가적인 실제소유자 확인의 형태가 각 점강적 단계를 이루어 실제소유자를 확인하는 것과 유사한 형태를 보여 법인 또는 단체의 계층적 혹은 단계적 실제소유자 확인(이하 '계층적 실제소유자 확인', 특정금융정보법 시행령 제10조의5제3항상 법인 또는 단체의 실제소유자 확인)이라고 볼 수 있다.[91]

계층적 실제소유자 확인은 법문에서 규정한 사항이긴 하지만 임의적인 조치로 의무적인 사항이 아니다. 특정금융정보법 시행령 제10조의5제2항상 법인 또는 단체의 실제소유자 확인이 "확인하여야 한다"는 어구로 의무적 실제소유자 확인이라고 한다면 특정금융정보법 시행령 제10조의5제3항상 실제소유자 확인인 계층적 실제소유자 확인은 "확인할 수 있다"는 형태로 임의적인 확인 사항으로 규정되어 있다.

계층적 실제소유자 확인을 넘어 계층이 계속 반복되는 경우에는 다층적인 실제소유자 확인도 가능한 바(다층적 실제소유자 확인), 물론 이 경우 특정금융정보법 시행령 제10조의5제3항 제1호 또는 제2호가목에 해당하는 자가 또 다른 법인 또는 단체(다층적 법인)인 때에는 그 또 다른 법인 또는 단체에 대하여 각 호의 사항을 확인할 수 있다.

---

91) 특정금융정보법 시행령 제10조의5.

사례: 다층적 실제소유자 확인

A법인의 주주 구성

- B법인 25%(B법인의 주주구성: C법인 100%)

* 참고: C법인의 주주구성: 자연인 ○○○ 100%

계층적 실제소유자 확인을 사례를 통해 살펴보도록 하겠다. 위의 예시사례의 경우 특정금융정보법 시행령 제10조의5제3항 제1호 또는 제2호가목에 해당하는 자가 또 다른 법인 또는 단체(다층적 법인)인 때에는 그 또 다른 법인 또는 단체에 대하여 각 호의 사항을 확인할 수 있으므로 상기 사례에서는 B법인의 지분을 C법인이 100%를 지배하고 있고, 이에 제1호 또는 제2호 가목에 해당하는 자가 또 다른 법인 또는 단체(C법인)인 때에는 그 또 다른 법인 또는 단체(C법인)에 대하여 25% 이상의 지분권자인 자연인(○○○)을 실제소유자로 확인할 수 있다(특정금융정보법 시행령 제10조의5제3항 단서에 의한 제1호상 실제소유자). 이와 같은 형태로 다층적 실제소유자 확인 과정은 반복될 수 있으며 여러 단계로 이루어질 수도 있는 것이다.

일단 이 다층적 실제소유자 확인 조항의 첫 번째 전제는 계층적 실제소유자 확인은 전술한 것처럼 우선 의무적인 사항으로 규정되어 있지 않다는 점이다. 이에 임의적인 확인원칙에 따라 금융회사는 반드시 실제소유자를 찾을 때까지 반복하여 확인할 의무가 있는 것은 아니고 사실상 영향력을 행사할 수 있는 사람인지와 특정금융정보법 시행령 제10조의5 제3항 각 호상의 요건에 해당하는 사람이 있는지를 살펴볼 수 있는 상황인지를 살피는 것이 규정되어 있다. 이에 대한 판단기준은 결국 고객이 제출한 서류와 객관적인 제3의 검증자료 등 근거원을 토대로 실제소유자를 찾아가는 과정이 있을 것인데 이러한 실사를 통해서도 실제소유자를 알기 어렵다면 현재 구할 수 있는 자료와 판단을 통하여 "금융회사 자체의 선관주의의무를 통해 합리적인 범위 내"에서 계층적인 법인의 실제소유자를 확인할 수 있다고 해석함이 현재 규정에서의 문리적 해석이다.

두 번째 전제는 바로 계층적 실제소유자 확인의 법문상 "제2항 각 호 외의 부분 후단에도 불구하고 같은 항 제1호 또는 제2호가목에 따른 주주 등이 다른 법인 또는 단체인 경우에는 그 주주 등인 법인 또는 단체의 중요한 경영사항에 대하여 사실상 영향력을 행사할 수 있는 사람으로서 다음 각 호의 어느 하나에 해당하는 사람이 있으면"이라는 형태로 규정이 되어 있기 때문에 원칙적으로 1단계요건 대상자(소위 25% 이상 지분권자)와 2단계요건 대상자중 가목에 따른 주주등(소위 최대지분권자)이 "다른" 법인 또는 단체의 경우에만 계층적 실제소유자 확인이 적용될 수 있다.

이에 그 주주 등인 법인 또는 단체의 중요한 경영사항에 대하여 사실상 영향력을 행사할 수 있는 사람으로서 다음 각 호의 어느 하나에 해당하는 사람이 있으면 확인할 수 있는 것이라서 반드시 실제소유자를 찾을 때까지 반복하여 확인할 의무가 있는 것은 아니고 ① 사실상 영향력을 행사할 수 있는 사람인지와, ② 특정금융정보법 시행령 제10조의5 제3항 각 호상의 요건에 해당하는 사람이 있는지를 살펴본 연후에 고객이 제출한 서류를 근거로 확인할 수 없다면 선관주의의무를 통해 합리적인 범위 내에서 계층적인 법인의 실제소유자를 확인할 수 있다고 해석함이 문리적 해석이라고 보인다.

즉 계층적 법인의 실제소유자 확인대상은 1. 의결권 있는 발행주식총수의 100분의 25 이상을 소유하는 주주등이 있는지, 2. 다음 각 목의 어느 하나에 해당하는 자(가. 의결권 있는 발행주식총수를 기준으로 소유하는 주식, 그 밖의 출자지분의 수가 가장 많은 주주등)가 법인인 경우 추가적으로 계층적 실제소유자를 확인하는 것이다. 이에 주주가 아닌 사실상 지배자, 즉 의결권 있는 지분을 보유하지 않았지만 사실상 해당 법인을 지배하는 자와 계층적 법인의 대표자 또는 단체의 대표자는 법문상으로는 그 확인 대상이 되지 않는다.

Ⅱ. 문제점 : 임의적인 확인으로 인해 형식적 실제소유자 확인

금융회사 등이 강제적인 자료요청권이 없는 현재 단계에서 대부분의 서류나 자료는 아무래도 고객확인의 대상이 되는 고객이 제출하는 고객확인서와 실제소유자 확인서류 그리고 관련 제출 검증서류들이 그 근거가 될 수밖에 없다.

구 자금세탁방지 업무규정에서는 실제소유자에 대해 확인의무만을 규정하고 있었지만 2019. 7. 1.자로 개정된 자금세탁방지 업무규정에서는 실제소유자의 확인 및 검증을 모두 규정하고 있다. 실제소유자 검증이 추가되어서 이제는 고객이 제시하는 자료만을 믿을 수는 없고 이를 검증할 수 있는 최신성이 있고 공신력 있는 정부에서 발행한 자료나 데이터 등으로 고객의 확인사항을 검증하여 이를 자료에 편철하는 의무가 추가된 것이기 때문에 금융회사의 부담은 상대적으로 증가하게 되었다.

이러한 점을 고려하여 고객확인의무에 있어서 검증 수준은 거래상대방에 대한 검증수준에 이르기는 어렵고 이보다는 완화하여 해석하고 있다. 즉 실제소유자의 검증 수준은 개인의 신원 확인 검증의 수준에 이르지 아니하고 신용정보회사의 자료 등 다양한 수단을 사용할 수 있으므로 폭넓게 자료를 사용할 수 있기는 하다. 다만 이러한 서류 등을 확인해도 현재 실제소유자 확인 규정으로는 다층적 실제소유자 확인과 일부 구조가 복잡한 회사들에 대한 실제소유자 확인에는 한계를 노출할 수밖에 없다.

1. 외국회사 등 검증자료를 구하기 어려운 회사의 경우

외국에서 외국 법령에 따라 조성된 자금의 국내 투자시 고객확인이 되는 고객에 대한 구체적인 프로세스는 일반 고객확인과는 조금 상이하다. 기본적으로 외국인투자등록[92] 이후 국내에 계좌를 개설하는 역외펀드의 경우 역외펀드는 외국인 투자등록 단위인 펀드명의로 금융거래를 실행한다. 이에 이 역외펀드에 대한 실제소유자 확인이 곤란한 경우가 많다. 그 이유는 i) 외국인투자등록증에는 누가 얼마의 지분을 가지고 있는지에 대한 지분정보가 포함되어 있지 아니하고, ii) 외국 웹사이트를 통해 확인하여야 하거나 이마저도 확인이 불가능하는 등 지분구조 파악이 곤란한 펀드의 구조적 특성이 있으며, iii) 대표자가 법인인 경우에는 더더욱 추가적인 정보를 구하기가 현실적으로 어렵고, iv) 상임대리인의 연락두절 등 의무 회피로 인해 업무절차상 곤란할 때가 많으며, v) 거래상대방인 자산운용사의 고객인 외국인 투자자와는 접촉하지 않기 때문에 상기 정보를 확보하기가 어려움 등을 이유로 지분정보 파악이 실제 곤란하다는 점 등이 제기된다.[93]

역외 펀드와 마찬가지로 펀드 이외의 외국인투자자(연기금, 일반법인 등이 자산운용사에 투자일임한 경우)에도 위 역외펀드와 같은 상황이 발생한다. 외국인 투자자(자산운용사의 고객)의 경우 사실상 고객신원과 실제소유자에 관한 사항을 파악하기가 어려운 경우[94]가 많다. 이에 역

---

92) 「금융투자업규정」(금융위원회 규정) 제6-10조, 제6-11조에 따르면, 외국국적 보유자로서 국내에 6개월 이상 주소 또는 거소를 두고 있지 아니한 개인 및 외국법인 등이, 유가증권시장 또는 코스닥시장에 상장된 증권에 투자하거나 당해 시장에 상장하기 위하여 모집, 매출하는 증권을 최초로 취득 또는 처분하고자 하는 경우, 사전에 본인의 인적사항 등을 금융감독원에 등록하여야 하며 이를 외국인 투자등록이라 한다. 한편, 「금융투자업규정시행세칙」(금융감독원 규정)에서는 외국인이 투자등록하고자 하는 경우, 신청서 및 본인임을 확인할 수 있는 공적서류를 첨부하여 금감원에 제출토록 하고 있으며, 외국인은 이때 발급되는 투자등록증을 투자매매업자, 투자중개업자 등 금융회사에 제시하고 투자등록 명의로 매매거래계좌를 개설하여야 한다(금융감독원, 금융용어사전 제307호 참조).

93) 결국 실무적으로 이러한 경우에는 거래당사자로부터 출자자명부 미제출사유와 '실제소유자'를 적시한 공문을 제출받는 형식으로 처리되고 있다.

94) 즉 이 경우 ① 금융투자회사는 자산운용사가 고객이며 자산운용사의 고객인

외펀드와 역외일임의 경우 투자자 및 운용사를 기준으로 하는 역외펀드 및 일임 관련 고객확인 지침이 금융투자업권에 발송된 적이 있고 해당 공문이 은행업권을 포함하는 전체 금융회사 등에 적용되는 것으로 확정된 바는 있다. 하지만 이 공문지침에 의해서라도 그나마 상대가 국내에 있는 운용사의 경우에는 그 자료를 상대적으로 확인하기 좋지만 실제소유자 등을 확인하다 보면 결국 투자자의 경우 다시 법인이나 투자기구 등으로 확인되는 경우가 많으며 계층적 실제소유자 확인을 하기에는 자료 수보의 문제점이 많아 이 단계에서 중단하거나 아니면 자료를 구하지 못하는 어려운 사정을 간단하게 적시하고 투자법인기구의 대표자의 성함을 적거나 아니면 아예 역외펀드나 일임투자기구의 운용사 명칭만을 기입하면서 실제소유자 확인을 대신하고 있는 경우가 많다.

〈표 18〉 역외펀드 및 일임 관련 고객확인[95]

역외펀드	고객확인 대상		실제소유자 확인 대상	
	기 존	개 선	기 존	개 선
	펀드	운용사	운용사 대표	저위험 국가 운용사 → 확인 면제 고위험 국가 운용사 → 원칙대로 확인

역외일임	고객확인 대상	
	기 존	개 선
	투자자 (IRC)	[자금세탁 저위험* 국가 운용사]
		투자자 운용지시 X → 운용사
		투자자 운용지시 O** → **투자자 및 운용사**
		[자금세탁 고위험 국가 운용사]

외국인 투자자와는 접촉하지 않기 때문에 상기 정보를 확보하기가 어려우며, ② 상임 대리인이 상기업무를 이행하는 것이 합당하지만 고객으로부터 관련 업무를 위탁받지 못했다는 이유로 확인해주지 않는 경우가 있고, ③ 실제소유자 정보의 경우 외국인이 계좌개설시 제출하는 외국인 투자등록신청서에도 지분정보가 불포함되어 있으며, ④ 금융투자회사가 직접 구글 등 웹사이트를 통해 확인하기도 하지만 정확성이 담보될 수 없다는 사유 등의 불편함이 현실적으로 존재할 수는 있다.

95) 금융정보분석원, "자금세탁방지 유권해석 사례집"(2018), 82면 참조.

		투자자 및 운용사
	실제소유자 확인 대상	
	기 존	개 선
	원칙대로 확인	[자금세탁 저위험* 국가 운용사]
		투자자 운용지시 X → **확인 면제**
		투자자 운용지시 O** → **투자자는 원칙대로 확인, 운용사는 확인 면제**
		[자금세탁 고위험 국가 운용사]
		투자자 및 운용사 모두 원칙대로 확인

* FATF 권고 또는 국내 자금세탁방지 규정과 동일한 수준의 규정을 준수하고 있음을 해당국의 금융당국 등으로부터 충실히 감독·모니터링 받고 있는 금융회사

** 국내 증권사가 해외 일임투자자로부터 직접 운용지시를 받는 경우

2. 구조가 복잡한 사모집합투자기구(PF)의 경우[96]

사모집합투자기구[97]의 경우에는 경영권 참여, 사업구조 또는 지배구조의 개선 등을 위하여 지분증권 등에 투자·운용하는 투자합자회사인 경영참여형 사모집합투자기구(PEF)와 기타 경영참여형에 속하지 아니하는 전문투자형 사모집합투자기구(소위 헤지펀드[98])로 분류할 수 있다.

---

96) 금융감독원, "경영참여형 사모집합투자기구 실무안내"(2016. 12.), 12면 도해도 참조.

97) 자본시장법 제9조 제19항.

98) 헤지펀드는 소수의 거액투자자로부터 사모방식으로 모집한 자금을 주식, 채권, 통화, 파생상품 등 다양한 자산에 투자하여 수익을 배분하는 집합투자기구로서, 다양한 투자전략으로 위험을 분산하며 유동성을 공급하는 등 금융시장의 효율성을 제고하는 반면, 고수익, 고위험을 추구하기 위한 단기매매, 공격적 투자행위로 시장의 안정성을 저해하는 양면성을 가지는 펀드이다. 헤지펀드의 주요 투자전략은 저평가 주식을 매수한 후 고평가 주식을 공매도하는 주식헤지형(Equity Long/Short), M&A, 파산 등 기업의 특수상황을 활용하는 상황추구형(Event Driven), 내재가격과 시장가격간 불일치에 따른 차익기회를 포착하는 상대가치차익 거래형(Relative Value Arbitrage), 환율이나 금리 등에 투자하는 거시지표 투자형(Global Macro) 등으로 분류 가능하다(금융감독원 금융용어사전 522항 참조).

사모라 함은 공모와 다르게 투자자 총수가 49인 이하로 되어 소수의 투자자로부터 모은 자금을 운용하는 펀드로, 금융회사등이 관리하는 일반 펀드와는 달리 사인(私人)간 계약형태를 띄고 있다.[99]

가. 경영참여형 사모집합투자기구

경영참여형 사모투자집합기구는 무한책임사원(운용자)과 유한책임사원(투자자)으로 구성된 합자회사 형태(명목회사)의 펀드인바, 무한책임사원(GP)은 PEF 운영에 대한 권리와 의무를 가지며, PEF의 채무에 대해 무한책임을 진다. 이 무한책임사원중 1인 이상이 업무집행사원이 되어 펀드 운용자가 되고,[100] 기타 유한책임사원(Limited Partner)인 투자자로 구성되어 있다.[101] 다만 유한책임사원은 PEF의 집합투자재산인 주식, 지분의 의결권 행사 등에 영향을 미칠 수 없다(자본시장법 § 249의11④).[102]

이러한 경영참여형 사모투자집합기구의 실제소유자는 누구를 확정하여야 되는지에 관해서는 특정금융정보법령상의 실제소유자의 지분 계산은 "해당 법인 또는 단체의 의결권 있는 발행주식총수"를 기준으로 하므로 이 경우에는 무한책임사원인 회사나 기구에 대한 추가적인 실제소유자를 확인하는 과정을 거치게 될 것이다. 하지만 전술한 것처럼 이러한 다층적인 실제소유자 확인 과정이 임의적인 단계이다 보니 복잡한 형태인 경영참여형 사모투자기구의 실제소유자를 추가적으로 확인하기에는 현실적으로 어려운 측면이 많다.

예시: 경영참여형 사모투자집합기구 사례

GP: A 유한회사 - 출자금 - 1억 원

99) 자본시장법 제249조의11 제6항.
100) 자본시장법 제249조의14 제1항.
101) 금융감독원, "자산운용법규 실무안내", 144면 참조.
102) 자본시장법 제249조의11 제4항.

LP: B 주식회사 - 출자금 -39억 원 (고객이 실제소유자라고 밝힌 경우)

LP: C 은행 - 출자금 - 30억 원

LP: D 캐피탈 - 출자금-30억 원으로 구성된 경영참여형 사모투자집합기구

이를 쉽게 살펴보기 위해 경영참여형 사모투자집합기구 사례를 함께 살펴보도록 하겠다. 특히 경영참여형 사모투자집합기구 실제소유자 과정에서 나타나는 사례로 고객이 무한책임사원(GP)이 아닌 유한책임사원인 특정회사가 해당 경영참여형 사모투자집합기구의 실제소유자라고 밝히고 이에 합당한 증빙서류 등을 제출하는 경우가 자주 있을 수 있다. 위 사례에서는 LP(유한책임사원)인 B 주식회사가 실제소유자라고 거래상대방인 경영참여형 사모투자집합기구가 밝힌 경우이라고 생각할 수 있다.

고객이 실제소유자라고 자발적으로 금융회사 등에 통지하고 신고한 그 실제소유자가 현실에 부합하는 신고인지는 논외로 하더라도 이러한 자료를 제시하면서 실제소유자를 신고하는 경우에는 금융회사 등의 입장에서는 시행령 제10조의5제2항 제2호 다목[103]에 의해 해당 법인 또는 단체를 사실상 지배하는 자가 25% 이상의 주주 등 혹은 최대지분권자 등과 명백히 다른 경우에 해당할 수 있으며, 이 경우 사실상 지배하는 자인 B 주식회사에 대한 추가적인 실제소유자를 확인[104]하는 과정을 거

103) 특정금융정보법 시행령 제10조의5(실제소유자에 대한 확인) ② 금융회사등은 법 제5조의2제1항제1호나목 단서에 따라 법인 또는 단체인 고객의 실제소유자로서 다음 각 호의 어느 하나에 해당하는 사람이 있으면 그 실제소유자의 성명, 생년월일(제3호의 경우는 제외한다) 및 국적을 확인하여야 한다. 이 경우 제1호에 해당하는 사람을 확인할 수 없는 때에는 제2호에 해당하는 사람을, 제2호에 해당하는 사람을 확인할 수 없는 때에는 제3호에 해당하는 사람을 각각 확인하여야 한다.

2. 다음 각 목의 어느 하나에 해당하는 사람

다. 해당 법인 또는 단체를 사실상 지배하는 자가 가목 및 나목에 해당하는 주주등과 명백히 다른 경우에는 그 사실상 지배하는 자

치게 될 수밖에 없다.

결국 복잡한 기구의 경우에는 자료수보의 어려움으로 인하여 더욱 그 진위여부 확인에 불구하고 고객이 제시하는 실제소유자 확인서와 증빙자료에 의존하게 된다. 이는 고객이나 고객의 법무팀 등에서 사전에 준비해 둔 실제소유자 확인 대비자료인 소위 "짜여놓은 각본"에 의해서 실제소유자를 기입하게 되는 경우가 많을 것이므로 소위 탈법행위를 통한 금융회사 등의 입장에서는 특정금융정보법상 관련자료를 수보하고 실제소유자를 기입하여야 하는 의무의 준수가 상대적으로 용이해지게 되고 신고회사는 감추고 싶거나 나타내지 않고 싶은 실제소유자를 외면에 드러내지 아니하고 사전에 준비한 전면회사(유령회사, 전위사업체) 등을 실제소유법인으로 신고할 수 있게 되는 이득을 거둠으로서 신고자와 신고를 수리하는 금융회사 간의 상호 이익에 부응하는 프로세스의 반복으로 이어지게 될 우려가 많다.

나. 전문투자형 사모집합투자기구

이 구조는 비단 경영참여형 사모투자기구뿐만이 아니라 전문투자형 사모투자기구에서도 의당 나타날 수 있는 문제점들이다. 현재 전문사모집합투자업자로 등록한 자만이 전문투자형 사모펀드를 운용할 수 있으

---

104) 실제소유자 확인 요건 1단계, 2단계에 해당하는 자가 법인 또는 단체인 경우에는 최종 자연인이 확인이 될 때까지 누적적으로 실제소유자를 확인(계층적 실제소유자 확인)할 수 있다. 만약 특정금융정보법 시행령 제10조의5 제2항 제1호 및 제2호 가목에 해당하는 자가 동조 제5항에 규정된 실제소유자 확인 면제 대상인 경우 해당 최대주주등은 공시자료 등을 통해 적정한 투명성이 보장된다고 판단할 수 있으므로 시행령 제10조의5 제5항의 실제소유자 확인 면제 취지를 동일하게 적용할 수 있다. 금융위원회 법령해석 회신문, "「특정금융거래정보의 보고 및 이용 등에 관한 법률 시행령」(이하 "시행령") 제10조의5(실제소유자에 대한 확인) 관련 법인 또는 단체고객의 실제소유자 확인 대상 및 범위 해석 관련"(2016. 6. 15) 참조.

며(자본시장법 제249조), 전문투자자나 일정금액 이상을 투자하는 개인·법인·그 밖의 단체만이 전문투자형 사모펀드에 투자할 수 있다(자본시장법제249조의2). 전문사모집합투자기구는 상법상 주식회사 또는 대통령령으로 정하는 금융회사에 해당한다.[105] 이에 동 기구는 주식회사에 준하여 실제소유자를 확인하는 일반절차에 따라야 할 것이다.[106]

즉 펀드계좌를 개설하는 거래당사자가 펀드회사인지 아니면 신탁업자인지를 확인하여 각 거래당사자에 맞는 실제소유자를 확인하여야 할 것인바, 경영참여형 사모투자기구에서 전술한 문제점 이외에 전문투자형 사모투자기구의 경우 특정금융정보법상 이러한 다층적 실제소유자 확인의무가 임의적이다 보니 이 사모투자자 구성원들의 신원확인의 한계가 발생할 수밖에 없으며, 결국 투자자의 확인은 형식에 그치고 대표자나 운용회사 관리자의 이름만 적시하게 되는 결과로 귀결되는 경우가 많다.

3. 금융 및 운용리스 등 이용형 상품 등의 경우[107]

운용리스[108]의 경우도 금융리스와 마찬가지로 특정금융정보법이 적용되는 여신전문금융업법상 시설대여업에 해당한다. 실무적으로는 운용리스의 경우 기기의 임대차와 유사한 형태를 보이는데, 반환되는 리스계약보다는 대부분의 거래는 리스기간 종료 후 소유권이 고객에게 넘어가

105) 자본시장법 제249조의3(전문사모집합투자업의 등록) 제1항·제2항 제1호, 자본시장법 시행령 제271조의2(등록의 요건 등)제1항·제2항 참조.

106) 실무적으로는 전문사모집합투자업 등록신청서 자료, 법인 등기부등본, 발기인총회, 창립주주총회 또는 이사회의 의사록 등 설립 또는 인가신청의 의사결정을 증명하는 서류, 정관(이에 준하는 것) 등을 요청 및 징구할 수 있을 것이다(금융투자업규정 〈별지 제2의 2호〉).

107) 금융정보분석원, 자금세탁방지 유권해석 사례집 (2018), 75면 참조.

108) 이에 리스회사의 장기렌트계약 등도 운용리스에 해당한다면 고객확인의무가 적용된다고 할 수 있다.

는 금융리스가 많다.[109] 금융리스에 대해서는 그 정의를 상법에서 규정하고 있는데 상법 제168조의2에서는 금융리스이용자가 선정한 기계, 시설, 그 밖의 재산(금융리스물건)을 제3자(공급자)로부터 취득하거나 대여받아 금융리스이용자에게 이용하게 하는 것을 영업으로 하는 자를 금융리스업자라 한다고 규정하고 있다.

리스와 실무상 렌탈의 경우 같이 취급하여야 되는지 문제가 있는데 그 구분이 모호할 때가 많다.[110] 이에 사견으로는 명칭이 렌탈이라고 되어 있더라도 그 실질이 운용리스와 같은 경우에는 특정금융정보법이 적용될 수 있도록 해야 할 필요가 있다.

문제는 이러한 리스계약 등 그 형태가 다양하여 어디까지를 계약당사자로 편입시킬 것인지가 문제될 수 있다는 것이다. 당사자는 원칙적으로 계약당사자로 한정하여야 할 것인데 다만 이러한 다양한 형태의 이용리스 계약의 경우에는 꼭 계약당사자만 존재하는 것이 아니라 여러 제3의 이용자들이 존재한다. 이 제3의 이용자들의 경우에 금융회사 등과 금융거래를 별도의 신청서 및 계약서를 통해 체결하지 아니하는 경우도 많이 있어 거래계약당사자로 편입하기도 쉽지 아니하고 그 신원확인정보도 구할 수 있는 방법이 용이하지 않다. 예를 들면 이러한 리스형 계약의 상환계좌주나 보증인, 제3채권자의 경우에는 실제 수익자의 지위에 놓이는 경우가 많을 것인데 금융거래당사자로서 리스계약의 당사자에 편입이 되지 않는 경우가 많이 발생할 수 있다. 이를 악용해서 별도 리스신청계약을 맺지 아니하고 단순히 환급료 등을 지급받거나 금융회

---

109) 홍정아, 최지현, “리스와 렌탈의 구분 관련 쟁점 및 개선방안”, 국회입법조사처 (2014), 2면 참조.

110) 특히 리스업은 여신전문금융회사로서 금융위원회에 등록할 것을 전제로 하나, 렌탈업은 「민법」, 「상법」의 요건만 충족하면 누구나 운영이 가능해 양자를 명확히 구분하지 않는다면 요건을 충족하지 못한 사업자가 렌탈이라는 명목하에 실질상 리스업을 행한다 하더라도 이를 규제할 방안이 없다는 지적이 있다. 홍정아, 최지현, “리스와 렌탈의 구분 관련 쟁점 및 개선방안”, 국회입법조사처(2014), 3면 참조.

사와 별도의 계약을 체결하지 아니하는 당사자인 것처럼 활동하면서 실제이용자(반드시 이용자가 실제소유자라고 할 수는 없겠지만, 금융이나 이용리스계약에서는 그런 측면이 존재할 수 있다)로 존재할 가능성도 있다.[111)]

이에 소위 직접거래당사자가 아닌 자들(보증인, 제3채권자, 채권양수도인, 상환계좌주, 기부자, 수혜자 등)의 경우에는 금융회사와 계약을 체결하는지 여부가 중요해질 터인데 형식적인 계약체결 행위로 인하여 금융계약의 실제소유자 여부가 달라질 수 있다는 우려가 존재하며 무엇보다 소위 바지 계약당사자를 내세워 이 당사자를 대표자이자 실제소유자인 것처럼 기재하는 경우 마땅히 제3의 진정한 실제소유자를 계약 기반 금융계약에서는 가장 우선적으로 확인하기가 어려울 수 있다.

역시 이러한 금융 및 운용리스 등 이용형 상품의 경우 기본적으로 현재 특정금융정보법령상으로는 실제소유자 역시 계약명의자인 법인을 기준으로 파악하도록 규정되어 있고, 철저히 계약기반 고객확인으로 계약당사자와 그에 대한 실제소유자를 파악하는 것으로 파생되기 때문에 언제든지 형식적인 계약서의 체결과 계약서의 체약당사자의 변경행위를 통해 실제소유자의 변경 내지는 조작행위가 가능하다는 문제가 발생가능하다.

4. 비영리법인 및 기타 특수한 형태의 법률관계의 경우

비영리법인의 설립과 허가에 대해서는 민법에서 규정을 하고 있다. 민법 제32조에서는 학술, 종교, 자선, 기예, 사교 기타 영리 아닌 사업을

---

111) 다만 사견으로는 이런 방법으로 편법증여 등 조세포탈의 이슈가 발생할 수 있으므로 이러한 경우 의심거래보고 등에 유의하여야 할 것이며, 되도록 환급금이나 수익금이 발생하여 지급되는 당사자라면 계약당사자로 편입하려는 노력이 필요하다고 생각한다.

목적으로 하는 사단 또는 재단은 주무관청의 허가를 얻어 이를 법인으로 할 수 있다.[112] 형태에 따라 비영리사단법인과 비영리재단법인이 있으며 학교법인·사회복지법인·의료법인·종교법인 등에 관하여는 각각 사립학교법·사회복지사업법·의료법·향교재산법 등이 규율하고 있고, 기타의 특별법에서 규율하는 특수비영리법인도 존재한다. 재단법인이나 사단법인으로서 사회 일반의 이익에 이바지하기 위하여 학자금·장학금 또는 연구비의 보조나 지급, 학술, 자선에 관한 사업을 목적으로 하는 법인을 "공익법인"이라고 하면서 별도로 공익법인의 설립·운영에 관한 법률에서 규율을 하고 있다.[113]

특정금융정보법상의 의심거래보고사유도 다수의 보고사유로 비영리법인이 등장하고 있으며, 감독·검사 실무사례에서도 비영리법인이 고객확인과 실제소유자 확인이 어려운 점을 활용하는 등 여러 자금세탁의 창구로 빈용되는 경향이 있다. 물론 자금을 임시로 조성하고 사라지는 종교단체 사칭의 사기행위에 금융회사가 이용될 수도 있다. 또한 비영리법인(교회나 사찰 등)의 경우 보험의 계약자 및 수익자이었으나 나중에 수익자가 개인으로 변경되는 경우가 많아 보험금 지급시, 수익자 지정시기가 고객확인의무 수행시점인 것을 같이 감안하여 철저한 고객확인이 필요한 경우도 많다.

한편 비영리법인 또는 단체인 경우 자금세탁의 문제뿐만 아니라 또한 테러자금조달에도 취약할 수 있다. 비영리법인은 일반적으로 인도적 지원과 같은 윤리적 정당성이 수반된 사업을 전세계에 걸쳐 수행함에 따라 신속한 기동성, 글로벌 네트워크의 활용, 무정부지역이나 분쟁·전쟁 지역에서의 활발한 활동, 재정적, 물류적 지원에 대한 용이성, 지휘명령체계의 분산, 대중 동원능력의 탁월성 등의 특징을 보인다.[114] 이에

112) 민법 제32조.

113) 공익법인의 설립·운영에 관한 법률 제2조.

114) 금융위원회 금융정보분석원, "NPO의 테러자금조달 악용방지 가이드라인", 1면 참조.

한국의 일부 비영리민간단체(NPO)나 선교단체는 테러위험지역에서 활동하고 있으며, 이들이 테러자금조달에 악용될 수도 있다.[115] 현재까지 한국 비영리민간단체가 테러자금조달에 연루된 사례는 없으나, 위험 지역에서 활동하는 비영리민간단체는 언제든지 테러자금조달에 연루될 수 있으며, 특히 테러 지역에서 지원한 자금이 비영리민간단체 자신도 모르는 사이에 테러조직 유지 목적으로 또는 테러 수행 목적으로 악용될 위험이 없지 않다.[116]

실무적으로는 비영리법인의 파악은 사업자등록번호 중간자리 숫자의 판독을 통하여 행하며, 사업자등록번호 4/5번째 기준으로 비영리법인의 80번호는 소득세법 종교단체 이외의 자, 아파트 관리소, 다단계판매업자 등, 82번호는 비영리법인, 법인격이 없는 사단/재단/기타단체, 83번호는 국가, 지방자치단체, 지방자치단체 조합, 학교법인, 지자체, 89번호는 법인이 아닌 종교단체가 이에 해당하는 경우가 많다.

비영리법인은 그 형태가 다양하고 영리법인처럼 사업자등록이 되어 수익사업을 겸업하는 비영리법인이 많으며 고유번호나 납세번호를 받지 아니한 경우 혹은 법인인감증명서 징구가 곤란한 경우도 많아 그 형태를 파악하기 어려운 때가 많다. 특히 비영리법인의 형태를 취하고는 있지만 개인기업이나 개인사업자와 유사하게 운용되는 법인이 있을 수 있는 바, 이 경우에는 임의단체가 아닌 개인거래로 보아 대표자 개인의 실

115) 관계부처합동, "국가 자금세탁·테러자금조달 위험평가"(2018. 11.), 99면 내지 100면 참조. 국가위험평가보고서에 의하면 2018년 3월 31일 기준, 등록된 NPO는 총 14,033개로 중앙행정기관 등록 1,636개, 시도 등록 12,397개이며, 36개 중앙부처와 17개 시도에서 NPO 설립 및 운영을 관리 감독하고 있다고 한다. 이들 NPO 중 세계 분쟁지역과 기근지역에서 인도적 지원 및 개발원조 사업을 진행하는 NPO는 2018.10월 기준 137개로 주로 동남아와 아프리카에서 활동하고 있는데 이란, 시리아, 수단 등 미 국무부 지정 테러지원국에서 2018년 현재 활동하는 NPO는 없으나 일부 NPO가 말리, 나이지리아, 남수단 등 테러위험지역에서 의료, 보건, 교육, 긴급구호 사업 등을 수행하였다고 한다.

116) 관계부처합동, "국가 자금세탁·테러자금조달 위험평가(2018. 11.)", 101면 참조.

지명의를 확인하여야 하는 수밖에 없다. 물론 단순히 개인거래가 아님을 드러내 주기 위해 법인이 아닌 단체의 명의를 개인 이름 옆에 괄호를 만들어 추가로 부기할 수는 있다.

기본적으로 부가가치세법에 의하여 고유번호를 부여받거나 소득세법에 의하여 납세번호를 부여받은 단체의 경우에는 그 문서에 기재된 단체명과 고유번호 또는 납세번호를 기입하는 방식으로 그 문서에 기재된 단체명으로 금융거래를 할 수 있다.[117] 하지만 비영리법인의 경우 기본적으로 그 형태가 다양하고 주식이라는 것이 발행되지 아니한 구조이다 보니 주주명부 등의 징구가 어렵다. 이에 실제소유자 파악에 더 어려운 경우가 많으며, 징구할 수 있는 서류나 자료 및 정보가 제한적인 경우가 많다. 또한 각 비영리법인의 정관이 다양한 형태로 규정되어 있거나 아예 회칙이나 규약 등이 없는 경우도 다수 있기 때문에 실제소유자 파악 이전에 기본 고객확인 정보의 기입조차도 완결성이 있게 행하기 어려운 경우도 많다.

5. 모자회사, 본사 및 지사, 계열회사 등 연관법인의 경우

법인 및 단체의 고객확인과정에서 접하게 되는 특징적인 점 중 하나는 모회사와 자회사, 본사와 지사, 가맹본부와 가맹사업자, 계열사 사이 등 여러 연관법인들이 존재하여 이에 대한 고객확인을 어떤 방식으로 진행하여야 하는지도 문제가 될 수 있다.

---

117) 국가, 지방자치단체, 지방자치단체 조합은 83, 임의단체의 경우에는 소득세법 제2조 제3항에 해당하는 법인이 아닌 종교 단체는 89, 소득세법 제2조 제3항에 해당하는 자로서 "(3)"이 외의 자 (아파트관리사무소 등) 및 다단계판매원은 80의 사업자 등록번호를 확인할 수 있다.

가. 모자회사, 지주회사 및 자회사와 지배종속회사

우선 모회사와 자회사의 정의에 관해서는 상법 제342조의2 제1항에서 규정하고 있다. 다른 회사의 발행주식 총수의 100분의 50을 초과하는 주식을 가진 회사를 모회사라고 하며(상법 제342조의2 제1항[118]), 모회사가 발행주식의 총수 100분의 50을 소유하는 회사가 자회사이다. 모회사의 경우 100%의 지분, 즉 다른 회사의 발행주식의 총수를 소유하는 회사가 될 수도 있다. 이 경우 모회사를 "완전모회사"라고 하며 그 다른 회사를 "완전자회사"라 한다.[119] 모회사가 100% 지분을 가지는 자회사라 하더라도, 모화사와 자회사는 별개의 회사이다. 이에 자회사와 모회사 이사의 거래를 모회사와 모회사 이사의 거래로 동일시 할 수는 없다.[120]

"주식회사 등의 외부감사에 관한 법률"(이하 "외감법"이라 한다)에서는 상법(모회사·자회사)이나 공정거래법(지주회사·자회사)과는 달리 '지배회사·종속회사'라는 용어를 사용하고 있다. 지배 및 종속회사의 경우에는 외감법상 연결재무제표를 작성하는 바, 이 연결재무제표를 통해 지배기업과 종속기업을 하나의 조직체로 간주하여 재무제표를 작성하는 것이 경제적 실체로서의 기업실태를 파악하기 위한 입법정책적인 목적에서 도입되어 활용되고 있다(외감법 시행령 제3조).[121]

이외에 지주회사라고 함은 다른 회사의 주식을 보유함으로써 그 회사에 대한 실질적인 지배권을 획득하는 것을 목적으로 하는 회사를 말한다.[122] 이 중에서 특히 지배되는 회사가 금융회사인 경우에는 "금융지주회사"라 하며 주식(지분)의 소유를 통하여 금융업을 영위하는 회사("금융기관") 또는 금융업의 영위와 밀접한 관련이 있는 회사를 대통령령이

118) 상법 제342조의2 제1항.
119) 상법 제360조의2 제1항.
120) 대법원 2013. 9. 12. 선고 2011다57869 판결.
121) 주식회사 등의 외부감사에 관한 법률 시행령 제3조.
122) 독점규제 및 공정거래에 관한 법률 제2조 제7호 내지 제9호.

정하는 기준에 의하여 지배하는 것을 주된 사업으로 하는 회사를 말한다.[123] 지주회사의 경우에는 사업활동의 영위여부에 따라 순수지주회사와 사업지주회사로 나눌 수 있는데 순수지주회사의 경우에는 사업활동은 하지 않고 타회사의 주식소유만을 그 목적으로 하는 회사를 말하며 사업지주회사는 주식소유와 함께 별도의 사업도 영위하는 회사를 가리킨다.[124] 일반지주회사를 설립하거나 지주회사로 전환한 자는 대통령령이 정하는 바에 따라 공정거래위원회에 신고해야 한다(공정거래법 제17조[125]).

나. 본사(점) 및 지사(점)

본사(점) 및 지사(점)의 경우에도 일반적으로 같은 회사의 일부로 생각될 수 있다. 일반적으로 본사(점)의 경우 본점의 소재지는 회사의 주된 영업소이며, 회사 법률행위의 중심지로서 법률상 중요한 의미가 있다. 이에 본점의 소재지는 확정적으로 기재해야 하며, 정관에의 기재는 최소 독립행정구역 정도의 기재가 필요하다.[126] 상법상 지점의 설치·이전·폐지는 이사회 결의사항이나(상법 제393조제1항), 금융회사지배구조법은 정관에서 정하는 바에 따라 이를 위임할 수 있도록 규정하고 있다(금융회사지배구조법 제15조제3항). 지점의 경우 지점, 지사, 지부, 출장소 등 다양한 명칭으로 영업부문을 표현하는 경우도 많다. 실무적으로 본사 및 지사의 경우 법인등기번호는 같고 사업자등록번호는 다른 경우가 많다. 이에 영리법인본사의 경우에는 사업자등록번호 10개의 숫자(○○○-○○-○○○○○) 중 중간부분 두자리 숫자에 81, 86, 87, 88의 구분코드를 사용한다. 영리법인 지점의 경우에는 85번을 사용한다. 전술한 것처럼 영리법인과 다르게 비영리법인의 경우에는 본사 및 지점(법인격

---

123) 금융지주회사법 제2조 제1항 제1호.
124) 금융감독원, "금융지주회사법 해설(2003)", 4면 참조.
125) 독점규제 및 공정거래에 관한 법률 제17조.
126) 상장회사협의회, "상장회사실무해설집(2018)", 719면 참조.

없는 사단, 재단, 기타 단체 포함) 중간 82번의 구분코드를 사용한다.

다. 가맹본부와 가맹사업자

가맹본부와 가맹사업자와 같은 프랜차이즈업체의 경우 가맹본부인 본사가 있고 다수의 가맹점이 존재한다. 이에 대해서는 가맹사업거래의 공정화에 관한 법률에서 규정을 하고 있는데 “가맹본부”라 함은 가맹사업과 관련하여 가맹점사업자에게 가맹점운영권을 부여하는 사업자를, “가맹점사업자”라 함은 가맹사업과 관련하여 가맹본부로부터 가맹점운영권을 부여받은 사업자를 말한다.[127)]

라. 계열회사

계열회사의 경우 “독점규제 및 공정거래에 관한 법률” 제2조 제12호에서 규정하고 있다. 여기에서 ‘계열회사’는 둘 이상의 회사가 동일한 기업집단에 속하는 경우에 이들 각각의 회사를 서로 상대방의 계열회사라 한다. “기업집단”이란 동일인이 대통령령으로 정하는 기준에 따라 사실상 그 사업내용을 지배하는 회사의 집단을 말하는데, 동일인이 회사인 경우에는 그 동일인과 그 동일인이 지배하는 하나 이상의 회사의 집단, 동일인이 회사가 아닌 경우에는 그 동일인이 지배하는 둘 이상의 회사의 집단을 지칭한다.[128)]

---

127) 가맹사업거래의 공정화에 관한 법률 제2조 제1호 내지 제3호.
128) 독점규제 및 공정거래에 관한 법률 시행령 제3조.

6. 비대면 실명확인의 경우

가. 의의

과거에는 고객이 예금·증권 등 금융상품에 가입하기 위하여 계좌를 개설할 때 금융회사 창구를 방문하여 금융회사 직원에게 주민등록증 등 신분증을 제시하고 실명확인절차를 거쳐야 했다.[129] 하지만 최근 정보통신기술의 발달을 바탕으로 금융업무의 자동화 및 전자화를 구현하여 고객이 직접 금융회사에 나오지 않더라도 모바일 기기, 인터넷, 유선통화 등의 전자매체를 통해 계좌의 개설, 이체 및 송금업무, 지급결제, 보험매매, 주식매매 등의 금융서비스를 이용하고 있는 비율이 폭증하고 있다. 주요 비대면 거래를 살펴보면 가정이나 직장에서 전화를 이용하여 상담원과 통화 및 자동응답에 따라 금융거래를 하는 텔레뱅킹의 경우, 인터넷을 통해 은행업무를 처리하는 금융시스템으로 고객이 영업점을 방문하지 않고 개인 PC를 통하여 인터넷에 접속하여 자금이체 및 각종 조회 등의 다양한 금융거래를 하는 인터넷뱅킹의 경우, 그리고 가장 이용비율이 증가하고 있는 개인휴대용 단말기 소위 휴대전화를 통한 모바일뱅킹은 무선인터넷 접속이 가능한 스마트폰을 통해 각 이동통신사의 무선인터넷 서비스에 접속하여 각종 조회 및 이체 등의 금융거래를 이용하는 것으로 모두 비대면 거래에 포함된다. 또한 펌뱅킹(Firm-Banking)은 기업체의 컴퓨터와 금융회사의 컴퓨터 간에 전용회선 또는 VAN(value Added Network: 부가가치통신망)을 통한 상호연결로써 예금조회 또는 계좌이체, 상품정보 등을 제공하거나 기업의 자금을 관리해 주는 서비스로 역시 비대면을 특성으로 하고 있으며, 또한 엄밀한 의미에서 직접 금융회사의 직원이 고객을 만나지 않는 ATM기 거래의 경우도 고객이 해당기

---

129) 금융위원회, "금융위원회 비대면 실명확인 운영현황 및 향후 계획(2016. 5.)", 1면 참조.

기를 직접 조작하여 예금의 입금, 인출 등의 업무를 처리하기 때문에 비대면 거래의 일환으로 볼 수 있다.

나. 복수의 비대면 확인방식

이와 같은 비대면 거래채널이 확대 보급됨에 따라 고객은 영업점에 나오지 않아도 기존에 영업점에서 처리하던 거의 모든 업무를 처리할 수 있게 되었고, 은행 또한 다양한 비대면 거래 전용 상품을 출시하여 고객의 요구에 대응하고 있다. 이용상의 편이성이 있음에도 불구하고 자금세탁방지의 측면에서 보면 비대면 거래는 신분확인의 어려움, 금융사의 관할지역이나 국가 밖에 있을 가능성, 거래의 투명성, 순간적 거래, 전위사업체나 제3자에 의해 이용될 수 있는 자금세탁 리스크가 매우 큰 거래이다.[130] 기존에 금융회사는 비대면 거래 고객에 대해 다양한 절차를 마련하다가 현재에는 복수의 비대면 확인방식을 통한 고객확인의 방식을 인정하고 있다.

〈표 19〉 복수의 비대면 확인방식

이중확인 (필수)	① 신분증 사본 제출 ② 영상통화 ③ 접근매체 전달시 확인 ④ 기존계좌 활용 중 2가지를 의무 적용 ⑤ 생체정보(바이오정보)를 등록한 고객은 사전에 대면·비대면 등으로 등록한 바이오정보와 비교를 통해 확인
다중확인 (권고)	⑥ 타 기관 확인결과 활용(휴대폰 인증 등) ⑦ 다수의 개인정보 검증까지 포함하여 이미 선택한 2가지를 제외하고 ①~⑦ 중 추가 확인

금융위원회는 '계좌 개설시 실명확인 방식 합리화 방안'을 발표하면

130) 차정현, "차명거래금지와 자금세탁방지제도", 대한민국 정책브리핑, 2015. 3. 참조.

서 금융거래시 비대면으로 실명을 확인하는 방식으로 해외에서 검증된 주요 방식을 열거하여 제시하되 이에 준하는 새로운 방식의 개발·사용도 허용하였으며, ① 실명확인증표 사본 제출, ② 영상통화, ③ 접근매체 전달시 확인, ④ 기존계좌 활용, ⑤ 생체정보(바이오정보)를 등록한 고객은 사전에 대면·비대면 등으로 등록한 바이오정보와 비교를 통해 확인하는 기타 방법 중 반드시 2가지를 확인하여야 하고, 여기에 추가적으로 ⑥ 타 기관 확인결과 활용(공인인증서, 아이핀(I-PIN), 휴대폰과 같이 인증기관 등에서 신분확인 후 발급한 파일, 아이디·비밀번호, 전화번호 활용), ⑦ 다수의 고객정보 검증(고객이 제공하는 정보인 전화번호, 주소, 이메일, 직장정보 등과 신용정보회사 등이 보유한 정보를 대조 방법)중 하나를 추가할 수 있다.

이에 비대면 실명확인시 개별 비대면 방식의 단점을 보완할 수 있도록 앞의 ①~⑤ 방식 중 2가지 이상은 반드시 중첩하여 적용하고(예시: ① 실명확인증표 사본 제출 + ④ 기존계좌 활용, ① 실명확인증표 사본 제출 + ② 영상통화, ① 실명확인증표 사본 제출 + ③ 접근매체 전달시 확인 등), 이와 함께 금융회사 자체적으로 추가 확인방식을 적용함으로써 가급적 다중의 검증과정을 거친 후 계좌개설이 권고되고 있다.[131)]

문제는 개인의 경우보다 법인의 경우 이러한 비대면방식에 의한 고객확인이 쉽지 않다는 데 있다. 법인도 물론 비대면으로 실명확인이 가능하지만 예외적으로 허용된 비대면 실명확인이라 17년 1월 법인의 비대면 실명확인은 명의도용 등 금융사고 방지를 위해 법인의 대표자만 실명확인이 가능하였다.[132)] 이에 비대면 실명확인 적용 대상자는 명의

---

131) 은행연합회 및 금융투자협회, "비대면 실명확인 관련 구체적 적용방안(2017. 7.)", 5면 참조. 이를 복수의 비대면 방식, 소위 4+2법칙이라고도 표현한다.

132) 비대면 실명확인 절차를 적용하여 예금계약 등 금융거래를 할 수 있는 자는 (i) 명의인이 자연인인 경우에는 본인, (ii) 명의인이 법인인 경우에는 자연인인 그 대표자에 한정하였고, 금융회사등이 신뢰할 수 있는 자료에 의하여 법인을 대신하여 금융거래 계약 등을 요청하는 자(이하 "대표자 등")의 권한

자 본인 또는 법인 대표자에 한정하고 대리인은 제외하였으며, 비대면 실명확인의 적용 대상으로 개인뿐만 아니라 법인도 가능하나, 임의단체·외국법인의 경우 대면 확인이 바람직하다는 견해였다.[133] 반면 최근에는 이에 더하여 비대면 실명확인 가이드라인 확대해석으로 법인의 경우 법인 대표자가 아닌 임·직원 등 대리인도 비대면 실명확인을 거쳐 법인 계좌를 개설할 수 있게 되었으며 외국인이 비대면으로 실명확인 후 계좌를 개설하는 경우 외국인등록증[134]을 사용할 수 있게 되었다.

실제소유자 확인을 포함한 자금세탁방지 관련 고객확인제도는 비대면실명확인 방식에서 완화된 것은 아니며, 금융회사는 오프라인에 준하는 정도의 고객확인을 온라인에서 비대면으로 자율적으로 실행하는 수 밖에는 없다. 그렇다면 어떠한 형식으로 비대면 실명확인의 실제소유자 확인방법을 밟아야 되는지 방법론적으로 문제될 수 있다.

우선 금융실명거래업무 해설서에 의하면 금융회사가 준수하여야 하는 강화된 고객확인의무란 고객으로부터 실지명의(성명 및 주민등록번호), 주소, 연락처를 포함하여 추가 정보(거래목적, 자금원천 등)를 확인하는 것을 의미하며, 연락처 검증(ARS인증, SMS인증 등) 외에 고객에게 유선으로 확인하는 등 추가 절차 도입여부는 금융회사가 자율적으로 판단할 사항이라고 설시하여 원칙적으로 각 금융회사에서 자율적으로 결

및 그 범위를 확인한 때에는 그 법인의 대리인에 대해서도 적용 가능한 수준이었다.

133) 금융투자협회, "금융투자회사의 컴플라이언스 매뉴얼"(2020), 198면.

134) 외국국적 소유자의 여권번호 변경시 기존 여권과 동일인 여부를 확인할 필요가 있는데 특히 여권의 경우에는 타국 정부가 발행한 것으로 우리나라에서 여권번호 변경 추이까지 관리하기 어려운 측면이 있기 때문에 각 금융회사에서는 동일인인 외국인에게 고객번호를 중복으로 부여(여권 및 외국인등록증)하여 별도 고객으로 관리하여 발생하는 문제점은 금융회사 자체적으로 "외국인 중복등록방지시스템(이름, 국적, 생년월일 등 다양한 인적사항을 통해 여권 등 신분증 변경시에도 동일인 여부를 판단 가능)" 등을 구축·운영함으로써 개선할 필요가 있다.

정할 사항이라고만 설시하고 있다.[135)]

이에 따라 일반 대면방식의 고객확인과 마찬가지로 개인 비대면 고객의 실제소유자 확인의 경우에는 실제소유자의 성명, 실명번호, 국적(외국인인 경우)을 확인하여야 한다. 물론 대면고객확인의 경우와 마찬가지로 비대면 고객확인의 경우에도 다른 개인 등 고객을 최종적으로 지배하거나 통제하는 사람이 없는 한 해당 개인 고객을 실제소유자로 추정한다.

법인 또는 단체의 비대면 고객의 실제소유자 확인의 경우에도 현재 규정상으로 비대면고객의 경우와 차이가 있을 수가 없기 때문에 대면의 법인 또는 단체 고객의 실제소유자 확인 과정과 마찬가지로 우선 ① 25% 이상 지분증권 소유자 → ② 최대주주 등 → ③ 대표자의 순으로 확인하여야 할 것이다(특정금융정보법 시행령 제10조의5). 실무적으로는 결국 3단계에 따르는 실제소유자인지를 묻는 질의를 앱이나 비대면을 통한 수단에서 각 단계별로 예 또는 아니오 형식으로 순차적으로 내려가며 대답할 수 있도록 구성하여야 할 것이다.[136)]

7. 종합자산관리서비스 대상고객의 경우

금융회사는 종합자산관리서비스(PB: Private Banking 또는 WM: Wealth Management)를 받는 고객을 자금세탁과 관련하여 추가정보 확인이 필요한 고객(이하 "고액자산가"라고 한다)으로 고려하여야 한다. 종합자산관리서비스를 받는 고객 중 추가정보 확인이 필요한 고객이란 금융회사로부터 투자자문을 비롯한 법률, 세무 설계, 투자 설계 등 종합적인 자산관

---

135) 은행연합회, "금융실명거래업무"(2016), 97면 참조. 비대면 실명확인 관련 구체적 적용방안에 기재된 특정금융정보법 준수 절차 외에 추가로 금융회사가 준수하여야 하는 절차가 있는지 문의 관련한 질의 및 답변이었다.

136) 비대면거래의 실제소유자 진위의 판단은 결국 고객수용이후에 거래모니터링을 통해 판별하는 방법이 실효적일 것으로 생각된다.

리서비스를 제공받는 고객 중 금융회사 등이 추가정보 확인이 필요하다고 판단한 고객을 말하며 금융회사는 자체적으로 기준을 마련하여 추가정보 확인이 필요한 고객을 선정하여야 한다.

금융회사는 이와 같은 고액자산가에 대해 자금세탁의 위험을 예방하고 완화할 수 있도록 필요한 절차와 통제방안을 수립·운용하여야 하며, 고액자산가의 금융거래를 지속적으로 모니터링하여야 한다. 개인자산관리 등 종합자산관리서비스를 받는 고액자산가의 경우 서비스의 특수성과 은밀성 때문에 일반고객들에 비해 자금세탁의 위험성이 높은 것으로 평가되고 있어 자금세탁방지 업무규정에서는 이를 고위험고객으로 분류하여 별도의 절차를 규정하고 있다. 특히 프라이빗뱅킹이 불법자금의 은닉 또는 상속·증여세 회피 수단으로 악용될 가능성도 있기 때문이다.

이에 종합자산관리서비스 대상 고객, 특히 법인 및 단체 고객의 경우에는 금융회사 등은 위험을 예방하고 완화할 수 있도록 필요한 절차와 통제방안을 수립·운용하고 강화된 고객확인 및 추가정보 확인(계좌개설시 사용된 자금의 원천과 출처, 계좌개설 목적, 계좌의 예상거래 횟수 및 금액, 추정 자산규모)이 필요한 고객을 선정한다.

위 종합자산관리서비스 대상 고객들이 계좌를 신규로 개설하는 때에는 기본고객확인 이외에 강화된 고객확인 혹은 추가자료 수보를 통해 획득한 신원정보 등의 적정성, 거래의 수용여부 등에 대해 관리자의 검토 및 승인을 얻어야 하는 추가적인 조치를 취한다. 하지만 이러함에도 불구하고 고액자산가 고객은 금융회사 등의 주된 수익구조 모델이 되는 고객이라는 이유로 고객이 이탈하게 되는 우려와 부담을 항시 지니고 있어 고객확인제도의 운영이 부실하게 이루어질 가능성이 있다. 이에 현실적인 이유로 인하여 고객확인과 실제소유자 확인이 더 부실하게 이루어지는 경향이 있을 수 있다.

8. 기존고객의 재확인의 경우

금융회사 등은 이미 고객확인을 한 고객과 거래가 유지되는 동안 당해 고객에 대하여 지속적으로 고객확인을 하여야 하며, 위험도에 따라 고객확인의 재이행 주기를 설정·운용하여야 한다. 즉 고객확인의무에 따라 모든 고객에 대해 주기적으로 위험평가를 수행하고 이에 따른 재확인 주기를 설정하여야 하며 또한 재확인 주기가 도래하였거나 위험등급이 상승한 고객에 대해서 적절한 시점에 고객확인의무를 이행하여야 한다. 다만 문제는 실무적으로 금융회사 입장에서는 이미 최초로 고객수용과정에서 고객확인을 한 고객이기 때문에 과거 고객확인자료 등이 남아있고 대부분의 경우에는 고객이 최초 고객수용 이후에 고객확인 재이행기간이 도래할 때까지 별다른 고객정보의 변동이 없는 경우가 많으며, 이미 기존고객의 경우 그동안 지속적으로 금융회사와 금융거래를 지속해 오던 고객이기 때문에, 최초 고객수용시와 같은 강도의 고객확인을 하기에는 시간과 비용적으로 어렵다고 생각하는 경향이 있다는 것이다. 즉 단순한 고객신원사항의 변동여부를 확인할 때에는 기존 내용 출력 후 변동이 없다는 것에 대해 고객서명을 받는 방식으로 고객 신원을 재확인하는 방식도 많이 활용되는 등 간략한 방식으로 고객확인의 재이행을 하려는 경향이 있으며 금융위원회에서도 이러한 취지의 유권해석을 한 적이 있다.[137]

원칙적으로 이 기존고객의 재확인의 경우에도 각 금융회사에서는 FATF 국제기준 및 특정금융정보법령상 검증의무를 철저히 이행해야 할 것이다. 이에 신규계좌 개설 이후 고객의 직업, 거래행태 등의 중대한 변화가 있는 경우 고객의 위험이 변동될 수 있으므로 지속적으로 고객확인제도를 이행할 필요성이 있고 고객확인정보 및 위험평가 결과를 지

137) 금융위원회 금융정보분석원, 자금세탁방지제도 유권해석 사례집 (2018), 52면 참조.

속적으로 비교·검토 후 관리하여야 하며 재확인 주기를 운영하여야 한다. 이에 재이행 고객이라고 해서 더 간이하게 편하게 고객확인 절차가 진행된다고 무조건적으로 진행되어서는 안 될 것이고, 재위험평가 주기가 돌아온 고객의 위험도를 재평가하여 해당하는 위험도에 맞게 고객확인이 이루어져야 할 것이라고 본다. 이에 당초 저위험으로 첫 고객확인이 진행된 고객도 재이행주기에서는 초고위험도로 재확인이 될 수도 있어서 첫 고객확인시보다 추가적인 확인자료 등이 징구될 수 있는 것이고, 첫 고객확인시에 초고위험도나 고위험으로 분류된 고객이더라도 재이행시에 위험도가 높지 아니한 것으로 평가되는 경우에는 간소화된 법인이나 단체 고객확인을 할 수가 있는 것이다. 후자의 사례로는 당초 고위험 법인으로 평가되어 강화된 고객확인절차를 거친 법인이나 단체가 상장법인이 되어 사업보고서 제출대상면제법인으로 실제소유자 확인 면제가 가능한 법인이나 단체가 될 수도 있는 것이라고 할 수 있다.

Ⅲ. 개선방안

1. 특정금융정보법상 법인·단체의 구분 준수

위 다양한 구조의 법인 또는 단체의 실제소유자 확인을 제대로 이행하기 위해서는 가장 중요한 것은 해당 법인이나 단체의 성격을 제대로 파악하는 것으로 이 법인 또는 단체의 종류를 철저하게 구분짓는 것이 실제소유자 확인의 시작점이라고 하겠다. 금융실명법상 적용대상과 특정금융정보법상 적용대상은 분명히 차이가 있다고 하더라도 일단 특정금융정보법의 대상이 되는 경우에는 금융실명법상의 실지명의에 대한 "정의규정"은 차용된다.

특정금융정보법 시행령 제8조의2 제3항에서는 "제2항에서 동일인

명의란 「금융실명거래 및 비밀보장에 관한 법률」에 따른 실지명의가 동일한 것을 말한다."라고 설시하면서 이후에 특정금융정보법 시행령 제10조의4에서 개인의 경우에는 실지명의(전자금융거래의 경우 금융정보분석원장이 정하여 고시하는 고객에 대해서는 실지명의 대신 성명, 생년월일 및 성별 등 금융정보분석원장이 정하여 고시하는 사항을 말한다)를, 영리법인의 경우에는 실지명의 등을, 마찬가지로 비영리법인 그 밖의 단체의 경우에도 해당 실지명의 등을 확인하도록 규정하고 있다.

여기에서 각 대상자에 대한 표현은 동일한 "실지명의"를 확인하여야 한다고 규정되어 있지만, 금융실명법 시행령 제3조에서는 구체적으로 개인의 경우에는 주민등록표에 기재된 성명 및 주민등록번호, 재외국민의 경우에는 여권에 기재된 성명 및 여권번호, 여권이 발급되지 아니한 재외국민은 「재외국민등록법」에 의한 등록부에 기재된 성명 및 등록번호를 실지명의로 보며, 법인의 경우에는 「법인세법」에 의하여 교부받은 사업자등록증에 기재된 법인명 및 등록번호, 사업자등록증을 교부받지 아니한 법인은 「법인세법」에 의하여 납세번호를 부여받은 문서에 기재된 법인명 및 납세번호를 실지명의로 보고 있으며, 법인이 아닌 단체의 경우 당해 단체를 대표하는 자의 실지명의를 기준으로 하고, 「부가가치세법」에 의하여 고유번호를 부여받거나 「소득세법」에 의하여 납세번호를 부여받은 단체의 경우에는 그 문서에 기재된 단체명과 고유번호 또는 납세번호를 실지명의로 보고 있고, 외국인의 경우에는 「출입국관리법」에 의한 등록외국인기록표에 기재된 성명 및 등록번호를 기준으로 보고 있다. 만약 외국인등록증이 발급되지 아니한 자의 경우에는 여권 또는 신분증에 기재된 성명 및 번호를 실지명의로 정하고 있다.[138]

결국 법인이나 단체의 형태가 어떻게 설립되었고 각 회사별 관계가

---

138) 금융실명법 시행령 제3조.

어떠하던지 간에 일단 특정금융정보법상 법인 및 단체는 "실지명의"에 따라 동일법인인지 다른 법인인지를 구분하고 있다. 이렇게 본다면 법인의 실지명의 확인과 관련하여서는 금융실명법 시행령 제3조제2호에 따라 사업자등록증에 기재된 법인명 및 등록번호(사업자등록증이 없는 법인의 경우 납세번호증에 기재된 법인명 및 납세번호)를 확인하여야 한다. 실무적으로는 사업자등록증 사본은 동일 금융회사 등 내부에서 원본을 대조·확인(확인점포 및 확인자 표기)한 경우 사용이 가능하다. 물론 금융실명법상 사업자등록증 원본뿐만 아니라 대표자의 실명확인 증표 등에 의하여 실명확인이 필요하다. 법인의 대표자가 다시 법인인 경우에 대표자가 신청인인 경우에는 사업증록증 원본, 대표자의 실명 확인 증표가 필요하며, 대리인이 신청인인 경우에는 법인의 실명확인 증표와 대리인의 실명확인증표 및 위임관계를 알 수 있는 서류가 필요하다.[139]

---

139) 금융투자협회, "컴플라이언스 금융실명법 매뉴얼", 16번 질의사례 및 은행연합회, "금융실명거래 업무해설(2016)", 87면 각 참조.

명의인	신청인	실명확인에 필요한 서류	보관 서류
법인의 대표자가 법인인 경우	대표자 (대표자인 법인의 대표)	• 사업자등록증 원본 ※ 고유번호증 원본, 사업자등록증명원 원본, 동일금융회사등 내부에서 원본을 대조·확인(확인점포 및 확인자 표기)한 사업자등록증(고유번호증)사본도 가능 • 대표자의 실명확인증표	계좌를 개설하고자 하는 법인과 대표자인 법인 및 대표자인 법인 대표의 실명 확인증표 사본
	대리인	• 법인의 실명확인증표 • 대리인의 실명확인증표 • 위임관계를 알 수 있는 서류 - 법인대표자의 위임장 및 법인인감증명서	계좌를 개설하고자 하는 법인의 실명확인증표와 법인인감증명서, 대리인의 실명확인증표, 대표자인 법인의 법인인감증명, 대표자인 법인 대표의 대리인

이렇게 형태가 다양한 법인들이 존재하기 때문에 금융회사 등의 경우에는 연관법인 들의 경우 동일 법인으로 취급하여 소위 고객확인을 이미 행한 회사로 반복하여 고객확인을 하지 아니하는 경우도 다수 발견된다. 즉 본사 혹은 가맹본부에 대해 고객확인을 마친 경우에는 가맹사업자 개별 사업단위에는 이미 고객확인을 마친 고객의 계속거래로 분류한다던지 아니면 별도로 고객확인을 하지 아니하는 방식이다. 모회사와 자회사 및 계열회사의 경우도 같은 회사의 연계회사로 보아 모회사의 고객확인이 이루어지면 자회사의 고객확인은 이미 된 것으로 간주하고 별도로 고객확인을 하지 아니하거나, 계열회사 중 하나의 회사에 대해 혹은 지주회사에 대해서 고객확인이 이루어지면 지주회사 소속 회사들과 또는 계열회사 등에 대한 고객확인을 별도로 하지 아니하는 경우가 많다. 아니면 별도의 고객확인을 하더라도 기존 지점이나 계열회사의 서류를 그대로 이용하여 형식적으로 별도의 법인이나 고객확인 신원카드자료를 만들 뿐 실질적으로는 동일회사 자료를 그대로 이기하는 경우도 적지 않다.

하지만 명백하게 기본적으로 현재 특정금융정보법령상으로는 법인 및 단체의 파악단위의 경우에는 사업자등록증 번호 기준을 1개의 실체로 인정하여 모두 구분하여 별도의 법인으로 보고 있다. 이에 회사이름

			에 대한 위임장 징구 (법인인감 날인)

※ 위임장 기재 예시

위임인: A의 대표 B(대표이사 甲) 수임인: 홍길동 A 법인인감 날인	위임인: B(대표이사 甲) 수임인: 홍길동 B 법인인감 날인

** 상기 2종류의 위임장 모두 징구 要

** A: 계좌개설 법인, B: A의 대표자 법인, 甲: B의 대표자
홍길동: 대리인

이 유사하고 연관된 법인이라고 해서 같은 법인으로 볼 수 없으며 본·지사, 계열회사, 가맹본부와 사업자, 모자회사 및 지주회사와 자회사 간은 모두 별개의 법인으로 별도로 파악되어야 할 것이다. 또한 실제 법인이나 단체의 경우에는 이러한 연관법인간의 내부거래나 가장거래를 통해서 탈세나 횡령 등의 사고가 많이 발생하기 때문에 각 법인 및 단체의 신원확인과 실제소유자를 별도로 확인하는 것이 자금세탁방지 제도에서 고객확인제도 취지에 철저히 부합하는 것이다. 이에 연관법인들의 경우 별도의 위험평가와 고객확인 절차를 거쳐야 될 것이며, 다만 일부 법인 본·지사간 고객확인 관련자료의 경우에는 금융실명법 원칙상 별도의 법인으로 취급하여 운용을 하되 평가결과자료를 참고하는 것 정도는 허용될 수 있을 것이라고 생각한다.

비영리법인 혹은 법인형태를 갖추지 못한 법률관계의 경우에는 추가적으로 사실상 지배자 등록의 활성화가 필요하다. 이러한 사실상 지배자로 등록할 수 있는 사례는 주로 비영리 법인과 관련된 사례에서 많이 드러난다. 이유는 비영리법인은 영리법인과 다르게 지분도가 없는 경우가 많아 대표임원이나 대표기관이 해당 비영리법인에 대해 보유지분이 없거나 지분없이 해당 단체를 운영하는 등의 경우가 많아 사실상 지배자 등재가 가능한 경우가 많이 있기 때문이다.

이를 구체적으로 사례를 통해 살펴보면 우선 어린이집, 유아원, 유치원의 경우를 살펴볼 수가 있다. 이러한 기관들의 경우에는 참고할 수 있는 자료가 어린이집, 유치원 통합정보공시 사이트(www.childinfo.go.kr)에서 해당 기관을 검색하여 관련 어린이집 및 유치원 대표자 및 원장의 확인이 가능하며 해당 사이트는 독립적이고 신뢰할 수 있는 증명원이므로 해당화면 인쇄 후 첨부할 수 있다고 보인다. 실제소유자의 경우에는 해당 어린이집이나 유치원의 대표자를 실제소유자로 등록할 수 있고 이 경우 사실상 지배자로 실제소유자 등록이 가능하다.

또다른 사례로 아파트 관리사무소 및 입주자 대표회의의 경우 아파트 관리규약과 입주자대표 회의록(또는 입주자대표회장 당선증)을 징구하여 해당 서류를 확인하여 의결권 행사 및 임원에 관한 사항 등을 확인할 수 있다. 대부분 입주자대표회장을 실제소유자로 등록하며 이 경우에도 사실상 지배자로 등록하면 된다. 최근 입주자 대표의 경우 SNS (Social Network Service) 등으로 표결로 선발하는 경우도 있다. 이러한 경우 그러한 증거화면이나 자료도 첨부하여 활용할 수 있을 것이라 생각된다. 한편 다른 비영리법인인 노인복지센터, 교회, 종친회, 장학재단 등 기타 비영리법인·단체의 경우에는 정관, 규약, 규칙, 회칙 등을 징구하여 정관 중에 임원 및 조직구성, 의결권에 대한 사항 등을 참고하고 법인을 대표하고 업무전반을 총괄하는 내용 등 주요사항에 대한 의결권이 있는 사실상 지배자를 확인하여 그 사람을 실제소유자로 등록할 수 있을 것으로 사료된다. 주로 회장, 이사장, 조합장, 대표, 업무집행책임자, 센터장, 부문장, 본부장 등이 이에 해당할 가능성이 높으며, 충실하게 해당 사실상 지배자로 등재할 수 있는 기관을 찾아 이를 실제소유자로 등재할 수 있도록 하여야 할 것이다.

2. 의무적 확인원칙 도입

현재 이 임의적인 법인·단체의 계층적 실제소유자의 확인조항은 실무적으로 결국 장식조항으로 그칠 우려가 높으며 실제로도 그런 현상이 나타나고 있다. 대부분의 경우 금융회사 등의 경우 서류를 찾기 어려운 과정을 현출해주면서 실제소유자 확인조항을 활용할 수 없다는 점을 내세워 1단계나 2단계의 실제소유자 확인 과정을 거치지 아니하고, 3단계인 법인·단체의 대표자 등의 이름을 적는 경우가 많다.

극단적으로는 금융회사 등이 자료들을 통해 계층적 법인의 지분구조도를 만들다가 다층적 실제소유자 확인에 있어서 실제소유자의 확인단계를 어디까지 진행하여야 하는지는 임의적으로 되어 있기 때문에 다층적 실제소유자 확인과정 중 추가적인 단계가 실제소유자 확인 면제법인만 남은 경우라면 일부러 해당 면제법인을 선택하여 실제소유자 확인면제 기입을 하는 선택을 금융회사 등이 할 수도 있다. 이러한 실제소유자 면제법인의 선택행위가 더 용이하게 된 이유는 법인·단체의 실제소유자 확인 과정에 거래당사자 법인의 실제소유자로 면제법인이 등장하는 경우 현재 금융위원회 유권해석에 의하면 법인·단체 고객의 최대주주등[140]이 실제소유자 면제대상 법인인 경우 실제소유자 확인 면제 대상인 해당 최대주주 등은 공시자료 등을 통해 적정한 투명성이 보장된다고 판단할 수 있으므로 특정금융정보법 시행령 제10조의5제5항의 실제소유자 확인면제 취지를 동일하게 적용하는 것이 타당하다고 해석하고 있는 것도 이러한 실제소유자 면제법인의 선택행위에 유인이 되고 있다.[141]

실제소유자 확인이 해당 법인이나 단체의 실제소유자인 자연인을 찾는 과정이고 현출된 자료만으로는 누가 실제소유자인 자연인에 해당하는지를 찾을 수 없는 경우, 그 다음 계층적 후속조치가 가능하도록 진행하려는 법의 취지를 생각해 볼 때 이런 경우까지 굳이 임의적인 단계로 진행의 종결권을 금융회사 등에 부여하는 것은 법의 취지에 맞지 아니하다고 생각된다. 즉 해당 법인이나 단체의 다층적 실제소유자를 찾는 과정을 임의적으로 만든 이유는 금융회사가 선관주의의무로 심사를 하여 수보된 자료를 분석하면 계층적 법인의 실제소유자가 명확한 경우에 이를 적극적으로 활용하여 해당 계층법인의 지배구조를 분석하라는 의

140) 해당 법인 또는 단체의 의결권 있는 발행주식총수(출자총액을 포함)의 100분의 25 이상의 주식, 그 밖의 출자지분(그 주식, 그 밖의 출자지분과 관련된 증권예탁증권을 포함한다. 이하 이 조에서 같다)을 소유하는 자(이하 이 조에서 "주주등"이라 한다) 또는 해당 법인 또는 단체의 의결권 있는 발행주식총수를 기준으로 소유하는 주식, 그 밖의 출자지분의 수가 가장 많은 주주등에 해당하는 경우.

141) 금융위원회 법령해석 회신문, "「특정 금융거래정보의 보고 및 이용 등에 관한 법률 시행령」(이하 "시행령") 제10조의5(실제소유자에 대한 확인) 관련 법인 또는 단체고객의 실제소유자 확인 대상 및 범위 해석 관련"(2016.6.15) 참조.

미로 해석하여야 할 것이기 때문이다.

이에 이러한 요건들을 적극적으로 해석할 필요가 있으며, 그동안의 금융위원회 유권해석을 참고하면 표시는 원칙적으로 면제법인이나 위험평가를 거쳐 자연인을 병기할 수 있다고 사료된다. 이러한 논의를 간명하게 정리하기 위해서는 다층적 실제소유자 확인을 아래와 같이 의무적인 사항으로 하여 "확인할 수 있다" 규정을 "확인하여야 한다"로 강행적인 확인을 할 수 있도록 규정하되, 다만 고객이 제출한 서류 및 법인등기부등본, 주주명부, 사업자등록증, 고유번호증 등 객관적인 서류 등을 통해 확인이 불가능하다고 인정되는 경우에는 관리자의 승인 등을 거쳐 이를 생략할 수 있는 것으로 하는 것도 좋은 방안이 될 수 있다. 물론 일부 자료수집과정에서 자료의 검증이 불가능한 경우에는 관리자의 책임 하에 면제도 가능하도록 규정하는 방안도 동시에 생각해 볼 수 있다.

〈표 20〉 실제소유자 확인 개정안

현행	개정안
특정금융정보법 시행령 제10조의5(실제소유자에 대한 확인) ③ 제2항 각 호 외의 부분 후단에도 불구하고 같은 항 제1호 또는 제2호가목에 따른 주주등이 다른 법인 또는 단체인 경우에는 그 주주등인 법인 또는 단체의 중요한 경영사항에 대하여 사실상 영향력을 행사할 수 있는 사람으로서 다음 각 호의 어느 하나에 해당하는 사람이 있으면 그 사람의 성명, 생년월일 및 국적을 확인할 수 있다. 이 경우 제1호 또는 제2호가목에 해당하는 자가 또 다른 법인 또는 단체인 때에는 그 또 다른 법인 또는 단체에 대하여 다음 각 호의 어느 하나에 해당하는 사람의 성명, 생년월일 및 국적을 <u>확인할 수 있다.</u> 1. 의결권 있는 발행주식총수의 100분의	특정금융정보법 시행령 제10조의5(실제소유자에 대한 확인) ③ 금융회사 등은 ______________________________ ______ 확인하여야 한다. 다만 고객이 제출한 서류 및 법인등기부등본, 주주명

25 이상을 소유하는 주주등 2. 다음 각 목의 어느 하나에 해당하는 자 가. 의결권 있는 발행주식총수를 기준으로 소유하는 주식, 그 밖의 출자지분의 수가 가장 많은 주주등 나. 단독으로 또는 다른 주주등과의 합의·계약 등에 따라 대표자·업무집행사원 또는 임원 등의 과반수를 선임한 주주등 다. 그 주주등인 법인 또는 단체를 사실상 지배하는 자가 가목 및 나목에 해당하는 주주등과 명백히 다른 경우에는 그 사실상 지배하는 자	부, 사업자등록증, 고유번호증 등 객관적인 서류 등을 통해 확인이 불가능하다고 인정되는 경우에는 관리자의 승인 등을 거쳐 이를 생략할 수 있다.

3. 법인 형태 및 지배구조 이해

가. 법인 및 단체의 신원확인 및 검증

자금세탁방지 업무규정에서는 법인의 신원확인 사항에 대해서 ① 법인(단체)명, ② 실명번호, ③ 본점 및 사업장의 주소·소재지(외국법인인 경우 연락가능한 실제 사업장 소재지), ④ 대표자 또는 대표이사·이사 등 고위 임원에 대한 정보(개인고객의 신원확인 사항에 준함), ⑤ 업종(영리법인인 경우), 회사 연락처, ⑥ 설립목적(비영리법인인 경우), ⑦ 신탁의 경우 위탁자, 수탁자, 신탁관리인 및 수익자에 대한 신원정보 등을 확인하도록 규정하고 있다.

이중에서 ① 법인(단체)명, ② 실명번호, ③ 본점 및 사업장의 주소·소재지(외국법인인 경우 연락 가능한 실제 사업장 소재지), ④ 업종(영리법인인 경우), ⑤ 설립목적(비영리법인인 경우)은 신원정보를 확인도 하면서 동시에 검증하도록 규정하고 있다.

이러한 확인해야 되는 법인정보와 검증하여야 하는 법인신원정보사항을 각각 확인 및 검증하는 과정에서 앞서 구조가 복잡하고 확인 및 검증자료 징구의 문제점으로 지적되었던 여러 형태의 비영리법인 및 기타 특수한 형태의 법률관계의 경우, 외국일임 및 펀드 등의 외국법인, 모자회사, 본·지사, 계열회사 등 연관법인의 경우, 구조가 복잡한 사모집합투자기구(PF), 금융 및 운용리스 등 이용형 상품 등의 경우, 법인이나 단체의 비대면 실명확인 방식의 경우에도 이를 파악하는 데 도움이 되는 여러 정보나 자료를 징구할 수는 있다. 이에 금융회사는 기본적으로 특정금융정보법령 및 자금세탁방지 업무규정에서 규정한 의무사항인 신원확인 및 검증사항을 준수하고 상대고객과 금융거래를 하는 때에는 그 신원을 확인하여야 하며, 신뢰할 수 있고 독립적인 문서·자료·정보 등을 통하여 그 정확성을 검증하여야 하고 금융거래를 하는 경우에는 거래관계의 목적 및 성격을 이해하고, 필요한 경우 관련 정보를 확보하여야 하도록 하여야 할 것이다.

이에 대해서는 실무적으로 금융회사 등은 금융실명법에서 규정한 법인 및 단체에 대한 실명확인증표 등을 통해 법인 및 단체 고객의 신원정보를 확인하고, 문서적 방법 또는 비문서적 방법으로 신원정보를 검증하고 있다. 실무상 사용하는 문서적 방법은 사업자등록증, 고유번호증, 사업자등록증명원, 법인등기부등본, 납세번호증, 영업허가서, 정관, 외국인투자기업등록증 등이 있고 비문서적 방법은 전자공시, 상용 기업정보 제공 데이터 베이스를 통한 확인 등이 반드시 필요하다.[142]

나. 기본확인사항의 확대

금융회사 등은 위의 기본적 고객확인 사항 및 검증대상 이외에도 법인·단체의 경우에는 추가적으로 1. 법인구분 정보(대기업, 중소기업 등), 상장정보(거래소, 코스닥 등), 사업체 설립일, 홈페이지(또는 이메일) 등

142) 금융투자협회, 금융투자회사의 컴플라이언스 매뉴얼 (2020), 147면 참조.

회사에 관한 기본 정보, 2. 거래의 목적, 3. 거래자금의 원천, 4. 금융회사등이 필요하다고 판단하는 경우 예상거래 횟수 및 금액, 회사의 특징이나 세부정보 등(주요상품/서비스, 시장 점유율, 재무정보, 종업원 수, 주요 공급자, 주요 고객 등)을 확인할 수 있다.

하지만 추가적인 확인사항의 경우에는 "확인할 수 있는 것"으로 규정이 되어 있는 바, 이는 제한적·열거적인 규정을 보기보다는 예시적인 사항으로 보아 다양한 추가확인사항이 편입될 수 있도록 운용하는 방안이 필요하다고 생각한다. 아래 〈표 21〉에서 볼 수 있듯이 개인신원확인 사항의 경우에는 기존에는 1. 성명, 2. 생년월일 및 성별(외국인 비거주자의 경우에 한함), 3. 실명번호, 4. 국적(외국인의 경우에 한함), 5. 주소 및 연락처(단, 외국인 비거주자의 경우에는 실제 거소 또는 연락처)가 기본 확인사항이었으나 자금세탁방지 업무규정의 개정을 통해 위 1. 내지 5.의 사항을 포함하여 6. 직업 또는 업종 등 금융회사등이 자금세탁행위등의 방지를 위하여 필요로 하는 사항 등이 과거 강화된 고객확인 대상에서 확인사항의 예시에서 이를 기본고객확인사항으로 승격하여 규정하였다. 특히 6. 항목의 경우 직업 또는 업종이라고 규정하지 않고 금융회사등이 자율적으로 사항을 추가할 수 있도록 예시적으로 규정을 하여 추가적인 개인 신원확인 사항을 각 금융회사에서 자율적으로 추가할 수 있도록 운영의 효율성을 기하였다.

〈표 21〉 자금세탁방지 업무규정 비교표 ①

과거 규정	현행규정
구 자금세탁방지 업무규정 제38조(신원확인) ①금융기관등이 확인하여야 하는 개인고객(외국인 포함, 이하 '개인고객'이라 한다)의 신원정보는 다음 각 호와 같다. 1. 성명 2. 생년월일 및 성별: 외국인 비거주자	자금세탁방지 업무규정 제38조(신원확인) ① 금융회사등이 확인하여야 하는 개인고객(외국인 포함, 이하 '개인고객'이라 한다)의 신원정보는 다음 각 호와 같다. 1. 성명 2. 생년월일 및 성별: 외국인 비거주자

의 경우에 한 함 3. 실명번호 4. 국적: 외국인의 경우에 한 함 5. 주소 및 연락처: 단, 외국인 비거자의 경우에는 실제 거소 또는 연락처	의 경우에 한 함 3. 실명번호 4. 국적: 외국인의 경우에 한 함 5. 주소 및 연락처: 단, 외국인 비거자의 경우에는 실제 거소 또는 연락처 6. 직업 또는 업종 등 금융회사등이 자금세탁행위등의 방지를 위하여 필요로 하는 사항
② 금융기관등이 확인하여야 하는 법인고객(영리법인, 비영리법인, 외국단체 포함, 이하 '법인고객'이라 한다)의 신원정보는 다음 각 호와 같다. 1. 법인(단체)명 2. 실명번호 3. 본점 및 사업장의 주소·소재지(외국법인인 경우 연락가능한 실제 사업장 소재지) 4. 대표자 정보: 개인고객의 신원확인사항에 준함 5. 업종(영리법인인 경우), 회사 연락처 6. 설립목적(비영리법인인 경우)	② 금융회사등이 확인하여야 하는 법인·단체 고객의 신원정보는 다음 각 호와 같다. 1. 법인(단체)명 2. 실명번호 3. 본점 및 사업장의 주소·소재지(외국법인인 경우 연락가능한 실제 사업장 소재지) 4. 대표자 또는 대표이사·이사 등 고위임원에 대한 정보: 개인고객의 신원확인 사항에 준함 5. 업종(영리법인인 경우), 회사 연락처 6. 설립목적(비영리법인인 경우) 7. 신탁의 경우 위탁자, 수탁자, 신탁관리인 및 수익자에 대한 신원정보

현재 법인 및 단체의 경우에는 기본확인사항이 1. 법인(단체)명, 2. 실명번호, 3. 본점 및 사업장의 주소·소재지(외국법인인 경우 연락가능한 실제 사업장 소재지), 4. 대표자 또는 대표이사·이사 등 고위 임원에 대한 정보, 5. 업종(영리법인인 경우), 회사 연락처, 6. 설립목적(비영리법인인 경우) 7. 신탁의 경우 위탁자, 수탁자, 신탁관리인 및 수익자에 대한 신원정보로 규정되어 있다. 위 1. 내지 6. 신원확인사항의 경우 개정되기 이전 자금세탁방지 업무규정에서도 기본고객확인사항으로 규정되어 있었고 다만 개정된 자금세탁방지 업무규정에서 7. 신탁의 경우 위탁

자, 수탁자, 신탁관리인 및 수익자에 대한 신원정보정보가 추가적으로 규정이 되었다. 물론 위 추가사항이 의미가 없는 것은 아니다. 신탁의 경우 관련되는 여러 당사자 정보에 대한 확인이 중요한 부분이긴 하지만, 다만 이는 신탁법상 신탁에 한정되는 개념이기 때문에 실무상 신탁의 경우에는 신탁법상 신탁이 아닌 자본시장법상의 신탁이 대다수를 이루는 경우가 많아서 해당 조문의 적용가능한 범위가 그리 크지 않아 효율성에 의문이 있는 부분이다.

이에 법인의 경우에도 개인신원확인 사항 정보에 준하여 강화된 고객확인 사항도 기본고객확인사항으로 준하여 확인하게 할 수 있는 형태로 자금세탁방지 업무규정을 개정하여 고위험도의 법인고객에 대해서 더 효율적으로 다양한 정보를 기입할 수 있도록 할 필요가 있다. 물론 개별적 법인고객의 수용여부는 금융회사 등의 자율에 맡기게 하는 등의 조치로 확대개정하는 방안이 필요하다고 생각한다.

결국 현재에는 자금세탁방지 업무규정 제38조 제2항에서 제1호 내지 제7호까지 규정되어 있어 그 대상이 한정적이라는 점, 그리고 개인 신원확인 사항과는 다르게 추가적인 사항의 확인이 쉽지 않도록 구성되어 있다는 점에서 법인이나 단체에 대해서는 자금세탁방지 업무규정 제38조 제2항 제8호를 신설하여 법인구분 정보(대기업, 중소기업 등), 상장정보(거래소, 코스닥 등), 사업체 설립일, 홈페이지(또는 이메일) 등 회사에 관한 기본정보, 예상거래 횟수 및 금액, 회사의 특징이나 세부정보 등(주요상품/서비스, 시장 점유율, 재무정보, 종업원 수, 주요 공급자, 주요 고객 등) 뿐만 아니라 이 이외에도 금융회사 등이 자금세탁행위방지를 위해 필요로 하는 사항을 추가적인 확인사항이 아닌 법인이나 단체의 기본고객확인으로 규정하여 개인고객확인사항과 마찬가지로 각 금융회사의 위험평가 결과 등에 따라 더 탄력적인 고객확인이 가능하도록 기능하여야 할 것이다.

다. 지배구조 및 법인 실제존재 여부 확인

〈표 22〉 자금세탁방지 업무규정 비교표 ②

과거 규정	현행규정
구 자금세탁방지 업무규정 제37조(원칙) ①금융기관등은 고객과 금융거래를 하는 때에는 그 신원을 확인하여야 하며 신뢰할 수 있는 문서·자료·정보 등을 통하여 그 정확성을 검증하여야 한다. ② 금융기관등은 고객과 금융거래를 하는 경우에는 거래의 목적 및 성격을 확인하여야 한다.	자금세탁방지 업무규정 제37조(원칙) ① 금융회사등은 고객과 금융거래를 하는 때에는 그 신원을 확인하여야 하며 신뢰할 수 있고 독립적인 문서·자료·정보 등을 통하여 그 정확성을 검증하여야 한다. ② 금융회사등은 고객과 금융거래를 하는 경우에는 거래관계의 목적 및 성격을 이해하고, 필요한 경우 관련 정보를 확보하여야 한다. ③ 금융회사등은 <u>법인 및 단체 [영리법인, 비영리법인, 외국법인, 신탁 및 그 밖의 단체를 포함한다. 이하 '법인·단체'이라 한다] 고객에 대해서 영위하는 사업의 성격, 지배구조 및 통제구조 등을 이해하여야 한다.</u>

금융회사 등은 〈표 22〉에서 보듯이 법인 및 단체고객에 대해서 영위하는 사업의 성격, 지배구조 및 통제구조 등을 이해하여야 한다. 과거에는 법인 및 법률관계 고객에 대해 금융회사가 소유 및 지배구조 등을 파악할 의무규정이 없었지만 이에 대해 FATF는 우리나라 자금세탁방지제도에 대한 상호평가시 관련 규정이 필요하다고 지적하였고, 이에 개정된 자금세탁방지 업무규정 제37조 제3항에서는 금융회사 등은 법인 및 단체[영리법인, 비영리법인, 외국법인, 신탁 및 그 밖의 단체를 포함] 고객에 대해서 영위하는 사업의 성격, 지배구조 및 통제구조 등을 이해하여야 한다고 규정하여 이를 입법적으로 해결하였다.

또한 금융회사등은 거래상대방이 법인·단체 고객의 경우에 그 설립 사실을 증명할 수 있는 법인등기부등본 등의 문서 등을 통하여 법인 또는 법률관계가 실제로 존재하는지 여부를 확인하여야 한다. 법인등기부등본은 법인의 실체 확인을 위해 필요한 서류로 최근 법인을 이용한 다수계좌 개설의 문제점이 제기되고 있고 청년창업 활성화 등 법인설립이 용이하게 됨에 따라 다수 계좌의 자금세탁 이용 위험도 증가하고 있어 이에 따라 실체가 없는 법인을 개설한 이후 법인 명의의 다수계좌 개설[143]이 보이스피싱 등[144] 범죄목적으로 사용되는 경우가 많아지고 이에 대한 충분한 신원확인 및 검증수단의 확보의 중요성이 강조되어 추가된 규정이다.

이에 이러한 법인·단체의 설립사실 등의 확인을 위해서는 자금세탁방지 업무규정에서는 법인등기부 등본 등의 문서가 필요하다고 규정하고 있다. 하지만 임의단체의 경우에는 〈표 23〉에서 보듯이 법인등기부등본 이외에도 고유번호증, 납세번호증, 투자등록증, 사업자등록증명원, 각종 정부 인허가증(시설허가증), 각종 정부 등록증(비영리단체등록증), 각종 정부 신고증, 신고 등이 확인된 정부 사이트 화면 등을 다양하게 활용할 수가 있다.

---

143) 금융감독원, "동일인이 단기간(20영업일 이내) 다수의 예금계좌를 개설하는 것에 대해서 내부통제를 강화하여 달라는 금융감독원의 내부통제 강화요청"(2017. 6. 19. 감2017-11013) 참조.

144) 금융감독원, "금융회사가 대출 계약시 고객에게 대출금 상환방법 및 상환계좌를 안내하고, 대출승인, 이자납입, 만기 안내 등 고객에게 보내는 문자메시지에 추가로 대출금 상환계좌를 명시할 것. 본인 또는 해당 금융회사 명의 계좌가 아닌 타인 명의 계좌로 대출금 상환 등을 안내하는 문자메시지는 100% 보이스피싱임을 안내하는 요청공문" 및 "대출빙자 보이스피싱 예방을 위한 사전 문진표(참고 참조)를 활용하여 보이스피싱 노출여부 등을 꼼꼼히 심사하고, 보이스피싱 의심시 대출신청을 중단하고 경찰청(112) 또는 금감원(1332)에 신고할 것을 요구하는 요청공문" (2017. 6. 19. 감2017-11018) 각 참조.

〈표 23〉 설립사실 및 지분구조 확인 비교표

	설립사실 등 확인	지분구조 확인
법인	법인등기부등본	주주명부 등
임의단체	고유번호증 납세번호증 투자등록증 사업자등록증명원 각종 정부 인허가증(시설허가증) 각종 정부 등록증(비영리단체등록증) 각종 정부 신고증 등	정관 회칙 내규 규약집 회의록 의사록 선임 선출 공문 선출내역서 SNS 등을 통한 선출 화면 실제소유자 확인 회사 공문 등

이러한 법인이나 임의단체의 설립사실 등을 확인하고 지분구조를 확인하기 위해서는 지분구조 및 대표자 등의 확인 및 검증이 필요하게 될 수 있다. 이에 주주명부 등의 종합적인 서류의 징구를 통해 사업의 성격, 지배구조 및 통제구조 등의 이해, 실체가 존재하는지 여부 즉 설립사실 등의 확인과 지분구조의 확인이 필요하다.

뿐만 아니라 기존에 이러한 신원의 확인 및 검증이 고객확인서 및 실제소유자 확인서의 징구 및 관련 서류의 첨부라는 형식적인 작업과정에 그쳤다면 위에서 보는 것과 같은 종합적인 업종의 성격, 지배구조 및 통제구조 등의 이해, 실체가 존재하는지 여부, 지분구조의 확인을 위해서는 위와 같은 서류의 징구행위 이외에 직접 금융회사 등이 해당 법인이나 임의단체가 실재 존재하는지 확인하는 실사의 과정도 필요하다고 생각한다. 즉 서류와 자료라는 것은 얼마든지 회사차원에서 만들 수가 있고 또한 정형화되지 않은 서류 등의 경우에는 거래법인의 공문 등으로 징구되어 보완하고 해결되고 있는 실정이다. 하지만 이러한 서류만의 확인과 웹페이지만의 검색, 회사 등의 공문수취 등은 조작과 인위적 개입의 영향은 얼마든지 있으며, 심지어 정부에서 발행한 문서인 사업자등록증 등 관련 문서도 기록이 오래된 정보이거나 이미 휴·폐업이 된 사업체일 수도 있는 등 정합성이 없거나 최신성이 부족한 정보일 수가 있다.

이에 대해서는 가상통화 관련 자금세탁방지 가이드라인에서도 금융회사등은 취급업소를 자금세탁등의 위험이 높은 고객으로 고려하여 취급업소에 대해 자금세탁방지 업무규정이 열거한 추가적 확인사항(자금세탁방지 업무규정 제42조제2항·제3항)과 추가정보[145]를 확인하여야 하는 데 그 방식으로 추가적인 정보의 확인은 취급업소의 사무소, 영업점 등에 방문하여 현지실사 방법으로 실시하여야 한다고 규정하고 있어 이를 참고할 만하다. 또한 지체없이 금융거래를 거절하거나 해당 금융거래를 종료할 수 있는 사유로 금융회사 등의 고객이 취급업소인 경우로서 취급업소의 주소, 연락처가 분명하지 않거나 취급업소의 휴업·폐업 등으로 가상통화 관련 자금세탁방지 가이드라인 제2절 나①에 따른 현지실사가 불가능한 경우를 규정하고 있다.

이에 이러한 현지실사 제도를 자금세탁의 위험도가 높은 법인 및 단

---

145) 금융위원회, "가상통화 관련 자금세탁방지 가이드라인", 제2절 취급업소에 대한 확인사항 등에서 나. 금융회사등이 금융회사등의 고객을 취급업소로 인식한 경우 중 고객확인 강화 부분.
1. 취급업소가 제공하는 서비스의 내용
2. 취급업소의 실명확인 입출금계정서비스 이용여부 및 이용계획
3. 취급업소가 이용자의 생년월일, 주소, 연락처 등을 포함한 신원사항 확인 여부
4. 취급업소가 취급업소의 고유재산과 이용자의 예탁·거래금을 분리하여 관리하고 있는지 여부
5. 취급업소가 이용자별 거래내역을 구분하여 관리하고 있는지 여부
6. 취급업소가 이용자를 상대로 가상통화는 법정 화폐가 아니라는 사실과 가상통화의 내용, 매매 및 그 밖의 거래에 따르는 위험 등을 이용자가 이해할 수 있도록 설명하고 그 의사를 확인하는지 여부
7. 취급업소가 가상통화거래 관련 집금을 위해 임직원 계좌 등 별도의 계좌를 운용하는지 여부
8. 대한민국 정부에서 발표하는 가상통화와 관련한 정책의 준수 여부
9. 기타 금융회사등이 자금세탁등의 방지를 위해 필요하다고 인정하는 사항

체에도 적극 확대 적용하여 단순히 서류상으로 관련항목을 징구하여 해당내용을 채워넣기 보다는 적극적인 현지 임장실사를 통해 실질적인 법인 및 단체고객의 실제적 확인이 필요하다고 생각한다.

제3절 실제소유자 확인 면제대상의 문제

Ⅰ. 의의

현재 특정금융정보법 시행령 제10조의5 제5항에서는 투명성이 보장되거나 정보가 공개된 국가·지자체·공공단체·금융회사 및「자본시장과 금융투자업에 관한 법률」제159조제1항에 따른 사업보고서 제출대상법인의 경우 금융회사 등이 위 법인들을 거래상대방으로 접하게 되는 경우에는 위 거래법인들의 실제소유자 확인을 할 수도 있지만 실제소유자 확인의무 면제도 가능하다.[146] 위 투명성이 보장되거나 정보가 공개된 국가·지자체·공공단체·금융회사 및「자본시장과 금융투자업에 관한 법률」제159조제1항에 따른 사업보고서 제출대상법인의 경우에 해당하면 본 절에서는 소위 "면제대상법인"이라고 칭하여 이를 살펴보고 해당제도의 문제점을 분석해보고 개선방안을 제시해보도록 하겠다.

Ⅱ. 실제소유자 확인면제 대상법인

1. 국가 또는 지방자치단체

우선 국가 또는 지방자치단체가 면제대상법인의 범위에 포함된다. 국가나 지방자치단체의 범위에 대해서 특정금융정보법 및 동법 시행령에서는 그 구체적인 범위를 정하여 놓고 있지는 아니하다. 따라서 일반적인 타 법령이나 행정법상의 개념으로 해석해서 적용하는 것이 타당하다. 우선 헌법기관으로 대통령, 국무총리, 감사원, 국무회의, 국가안전보

146) 특정금융정보법 시행령 제10조의5 제5항.

장회의, 민주평화통일자문회의, 중앙선거관리위원회 등 헌법에 적시된 국가 기관과 기타 「정부조직법」에 따른 중앙행정기관, 개별법에 따른 행정기관(국가인권위원회 포함)도 물론 포함될 수 있다.[147]

지방자치단체는 지방자치법 제2조[148]에 따라 광역지방자치단체와 기초지방자치단체로 나눌 수 있다.[149] 뿐만 아니라 지방교육행정기관의 기구와 정원기준 등에 관한 규정에 의해 “지방교육행정기관”과 “시·도 교육청(교육감을 보조하는 기관 및 교육감 소속으로 설치된 기관)”도 광의의 지방자치단체에 포함된다고 할 수 있다.

2. 공공단체

가. 공공기관의 운영에 관한 법률에 따른 공공기관[150]

기획재정부는 매해 1월 공공기관운영위원회에서 그 해에 해당하는 공공기관을 지정[151]하여 의결한다. 공공기관 지정은 공공기관 운영에 관한 법률 제6조에 따라 동법의 적용·관리대상이 되는 기관을 확정하는 것이다. 동 규정에 따라 지정되는 공공기관은 매해 유동적이다.

---

147) 정부조직법 제2조 제1항.

148) 지방자치법 제2조 제1항.

149) 2021. 12. 28.기준으로 17개 광역자치단체(1특별시, 6광역시, 1특별자치시, 8도, 1특별자치도), 226개 기초자치단체(75시, 82군, 69자치구)로 구성되어 있다.

150) 공공기관 운영에 관한 법률 제4조 제1항.

151) 기획재정부, “2021년도 공공기관 지정” (2021. 1. 29. 보도자료) 참조. 매해 기재부 (공공정책국 공공제도기획과에서 그해 해당하는 공공기관을 지정하고 있다. 이에 매해별로 그 공공기관 대상이 달라지므로 매년 이를 체크하고 확인할 필요가 있다.

나. 정부출연연구기관 등: 정부출연기관의 설립·운영 및 육성에 관한 법률 및 과학기술분야 정부출연연구기관 등의 설립·운영 및 육성에 관한 법률에 따라 설립된 정부출연연구기관,[152] 과학기술분야 정부출연연구기관 및 연구회[153]

다. 지방공기업법에 따라 설립된 지방직영기업·지방공사 및 지방공단[154]

지방 공기업은 지방직영기업, 지방공사, 지방공단으로 구성되어 있으며 주로 상하수도, 공영개발, 도시철도, 도시개발, 자동차운송 기타 공사 등으로 구성되어 있다. 지방 공기업 역시 매해 그 대상이 변동하고 있으니 이에 대한 확인, 점검이 필요하다.

라. 자금세탁과 공중협박자금조달의 위험성이 없는 것으로 판단되어 금융정보분석원장이 지정하는 자[155]

자금세탁과 공중협박자금조달의 위험성이 없는 것으로 판단되어 금융정보분석원장이 지정하는 자에 해당하기 위해서는 법률에 따라 정부로부터 출자·출연·보조를 받는 법인이거나 법률에 따라 설립된 법인으로서 주무부장관의 인가 또는 허가를 받지 않고 그 법률에 따라 직접 설립된 법인으로 위 법인 중 자금세탁과 공중협박자금조달의 위험성이 없

---

152) 정부출연연구기관 등의 설립·운영 및 육성에 관한 법률 제8조제1항 관련 24개의 연구기관을 의미한다(2021. 12. 28.기준).

153) 과학기술분야 정부출연연구기관 등의 설립·운영 및 육성에 관한 법률 제8조제1항 22개의 연구기관을 의미한다(2021. 12. 28.기준).

154) 상기 지방직영기업, 지방공사 및 지방공단은 행정안전부 홈페이지에서 그 명단을 확인할 수 있다. https://www.mois.go.kr/frt/bbs/type001/commonSelectBoardList.do?bbsId=BBSMSTR_000000000062 및 https://www.cleaneye.go.kr/siteGuide/pubCompStatus.do.

155) 특정 금융거래정보 보고 및 감독규정 제10조 별표1에서 규정하는 25개 공공단체를 의미한다(2021. 12. 28.기준).

는 것으로 판단되어야 하고 이중에서도 금융정보분석원장이 궁극적으로는 지정하는 행위가 있어야 면제대상법인에 포함될 수 있다.

3. 다른 금융회사등 (제8조의4 각 호의 어느 하나에 해당하는 자는 제외한다)

“다른 금융회사 등”에 대해서는 실제소유자 확인을 임의적으로 하지 않을 수 있도록 규정하고 있다. 특히 이는 표현상으로는 특정금융정보법 제2조에 규정된 “금융회사 등”을 차용하고 있는 바, 금융회사 등에서 카지노사업자, 특정금융정보법 제2조제1호하목에 따른 가상자산사업자, 자금세탁행위와 공중협박자금조달행위에 이용될 위험성이 높은 자로서 금융정보분석원장이 정하여 고시하는 자는 다른 금융회사 등에서 제외된다.

4. 사업보고서 제출대상법인: 자본시장과 금융투자업에 관한 법률 제159조제1항에 따른 사업보고서 제출대상법인[156)]

코스피, 코스닥, 코넥스 등 주권상장법인의 경우, 또한 주권 외의 지분증권(집합투자증권과 자산유동화계획에 따른 유동화전문회사등이 발행하는 출자지분은 제외), 무보증사채권, 전환사채권·신주인수권부사채권·이익참가부사채권 또는 교환사채권, 신주인수권이 표시된 것, 증권예탁증권, 파생결합증권주권 또는 위 해당하는 증권을 모집 또는 매출 발행인, 「외부감사법」제4조에 따른 외부감사대상 법인으로서 증권별로 그 증권의 소유자 수가 500인 이상인 발행인의 경우를 사업보고서 제출대상법인이라고 한다. 실무적으로는 금융감독원의 DART시스템[157)]에서 조

156) 자본시장법 제159조 제1항.

157) 전자공시시스템(DART: Data Analysis, Retrieval and Transfer System)은 상장법인 등이 공시서류를 인터넷으로 제출하고, 투자자 등 이용자는 제출 즉시 인터넷을

회되는 기업 중 사업보고서 제출 대상 법인만 실제소유자 확인면제가 가능하다.

Ⅲ. 문제점: 금융회사 등의 확장해석

1. 면제법인 설정의 이유

실제소유자 확인면제가 가능한 법인들의 경우 투명성과 공개적인 자료에 의해 그 지배구조를 명확히 살펴볼 수 있기 때문에 금융회사의 실제소유자 확인 업무의 효율적 진행을 위해 면제대상법인으로 지정한 측면이 있다. 즉 특정금융정보법 시행령 제10조의5에 의하면 금융회사 등은 동조 제5항상의 고객이 국가, 공공단체, 사업보고서 제출대상법인 등이 아닌 법인 또는 단체인 경우에는 원칙적으로 그 법인 또는 단체의 100분의 25 이상의 의결권 있는 주식, 그 밖의 출자지분을 소유하는 주주 등인 실제소유자의 성명·생년월일·국적을 확인하도록 하며, 그러한 실제소유자가 없으면 최대주주 등, 대표자 또는 임원 등의 과반수를 선임한 주주 등, 그 고객을 사실상 지배하는 사람 중 어느 하나에 해당하는 실제소유자의 성명·생년월일·국적을 확인하도록 하고, 그러한 실제소유자도 없으면 그 법인 또는 단체의 대표자의 성명·국적을 확인하도록 한다.

단계적 실제소유자 확인에 들어가기 앞서 특정금융정보법 시행령 제10조의 5 제5항의 경우 실제소유자 확인을 면제해주는 대상은 법령상에서는 국내법인만 해당하는 것으로 규정되어 있다. 하지만 동 조항의 취지가 앞서 말한 투명성과 공개적인 자료를 구할 수 있다는 점이 핵심요소이기 때문에 특정금융정보 법령에는 규정되어 있지 않지만 금융위원

통해 조회할 수 있도록 하는 종합적 기업공시 시스템이다(http://dart.fss.or.kr/).

회의 유권해석에서는 해당 법령에 규정된 국가나 지방자치단체, 금융회사 및 사업자보고서 제출대상 국내법인이 아니더라도 상대 법인에 대한 위험평가를 거쳐서 면제법인 등으로 취급할 수 있는 것으로 확장하여 일부 해석을 하고 있다.

이에 따라 외국 금융회사 등이 FATF 정회원 및 준회원(9개 FSRB, FATF-Style Regional Body, 지역기구)에서 FATF의 차등적 제재조치(counter measure 및 compliance document 발표 국가)에 포함된 국가를 제외하고, FATF나 FSRB의 상호평가에 의하여 효과적인 자금세탁방지 시스템을 갖춘 것으로 확인된 외국국가 및 그 지방자치단체를 포함하여 운용할 수 있도록 하고 있다.

외국국가나 지방자치단체뿐만 아니라 해당 국가의 금융당국으로부터 관련 제재를 받지 않는 점이 확인이 된다면 해당 외국금융회사의 경우에 FATF 권고사항 또는 우리나라자금세탁방지 규정과 동일한 수준의 자금세탁방지 규정을 준수하고 있음이 해당국의 금융감독당국 등으로부터 인정되어 충실히 감독·모니터링 받고 있는 외국 금융회사[158]로 승인되는 경우에도 실제소유자 확인면제 대상으로 취급할 수 있다.

마찬가지로 해외 상장회사의 경우에도 FATF 회원국으로 상호평가에 의해 효과적인 자금세탁방지시스템을 갖춘 것으로 확인된 일부 해외국가의 상장증권거래소에 등재된 회사에 해당하면서, 금융회사 등이 법인이나 단체 고객으로 맞이하려는 해외 상장회사 고객법인의 지분구조를 파악할 수 있는 여러 공문이나 증빙자료를 해당국 상장거래소나 국가등기소 등에서 현출하여 자료를 확인 및 검증할 수 있다면 자금세탁 위험이 없는 일정한 경우에는 실제소유자 확인면제 조치를 동일하게 적용받을 수도 있다.[159]

이렇게 규정된 법령보다 넓게 면제법인을 확장하여 해석해주는 이유

---

158) 금융정보분석원, 자금세탁방지 유권해석 사례집 (2018), 78면.
159) 금융정보분석원, 자금세탁방지 유권해석 사례집 (2018), 79면.

는 당초 법인이나 단체고객의 실제소유자 확인이 금융회사 등에게는 상당한 업무부담이 될 수 있기 때문에 실제소유자에 관한 사항을 확인해야 하는 부담을 경감하기 위한 취지를 활용하기 위해서였다. 당초 이 규정형식은 다분히 FATF의 위험평가 정의 규정에 규정된 간소화된 고객확인이 가능한 법인이나 단체들 관련 규정에서 차용해온 측면이 있다. 즉 FATF 권고사항 해설주석 10. 17. (b)항[160]에서는 ① FATF 권고사항에 따라 요조치사항을 수행하고 금융당국의 검사감독을 충실히 수행받는 금융회사와 비금융전문회사들(Financial institutions and DNFBPs)의 경우와, ② 공시가 투명하게 될 수 있는 상장회사들(Public companies listed on a stock exchange and subject to disclosure requirements), ③ 공공기관이나 공기업(Public administrations or enterprises)의 경우 고객위험이 높지 않은 것으로 평가할 수 있고, 이에 간소화된 고객확인의무를 적용할 수 있다고 해석하고 있기 때문이다.

우리나라도 자금세탁방지 업무규정 제30조 제2항에서 "1. 국가기관, 지방자치단체, 공공단체(특정금융정보법 시행령 제8조의5에 따른 공공단체), 2. 특정금융정보법 제2조 및 제11조에 따른 감독·검사의 대상인 금융회사등(카지노사업자, 환전영업자, 소액해외송금업자, 대부업자 제외), 3. 주권상장법인 및 코스닥 상장법인 공시규정에 따라 공시의무를 부담하는 상장회사의 경우에는 자금세탁 행위 등의 위험이 낮은 고객으로 고려할 수 있음"이라고 규정을 하면서 간소화된 고객확인의무를 할 수 있도록 규정하고 있다.

실무적으로는 이러한 투명성과 공개적인 자료 수보를 전제로 하는 실제소유자 확인 면제 법인의 규정은 "간소화된 고객확인대상이 되는 법인이나 단체 = 실제소유자 확인 면제 가능 및 고객검증서류의 구비 면제대상이 되는 법인이나 단체"와 같이 운영되고 있는 경우가 많다.

---

160) FATF, 앞의 책, 69면 참조.

2. 문제점

면제대상법인의 주된 문제점으로 생각해 볼 수 있는 것은 투명하거나 지배구조와 관련한 정보가 외부에 객관적으로 존재하지 아니함에도 위 면제법인에 포함될 문제가 발생할 소지가 있는 면제대상회사들이 있다는 것이다. 특히 면제대상회사들 중에서 무엇보다 문제되는 부분은 금융회사 등의 해석에 대한 부분이다. 즉 "다른 금융회사 등"에 대해서는 임의적으로 실제소유자 확인을 하지 않을 수 있도록 규정하고 있는 바이의 범위가 문제된다. 이는 무엇보다 "다른 금융회사등"의 개념을 이해하기 위해서는 현재 법문에 의하면 표현상으로는 특정금융정보법 제2조에 정의하고 있는 금융회사 등[161]과 동법 시행령상 금융회사 등의 개념[162]을 차용하고 있다는 점에서 그 개념의 혼동이 이루어질 수 있고 이러한 개념의 혼동을 실무적으로 활용하고 있다는 점에서 발생한다.

특히 이 부분은 금융감독원의 검사·감독메뉴얼[163]에서 "투명성이 보장되거나 정보가 공개된 국가·지자체·공공단체·금융회사 및 사업보고서 제출대상법인의 경우 실제소유자 확인의무가 생략이 가능하며 금융회사는 특정금융정보법 제2조(정의)에 따른 금융회사"라고 명시적으로 표현하고 있는데 있다. 이 검사·감독메뉴얼을 근거로 전체 금융회사가 면제대상법인에 해당하여 실제소유자 확인면제의 적용대상이 된다고 보는 견해가 있다(확장설). 하지만 이에 대해서는 "다른 금융회사등"의 범위를

161) 특정금융정보법 제2조 제1호.
162) 특정금융정보법 시행령 제2조.
163) 금융감독원, "검사업무안내서(2019. 12.)", 9면. 검사업무안내서에는 투명성이 보장되거나 정보가 공개된 국가·지자체·공공단체·금융회사 및 사업보고서 제출대상법인의 경우 실제소유자 확인의무 생략 가능하며 금융회사는 특정금융정보법 제2조(정의)에 따른 금융회사등으로, 사업자등록증 상의 '금융업' 만으로 생략 불가하며 금융감독원의 DART에서 조회되는 기업 중 사업보고서 제출 대상 법인만 생략 가능(외감 법인은 생략 불가)하다고 설시하고 있다.

더 명료히 한정해석할 필요가 있다고 생각한다. 이 부분은 제2조의 금융회사와 실제소유자 확인 면제의 금융회사의 범위를 동일평면상에서 이해하기는 곤란하다고 생각한다(한정설).

〈표 24〉 특정금융정보법상 금융회사 등의 범위

대상 금융회사(법)	(시행령)
• 한국산업은행 • 한국수출입은행 • 중소기업은행 • 은행 • 투자매매업자, 투자중개업자, 집합투자업자, 신탁업자, 증권금융회사, 종합금융회사 및 명의개서대행회사 • 상호저축은행과 상호저축은행중앙회 • 농협조합과 농협은행 • 수협조합과 수협은행 • 신용협동조합과 신용협동조합중앙회 • 새마을금고와 중앙회 • 보험회사 • 체신관서 • 「관광진흥법」에 따라 허가를 받아 카지노업을 하는 카지노 사업자 • 가상자산사업자	• 신용보증기금, 기술보증기금 • 투자일임업자 • 여신전문금융회사와 신기술사업투자조합 • 산림조합과 그 중앙회 • 금융지주회사 • 중소기업창업투자회사와 중소기업창업투자조합 • 등록한 환전영업자 • 농협생명보험 및 농협손해보험, 소액해외송금업자 • 전자금융업자 • 500억 이상의 대부업자 • 온라인투자연계금융업자

Ⅳ. 개선방안

1. 금융회사 등의 엄격해석

〈표 24〉에서 보는 것처럼 특정금융정보법 제2조 및 동법 시행령 제2조상의 금융회사 등의 개념은 되도록 많은 금융회사 등을 특정금융정보법의 수범대상에 포함시켜 자금세탁방지제도의 3대제도인 고객확인제

도, 의심거래보고제도, 고액현금거래보고제도 등의 여러 규제장치를 적용하기 위해 폭넓게 설정하고 운용하려는 취지에 있다.

이는 개정 연혁을 보면 지속적으로 다수의 금융회사 등을 특정금융정보법의 수범대상에 포함시키기 위해 그 대상을 늘려왔던 점을 보아도 알 수 있다. 단적으로 살펴보아도 최근 2020. 3. 24. 특정금융정보법의 개정을 통해 “가상자산사업자”에 대해서도 자금세탁행위 및 공중협박자금조달행위의 효율적 방지를 위한 의무를 부과하고, 금융회사 등이 가상자산사업자와 금융거래를 수행할 때 준수할 사항을 규정[164]하게 되는데 이를 가상자산사업자를 금융회사로 인정해주기 위한 개정으로 볼 수 없는 것과 마찬가지이다.

이에 특정금융정보법에서는 가상자산사업자를 자금세탁방지 수범대상으로 규정하고 있는 바, 동 사업자를 특정금융정보법의 대상자로 포함하기 위한 목적으로 가상자산사업자로부터 신고서 접수를 받고 관련 내부통제체제를 확인하기 위해 그 대상으로 포함하는 것이지 소위 “금융회사로 인정되는 면허”를 주기 위해 특정금융정보법상 금융회사 등으로 인정한 것이 아니다. 즉 가상자산사업자를 특정금융정보법의 규율대상으로 하고 가상자산을 금융거래 등에 편입하는 것이 가상자산의 제도화를 의미하는 것이 아니다. 문언 그대로 가상자산사업자 및 가상자산 등이 특정금융정보법의 규율대상, 즉 자금세탁방지의무를 부과되게 되는 것이라는 점으로 이해하여야 할 것이다. 이에 입법개정문도 살펴보면 가상자산과 관련된 기반기술인 블록체인에 대해서는 연구개발 투자 등 지원·육성이 될 수는 있겠지만 기본적으로 특정금융정보법은 자금세탁방지의무를 부과하는 법으로서 투기과열, 불법행위에 대하여는 관계부처 합동으로 강력히 대응해 나갈 것이고 이에 ICO(Initial Coin Offering)에 대해서는 투자자 보호 등을 위해 기존의 사실상 금지 원칙이 유지된다고

164) 국회 정무위원회, 특정 금융거래정보의 보고 및 이용 등에 관한 법률 일부개정법률안(대안), 2020. 3., 3면 내지 4면 참조.

봄이 타당하다.[165]

다음으로 생각해 볼 수 있는 근거로 이미 현재 특정금융정보법 법문상 표현에 의해 이미 확장해석을 할 수가 없는 소지가 있다고 생각한다. 즉 다른 금융회사 등 뒤의 괄호 예외 부분의 해석부분이 문제된다. 괄호부분에서 "자금세탁 위험성이 높은 자"는 금융회사 등이라고 하더라도 실제소유자 확인면제 대상법인에서 제외하고 있어 이에 특정금융정보법 시행령상 실제소유자 확인면제 규정도 필수적이 아닌 임의적 문구로 규정되어 있는 것이다. 이렇듯 문구상 단서조항 때문에 특정금융정보법 제2조의 금융회사와 특정금융정보법 제4조의2제1항제1호·특정금융정보법 시행령 제8조의4상의 실제소유자 면제금융회사는 범위가 상이하다고 할 수 있다.

구체적으로 특정금융정보법 제4조의2제1항제1호상의 다른 금융회사 등(시행령 제8조의4 각 호의 어느 하나에 해당하는 자는 제외한다)[166]의 괄호 내용을 보면 특정금융정보법 시행령 제8조의4 각 호에서 ① 카지노사업자, ② 특정금융정보법 제2조제1호하목에 따른 가상자산사업자, ③ 자금세탁행위와 공중협박자금조달행위에 이용될 위험성이 높은 자로서 금융정보분석원장이 정하여 고시하는 자를 제외하고 있다. 즉 모든 금융회사 등은 자동적으로 실제소유자 확인면제대상이 되는 것이 아니고 명시적으로 카지노사업자, 가상자산사업자, 자금세탁 위험성이 높은 자로

165) 금융정보분석원, "특금법 시행령 일부개정령안 입법예고 보도자료(2020. 11. 3.)", Q&A 별첨자료 중 문1번 및 제8번 부분 참조.

166) 특정금융정보법 시행령 제8조의4(고액 현금거래 보고의 예외에서 제외되는 금융회사등) 법 제4조의2제1항제1호에서 "대통령령으로 정하는 자"란 다음 각 호의 어느 하나에 해당하는 자를 말한다.

1. 카지노사업자

1의2. 법 제2조제1호하목에 따른 가상자산사업자(이하 "가상자산사업자"라 한다)

2. 자금세탁행위와 공중협박자금조달행위에 이용될 위험성이 높은 자로서 금융정보분석원장이 정하여 고시하는 자

서 금융정보분석원장이 정하여 고시하는 금융회사 등은 실제소유자 면제대상 금융회사 등에서 제외된다고 명시되어 있다.

현재 특정금융정보법 시행령 제8조의4 제1호 항목인 카지노사업자와 특정금융정보법 시행령 제8조의4 제1의2호 항목인 2021. 3.에 도입된 가상자산사업자의 경우에는 실제소유자 면제대상의 금융회사에서 제외된다는 문구가 명확하게 규정되어 있는 반면 특정금융정보법 시행령 제8조의4 제2호에서 규정된 "자금세탁행위와 공중협박자금조달행위에 이용될 위험성이 높은 자로서 금융정보분석원장이 정하여 고시하는 자"의 범위에 대한 해석이 문제될 수 있다. 원칙적으로 이 요건을 통과하기 위해서는 ① 자금세탁행위와 공중협박자금조달행위에 이용될 위험성이 높은 자이어야 하고, ② 금융정보분석원장이 고시하여야 한다.

우선 자금세탁행위와 공중협박자금조달이 위험한 자의 경우를 살펴본다. 자금세탁의 위험도를 평가하는 것을 위험평가라고 하는데 이를 쉽게 생각하면 자금세탁 위험평가를 거친 후 각 대상법인·단체의 위험도에 따라 자금세탁 위험도 지수를 나누어 평가하는 것을 의미한다. 이를 법인·단체의 일종에 해당하는 금융회사 등에 적용하여도 마찬가지다. 실제소유자 확인 면제대상 법인은 "금융회사 등"이면 자동적으로 위험평가 없이 실제소유자 확인면제가 되는 것이 아니고 법인·단체의 위험평가를 동일하게 받아야 한다는 것이 내재된 개념으로 살펴볼 수 있다. 구체적으로 자금세탁방지 업무규정에서는 고객유형에 따른 위험평가에 대한 부분이 있다.[167]

자금세탁방지 업무규정에서는 고객유형평가를 규정하면서 금융회사 등은 고객의 특성에 따라 다양하게 발생하는 자금세탁행위 등의 위험('고객위험')을 평가하여야 하고, 이 경우 고객의 직업(업종)·거래유형 및 거래빈도 등을 활용할 수 있다고 규정하고 있다. 구체적으로는 자금세탁방지 업무규정 제30조제2항에서 금융회사등은 자금세탁행위등의 위험이

---

167) 자금세탁방지 업무규정 제30조.

낮은 고객으로 고려할 수 있는 고객으로 1. 국가기관, 지방자치단체, 공공단체(특정금융정보법 시행령 제8조의5에 따른 공공단체), 2. 법 제2조 및 제11조에 따른 감독·검사의 대상인 금융회사등(카지노사업자, 환전영업자, 소액해외송금업자, 대부업자 제외), 3. 주권상장법인 및 코스닥 상장법인 공시규정에 따라 공시의무를 부담하는 상장회사라고 규정하고 있다. 이 자금세탁방지 업무규정 제30조제2항의 형태는 특정금융정보법 시행령 제10조의5 제5항에 규정된 실제소유자 확인면제법인과 유사한 구조를 보이고 있는데 이를 〈표 25〉를 통해 정리하면 다음과 같다.

〈표 25〉 시행령 및 자금세탁방지 업무규정 비교표

특정금융정보법 시행령 제10조의5	자금세탁업무규정 제30조제2항
1. 국가 또는 지방자치단체 2. 다음 각 목의 어느 하나에 해당하는 공공단체 가. 「공공기관의 운영에 관한 법률」에 따른 공공기관 나. 「정부출연연구기관 등의 설립·운영 및 육성에 관한 법률」 및 「과학기술분야 정부출연연구기관 등의 설립·운영 및 육성에 관한 법률」에 따라 설립된 정부출연연구기관, 과학기술분야 정부출연연구기관 및 연구회 다. 「지방공기업법」에 따라 설립된 지방직영기업·지방공사 및 지방공단 라. 다음의 어느 하나에 해당하는 법인 중 자금세탁과 공중협박자금조달의 위험성이 없는 것으로 판단되어 금융정보분석원장이 지정하는 자 1) 법률에 따라 정부로부터 출자·출연·보조를 받는 법인 2) 법률에 따라 설립된 법인으로서 주무부장관의 인가 또는 허가를 받지 않고 그 법률에 따라 직접 설립된 법인	1. 국가기관, 지방자치단체, 공공단체(영 제8조의5에 따른 공공단체)

3. 다른 금융회사등(제8조의4 각 호의 어느 하나에 해당하는 자는 제외한다) 4. 「자본시장과 금융투자업에 관한 법률」 제159조제1항에 따른 사업보고서 제출대상 법인	2. 법 제2조 및 제11조에 따른 감독·검사의 대상인 금융회사등(카지노사업자, 환전영업자, 소액해외송금업자, 대부업자 제외) 3. 주권상장법인 및 코스닥 상장법인 공시규정에 따라 공시의무를 부담하는 상장회사

〈표 25〉를 보면 특정금융정보법 시행령 제10조의5상 실제소유자 확인면제법인의 경우에는 자금세탁방지 업무규정 제30조제2항상 저위험으로 평가될 수 있는 고객유형과 그 구조가 유사하다. 이에 특정금융정보법 시행령 제10조의5상에서의 국가 또는 지방자치단체, 다음 각 목의 어느 하나에 해당하는 공공단체 등은 자금세탁방지 업무규정 제30조제2항상에서의 국가기관, 지방자치단체, 공공단체(시행령 제8조의5에 따른 공공단체)와 그 구조가 유사하며, 특정금융정보법 시행령 제10조의5상에서의 다른 금융회사등(제8조의4 각 호의 어느 하나에 해당하는 자는 제외한다)은 자금세탁방지 업무규정 제30조제2항상에서의 법 제2조 및 제11조에 따른 감독·검사의 대상인 금융회사등(카지노사업자, 환전영업자, 소액해외송금업자, 대부업자 제외)과, 특정금융정보법 시행령 제10조의5상에서「자본시장과 금융투자업에 관한 법률」제159조제1항에 따른 사업보고서 제출대상법인의 경우에는 자금세탁방지 업무규정 제30조제2항상에서 주권상장법인 및 코스닥 상장법인 공시규정에 따라 공시의무를 부담하는 상장회사와 그 구조가 유사하게 설정되어 있다.

이를 통해 보면 우선 자금세탁행위와 공중협박자금조달 위험이 있는 금융회사 등으로 금융정보분석원은 고시로 카지노사업자, 환전영업자, 소액해외송금업자, 대부업자를 고시하여 지칭하고 있는 것으로 보인다. 자금세탁방지 업무규정 제30조제2항제2호에서 저위험인 금융회사 등에는 위 카지노사업자, 환전영업자, 소액해외송금업자, 대부업자는 속하지 아니한다고 명시적으로 규정하고 있으며, 그 중 카지노사업자의 경우에는 특정금융정보법 시행령 제8조의4에 의하여도 제외되는 금융회사로 지칭되고 있기 때문이다. 또한 자금세탁방지 업무규정은 그 명칭과 형식이 자금세탁방지 및 공중협박자금조달금지에 관한 업무규정 및 금융정보분석원 고시형태이므로 "금융정보분석원장이 고시하여야 한다."는 두 번째 요건도 충족하고 있다.

두 번째로 살펴볼 부분은 자금세탁방지 업무규정 제28조의 위험평가 부분과 자금세탁방지 업무규정 제30조제3항 상의 추가정보 확인이 필요한 고객의 경우이다. 우선 자금세탁방지 업무규정 제28조의 위험평가 규정[168]에서는 금융회사등은 자금세탁행위등과 관련된 위험을 식별하고 평가하여 고객확인에 활용하여야 한다고 일반적인 위험평가를 규정하면서 금융회사등은 해당 고객의 자금세탁행위 등의 위험도가 적정하게 반영되도록 위험 평가요소와 중요도를 정하여 자금세탁 등의 위험을 평가하여야 한다고 규정하고 있다.

이러한 점을 참고해 본다면 금융회사 등은 자금세탁방지 업무규정 제28조에 의해 금융회사 등을 포함한 모든 거래상대방에 대해 위험평가를 거쳐 상대 금융회사 등이 위와 같은 고위험고객에 해당하는 경우이거나 아니면 상대 금융회사 등의 위험평가 결과 고위험 혹은 그에 준하는 위험평가값을 갖는 경우에는 실제소유자 확인 면제 대상으로 보아 일괄 처리하는 경우가 있어서는 아니되고, 또한 만약 상대 금융회사 등이 자체 위험평가 값이 고위험인 경우뿐만 아니라 상대 금융회사에서 주로 다루는 금융상품 혹은 금융서비스 등이 고위험으로 평가할 수 있는 금융상품이거나 금융서비스인 경우에는 이러한 상대금융회사가 취급하는 업무가 고위험인 고객이나 상품, 서비스일 확률이 높으므로 이러한 상대 금융회사의 종합위험평가를 고위험으로 취급할 수 있어 상대 금융회사를 면제대상 금융회사 등으로 보기에는 곤란하다고 할 것이다. 우리 자금세탁방지 업무규정에서도 이러한 점을 반영하여 상품 및 서비스 위

168) 자금세탁방지 업무규정 제28조.

험의 자금세탁위험을 평가하여야 한다고 규정[169]하고 있으며 이는 상대금융회사가 주로 취급하는 상품 및 서비스 위험에도 원용될 수 있다고 생각한다. 이에 상대금융회사가 자금세탁방지 업무규정에서 고위험 상품 및 서비스라고 평가하고 있는 1. 양도성 예금증서(증서식 무기명), 2. 환거래 서비스, 3. 자금세탁행위등의 위험성이 높은 비대면 거래, 4. 기타 정부 또는 감독기관에서 고위험으로 판단하는 상품 및 서비스 등을 주로 취급하고 있는 금융회사 등이라면 이를 실제소유자 확인면제대상인 저위험 금융회사 등으로 일괄 취급하는 것은 법리에도 맞지 않고 실무적으로도 위험하다고 사료된다.

또한 자금세탁방지 업무규정 제30조제3항[170]에서는 고위험으로 평가가 가능한 고객들을 적시하고 있다. 그 고객들은 1. 금융회사등으로부터 종합자산관리서비스를 받는 고객 중 금융회사등이 추가정보 확인이 필요하다고 판단한 고객, 2. 외국의 정치적 주요인물, 3. 비거주자(다만, 자금세탁행위등의 위험도를 고려하여 달리 정할 수 있다), 4. 대량의 현금(또는 현금등가물)거래가 수반되는 카지노사업자, 대부업자, 환전영업자 등, 5. 고가의 귀금속 판매상, 6. 금융위원회가 공중협박자금조달금지법 제4조제1항에 따라 고시하는 금융거래제한대상자, 7. UN에서 지정하는 제재대상자, 8. 개인자산을 신탁받아 보유할 목적으로 설립 또는 운영되는 법인 또는 단체, 9. 명의주주가 있거나 무기명주식을 발행한 회사 등이 그러한 경우이다.

위 규정 중 4번 항목을 살펴보면 대량의 현금(또는 현금등가물)거래가 수반되는 카지노사업자, 대부업자, 환전영업자 등을 고위험으로 평가가 가능한 고객으로 분류를 하고 있는데, 카지노사업자는 특정금융정보법 제2조제1호파호에 의해, 대부업자는 동법 시행령 제2조제14호에 의해, 환전영업자 등은 동법 시행령 제2조제10호에 의해 특정금융정보법상

169) 자금세탁방지 업무규정 제31조 제1항.
170) 자금세탁방지 업무규정 제30조 제3항.

금융회사 등에 포함되는 법인·단체이다. 이에 위 카지노사업자, 대부업자, 환전영업자 등이 각 특정금융정보법령에 의한 금융회사 등에 해당한다고 하더라도 자금세탁방지 업무규정에서는 이 법인·단체를 자금세탁 등과 관련하여 추가정보 확인이 필요한 고객으로 고려하여야 하는 것으로 규정하고 있기 때문에 실제소유자 확인 면제대상법인으로 취급하기에는 무리가 있어 보인다.

또다른 면제대상법인에서 제외하여야 할 금융회사로는 소액해외송금업자와 가상자산사업자를 살펴볼 수가 있다.

소액해외송금업자의 경우 단적으로 특정금융정보법 시행령 제2조에서 금융회사 등에 포함되어 있는데, 가상통화 관련 자금세탁방지 가이드라인 지침에 의하면 가상통화취급 가능성이 있는 소액해외송금업자는 심지어 "강화된 고객확인의 대상"이 되고 있다. 이에 소액해외송금업자도 앞서 살펴본 카지노사업자, 환전영업자, 소액해외송금업자, 대부업자 등도 법 제2조의 금융회사이지만 실제소유자 확인 면제대상으로 취급하지 아니하는 것과 같은 맥락이라고 살펴보면 될 것이다.[171)]

가상자산사업자의 경우도 별도로 기존 금융회사 등에 대해 자금세탁방지 가이드라인을 고시하면서 강화된 법인·단체의 고객확인을 요구하고 있는 점과 기존 금융회사 등이 가상자산사업자를 고객으로 맞이하는 경우에는 여타의 법인·단체의 고객확인 사항에 추가로 특정금융정보법 제5조의2제1항제3호상의 신고 및 변경신고 의무의 이행에 관한 사항, 신고의 수리에 관한 사항, 신고 또는 변경신고의 직권 말소에 관한 사항,

---

171) 실무적으로도 고객확인면제 대상인 금융회사 등은 "은행" 혹은 제도권 금융회사 조회(금융감독원의 제도권 금융회사조회 포탈 등)가 가능한 위 5개 요건을 충족한 금융회사에만 제한적으로 운용하고 있다. 현재 감독원에서 운용하고 있는 『파인(FINE)』은 금융소비자가 금융거래 과정에서 필요하거나 알아두면 유익한 모든 금융정보를 망라하여 제공하는 금융소비자정보포털인데 기존의 금융감독원, 협회 및 금융회사에서 개별적으로 제공되던 금융정보 및 개인별 금융거래내역 등을 통합하여 제공함으로써 소비자가 관련 정보를 보다 쉽게 접근하고 용이하게 조회할 수 있도록 하였다(https://fine.fss.or.kr/main/index.jsp).

예치금을 고유재산과 구분하여 관리하고 있는지, 정보보호 관리체계 인증을 획득하였는지에 관한 사항들을 더 추가하여 확인하도록 규정하고 있는 점 등을 살펴보면 이 가상자산사업자가 특정금융정보법령에 의한 금융회사 등에 포함된다고 하더라도 강화된 추가적인 주의를 기울이도록 규정하고 있다는 점을 살펴볼 수 있다. 즉 특정금융정보법 제2조상의 금융회사와 실제소유자 확인 면제대상법인으로서의 금융회사는 개념이 다른 측면이 있다.

자본시장법상 집합투자매매업자에 포함되는 전문사모집합투자업자의 경우도 면제대상법인에 해당하는 금융회사에 해당하는지 여부에 대해 살펴볼 필요가 있다. 금융위원회에서는 위험평가접근법을 통해 자금세탁 위험을 평가토록 하고 있는 바, 자본시장법상 집합투자매매업자에 포함되는 전문사모집합투자업자의 경우도 특정금융정보법 제2조의 금융회사(의무수범의 주체가 되는 금융회사)에는 자본시장법에 따른 투자매매업자, 투자중개업자, 집합투자업자, 신탁업자, 증권금융회사, 종합금융회사 및 명의개서대행회사가 포함되어 이에 집합투자업자(즉 자산운용사)는 특정금융정보법상 "금융회사 등"에 포함되는 것이 맞아 의심거래보고, 고액현금거래보고, 고객확인의무 등 3대 의무를 이행하여야 하는 금융회사 등이 될 것이다.

하지만 이 조문은 수범대상을 규정한 금융회사 등으로 실제소유자 확인 면제가 되는 금융회사 등이라고 보기 어려우며, 전문사모투자회사[172]는 ① 공시정보가 적고, ② 추가정보 확인이 필요하다고 판단한 고객이 다수 주주로 있을 가능성이 높으며, ③ 정부 또는 감독기관에서 고위험으로 판단하는 상품 또는 서비스를 다룰 가능성이 높은 금융회사로 도리어 강화된 고객확인의 대상이 될 수 있다고 해석하고 있는 점도 궤를 같이하는 것으로 참고할 만하다고 생각한다.

---

172) 물론 일반사모는 집합투자업자에도 포함되지 아니한다. 자본시장법 제6조 제5항 참조.

온라인투자연계금융업자의 경우도 면제대상법인에 해당하는 금융회사에 해당한다고 보기 어려운 측면이 있다. 최근 금융위원회는 계약기반 고객확인 발동요건에 대한 해석을 하면서 간접적으로 실제소유자 확인 면제대상법인에 해당하는 금융회사 등을 축소하여 해석하려는 움직임을 보이고 있다. 즉 은행이 온라인투자연계금융업자와 투자금 및 상환금에 관한 예치 또는 신탁계약(수익자를 온라인투자연계금융업자로 하는 신탁계약)을 체결하는 경우 은행은 계약에 따른 고객인 온라인투자연계금융업자를 대상으로 특정금융정보법에 따른 고객확인의무를 이행해야 한다고 설시하고 있다.[173)]

이 유권해석의 이유설시 부분을 특히 살펴보면 "은행이 계약상대방인 온라인투자연계업자와 금융거래 등 계약을 체결하는 경우에 금융회사 등은 고객이 계좌를 신규로 개설하거나 대통령령으로 정하는 금액 이상으로 일회성 금융거래 등을 하는 경우, 고객의 신원에 관한 사항, 실제소유자에 관한 사항 등을 확인해야 한다"고 설시하고 있다. 주목할 점은 온라인투자연계업자는 특정금융정보법 제2조의 "다른 금융회사 등"에 포함되는 회사라는 점이다. 그럼에도 불구하고 만약 기존 금융회사인 은행이 상대 거래당사자가 금융회사(온라인투자연계업자)인 경우에 발동되는 고객확인 요소를 설시하면서 실제소유자 확인 면제법인 대상이 가능함에도 실제소유자에 관한 사항 등을 확인하는 것을 굳이 포함시켜 기술하였다는 것은 상대가 금융회사 등에 해당하는 경우라고 하더라도 모두 일괄적으로 고객확인의 실제소유자 생략대상이 되는 것이 아니라

173) 금융위원회 법령해석 회신문, "특정 금융거래정보의 보고 및 이용 등에 관한 법률 법령해석 요청서" (2021. 6. 1.) 참조. 온라인투자연계금융업 및 이용자 보호에 관한 법률(이하 "온라인투자연계금융업법")에 따라 온라인투자연계금융업자와 투자금 및 상환금에 관한 예치 또는 신탁계약(수익자를 온라인투자연계금융업자로 하는 신탁 계약)을 체결한 은행이 특정 금융거래정보의 보고 및 이용 등에 관한 법률(이하 "특정금융정보법")에 따른 고객확인의무(특정금융정보법 제5조의2)를 부담하는지 여부 관련.

위험평가 등을 거쳐 그 실제소유자 확인생략 대상이 되는지 여부를 심사하여 판단하여야 한다는 점을 내포하고 있다고 생각한다.

금융당국의 해석 역시 이러한 기조를 유지하고 있다고 생각한다. 우선 금융위원회는 "다른 금융회사 등"을 넓게 해석하지 않고 일정 경우에 매우 엄격히 해석[174]하고 있다. 금융위원회 해석에서는 다른 금융회사의 판별시 ① 25% 혹은 최대지분권자를 판별하는 경우에만, ② 또한 상기 금융회사 등이 최대주주 등을 공시자료 등을 통해 공시하고 있고, ③ 종합적인 판단을 거쳐 적정한 투명성이 보장되는 경우에만, ④ 실제소유자 확인을 면제할 수도 있으며, ⑤ 그러한 경우조차도 실제소유자란에 해당법인 및 단체를 확인기재하여야 한다고 한정적으로 유권해석을 하고 있다.

금융감독원의 경우에도 금융감독원의 자금세탁방지 검사감독 메뉴얼을 살펴보면 금융회사는 특정금융정보법 제2조(정의)에 따른 금융회사 등은 기본적인 범주로 실제소유자 확인면제 법인의 대상으로 시작할 수는 있다고 보이지만, 중요한 것은 금융업을 운영하는 법인·단체의 경우 해당 법인·단체의 사업자등록증을 징구하여 사업목적이 '금융업'으로 되어 있다고 하여 이를 단순히 실제소유자 확인 면제대상법인으로 볼 수 없다는 부분[175]이 더 큰 방점이 있는 것으로 해석하여야 할 것이다. 이에 상대방 금융회사가 실제소유자 확인 면제범위에 해당하는지 여부에 대해서는 위험평가 등을 거쳐서 철저히 이와 관련하여 심사할 것이 필요하다.

2. 실제소유자 확인면제 법인의 축소해석

앞서 살펴본 면제대상 금융회사 등의 논의는 특정금융정보법 시행령

174) 금융정보분석원, 자금세탁방지 유권해석 사례집 (2018), 제38항 참조.
175) 금융감독원, "자금세탁방지 검사업무안내서(2019. 12.)", 9면.

제8조의4상의 제4호에서 규정하는 「자본시장과 금융투자업에 관한 법률」제159조제1항에 따른 사업보고서 제출대상법인(이하 "사업보고서 제출대상법인"이라고 한다)의 경우에 동일하게 적용하여 해석할 수 있다.

사례: 거래상대방이 실제소유자 확인 면제법인

A법인(사업보고서 제출대상 법인)의 주주 구성

- B법인 25% (B법인: 일반법인)
- 기타 25% 지분 이하의 다수 주주

면제대상법인의 경우 앞서 살펴본 금융회사 등의 경우와 마찬가지로 실제소유자 확인면제대상을 분류할 경우 그 금융회사의 자금세탁 위험도를 평가하는 것과 마찬가지로 사업보고서 제출대상법인이라고 해서 일괄적으로 해당 법인이나 단체에 대한 자금세탁 위험도 평가 없이 면제대상법인으로 삼기 곤란하다. 또한 중요한 부분은 "실제소유자 확인을 면제하여야 한다"고 규정된 것이 아니라 "면제할 수 있다"고 임의적으로 규정되어 있다는 점이다. 우선 현재 거래상대방으로 특정금융정보법 시행령상 실제소유자 확인면제법인인 사업보고서 제출대상법인이 등장하는 경우 자동적으로 이를 면제처리하려고 하는 것은 제도의 취지에 맞지 않다. 심지어 가령 정확히 제도에 부합하는 기존에 투명성이 보장되고 공시가 잘 이루어지는 사업자보고서 제출대상법인이라고 하더라도 만약 해당법인이 이후에 탈세, 분식회계 등 부정적인 뉴스에 연루되었을 경우에 과연 지속적으로 실제소유자 확인면제법인으로 취급을 할 수 있는지에 대해서 생각해 볼 필요가 있다. 즉 이런 경우까지 실제소유자 확인면제를 하여야 하는 것이 제도의 취지가 아니기 때문이다.

사례: 중간 실제소유자 확인면제법인

A법인(일반법인)의 주주 구성

- B법인 25% (B법인: 사업보고서 제출대상 법인)
- 기타 25% 지분 이하의 다수 주주

다음으로 거래상대방이 아닌 일반법인이나 단체의 실제소유자 과정에서 중간 실제소유자로 나타나는 당사자가 자연인이 아닌 계층적 법인인 경우 그 계층법인이 실제소유자 확인 면제대상법인으로 등장하는 경우에도 마찬가지이다.

이는 특히 상장법인 등 사업보고서 제출대상법인의 경우 다른 법인이나 단체에 투자를 하여 지분을 보유하는 경우가 많아 다층적 지배구조의 중간 실제소유자 확인면제법인으로 등장하는 경우가 많은데 특정금융정보법 시행령상의 실제소유자 확인 면제법인의 해석 가운데 위와 같은 금융회사 등에 대한 해석 이외에 다층적 실제소유자 확인과정 중에 거래상대방법인의 실제소유자를 확인해 본 결과 중간소유법인으로 만약 법인·단체 고객의 최대주주 등이 실제소유자 확인 면제 대상인 경우 해당 최대주주 등은 공시자료 등을 통해 적정한 투명성이 보장된다고 판단할 수 있으므로 특정금융정보법 시행령 제10조의5제5항의 실제소유자 확인 면제 취지를 동일하게 적용하는 것이 타당하다는 금융위원회의 유권해석[176]이 존재하여 이 해석이 문제된다.

즉 이 유권해석에 따라 금융회사 등 고객확인의무 수범대상회사들의 경우 소위 실제소유자 확인면제법인이 등장할 때까지 다층적 실제소유자 파악을 하다가 종료하려고 하는 유혹이 생길 수 있기 때문이다. 금융감독당국에서는 엄밀하게 이를 심사하여 실제소유자 확인 면제 대상이 아님에도 해당 법인고객의 실제소유자 확인을 면제 처리하고 실제소유자를 미확인하는 경우는 고객확인의무 이행이 미흡한 것으로 지적하여

176) 금융위원회 법령해석 회신문, "「특정 금융거래정보의 보고 및 이용 등에 관한 법률 시행령」(이하 "시행령") 제10조의5(실제소유자에 대한 확인) 관련 법인 또는 단체고객의 실제소유자 확인 대상 및 범위 해석 관련"(2016.6.15) 참조.

지속적으로 검사·감독을 하고 있지만 지속적으로 면제대상법인을 넓히려는 시도는 존재할 수 있다.

일반 법인의 중간 실제소유자 법인이 사업보고서 제출대상면제 법인인 경우에는 금융회사는 ① 중간 법인이 명의자인 사업보고서 제출대상 면제법인이 맞는지 확인·검증해야 하고, ② 그 절차 진행 중에 실제 거래당사자가 아니라고 판단되는 등 의심정황을 포착할 가능성도 있는 것이다.[177] 특히 언론 등에서 그러한 탈법행위 등에 연루되었다면 고객확인이 이미 마쳐진 경우라고 하더라도 고객확인의무의 재이행을 통해 임의적 면제대상에서 해제하여 강화된 고객확인대상으로 상승하여 의무를 이행하거나 이러한 자료수보를 받기 어렵거나 상대법인이 자료제출을 거부하는 경우 등에는 거래거절 및 중단에 이를 필요까지도 있다고 생각한다.[178]

FATF 권고사항 주석에서도 증권거래소에 등록되어 있으며 실소유자에 관하여 적절한 투명성을 유지할 공시의무가 있는 상장기업을 규정하고 있는 점[179]에 비추어 볼 때 증권거래소의 등록만이 필요충분조건이 아니고 적절한 투명성을 유지할 공시의무가 제도로 작동되는 전제하에 증권거래소의 등록이 함께 그 요건이 되는 것으로 해석될 수 있기 때문에 사업보고서 제출대상법인의 실제소유자 확인 면제의 취지는 유동적으로 해석하여야 할 것이다.

물론 사업보고서 제출대상법인이면서도 상장기업에 대해서도 특정금융정보법 제5조의2 및 동법 시행령 제10조의4의 기본신원확인의무 적용을 배제하기는 곤란하다고 보인다. 동 조항처럼 신원확인을 통해 상장기업임이 확인된 고객에 대해서는 공시된 정보를 통해 실제소유자와 관련된 정보를 확인할 수 있기 때문에 거래대상자로서 고객확인을 면제할

177) 금융정보분석원, 자금세탁방지제도 유권해석집 (2018), 제29항 참조.
178) 특정금융정보법 제5조의2 제4항.
179) FATF, 앞의 책, 69면 참조. INTERPRETIVE NOTE TO RECOMMENDATION 10 (CUSTOMER DUE DILIGENCE).

수는 없지만 실제소유자 확인과정에서는 상장기업에 대한 확인의무를 면제할 수 있는 정도로만 해석하면 될 것이라고 생각한다.

제4절 형식적인 실제소유자 신고주의

Ⅰ. 신고주의의 의의

현재 금융회사 등은 고객확인의무의 이행을 위해 고객거래확인서 양식에 의해서 정보를 기입하게 하여 정보를 요구하거나 고객문답 등을 기록하는 방식으로 고객확인을 이행한다. 실제소유자 확인의 경우에는 별도의 실제소유자 확인서를 징구한다. 이 고객확인서나 실제소유자 확인서의 경우에는 별도의 양식이 법령에 규정된 것은 없다. 즉 위험평가를 기반으로 고객확인을 효과적으로 수행하여 위험 고객에 적절히 대응하기 위해 법령에서 이를 일괄적으로 정해줄 실익이 없으며 금융회사 등 자체에서 자율적으로 위험평가시스템에 따라 고객유형을 분류하고 고객유형별 상세 고객확인 절차를 수립하여 전사적으로 동일한 수준에서 고객확인을 원활히 수행해야 하기 때문이다.

특정금융정보법령에서는 확인사항은 의무적으로 규정하고 있지만 그 형식에 대해서는 의심거래보고서나 고액현금거래보고서의 양식을 정해 놓은 것처럼 별도로 법령에서 규정하고 있지는 않다.[180] 이에 의심거래보고서나 고액현금거래보고서가 특정금융거래보고 및 감독규정 별표에 그 양식이 기재되어 이를 통해서만 보고가 가능한 것과는 달리 각 금융회사에서 자율적으로 관리되고 있다. 고객유형은 고객군이 가지고 있는 고유한 특성을 파악하고 분류하여 고객의 신원확인 및 검증단계에서 본

---

180) 특정금융정보법 제5조의2 제1항에서는 금융회사등은 금융거래등을 이용한 자금세탁행위 및 공중협박자금조달행위를 방지하기 위하여 합당한 주의(注意)로서 다음 각 호의 구분에 따른 조치를 하여야 한다. 이 경우 금융회사등은 이를 위한 업무 지침을 작성하고 운용하여야 한다라고 규정되어 있어 업무지침의 작성 및 운용이 강제되는 것이긴 하지만 양식을 규정하여 강제하고 있지는 않다.

질적인 자금세탁 위험을 식별하기 위해 활용하는데 이는 각 금융회사별 고객확인내규에 따라 달리 규정될 수 있다. 이에 일반적으로 각 금융회사는 고객확인업무방법서 등의 내규로 이를 자율적으로 규정하고 있으며 이 고객거래확인서 및 실제소유자 확인서(이에 대해서 하나로 묶어 "고객거래확인서 등"이라고 표현한다)는 원칙적으로 고객의 신고사항에 구속될 수밖에 없다.

Ⅱ. 문제점: 무양식과 고객신고주의

고객거래확인서의 작성시에 고객확인 및 검증에서 고객확인을 고객자필을 받은 고객거래확인서로 받아야 하거나 아니면 노인, 문맹자, 거동이 불편한 경우 등 자필기재가 불가능한 경우 등에는 질문을 통해 얻은 정보를 직원이 전산에 입력하는 경우가 대부분이다. 비대면 고객확인방식에 의하면 이는 전자문서형태로 구현된 앱을 통해 고객이 직접 입력하거나 체크박스를 터치하는 방식으로 고객확인서 등이 작성될 것이다. 이에 고객거래확인서 양식에 의해서 금융회사 등은 필요한 정보를 요구하거나 고객과의 문답 등을 통해 기록함으로써 고객확인을 이행하며, 질문 청취 후 입력방식과 본인의 작성서명방식(본인방식) 모두 고객확인사항을 묻고 답하는 것이라 유효하다고 할 수 있다. 다만 양식은 모두 고객의 서명 및 날인[181]이 되는 것이 문서성립의 진정이 될 것이기 때문에 향후에 정보제공내용의 진위여부나 문서 진정성립의 시비에 대비하여 되도록 각 금융회사 등은 고객이 작성자가 되어 서명 날인하는 것으로 유도하고 있다.

이렇듯 직접 고객이 작성하거나 입력하는 방식을 혹은 문답을 하는

181) 대법원 1988. 9. 27. 선고 85다카1397 판결, 대법원 1994. 10. 14. 선고 94다11590 판결, 대법원 2003. 4. 11. 선고 2001다11406 판결 등 참조.

방식으로 기재가 될 것이기 때문에 금융회사 등의 입장에서는 위 내용이 어느정도 사실에 부합하는지 여부를 확인하기 쉽지 않다. 거짓내용이나 허위사실, 변동된 사실을 기재하더라도 실제 조사권이나 관련자료 징구권이 없는 금융회사 등의 입장에서는 고객의 기입내용을 그대로 믿고 절차를 진행하는 수밖에 없다. 특히 금융소비자 및 고객의 입장에서는 추가적인 자료요청이나 기입한 내용과 같이 인정이 안된다고 하면 곧바로 해당 금융회사와의 고객확인과정을 종료하고 다른 금융회사 등을 이용할 가능성도 높으므로 수범대상자인 금융회사 등의 입장에서는 이를 조사하여 실제에 부합하는지 여부를 역으로 고객에게 질의하기 쉽지 않은 실정이기도 하다.

만약 금융회사가 집요하게 고객거래확인서와 첨부자료의 문제점을 지적하고 이에 대한 보완을 요구한다면 그리고 고객거래확인서의 문제 법인이나 단체의 실제소유자를 확인하기 위하여 입증할 만한 검증서류인 정관, 이사회 및 총회 회의록, 중요정책 등에 관한 정보를 고객에게 요구하는 경우 금융회사 등의 부담이 커지는 측면은 논외로 하고서라도 고객인 법인이나 단체입장에서도 실제소유자 확인에 필요한 서류 등을 금융회사에 제공을 하거나 관련공문을 준비하여야 하므로 불편함이 늘어날 것이고, 또한 해당 자료가 없거나 아니면 있더라도 이사회 회의록 등 법인이나 단체의 내부보안자료인 경우에는 법인의 중요정책 또는 기밀사항까지 노출시켜야 하는 부담스러운 상황도 생길 수 있다.

일반적으로 법인이나 단체의 경우 1개의 금융회사하고만 전담하여 거래하는 경우는 많지 않다. 이에 법인이나 단체가 다수의 금융회사 등과 금융거래관계를 맺고 있는 경우에는 어떤 금융회사에서 강력한 고객확인 정책을 시행하여 고객거래확인서의 신고사항에 대한 근거자료를 지속적으로 요구하는 경우 금융회사 간 경쟁적 마케팅으로 법인고객의 상품 선택권이 넓은 예수금, 보험 및 금융투자 상품 등 거래에 대해서는 해당 법인이나 단체 고객은 금융거래의 주도권을 고객 스스로가 가지고 있는 경우가 많을 것이라서 금융회사의 고객확인 대응조치가 만약 강하다면 이러한 정책을 펼치지 않는 금융회사로 옮겨갈 가능성이 높다. 소위 법인이나 단체 고객 입장에서는 자금세탁규제가 약한 금융회사 선택 행위를 펼칠 가능성이 높다.

실제소유자 확인의 경우에는 이러한 문제점이 더 증폭될 수밖에 없다. 금융회사등 수범대상자 입장에서는 자체적으로는 실제소유자 확인의 상세 절차와 방법을 규정하면서 실제소유자 신원정보 검증에 대한 적정성을 평가할 수 있어야 하는데 어느정도 법인이나 단체의 형태가 정형화되어 있어 그 기재사항이 규정된 기본고객확인사항을 중심으로 하는 거래당사자의 고객거래확인서에 비해 실제소유자 확인서의 경우에는 다른 문제점이 발생한다.

우선 거래당사자 고객확인의 경우 특정금융정보법령과 자금세탁방지 업무규정에서 규정하는 소위 의무적으로 채워 넣어야 되는 필수기입항목이라는 대상이 〈표 26〉과 같이 규정[182]이 되어있다.

〈표 26〉 개인 및 법인 고객확인 및 검증표

구분	CDD (고객확인의무)						EDD (강화고객확인의무)		
	실지명의	주소	연락처	대표자 성명, 생년월일, 국적	업종	설립목적	직업	거래목적	자금원천
개인 (개인사업자)	◉	◉	◉				○	○	○
영리법인	◉	◉	◉	○	◉			○	○
비영리법인	◉	◉	◉	○		◉		○	○

◉: 확인 및 검증(검증서류의 징구)
○: 확인(검증서류 불필요)

182) 자금세탁방지 업무규정 제38조.

이에 각 금융회사 등에서 자율적으로 서식이나 내규를 마련한다고 하더라도 〈표 26〉의 항목에 대해서는 필수적으로 확인기입하고 검증을 위해 징구하여야 되는 자료가 있기 때문에 이 범위 내에서 고객거래확인서를 작성 및 징구하게 될 것이고, 이에 큰 틀에서는 예측가능한 고객거래확인서를 받고 관련 검증서류도 같이 징구할 수 있다.

하지만 실제소유자의 경우 그 수집방식 및 검증방법이 별도로 규정되어 있지 않다. 이에 현재 상황대로라면 실제소유자 확인을 위해서 절대적으로 수집해야 되는 방법이 있는 것이 아니라 기본적으로 전술하였던 고객확인서 양식에 준하여 실제소유자 확인서 양식을 마련해서 각 금융회사는 실제소유자를 확인하는 방법밖에 없다. 이에 금융회사별로 유연하게 그 절차와 방법을 징구할 수 있도록 하여야 할 것인데, 일부 외국에서는 법인고객의 실제소유자에 대해 신원확인 서류 등을 정하여 받도록 하고 있는 경우도 있지만, 우리나라에서는 현재까지 신원확인에 대한 검증방법을 특별히 규정에서 제한하고 있지는 않다.[183] 자금세탁방지 업무규정에서도 금융회사등은 고객을 궁극적으로 지배하거나 통제하는 자연인(실제소유자)이 누구인지를 신뢰할 수 있고 독립적인 관련정보 및 자료 등을 이용하여 그 신원을 확인하고 검증하기 위한 합리적인 조치를 취하여야 한다고만 규정하고 있고 그 구체적인 방법에 대해서는 논의하고 있지 않다.

문제는 구 자금세탁방지 업무규정에서는 실제소유자에 대해 확인만을 규정하고 있었지만 개정 자금세탁방지 업무규정에서는 실제소유자의 확인 및 검증을 모두 규정하고 있다는 점이다. 물론 금융위원회의 유권해석 등을 통해 실제소유자의 검증 수준은 개인의 신원 확인 및 검증의 수준에 이르지 아니하며 신용정보회사의 자료 등 다양한 수단을 사용할 수 있다고 활용가능한 자료의 폭을 넓게 확대하여 해석하고 있지만 규

---

183) 금융정보분석원, "강화된 고객확인제도 질의응답(2009. 9.)", 4-21 질의응답 부분 참조.

정상 그 절차와 방법은 공백인 상황이다.

이렇듯 별도의 확인 및 검증대상이 규정되어 있지 않다보니 법인 및 단체의 실제소유자 확인에 있어서 고객의 공문을 징구하여 실제소유자라고 고객이 신고하는 경우 이를 우선하는 것이 통례화되는 경우가 많은데 이러한 고객신고 우선주의 원칙(본 논문에서는 고객신고주의 또는 신고주의라고 한다)의 폐단은 여러 곳에서 나타날 수 있다.

고객신고주의 사례

법인의 주주명부 지분도

A(20%),

B(10%),

C(9%, 고객이 C가 실제소유자라고 공문으로 신고한 경우) ……

: A, C를 실제소유자로 기입이 가능[184]

고객신고주의 문제는 위 사례를 통해 더 잘 파악할 수 있다. 우선 어떠한 법인 또는 단체의 실제지분이 명확하게 파악됨에도 불구하고 위와 같이 고객의 신고를 우선으로 하는 경우 그 실제소유자 파악에 문제가 발생할 수밖에 없다. 가령 법인 또는 단체의 실제소유자 지분도를 분석한 결과 특정인이 최대지분권자에 해당하는 경우에는 특정금융정보법 시행령 제10조의5제2항제2호가목에 의해 해당 법인 또는 단체의 의결권 있는 발행주식총수를 기준으로 소유하는 주식, 그 밖의 출자지분의 수가 가장 많은 주주등에 해당하는 것으로 하여 자연인 A를 실제소유자로 기입할 수 있다. 문제는 이 경우에 법인 또는 단체가 실제소유자를 C라고 주장하고 그 신고를 하는 경우에 발생할 수 있다. 법인 또는 단체가 A가

184) 특정금융정보법 시행령 제10조의5 제2항 제2호. 해당 법인 또는 단체를 사실상 지배하는 자가 가목 및 나목에 해당하는 주주등과 명백히 다른 경우에는 그 사실상 지배하는 자에 해당할 수 있기 때문이다.

아닌 C가 실제소유자라고 주장하며 관련 신고와 근거서류를 제시하는 경우 객관적으로 A가 실제소유자 임에도 금융회사 등은 고객의 신고를 인정하여야 하는지 누구를 실제소유자로 확인하여야 하는지 문제가 항시 발생할 수 있다.

이러한 경우 법인 혹은 단체의 경우 단순히 실제소유자 확인서 확인 기재뿐만 아니라 공문 등으로 업체가 '최종적으로 지배/통제하는 사람'을 별도 공문으로 은행에 제출시에는 업체가 신고하는 자연인으로 제출하는 경우가 많기 때문이다. 결국 극단적인 경우에는 단 1주의 지분이 없더라도 그들이 내세우는 바지사장 등을 법인 또는 단체는 실제소유자로 마음대로 신고 기입하는 선택이 가능하다. 이는 당연히 특정금융정보법상 법인 또는 단체의 실제소유자를 확인하려고 하는 법의 취지에 맞지 않는다.

Ⅲ. 개선방안: 직권심사의무 도입과 법령의 적극적 해석

1. 신뢰할 수 있는 자료의 인정

가. 신뢰할 수 있고 독립적인 관련자료 및 정보

실제소유자 확인서에 고객이 신고내용을 기입하거나 입력하는 방식을 기초로 하는 현행 고객 신고주의의 경우에는 대부분 신고행위가 공문 및 신고법인의 사전에 준비된 검증서류 및 자료에 의해서 이루어질 가능성이 높다. 금융회사 등의 입장에서는 기본적으로 법인 및 단체는 금융회사의 고객으로 수익창출의 대상일 뿐만 아니라, 제3의 자료원을 통해 자료를 수보하기 어려운 현행 구조상으로 해당 법인이나 단체 고객이 신고하는 서류 및 자료로 이를 기입하기가 편리하기 때문이다.

법인 및 단체가 실제소유자 확인과 관련하여 확인공문 및 관련자료를 보내주는 경우에는 해당내용을 확인 및 검증하고 관련자료를 보존함으로써 특정금융정보법상 확인의무를 다하였다는 면책이 될 가장 강력한 자료가 될 수 있으므로 금융회사 입장에서는 금융당국의 검사·감독에서 어느정도 자유로워지는 효과도 누릴 수 있다. 그렇기 때문에 이에 실제 법인이나 단체의 지분비율과 다른 고객이 제3자를 내세우는 실제소유자의 신고행위가 나타날 수 있으며, 특히 실제소유자를 감추기 위해서 혹은 다층적 지배구조로 별도의 자료로 지분구조를 파악하기 어려운 경우 혹은 법인이 외국법인 등 다국적 국가의 실제소유자로 구성되어 있어 자료를 구하기 어렵거나 연락을 취하기 어려운 경우, 법인 또는 단체고객의 법인등기부등본과 주주명부 등으로는 외관상 실제소유자를 파악할 수 없는 경우에는 더욱 이러한 문제가 가중될 수 있다.

〈표 27〉 자금세탁방지 업무규정 비교표 ③

구 자금세탁방지 업무규정	현행 자금세탁방지 업무규정
제41조(실제당사자) ①금융기관등은 고객을 궁극적으로 지배하거나 통제하는 자연인(이하 '실소유자'라 한다)이 누구인지를 신뢰할 수 있는 관련정보 및 자료 등을 이용하여 자금세탁등의 위험도에 따라 그 신원을 확인하여야 한다. ②금융기관등은 법인고객의 실제 거래당사자 여부가 의심되는 등 고객이 자금세탁행위등을 할 우려가 있는 경우 실제 당사자 여부를 파악하기 위하여 필요한 조치를 하여야 한다.	제41조(실제당사자) ①금융회사등은 고객을 궁극적으로 지배하거나 통제하는 자연인(이하 '실제소유자'라 한다)이 누구인지를 신뢰할 수 있고 독립적인 관련정보 및 자료 등을 이용하여 그 신원을 확인하고 검증하기 위한 합리적인 조치를 취하여야 한다. ②영 제10조의5제2항제3호에 따른 "대표자"는 법인·단체를 대표하는 자, 법인·단체 고객을 최종적으로 지배하거나 통제하는 자로서 대표이사·임원 등 고위경영진의 직책에 있는 자연인 등을 말한다. ③금융회사등은 시행령 제10조의5 제5항에도 불구하고 법인·단체 고객의 실제 거래당사자 여부가 의심되는 등 고객이 자금세탁행위등을 할 우려가 있는

	경우 실제소유자 여부를 파악하기 위하여 필요한 조치를 하여야 한다.

우선 이에 대해서는 현행 실제소유자 신고주의를 인정하면서 금융회사 등에서 실제소유자 확인서류 확인 및 검증에 있어서 무조건적으로 신고사항을 인정하기 보다는 선량한 관리자 주의의무를 기울여 심사할 필요가 있다. 기본적으로 고객이 제출하는 서류 및 검증자료는 있는 그대로 받아들여서는 아니되고 신뢰할 수 있고 독립적인 관련정보 및 자료 등으로만 입증할 수 있도록 하여야 할 것이다. 현행 자금세탁방지 업무규정 제41조 제1항에서도 금융회사등은 고객을 궁극적으로 지배하거나 통제하는 자연인(실제소유자)이 누구인지를 "신뢰할 수 있고 독립적인 관련정보 및 자료 등"을 이용하여 그 신원을 확인하고 검증하기 위한 "합리적인 조치"를 취하여야 한다고 규정하고 있다. 즉 고객이 제출한 실제소유자 확인서와 그 검증자료가 신뢰할 수 있고 독립적인 관련정보 및 자료 등인지 아니면 고객편의에 의해 작성된 임의적인 서류 등인지를 선관주의에 따라 심사하고 합리적인 대응조치를 취하여야 한다. 이에 고객이 제출한 실제소유자 확인서류 등이 자의적으로 작성되고 검증의 근거자료가 부족한 경우에는 신뢰할 수 있는 독립적인 관련정보 및 자료 등이라고 볼 수 없다.

기본적으로 거래당사자의 신원확인에 적용되는 고객확인 및 검증의 문서, 자료, 정보 등은 실제소유자 확인에도 그대로 적용된다고 해석해야 한다. 이에 자금세탁방지 업무규정 제37조[185]에서 금융회사 등은 고객과 금융거래를 하는 때에는 그 신원을 확인하여야 하고 신뢰할 수 있고 독립적인 문서·자료·정보 등을 통하여 그 정확성을 검증하여야 하며 고객과 금융거래를 하는 경우에는 거래관계의 목적 및 성격을 이해하고, 필요한 경우 관련 정보를 확보하여야 하며, 특히 법인 및 단체 고객에 대해서 영위하는 사업의 성격, 지배구조 및 통제구조 등을 이해하여야

185) 자금세탁방지 업무규정 제37조.

한다고 규정하고 있다. 또한 자금세탁방지 업무규정 제40조 제3항에서 법인 단체의 고객검증은 정부가 발행하는 문서 등에 의해 추가적인 조치가 필요하다고 하고 있으며,[186] 자금세탁방지 업무규정 제38조 제4항에서 법인 단체 고객의 경우에는 설립사실을 증명할 수 있는 법인등기부등본 등의 문서 등으로 법인 또는 법률관계의 실제존재여부를 확인하여야 하는 점[187] 등을 살펴볼 때 법인 또는 단체의 실제소유자를 판단하는 검증자료는 고객이 제출한 신고서와 제출자료를 기초로 하되 다만 추가적으로 금융회사에서 위 자료들과 신고사항이 정확하고 신빙성이 있는지 합리적인 조치를 다해 실질심사를 하고, 제출한 자료 중 이러한 실질심사를 통과한 사항과 자료는 인정하고, 나머지 문제가 있거나 근거가 부족한 부분은 독립적이고 신뢰할 수 있는 제3의 독립검증 자료원으로 실제소유자를 직권으로 심사하는 것으로 해석되어야 한다.

금융위원회 유권해석에서도 같은 취지의 해석을 발견할 수 있다. 금융위원회에서는 기본적으로 최대지분권자의 확인시에는 주주명부, 주식등 변동상황명세서, 금융감독원 공시시스템, 한국기업데이터(CRETOP), 한국신용평가정보(NICE) 이용이 가능하다고 설시하고 있으며 특히 3단계의 법인 또는 단체의 대표자 확인의 경우에는 법인등기부등본, 주주명부, 사업자등록증, 고유번호증 등을 통해 확인이 가능하다고 예시적으로 서류를 적시하고 있다. 뿐만 아니라 최근 금융위원회 유권해석에서도 별도의 증빙서류라고 표현하고 있지 특정한 서류나 고객이 신고한 서류만을 인정한다는 문구는 없으며 특정서류만을 고객확인서류나 검증자료로 규정하고 있지는 아니하다.[188][189]

---

186) 자금세탁방지 업무규정 제40조 제3항.

187) 자금세탁방지 업무규정 제38조 제4항.

188) 금융정보분석원, "강화된 고객확인제도 질의응답(2009. 9.)", 4-4 질의응답 부분 참조.

189) 법인과 마찬가지로 법인 아닌 단체의 경우의 경우에도 국세청에 사업자등록 신청을 할 수 있다. 이때 제출하는 서류들이 있으므로 고객으로부터 관련서류를 징구하기 쉽다. 이미 국세청에 사업자등록 신청시 마련하였을 서류이기

법인 및 단체 중 영리법인이 아닌 비영리단체는 더더욱 여러 가지 서류가 없는 경우가 많다. 이에 실제소유자 확인을 위해서는 비영리법인의 정관[190]도 가능하며 회칙, 규약, 내부 약정서, 계약서, 명부규정 또는 해당회사와의 공문이나 이메일, 팩스의 방법으로 법인등기부등본, 주주명부, 주식 변동 명세서, 사원명부, 출자자명부, 이사회명부 등도 신뢰할

때문에 가지고 있는 서류들이라고 할 수 있기 때문이다.

① 종교단체
  1. 사업자등록신청서
  2. 임대차계약서 사본(사업장을 임차한 경우에 한함)
  3. 법인설립허가증(소속단체는 소속확인서)(대표자가 소속확인서 내용과 상이한 경우 대표자 선임근거서류 추가)
  4. 정관, 협약 등 조직과 운영 등에 관한 규정 또는 단체의 성격을 알 수 있는 서류
  5. 대표자 선임을 확인할 수 있는 서류
  6. 단체직인

② 종교단체 이외의 비사업자(개인으로 보는 단체)
  1. 사업자등록신청서
  2. 임대차계약서 사본(사업장을 임차한 경우에 한함)
  3. 정관, 협약 등 조직과 운영 등에 관한 규정 또는 단체의 성격을 알 수 있는 서류
  4. 대표자 선임을 확인할 수 있는 서류
  5. 단체직인

③ 법인으로 보는 단체
  1. 법인으로 보는 단체의 승인신청서
  2. 법인으로 보는 단체의 대표자 등의 선임신고서
  3. 대표자 또는 관리인 임을 확인할 수 있는 서류
  4. 정관 또는 조직과 운영에 관한 사항
  5. 단체직인
  6. 임대차계약서 (장소를 임차한 경우)
  7. 「상가건물 임대차보호법」 적용을 받는 상가건물의 일부를 임차한 경우에는 해당부분의 도면

190) 정관의 경우 설립목적을 확인하기 좋은 서류이며 또한 정관 말미에는 해당 비영리법인의 발기인(지분율), 대표자 권한 규정 등이 담겨 있는 경우가 많으므로 실제소유자 확인에도 사용될 수 있는 서류이다.

수 있고 독립적인 검증수단으로 인정된다면 이를 수취 보관하여 활용할 수도 있다고 생각한다. 이는 예시적인 것이므로 반드시 명칭이 출자자, 주주명부라고 표기될 필요는 없고 그러한 정보가 현출된 등본이면 무관하다고 보인다. 이에 신용정보회사의 주주정보, 주주 현황이 표시된 해당 법인·단체의 공문 등을 받아 보관하는 방법 등도 진위여부 검증이 전제된다면 가능하다고 보인다.[191] 다른 형태의 서류 및 자료, 법령 및 근거규정과 규약도 당연히 진위여부 검증이 전제된다면 사용될 수 있다. 이에 총회, 이사회, 출자자의 회의록, 대표자 및 임원 임명통지서, 내부선출 및 당선통지서나 혹은 이와 관련하여 이를 입증할 수 있는 증거자료 역시 모두 그 검증서류 등으로 사용될 수 있도록 넓게 해석하여 금융회사 등의 실질심사에 도움이 될 수 있도록 하여야 할 것이다.[192]

나. 디지털 실명확인증표 및 전자증명서의 활용

금융회사 등에 실효성 있는 실제소유자 확인제도를 도입하여 관련

---

191) 금융위원회 법령해석 회신문, “신용정보회사를 통해 조회 한 주요 주주현황 정보를 자금세탁방지 실제소유자 확인 및 검증서류로 활용해도 무방한지 여부”(2020. 11. 6.) 및 금융감독원 업무관련 Q&A(감총자금일-147, 2016.4.11.) 참조.

192) 유럽연합 집행위원회(European Commission, EC)가 EU 27개국 전반에 걸친 부동산, 가상화폐, 금, 미술품 등 자산 실소유자(Asset-Ownership Database)의 정보를 보유한 중앙등기소의 건립도 고민을 하고 있다(https://www.moneylaundering.com/news/eu-considers-catch-all-asset-ownership-database). 즉 토지소유자의 국가등록부, 법적 실수혜자, 유가증권 소유자 등 ‘자산소유에 관한 다양한 출처에서 이용할 수 있는 정보 수집 및 연계 방안’을 모색하고 있으며, 이 목록을 금, 가상화폐, 예술작품, 부동산까지 확대할 수 있는 가능성을 같이 고민하고 있는 것이다. 최근 EU는 국가실소유자 등록부를 운영하고 있는데 이는 각 EU 가입국의 FIU가 계좌 및 금고 개설자에 대한 데이터를 교환할 수 있도록 권한을 부여하여 해당 정보를 공유하는 시스템인바, 우리나라 역시 각 기업데이터 소스를 집중한 중앙등기소와 유사한 실제소유자 DB데이터 구축의 필요성도 있다고 생각한다.

제도를 강화시키는 것도 중요하지만 현실적으로는 금융회사 등에 한정된 인력과 자료로 실제소유자 확인을 강화하여 운영하고 싶어도 이에 대한 이용가능한 자료나 확인가능한 정보가 한정된 경우가 많다. 특히 실제소유자 자료 수보의 문제의 경우 크게 나타날 수 있는 부분이 대상 고객에 추가자료를 요청함에 따라 나올 수 있는 고객의 민원 및 해당 지점이나 영업부서와의 갈등 부분이 발생할 수 있다.

또한 어렵게 받은 자료나 정보가 과연 정확하고 신빙성이 있는 것인지의 문제도 발생할 수 있다. 즉 확인하거나 징구된 자료를 소위 제출된 그대로 믿을 수 있느냐의 고민도 동시에 발생할 수 있는 부분이다. 현행 특정금융정보법은 금융회사에게 금융거래를 이용한 자금세탁 행위를 방지하기 위하여 고객확인 의무는 규정하고 있으나 조회 절차 및 수단에 대한 구체적인 방법규정은 존재하지 않는다. 즉 금융정보분석원에서 마련한 자금세탁방지 업무규정은 고객확인 절차 및 수단에 대하여 특별한 내용을 포함하지 않고 있고 특정금융정보법 보고 및 감독규정에서는 각 금융회사가 이를 위한 업무지침을 마련하여 운용하도록 규정하고 있다.[193]

이는 다양하고 여러 입증자료를 탄력적으로 활용할 수 있다는 부분이 될 수 있는 것이지만 역으로 생각한다면 금융회사 등 입장에서는 법적안정성의 측면에서 자율적으로 하되 미이행이나 불충분한 고객확인제도 운영에 대한 책임은 지는 것이므로 적용의 일관성을 해치는 원인이 되기도 할 수 있다. 이에 특정금융정보법령이나 자금세탁방지 업무규정에 실제소유자 확인 자료가 더 명확히 규정이 되어 있다면 이에 대한 사항을 고객공지사항에 포함시켜서 더욱 법적 강제력을 강화하여 고객들로부터 관련서류를 징구하기 쉽게 운용할 수 있게 되는 측면도 있다. 예를 들면 고객확인제도와는 다른 자금세탁방지제도인 고액현금거래보고제도의 경우에는 현금 1,000만 원 이상의 물리적인 이동의 경우에 금융회사 등은 의무적으로 각 중계기관을 경유하여 금융정보분석원에 현금

193) 특정 금융거래정보 보고 및 감독규정 제24조.

의 이동에 대한 보고를 한다고 규정이 되어 있어 이는 금융회사를 이용하는 모든 개인 및 법인고객에게 일의적으로 적용이 되고 해당사항에 대해 고객에게 통보하고 바로 적용하기 편리한 측면도 있다. 이에 자율적으로 각 금융회사 등에서 고객확인서와 실제소유자 확인서를 징구하여 금융회사에서 자체적으로 운용을 한다는 것은 고객확인제도의 제도 운영에 대한 강제력을 약화시켜 결국 자금세탁 방지에 대한 실효성을 확보할 수 없게 만든다.

자금세탁방지 업무규정 등에 실제소유자 확인 자료를 구체적으로 적시하는 것이 어렵다고 한다면 해결 방안으로 생각해 볼 수 있는 것이 디지털 전자증명서 자료의 활용을 들 수 있다고 생각한다. 이미 행정안전부의 경우에는 종이문서 형태로만 발급받을 수 있었던 주민등록등초본 등의 각종 증명서와 확인서를 전자증명서 형태로 받을 수 있게 하면서 전자증명서 즉 각종 증명서를 스마트폰에 발급받아 원하는 기관에 제출 가능한 서비스의 활용을 가능하게 하고 있다.[194] 이러한 전자증명서를 오픈 API(Application Program Interface) 방식으로 개발하여 금융앱 등 민간부문[195]과 연계를 확대하는 것으로 은행이 앱 등을 이용해서 사전에 고객의 실명확인 증표 범위를 넓게 인정해 주는 방법도 가능하리라고 생각한다.[196]

전자금융업 등 핀테크 및 소액해외송금산업의 발전 추세와 금융소비

---

194) 행정안전부, "정부, 연말부터 금융업무 제출용 종이증명서, 전자증명서로 대체" 관련 공문(2019. 9. 23.) 참조. 송부방식은 개인 스마트폰에 전자문서지갑을 설치해 정부24 등의 전자민원창구로부터 발급받은 전자증명서를 보관하고, 다른 기관의 전자문서지갑으로 안전하게 보내는 방식이다.

195) 카카오톡, 네이버, 페이코(간편결제) 등 민간 앱에서 이미 전자증명서의 신청 및 발급이 가능한 상황이다.

196) 행정안전부, "정부, 12월 주민등록등초본 전자증명서 서비스 시행 앞두고 사전준비" 관련 공문 (2019. 11. 12.) 참조. 주민등록표등초본을 시작으로 전자증명서를 2020년까지 가족관계증명서 등 100종, 2021년에는 인감증명서 등 300종까지 늘릴 계획이라고 한다.

자들이 시간이나 장소에 구애받기 보다는 편리하고 안전하게 비대면으로 금융거래를 하고 싶다는 욕구가 커짐에 따라 비대면 금융거래의 규모는 점점 가속화 되고 있다. 이에 금융위원회와 행정안전부 등 관련 부처에서도 과거 엄격하게 운영되어 오던 대면 실명확인 방식을 수정하고 과감하게 여러 전자증명서의 활용을 가능하도록 노력하고 있다. 행정안전부는 지속적으로 협약 금융회사 등을 확대하면서 대출 신청·계좌 개설 등 금융 거래시 필요한 서류를 스마트폰을 이용하여 전자증명서로 발급·제출할 수 있도록 조치하고 금융 거래시 소득금액 증명 등에 필요한 서류 등을 국세청·건강보험공단 등과 연계를 통해 전자증명서로 제공하도록 하고 있다. 각 금융회사는 자체적으로 앱을 설계하는 단계에서부터 이러한 전자증명서를 발급·제출하여 탑재할 수 있도록 "전자문서지갑" 기능을 개발하고 있다.[197] 또한 그 일환으로 고객이 금융거래시 전자지갑에 발급·저장한 디지털 실명확인증표 꾸러미(신분증 진위확인증명, 계좌확인증명 정보)를 제시하여 간편하게 비대면으로 실명을 확인할 수 있는 서비스[198][199]방식을 적극적으로 활용하는 방안도 생각해 볼 수 있다. 특히 최근에는 금융이용자가 최초 1회 비대면 실명확인을 거쳐 디지털실명확인 증표 꾸러미를 '이니셜'이라는 형태의 전자지갑에 발급·저장한 후, 실명확인 또는 접근매체 발급시 금융회사 등에 디지털 실명확인증표 꾸러미를 제시하는 경우에 현재 비대면 실명확인을 이행한 것으로 인정하도록 특례를 부여받고 있다. 최근 금융위원회 유권해석[200]에서도 혁신금융서비스로 지정된 '은행 앱을 활용한 간편 실명확인 서비

197) 행정안전부, 2020. 9. 3. 보도 참고자료 참조.

198) 금융위원회, 2020. 5. 27. 혁신금융서비스 지정 보도자료 참조.

199) 금융위원회, 2020. 6. 8. 전자금융거래의 편리성·안전성 확보를 위한 「금융분야 인증·신원확인 제도혁신 T/F」, 2면 참조.

200) 금융위원회 법령해석 회신문, "은행 앱을 활용한 간편실명확인 서비스를 이용한 고객확인 가능 여부" (2021. 5. 13.) 참조. 동 유권해석에서는 앱을 통해서 미리 촬영한 이미지 파일은 신분증 원본에 준하는 효과를 인정할 수 있다고 해석하였다.

스' 도입시 사용되는 기제출된 신분증 이미지를 활용하여 고객확인을 수행할 경우 적절한 고객확인을 수행한 것으로 인정받을 수 있는지 여부에 대해 특정금융정보법 제5조의2에 따른 고객확인을 이행하기 위한 기타 필요충분한 조치를 모두 취하는 것을 전제로 긍정적으로 해석하면서 신원 확인 및 검증수단으로서의 사용을 긍정하고 있다.

특히 이러한 방식을 통해서라면 법인 및 단체의 실제소유자 신원확인 및 검증 수단으로서 금융회사 등이 편리하게 입증방법을 입수하면서 고객확인에 대한 부담을 덜고 동시에 진위여부 확인 등 고객확인의 정확성을 높일 수 있다는 점에서 향후 확대적용이 기대되는 측면이 있다. 이 부분은 동시에 금융소비자에게도 고객확인과정에서 간이한 증표의 앱상 제출로 인해 비대면 금융거래시에 편리한 고객확인절차를 이행할 수 있다는 점에서도 그 의의가 있다고 하겠다. 이 디지털 실명확인증표 꾸러미의 유용성은 여러 곳에서 그 의미가 있겠지만 특히 성질상 비대면 금융거래와 함께 가족대리의 본인 신원확인 서류 및 검증에서 큰 도움이 될 수 있다고 생각한다. 금융실명법상 간이한 절차로 대리관계를 인정해주는 가족대리의 원칙과 달리 특정금융정보법에 관한 가족대리절차의 금융위원회의 유권해석[201]에서는 대리인을 통한 계좌의 신규 개설시 특정금융정보법상 고객확인의무를 이행하기 위하여 대리인 뿐 아니라 본인의 실명확인증표도 징구하여 본인 및 대리인의 신원을 확인하고 검증하여야 할 것이라고 엄격한 확인 및 검증 방식을 취하고 있다. 금융위원회의 유권해석에서 "실명확인 증표"의 징구가 필요하다고 표현되어

201) 금융위원회 법령해석 회신문, "가족관계에 있는 대리인이 계좌를 신규개설할 경우 본인(예금주)의 실명확인증표 필요 여부" (2020. 10. 15.) 참조. 동 유권해석에서는 가족관계에 있는 대리인이 내방하여 계좌의 신규 개설시 대리인의 실명확인증표와 가족관계확인서류 외에 본인(예금주)의 실명확인증표 필요 여부질의에 대하여 대리인을 통한 계좌의 신규 개설시 특정금융정보법상 고객확인의무를 이행하기 위하여 대리인 뿐 아니라 본인의 실명확인증표도 징구하여 본인 및 대리인의 신원을 확인하고 검증하여야 할 것이라고 보았다.

있어서 이 문구가 의미하는 것이 실명확인증표의 원본만을 의미하는 것인지 아니면 실명확인증표의 사본도 가능한 것인지 명시적으로 해석상으로 표시되어 있지는 않지만 현재 금융실명법에서는 실명확인 증표로 사본은 사용하기 어려운 것으로 해석[202]하고 있어 원본 자료징구의 불편함이 발생할 수 있다.

현실적으로 비대면 고객확인과정에서 대리인인 가족이 본인인 가족의 실명확인증표인 신분증을 가지고 다니기가 어렵고 불편하다. 또한 특정 금융거래정보 보고 및 감독규정과 자금세탁방지 업무규정의 각 자료보존규정[203]에서도 고객(대리인, 실제소유자 포함)에 대한 고객확인서, 실명확인증표 사본 또는 고객신원정보를 확인하거나 검증하기 위해 확보한 자료라고 규정되어 있는 점, 어떤 형태의 검증방법을 사용하더라도 해당 자료는 최신성이 있어야 하며, 증빙하려는 대상과 정합성이 있어야 하고 검증방법의 경우에는 자금세탁방지 업무규정 제38조 내지 제42조에 의거하여 '실지명의'와 관련된 항목을 모두 또는 총합적으로 기입할 수 있는 완전성 있는 검증방법이 필요하다는 것이 중요한 것이지 반드시 이것이 원본에만 한정되는 것은 아니라는 점, 가족대리방식과 기타 재외국민이나 외국국적동포, 외국인의 대리방식에서 본인의 사본을 금융실명법상 실명확인에 필요한 서류로 인정하여 주려는 금융실명법과의 조화로운 해석을 위해 실명확인증표 사본의 사용도 가능할 수 있도록 하여야 할 것이며, 이러한 의미에서 원본에 준하는 효력을 디지털 실명확인증표에 부여하여 현실적으로 본인의 실명확인증표의 징구를 간이하

202) 은행연합회, "금융실명거래 업무해설 (2016)", 8면 참조. 실명확인증표로 사용할 수 없는 경우로 ① 실명확인증표의 사본, ② 금융거래시점에 유효하지 않은 실명확인증표, ③ 운전면허가 취소된 경우, ④ 사원증 + 주민등록등(초)본, ⑤ 전역증, 휴가증, 상공회의소나 산업인력공단이 발급한 자격증은 사용할 수 없다고 해석하고 있다.

203) 특정 금융거래정보 보고 및 감독규정 제13조 제1호, 자금세탁방지 업무규정 제85조 제1항 제1호.

게 해주어야 할 필요성이 있다고 본다. 이에 가족대리의 경우에 있어서도 〈표 28〉에서 보는 바와 같이 다양한 각종의 실명 확인자료를 사용할 수 있다고 생각한다.

〈표 28〉 각종 확인자료

1. 가족인 본인의 실지명의: 실명 확인자료
   - 본인의 성명: 신분증, 주민등록초본 등
   - 본인의 실명번호: 신분증, 주민등록초본 등
   - 본인의 주소: 주민등록등본, 주민등록증, 공과금 영수증, 법인등기부 등본, 사업자등록증, 기타 공공기관이 발행한 증서, 공공요금 청구서 또는 영수증, 세금계산서, 등기우편물 수령 확인 등(이름 및 주소 명시)
   - 본인의 연락처: 명함 등 연락처 입증 서류

2. 가족인 대리인의 실지명의: 실명 확인자료
   - 대리인의 성명: 신분증, 주민등록초본 등
   - 대리인의 실명번호: 신분증, 주민등록초본 등
   - 대리인의 주소: 주민등록등본, 주민등록증, 공과금 영수증, 법인등기부 등본, 사업자등록증, 기타 공공기관이 발행한 증서, 공공요금 청구서 또는 영수증, 세금계산서, 등기우편물 수령 확인 등(이름 및 주소 명시)
   - 대리인의 연락처: 명함 등 연락처 입증 서류

3. 가족대리의 대리권한자료: 3개월 이내의 가족관계 입증서류 혹은 위임관계를 증명할 수 있는 위임장 등

2. 직권 실질심사주의 도입

만약 위와 같은 신뢰할 수 있고 객관적인 자료 등으로 실질심사를 하였는데 고객이 신고한 실제소유자와 명백히 다른 실제소유자가 존재하는 경우의 처리방식이 문제될 수 있다. 우선 일반적으로 고객이 적극적으로 실제소유자의 존재를 은폐하려고 노력한 경우가 아니고 단순 오기

나 오판, 이해부족 자료제출의 단순실수 등이 있을 수 있고 이러한 경우로 판단되는 경우에는 고객이 신고한 실제소유자를 철회시키고 금융회사 등에서 제시하는 실제소유자를 기입할 수 있도록 고객에게 실제소유자 확인서류를 재징구하거나 관련 공문을 수취하는 방법을 생각해 볼 수 있다.

앞서 본 고객신고주의 사례의 경우에 일단 최대지분권자로 파악된 A를 기입하고 다만 고객이 당초 신고한 C가 일견 근거가 있는 경우라고 한다면 실제소유자 등으로 관련자로 병기가 가능하다고 할 것이다. 만약 고객이 금융회사 등의 권고를 받아들여서 A로의 실제소유자 재신고를 한 경우에는 그러한 이력 및 관련 문서 등을 첨부해서 징구서류상에 과거 고객이 신고한 내용 및 정정한 내용을 기재한 후에 담당자의 기명날인을 통해 관련 서류를 보관할 필요가 있다.[204)]

다음으로 만약 고객이 금융회사 등의 실질적 심사에 의해 A를 실제소유자로 기입할 것을 권고하였는데 고객이 지속적으로 C로 신고하여 수정하지 아니하는 경우 직권으로 신고한 내용과 다르게 기재할 수 있는지가 문제된다. 우선 고객이 신고한 내용을 금융회사에서 직권으로 내용을 정정하거나 수정할 수는 없다고 생각한다. 고객이 실제소유자를 정정할 의무는 없기 때문이다. 다만 이 경우 고객에게 신뢰할 수 있고 객관적인 자료 등으로 심사한 결과 신고내용과 실제소유자의 인정내용이 다를 수 있는 사정을 설명하고 다시 제출하라고 재안내할 수는 있을 것이다. 만약 고객이 이러한 재안내한 내용에 대한 추가적인 자료를 제출하지 않거나 지속적으로 C를 실제소유자로 적어달라고 요청하는 경우에는 직권으로 정정할 필요없이 바로 고객확인의무상 자료제출 미비나 부정확한 자료의 제출로 거래를 거절 또는 종료하는 프로세스로 가야할 것이다.

고의누락 또는 허위신고의 경우도 마찬가지이다. 만약 법인의 실제소유자 확인시 서류상 명확히 A가 실제소유자로 확인되는데, 법인에서

---

204) 자금세탁방지 업무규정 제85조.

어떠한 사유로 실제소유자를 B라고 주장하는 경우(실제 B가 실제소유자라서가 아닌, 부정한 사유나 편의상 요청인 경우)에도 실질심사주의에 따라 고객확인심사를 하여야 할 것이다. 이러한 허위 고의누락 신고의 경우까지 신고주의가 적용되는 것은 특정금융정보법의 취지에 맞지 않다. 이때에는 고객확인의무의 고객이 신원확인 등을 위한 정보 제공을 거부하는 등 고객확인을 할 수 없는 경우에 해당하여 금융회사등은 계좌 개설 등 해당 고객과의 신규 거래를 거절하고, 이미 거래관계가 수립되어 있는 경우에는 해당 거래를 종료하여야 한다. 특정금융정보법 및 자금세탁방지 업무규정 제44조(고객확인 및 검증거절시 조치 등)상에서도 금융회사등은 고객이 신원확인 정보 등의 제공을 거부하거나 자료를 제출하지 않는 등 고객확인을 할 수 없는 때에는 그 고객과의 거래를 거절하여야 한다고 규정되어 있다.[205] 뿐만 아니라 이 경우 금융회사등은 법 제4조에 따른 의심거래보고 의무[206]를 이행하여야 한다는 부분이 적극적으로 적용되어야 한다.

3. 거래거절 및 종료제도의 실효적인 활용

가. 거래거절 및 종료제도

신뢰할 수 있고 객관적인 자료 등으로 실질심사를 하였는데 고객이 지속적으로 자료제공을 거부하거나 자료를 제출하지 않는 경우, 혹은 아예 연락이 두절되거나 지속적으로 자료나 정보의 제출을 거절하는 경우가 있다. 실무적으로는 대부분 국내 거래당사자들의 경우에는 자료제출을 거부하는 경우가 많으며, 외국법인 거래당사자의 경우는 대부분 해외지점이나 영업소 등을 통해 개설된 계좌나 거래관계가 많기 때문에 현

205) 자금세탁방지 업무규정 제44조.
206) 특정금융정보법 제4조.

실적으로 자료제출을 추가적으로 징구하기가 어렵게 되는 경우가 많다. 금융회사는 신규 고객이 신원확인 정보 등의 제공을 거부하거나 자료를 제출하지 않는 등 고객확인을 할 수 없는 때에는 그 고객과의 거래를 거절하여야 한다. 이 경우 회사는 특정금융정보법 제4조에 따른 의심되는 거래보고를 검토하여야 한다. 이는 전술한 고객신고사항의 실질심사에서도 적극적으로 활용되어야 되는 측면도 있다.

거래거절 및 종료제도는 개정 특정금융정보법에서 더 강화되고 내용이 보완되었는 바, 일반 고객이외에도 금융회사 등은 상대가 가상자산사업자인 고객의 경우 ① 법 제7조제1항 및 제2항에 따른 신고 및 변경신고 의무를 이행하지 아니한 사실이 확인된 경우, ② 법 제7조제3항제1호 또는 제2호에 해당하는 사실이 확인된 경우, ③ 법 제7조제3항에 따라 신고가 수리되지 아니한 사실이 확인된 경우, ④ 법 제7조제4항에 따라 신고 또는 변경신고가 직권으로 말소된 사실이 확인된 경우에도 거래거절 및 기존 거래관계의 종료의무가 있다. 추가적으로 특정금융정보법 시행령에서는 가상자산사업자인 고객이 「공중 등 협박목적 및 대량살상무기확산을 위한 자금조달행위의 금지에 관한 법률」제4조제1항에 따른 금융거래등제한대상자와 금융거래등을 한 사실이 밝혀진 경우에도 거래거절 및 종료하여야 하는 것으로 규정하였다.

고시의 형태를 띠고 있는 가상통화 관련 자금세탁방지 가이드라인은 거래거절 및 종료에 대한 부분을 더욱 구체화하여 1. 금융회사등의 고객이 신원확인, 실제소유자, 금융거래목적 등을 위한 정보 제공을 거부하여 금융회사등이 고객확인을 할 수 없는 경우, 2. 금융회사 등의 고객이 가상자산 취급업소인 것으로 의심되는 경우로서 고객이 확인을 위해 제공한 정보를 신뢰할 수 없어 사실상 정보 제공을 거부한 것과 동일시할 수 있는 경우에도 금융회사 등은 지체없이 금융거래를 거절하거나 해당 금융거래를 종료할 수 있도록 하였다. 가상통화 관련 자금세탁방지 가이드라인에서의 거래종료의무가 특정금융정보법령에서 규정한 것처럼 의무적인 것이 아니라 임의적인 형태이긴 하지만 거래상대방인 상대방 가상자산사업자가 추가자료 제출을 거부한 것이 아니고 제출을 하였음에도 불구하고, 또한 제출된 자료가 진실된 것이라고 신뢰하기 어려워 마치 사실상 정보 제공을 거부한 것과 마찬가지로 보이는 경우까지 확대하여 거래거절 및 거래관계종료가 가능하게 하였다는 데 그 의의가 있다.

뿐만 아니라 1. 금융회사등의 고객이 취급업소인 경우로서 본인임이 확인된 이용자의 은행계좌와 취급업소의 동일은행 계좌 간에만 입출금을 허용하는 서비스인 실명확인 입출금계정 서비스를 이용하지 않는 등 자금세탁등의 위험이 특별히 높다고 판단하는 경우, 2. 금융회사등의 고객이 취급업소인 경우로서 취급업소의 주소, 연락처가 분명하지 않거나 취급업소가 국세청에서 발급하는 증명원에 의하여 휴업·폐업 사실이 입증된 경우 등으로 취급업소의 사무소, 영업점 등에 방문하여 현지실사 방법으로 실사가 불가능한 경우에도 '지체없이' 금융거래를 거절하거나 해당 금융거래를 종료할 수 있다. 이러한 경우 추가적으로 금융회사 등은 취급업소 이용자의 보호를 위한 조치인 신속한 홈페이지 공시, 취급업소와의 가상계좌 정리방안 마련 등도 수립하여야 한다. 이에 쉽게 이를 생각하면 기존 금융회사 등은 일반적인 거래거절 및 종료제도도 가지고 있고 만약 상대방이 가상자산사업자인 경우에는 위와 같은 특수한 거절 및 종료제도도 가지고 있게 되는 셈이다.

마지막으로 위험평가 결과 후 고객수용을 하지 아니하는 경우도 상정해 볼 수가 있다. 일단 명시적으로 위와 같은 거래거절 및 종료 사유와 함께 금융회사 내부적으로는 자체적으로 고객수용 프로세스 및 고객에 대한 위험평가절차를 거치게 된다. 위험평가는 고객 유형, 국적, 직업, 거래 상품 및 서비스 등의 각 위험도 파악을 통해 자금세탁행위 위험을 평가하여 만약 위험이 높은 고객이 있으면 보다 주의를 기울임으로써 회사가 자금세탁행위 등의 범죄행위에 이용될 위험을 감소시키려는 절차를 의미한다. 각 금융회사 별로 고객을 자체적인 기준에 따라 고객유형, 금융상품·서비스 및 국가 등의 위험도를 각각 분류하여야 하고 그 다음 그 위험도에 따라 특정 고객과 거래시 위험도를 평가하고, 그 결과값에 따라 저위험 및 고위험 고객에 대한 신원정보의 확인·검증 등 고객확인의무를 해당 위험값에 따라 이행하는 절차를 의미한다.[207] 물론 해당과정에서 위험을 종합적으로 분석하고, 고위험인 경우 이를 완화하기 위한 내부통제 절차를 운영하여야 하며, 실제소유자 확인 및 검증 정보의 경우에는 고객확인의무에 대한 필수적인 위험평가 요소에 해당하여 해당 자료가 미비한 경우 수용할 수 있는 위험의 값이 통제가능하지 아니한 경우에는 거래를 거절하여 최종적으로 고객으로 편입하지 않게 된다. 이 역시 위험평가 이후 고객으로 수용하지 아니하겠다는 것이므로 광의의 거래거절 및 거래종료에 해당한다고 볼 수 있다.

〈표 29〉 고객확인의무에 대한 위험평가요소[208]

영역	점검사항 예시
고객확인의무 절차	• 고객유형별 상세한 고객확인 절차 마련
	• 신상품 및 서비스의 전산시스템 반영여부 점검
	• 비대면 고객의 강화된 신원 확인 및 검증
	• 비대면 고객의 지점 내방 절차
	• 가상계좌 발급 권한에 대한 강화된 신원확인 및 검증
	• 계약자 이외 고객확인 필요 대상의 CDD/EDD 필수정보 누락 확인
	• 비영리법인에 대한 고객 확인 및 검증
	• 개인고객 및 법인고객에 대한 실소유자 확인 및 검증
	• 고객확인 필요 대상의 추가정보 확인
	• 고위험 고객에 대한 관리자의 승인 절차
	• 고객의 CDD/EDD 과정 중 금융거래 거절 절차
	• 금융거래 거절 고객의 관리

207) 금융투자협회, 금융투자회사의 컴플라이언스 매뉴얼 (2020), 139면.
208) 금융정보분석원, "은행 AML/CFT 위험기반접근법 처리기준(2014. 11.)", 19면 참조.

나. 거래거절 및 종료제도 운용의 한계

1) 금융회사 내부의 한계

거래거절 및 종료제도를 실효적으로 사용하기에는 여러가지 한계점이 현재 존재하고 있다. 우선 실무적으로 해당 금융회사 입장에서는 기본적으로 금융거래 등을 하려고 온 고객을 돌려보내야 되는 이해상충적인 요소가 존재하는 측면이 있다. 물론 특정금융정보법상의 거래거절 및 종료는 법규상의 규정사항이고 정책적인 측면에서도 정상적이지 아니한 고객자금의 인입을 허용하지 아니함으로서 금융회사의 평판 위험 등을 낮추는 측면이 있는 등 내부통제측면에서는 큰 의미가 있다고 할 수 있지만 현실적으로는 우리 금융회사에 수수료 및 기타 운용수익을 가져다 줄 고액자산고객을 거절해야 한다는 상당히 부담스러운 측면이 존재할 수밖에 없다.

또한 적극적으로 거래거절 및 종료 조항을 발동시키기에는 금융회사 내부 부서간에도 이에 대한 조율이 이루어져야 되는 현실적인 문제도 발생할 수 있다. 즉 되도록 특정금융정보법상 고객확인의무를 지키고자 하는 준법부서(내부통제부서나 자금세탁방지부서, 감사실 등)의 입장과 큰 문제가 없다면 되도록 고객편입을 많이 하여 성과를 올리고 싶은 영업부서와의 갈등이 필연적으로 존재하게 된다. 이러한 문제는 금융회사 내부에서만 발생하는 것이 아니다.

외부적으로는 금융회사와 고객과의 문제로 확대될 수 있다. 고객 입장에서는 의심거래보고의 경우에는 비밀누설금지의무가 있기 때문에 본인이 의심거래보고가 되었는지 알 방법이 없다.[209] 고액현금거래 보고제도의 경우에는 일정 금원이 넘는 현금의 물리적 보고는 일괄적으로 금융정보분석원에 보고된다는 것을 외부적으로도 알 수 있기 때문에 이에 대한 반발이나 민원의 소지가 비교적 적다고 할 수 있다.[210] 이에 의

209) 특정금융정보법 제4조 제6항.

심거래보고제도와 고액현금거래보고제도에서의 운용의 한계는 고객확인제도에 비해 두드러지게 나타나기는 어렵다.

하지만 고객확인의무에서 거래거절 및 종료는 그 경우가 다르다. 해당 고객의 경우에는 금융회사 등이 수행하는 고객확인절차 중에 제출자료의 미비점이 발견되거나 아니면 부정확한 자료 등을 제출하였다는 이유로 계좌를 개설하지 아니하여 주거나, 심지어 기존에 개설되어 정상적으로 사용하고 있던 계좌나 금융거래계약을 사용하지 못하고 강제로 종료당하게 되는 문제점을 가지게 된다.

현실적으로 거래거절 및 종료제도는 이러한 다양한 내부 및 외부의 문제점 등을 가지고 있다 보니 법인 및 단체의 고객확인제도 및 실제소유자 확인 절차과정에서 미비점에 대해 특정금융정보법령에 규정된 대로 강력한 거래거절 및 거래종료의 절차를 단행하기 어려운 측면이 존재하고 있다. 이에 일부 금융회사 등에서는 거래잔고가 높지 않거나 거래실적이 좋지 않은 고객에 대해서 상징적으로 실제소유자 확인자료 미징구를 이유로 거래거절이나 종료절차를 진행하고 대부분의 고객에 대해서는 제대로 된 고객확인의무사항의 점검없이 거래를 지속하는 경우도 있다.

2) 형식적인 거래동결제도

일단 위와 같은 내부적인 한계점들에도 불구하고 고객확인절차상 거래거절 및 종료가 된 경우에도 실제 불법자금의 차단이 효율적으로 이루어지고 있는지에 대해 의문이 있다. 실무적으로 금융회사 등의 경우에는 고객확인 과정 중 문제가 발생한 경우, 기존 계좌는 유지하되 해지나 탈퇴하지 않고 잔액만 이동시켜주는 것을 허용하며 이후에 추가인입이나 거래를 제한·동결만 걸려있는 고객이 대부분인 경우가 많다. 가령 보이스피싱의 경우 즉 명의도용이나 금융사기 등의 사고신고가 접수되거

210) 특정금융정보법 제4조의2 제1항.

나 대포통장 의심 고객으로 판단되어 서비스이용이 제한되는 경우[211]에는 전기통신금융사기 피해방지 및 피해금 환급에 관한 특별법상의 조치인 신고시점의 완전한 지급정지를 할 수가 있다. 특정금융정보법상의 거래거절 종료절차는 위 전기통신금융사기 피해 방지 및 피해금 환급에 관한 특별법상의 지급정지에 상응하는 조치는 아니고 해당 계좌의 잔액은 그대로 인출할 수 있으되 향후에 이용을 금지하는 조치라고 볼 수 있겠다. 이에 부수적인 문제로 기존거래(계좌)가 해지되어 탈퇴하게 된 거래종료 고객은 일정기간 경과 후 신규고객으로 재편입이 가능(거래종료 고객 5년 후 정보파기 정책이 있어 일반적으로 5년 이후 고객재편입을 고려하는 금융회사 등이 많다)하게 되지만 만약 기존거래(계좌)를 유지한 채 거래동결만 된 고객은 영원히 거래가 불가능(별도 동결해제를 해주기 전까지)하게 되는 모순이 발생하는 경우도 있다.

또한 형식적인 거래동결제도로 인하여 거래거절 및 종결의 효과가 실효적이지 않다는 문제점도 발생한다. 금융위원회에서는 고객확인의무에 대한 위반의 효과로 금융회사가 취하는 고객에 대한 거래거절 및 종료조치는 임시적인 것이 아니라 영구적인 조치로 해석한다. 이에 이미 거래관계가 수립되어 있는 고객에 대해서는 해당 거래를 종료하여야 한다고 한다면 이를 고객확인이 완료될 때까지 고객이 요청한 금융거래(보험금지급, 중도인출, 대출, 해지환급금지급 등)에 대하여 정지하는 것이 아니라 거래관계 자체의 영구적인 종료로 보아 특정금융정보법 제5조의2제4항의 '해당 거래의 종료'는 보험계약의 해지 등 문언 그대로 거

211) 피해자는 피해금을 송금·이체한 계좌를 관리하는 금융회사 또는 사기이용계좌를 관리하는 금융회사에 피해구제신청을 하고 피해구제 신청을 받은 금융회사는 다른 금융회사의 사기이용계좌로 피해금이 송금·이체된 경우 해당 금융회사에 지급정지 요청을 하게 된다. 이후 금융회사는 보이스피싱 피해자의 요청 등이 있는 경우, 입금내역 등을 확인 후 계좌 전체에 대하여 지급정지를 한다. 사기이용계좌 명의인은 채권소멸 공고기간중 사기계좌가 아니라는 사실을 소명하여 지급정지에 대해 이의 제기가 가능하다(전기통신금융사기 피해 방지 및 피해금 환급에 관한 특별법 제4조).

래 종료를 의미하는 것이라고 해석하는 영구적 조치주의를 취하고 있다.[212] 하지만 이러한 영구적인 조치도 사후적으로 내려지는 것으로 문제자금의 즉시적인 인출정지나 지급정지를 의미하는 것은 아니므로 여전히 실효적인 거래거절 및 거래종료의 효과가 있다고 보기는 어렵다.

3) 금융회사 외부의 한계

특정금융정보법상 거래거절 및 종료가 되는 경우 더 큰 문제점은 거래거절 및 종료처분을 받은 고객의 향후 처리 및 행동에서 발생한다. 해당고객의 경우 대부분은 거래재개 요청을 하는 경우가 많다. 실무적으로 이러한 거래재개 요청의 경우에는 거래자체가 영구적으로 종료되는 효과 때문에 기존 계좌를 재사용하는 것은 불가능하고 소위 새로운 계좌를 다시 만들어주는 방안으로 연결되게 된다. 이렇게 대부분 일정기간 이후 이렇게 거래가 종료되어 기존 계좌를 재사용하겠다고 하는 자가 아닌 경우에 향후에 재신규 편입을 원하여 고객이 다시 위험평가를 거쳐서 신규고객으로 재편입되는 것까지 막는 영구적인 박탈까지 의미하는 것인지가 우선 문제될 수 있다. 특정금융정보법에서는 이 부분에 대해 규정을 하고 있지는 않다. 다만 한번 고객이 거래거절 및 종료가 되었다고 해서 명문의 규정도 없는 이상 금융회사 등이 자체적으로 내규를 정하고 있는 경우 이외에는 영구적으로 해당 고객 재수용까지 박탈되는 것이라고 보기는 어려워 보인다.

즉 거래거절 및 종료의 의미는 고객확인 정보의 신뢰성이 의심되는 경우에도 고객이 정보제공을 거부하여 고객확인을 다시 할 수 없는 경우라면 자금세탁 또는 공중협박자금조달의 위험성이 상당히 높을 개연성이 존재한다고 보아 금융회사로 하여금 당해 고객과의 거래 관계를 종료하고 이를 금융정보분석원에 의심거래로 보고하도록 하는 것이 본

---

212) 금융위원회 법령해석 회신문, “특정 금융거래정보의 보고 및 이용등에 관한 법률상 거래종료 의무 관련 법령해석 요청” (2015. 7. 1.) 참조.

제도의 도입 취지이기 때문이다.

이에 자금세탁방지 업무규정 제25조, 제34조 등에 따르면, 금융회사 등은 기존고객에 대하여도 거래가 유지되는 동안 지속적으로 고객확인을 하여야 하며, 기존 고객에 대하여 고객확인을 하여야 할 시기는 i) 중요도가 높은 거래가 발생하는 경우, ii) 고객확인자료 기준이 실질적으로 변한 경우, iii) 계좌운영방식에 중요한 변화가 있는 경우, iv) 고객에 대한 정보가 충분히 확보되지 않았음을 알게 된 경우 등인 바, 이를 역으로 해석하면 기존에 거래거절 및 종료의 고객의 경우에도 ① 중요도가 중한 측면에서 경한 측면으로 변하였거나, ② 고객확인자료 기준이 실질적으로 고위험 고객에서 일반 또는 저위험 고객으로 변한 경우, ③ 계좌운영방식에도 별다른 의심거래의 흐름이 보이지 아니하는 경우(실질적으로 고객거래가 종료되었기 때문에 거래흐름 자체는 존재하기 어렵긴 할 것이라고 사료된다), ④ 고객에 대한 정보가 충분히 입수되어 모든 신원 확인 및 검증사항이 충실히 기입되는 경우 등에는 고객으로 편입되기 어려운 위험평가 결과값을 가진 기존 고객이라도 일정 시점이 경과된 뒤에 재위험평가를 거쳐서 고객으로 수용하는 것까지 박탈하는 것으로 보기에는 무리가 있기 때문이다.

이러한 경우 기존 거래거절 및 종료의 효과를 피하는 것을 막기 위해서는 이 재평가의 일정시점을 지나치게 짧게 잡으면 거래종료의 의미를 잠탈할 우려는 있다. 또한 명문상으로는 "법적으로 영구적으로 금지 및 박탈, 재수용의 금지"라는 규정은 없기 때문에 향후 한번 고객거래거절 및 종료결정을 받은 고객에 대해 일정 기간이 경과한 후에 재수용하는 것은 금융회사 등의 자율적인 측면이 있다고 생각한다. 다만 이 부분에 대한 전제는 "거래가 거절된 해당 고객에 대한 재위험평가"를 거쳐야 되는데 일단 한번 금융회사 등으로부터 거래거절 및 종료된 고객의 재수용시 위험평가에 대한 부분이 다른 평가 결과값(즉 수용불가능한 초고위험값에서 중·저위험 결과값)이 나와야 한다는 것이 전제가 되어야 하는 바 이러한 경우가 현실적으로 나타나기는 쉽지 않을 것 같다는 생각이다.

고객의 영구적 거래거절의 의미는 재수용의 문제와 함께 그 범위의 문제도 발생한다. 즉 고객이 A라는 보통예금통장거래에서 금융회사로부터 고객 거래거절 및 종료결정을 받게 되는 경우 이 효과는 A 보통예금통장거래에는 미치는 것은 별론으로 하고 기타 고객이 해당 금융회사와 맺고 있는 다른 금융거래관계(예를 들면 B 증권 주선업무, C 신탁업무 등)에도 미치게 되는지의 부분이다. 앞서 살펴본 부분이 임시적 정지인지 거래관계 자체의 영구적인 종료인지에 대한 시간적인 범위 부분이라고 한다면 이 거래거절 및 종료의 범위가 해당거래에만 미치는지 아니면 그 고객과의 모든 금융거래관계에 미치는지에 대한 대상의 범위 부분에까지 문제가 발생할 수 있다. 이에 대해 금융위원회는 금융회사등은 특정금융정보법 제5조의2 제1항에 따른 고객확인을 수행하는 과정에서 이미 거래관계를 수립하고 있는 고객이 정보제공을 거부하여 고객확인을 할 수 없는 경우 동조 제4항에 따라 그 고객과의 모든 거래관계를 종료하여야 한다라고 하면서 고객과의 모든 금융거래를 종료하여야 한다고 해석[213]하고 있다.

이렇게 시간적으로는 영구적인 종료조치와 범위적으로는 전 금융거래관계에 대한 종료조치가 병행되다보니 고객의 입장에서는 잔고와 잔액을 인출하고(전술한 것처럼 이 부분에 대한 지급정지는 이루어지지 아니한다) 다른 금융회사 등을 이용하려고 할 것이다. 다른 금융회사 등의 재이용의 경우 법에서 규정하는 측면이 없고 이에 대해 타 금융회사에 대한 통지나 신고의무가 기존 거래거절이나 종료조치를 시행한 금융회사 등에 없으며, 그리고 새로 고객을 맞이하게 되는 다른 금융회사 등의 경우에는 이러한 내용을 알 수가 없고 해당 고객이 이를 통지하지 아

213) 금융위원회 법령해석 회신문, "특정 금융거래정보의 보고 및 이용등에 관한 법률상 거래종료 의무 관련 법령해석 요청" (2020. 10. 20.) 참조.

니할 것이기 때문에 새로운 고객으로 수용심사를 받아 편입되게 되는 결과가 된다. 결국 이러한 절차가 반복되면 거래거절 및 종료의 효과가 형해화되는 결과가 될 수밖에 없다. 즉 고객확인의무 시행과정에서 해당고객에 대해 거래거절 및 종료조치를 하더라도 해당고객은 조금 불편은 하겠지만 자신을 재편입해 줄 다른 금융회사에 문의를 하러다닐 것이며 이렇게 되면 다시 다른 금융회사로 이전하게 되는 결과를 낳게 된다. 소위 자금세탁방지 의무를 충실히 지키는 금융회사 등으로부터 그러하지 않거나 아니면 고객확인의무의 결함이나 빈틈이 생길 수 있는 금융회사 등으로 해당 자금이 이전하게 되는 결과가 발생하는 소위 금융회사 등의 불법의 낙수효과가 생기게 될 것이다. 이에 금융소비자 즉 고객의 입장에서는 금융회사를 선택하는 행위가 발생할 수 있다.

일반적으로 금융소비자는 금융회사의 금리나 상품조건 문의를 하면서 가장 좋은 조건을 제시하는 금융회사 등을 선택하게 되는 경우가 일반적인데 이미 다른 금융회사로부터 고객수용을 거부당하거나 거래종료조치를 당한 법인·단체 고객의 경우에는 우선 거래거절 및 종료되어 더 이상 금융거래를 지속할 수 없는 계좌 등으로부터 법인·단체의 자산을 이전해 와서 새로운 금융회사등에 금융거래계약을 체결하면서 자신을 고객으로 확인하여 수용해달라는 것이기 때문에 자금세탁방지 체계가 약한 금융회사로 이동할 우려가 높다.

결국 자금세탁방지제도의 본질인 불법자금을 색출하여 금융시스템에의 편입을 막기 위한 효과도 거둘 수 없을 뿐만 아니라, 고객거래거절 및 종료 조치가 형해화될 것이며 다른 금융회사 등에서는 이런 제반 정황을 모른 채 새로 자금을 가진 법인·단체나 고액자산가 등에 대해 고객수용심사를 새로 해야 되는 상황을 맞이하게 된다. 이에 중소형 금융회사 등의 경우나 신생 금융회사 등의 경우에는 이러한 자산이 있는 법인·단체고객의 수용에 대해 자금세탁방지의 측면보다는 수익적인 측면에서 더욱 고객수용의 유혹이 높게 될 소지가 높다.

다. 보완방안

1) 정보공유체계 활용 방안의 활용

거래거절 및 종료조치를 효과적으로 실행하고 이에 따라 고객확인제도를 효율적으로 작동시키기 위해서는 가장 중요한 것은 거래거절 및 종료조치사항에 대한 "정보공유체계의 활용"이라고 생각한다. 이에 대해서 현재 명시적인 규정은 없지만 가상통화 관련 자금세탁방지 가이드라인에 이와 유사한 제도가 현재 운용 중에 있다.

해당 가이드라인에서는 금융회사등은 국내외에 소재한 취급업소 현황을 금융회사등의 내부와 금융회사등 간에 공유할 수 있는 체계를 구축하고 있다. 이 공유체계는 준법감시 담당부서와 사업 담당부서 간 금융회사 내부공유뿐만 아니라 금융회사등이 인지한 취급업소 현황을 「금융실명거래 및 비밀보장에 관한 법률」 제4조제1항제5호[214]에 따라 업무상 필요한 범위 내에서 업권 별 협회를 통해 공유하고 있으며 업권 간 공유도 포함하고 있다. 동일 금융회사 등의 내부 정보제공은 금융회사등의 본점·지점·영업소간의 상호 정보제공뿐만 아니라 금융회사등으로부터 위탁·계약 등에 의하여 금융회사등의 업무의 일부를 처리하는 자에게 업무상 필요한 범위내에서 정보 등을 제공하는 것을 포함하며, 금융회사등 상호간의 정보제공 금융회사등이 다른 금융회사등에게 업무상 필요한 정보 등을 제공하는 경우와 법령·금융회사등간 협약 등에 의하여 정보 등을 수집·관리·제공하는 자(전국은행연합회, 증권예탁원, 보험개발원 등) 또는 거래자간의 금융자산 이체업무를 취급하는 자(금융결제원 등)에게 업무상 필요한 범위 내에서 정보 등을 제공하는 것을 말하는 포괄적인 의미이다.[215]

이에 반복적인 고객확인 거절사항 및 거래거절 사항에 대해 금융회

---

214) 금융실명거래 및 비밀보장에 관한 법률 제4조 제1항 제5호.
215) 은행연합회, "금융실명거래업무해설(2016. 8.)", 62면 내지 63면 참조.

사 내부 및 업권간 공유 부분도 이루어지면 거래거절 및 종료조치가 된 고객들의 반복적인 타 금융회사 선택행위가 어느 정도 방지될 수 있다고 생각한다.

한편 이 방안에 대해서 이는 “고객에 대한 정보공유 특례”가 적용되지 아니하는 것이라는 반론이 있을 수 있다. 하지만 ① 금융실명법 제4조제1항제5호에서 명시적으로 동일 금융회사 등의 내부 또는 금융회사 등의 상호간 업무상 필요한 거래정보 등의 제공이 가능하도록 규정하고 있는 점, ② 금융회사지주법에서 정보공유 특례[216]규정이 존재하여 다른 법률에 우선하여 적용될 수 있는 점, ③ 개인정보 일반법으로서 개인정보보호법과 신용정보법 등에서 보호하는 개인 및 법인의 정보보호에 대한 조항이 있지만 금융거래정보의 구체적인 내용을 공유하겠다는 것이 아니고 현황 정보의 공유라는 측면에서 개인정보 또는 금융거래정보라고 보기 어려운 측면이 있다는 점 등이 있다고 생각한다. 또한 현재 실무적으로도 ④ 금융회사 등 상호간에 업무상 필요한 정보의 범위에 불량거래처 규제, 거래정지처분의 해제 또는 취소신청과 관련하여 필요한 경우, 부정수표 고발장 작성을 위하여 수표 지급은행이 수표제시인의 인적사항에 관한 정보를 요청하는 경우, 전화금융사기 협의계좌 정보교환 업무를 위해 필요한 경우, 금융결제원의 금융의심거래정보 분석 및 공유서비스의 경우,[217] 기타 금융회사가 다른 금융회사에게 업무상 필요한 정보 등을 제공하는 경우로 금융위원회가 승인한 사항[218]에 대해서는 금융회사 등 상호간 업무상 필요한 정보 범위에 포함하여 해석하고 있다.

이에 가상통화 관련 자금세탁방지 가이드라인에서도 가상자산취급업

216) 금융지주회사법 제48조의2.

217) 2021. 10. 13. 금융위원회 혁신금융서비스 지정 보도자료 3면 참조. 금융공동망 데이터를 분석한 금융의심거래 정보와 금융회사 및 유관기관이 자체 판단하여 제공하는 금융 의심·사기정보를 통합한 분석정보를 국내 금융회사에 제공하는 서비스로 2019년 11월 20일에 지정되어 계속 연장되고 있다.

218) 은행연합회, “금융실명거래업무해설(2016. 8.)”, 63면 참조.

소 현황 공유도 동 규정에 의해서 금융위원회 고시의 형태로 취급업소 정보교류가 승인된 사항이므로 거래거절 및 종료조치 대상고객정보 역시 이와 유사하게 취급하거나 아니면 금융위원회에서 고시 혹은 가이드라인 형태로 이를 명시적으로 포함시켜 금융회사 간 필요한 업무상 정보범위에 포함될 수 있다고 생각한다.

이에 대한 직접적인 금융위원회의 유권해석은 없지만 Global Exit List (이하 'GEL')에 법인 고객의 문제정보를 등록하는 것이 특정금융정보법 제4조 제6항을 위반하는지와 관련하여 고객이 GEL에 등록되는 유형은 자금세탁, 테러자금조달 외에 총 10종의 금융범죄(사기, 뇌물, 마약 등)로 다양하며, GEL 등록시 그룹에서 공유되는 정보는 해당 법인 고객의 법인명, 법인설립일, 법인 등록번호 등 법인등기부등본에 나오는 공개정보로서 의심거래 보고여부나 의심거래 내용은 공유되지 않기 때문에 가능하다고 해석한 사례가 있다.[219] 이에 반복적인 거래거절 및 종료대상 고객확인정보의 법인이나 단체정보의 일부 등은 금융회사 등의 상호간 필요한 업무 범위에 포함될 수 있다고 해석되며 이를 통해서 실효적인 고객확인제도의 효과를 거둘 수 있다고 생각한다.

사견으로는 동조항의 해석상으로도 거래거절 및 종료 고객정보의 공유가 가능하다고 생각되지만, 이를 더 확실하게 하기 위해서 계좌 혹은 금융거래개시 시에 고객으로부터 "만약 부정 및 허위 자료입력 및 제출로 인하여 거래가 거절되거나 종료되는 경우에는 금융회사 상호간 동 정보가 제공될 수 있음"의 개인정보 활용 동의서 등이 사전 징구되는 방안도 생각해 볼 수 있다고 사료된다.

2) 지급정지 후 해제제도의 사용

현재 거래거절 및 종료에 대해서는 영구적인 종료 및 모든 금융거래

---

219) 금융위원회 법령해석 회신문, "혐의거래 관련 정보공유 가능 여부"(2018. 4. 20.) 관련 참조.

범위에 대해 거래가 거절되고 종료되는 것으로 해석되고 있다. 다만 이는 지급정지의 효과가 없으므로 실무적으로는 고객들이 해당계좌 등을 더 사용하지는 못하고 잔고나 잔액을 인출하는 용도로 사용은 하고 있다. 이 잔액과 잔고의 처리부분에 대해서 금융위원회의 유권해석상 "거래의 종료란 문언 그대로의 거래 종료를 의미하는 것이며, 보험계약의 거래관계 종료에 따른 환급금 등의 처리 문제는 특정금융정보법에서 규율하고 있는 사항이 아닌 바, 법률에 따른 종료사유임을 감안하여 보험계약을 다루는 관련 법규를 고려하여 운영하는 것이 바람직하다"라고 해석하였다.[220)]

현재 금융위원회 유권해석에서는 분명 법률에 따른 종료만을 규정하고 있지 일정기간 지나면 이후 소위 동결된 계좌를 자체로 동결을 해제하여 녹여주어 다시 거래가 재개될 수 있는 여지가 있는 규정이나 해석은 하고 있지 않다. 이는 거래거절 및 종료조치로 인하여 자체로 계좌를 상실한 고객과의 형평성 문제도 있지만 일정 기간이 지나고 나서 동결을 해제한다는 것은 명문의 규정도 없을뿐더러 법률상 종료를 풀어준다는 금융회사 등의 별도의 법률행위가 생기게 된다는 측면이 있으며 일단 고객과의 금융거래관계를 완전히 종료하고 별도의 위험평가를 거쳐 고객을 "신규 재편입"을 하는 것이 특정금융정보 법률과 유권해석의 취지라고 사료되는 것에 비추어 본다면 허용되기 어렵다고 생각한다.

현재 특정금융정보법상 고객확인의무 효과에 따르는 거래거절 및 종료조치에는 별도의 지급정지 효과가 없다. 물론 반복적인 고객확인절차상 거래거절 및 종료가 되는 경우에는 특정금융정보법상 의심거래보고가 이루어질 일이지만 의심거래보고의 경우 설사 긴급한 의심거래보고[221)]로 금융회사 등에서 금융정보분석원에 보고한다고 하더라도 의심

220) 금융위원회 법령해석 회신문, "특정 금융거래정보의 보고 및 이용등에 관한 법률상 거래종료 의무 관련 법령해석 요청" (2020. 10. 20.) 참조.

221) 회사는 문서·전자기록매체·금융정보분석원장이 정하는 바에 따라 온라인으로 보고할 경우 자금세탁방지 목적을 달성할 수 없는 때에는 전화 또는 모사

거래로 보고되고 나서 금융정보분석원에서 금융거래가 분석되어 법집행기관에 제공되는데 까지는 상당한 기간이 소요되는 것이 현실이다.

이러한 절차의 지연을 막기 위해 최근 의심거래보고의 "지체없이" 보고기준을 보고책임자 결재일로부터 3영업일 이내로 규정[222]하고 또한 의심거래징후 발현시로부터 지나치게 오랜 기간이 지연되지 않은 시점에 보고절차를 검토하여야 한다는 검사 및 감독사례가 존재하는 등 다양한 의심거래보고기간 단축을 위한 절차들이 마련되어 있지만 아무래도 정보분석과 법집행기관 제공 및 이를 통한 수사개시에 이르기까지 문제가 된 계좌 및 금융거래관계에서 불법자금으로 의심되는 자금은 이미 충분히 외부로 인출되거나 다른 금융회사 등으로 이전될 수 있는 여유가 충분하다고 보인다.

〈표 30〉 의심거래보고서 긴급보고사유

Ⅵ. 의심스러운 거래유형 및 의심스러운 정도에 관한 정보
다음 중 본 보고서에 해당되는 거래라고 생각되는 항목을 모두 선택하시오 (복수선택 가능). **Ⅵ-1. 금융사고 또는 긴급조사가 요청되는 사건 관련*** ※ 본 항목은 긴급한 조사가 진행되어야 할 것으로 판단되는 의심거래보고

전송에 의한 방법으로 의심거래 보고 및 고액현금거래 보고를 할 수 있다. 이를 긴급보고체제라고 한다. 금융회사는 우선 전화 또는 모사전송에 의한 방법으로 보고를 하고자 하는 경우에는 보고를 받으려고 하는 자가 금융정보분석원의 소속 공무원인지를 확인하여야 하며, 보고를 받는 공무원의 성명·보고일자 및 보고내용 등을 기록·보존하여야 한다. 만약 금융회사는 전화 또는 모사전송에 의한 방법으로 보고를 한 때에는 보고사항을 특정 금융거래정보 보고 및 감독규정 제6조·제11조의 규정에 의한 보고서식에 의하여 문서, 플로피디스크 등 전자기록매체 또는 온라인으로 다시 보고하여야 할 것이다(특정 금융거래정보 보고 및 감독규정 제12조).

222) 특정 금융거래정보 보고 및 감독규정 제3조.

(STR)에 대해, 체크하는 항목으로 본 항목 선택시 다른건에 우선하여 긴급 조사가 이루어지게 됩니다.

1) □ 금융사고 등 거액횡령이 의심되는 거래
2) □ 뇌물공여 및 뇌물수수 등이 의심되는 거래
3) □ 거액의 외화도피로 추정되는 거래
4) □ 조직범죄 및 강.절도 등 강력사건 연루가 의심되는 거래
5) □ 테러자금으로 의심되는 거래
6) □ 기타 사회통념상 긴급조사(우선조사)가 요망되는 거래
7) □ 수사기관으로부터 자료제공 요청을 받은 거래

VI-2. 의심스러운 거래자의 태도 및 특징 관련*

1) □ 실명노출 기피 또는 거래에 대한 비밀요구
2) □ 거래에 대한 합당한 답변 불제공 또는 자금출처가 불분명한 거래
3) □ 업력이나 업체규모, 개인능력에 비해 과다한 거래실적
4) □ 언행, 행색과 거래금액간의 부조화
5) □ 중요인물 관련 거래
6) □ 어색하고 불안한 태도 및 언행
7) □ 사전거래가 없는 고객의 의심스러운 거래 요청
8) □ 의심스러운 동행자 참여거래
9) □ 불특정다수와의 거래
10) □ 계약자 또는 수익자의 빈번하거나 갑작스런 변경

VI-3. 계좌정보 관련*

11) □ 타인의 명의 또는 계좌의 이용 (다수계좌 여부(□ 여1, □ 부2))
12) □ 특별한 사유없이 복수의 계좌개설 (계좌주 동일 여부(□ 여1, □ 부2))
13) □ 의심스러운 계약/계좌 해지
14) □ 단발성 계좌의 이용

VI-4. 거래유형 관련*

15) □ 갑작스러운 거래패턴의 변화
16) □ 원격지거래

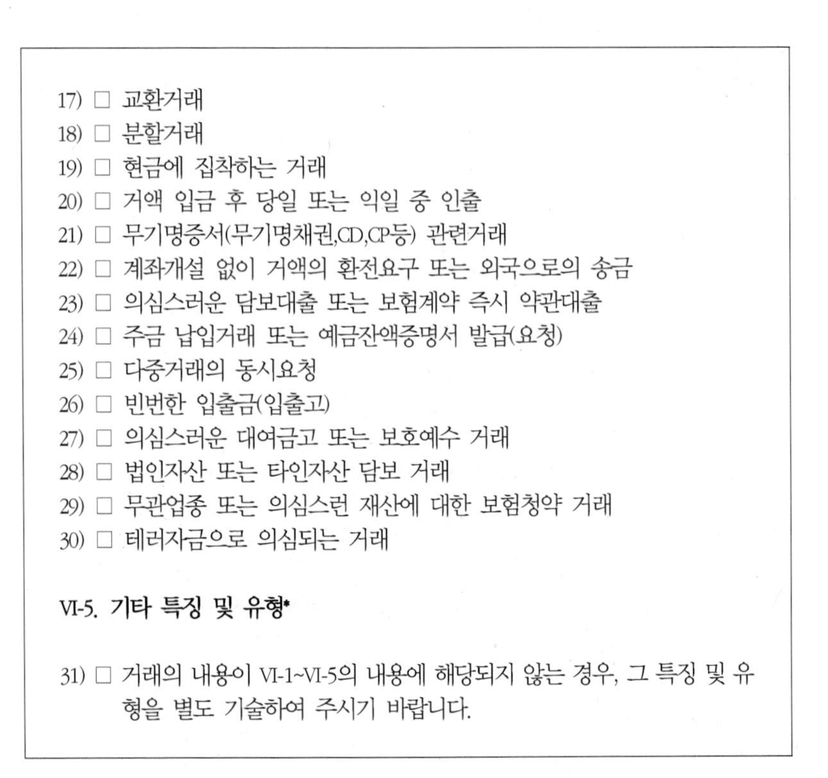
17) □ 교환거래
18) □ 분할거래
19) □ 현금에 집착하는 거래
20) □ 거액 입금 후 당일 또는 익일 중 인출
21) □ 무기명증서(무기명채권,CD,CP등) 관련거래
22) □ 계좌개설 없이 거액의 환전요구 또는 외국으로의 송금
23) □ 의심스러운 담보대출 또는 보험계약 즉시 약관대출
24) □ 주금 납입거래 또는 예금잔액증명서 발급(요청)
25) □ 다중거래의 동시요청
26) □ 빈번한 입출금(입출고)
27) □ 의심스러운 대여금고 또는 보호예수 거래
28) □ 법인자산 또는 타인자산 담보 거래
29) □ 무관업종 또는 의심스런 재산에 대한 보험청약 거래
30) □ 테러자금으로 의심되는 거래

VI-5. 기타 특징 및 유형*

31) □ 거래의 내용이 VI-1~VI-5의 내용에 해당되지 않는 경우, 그 특징 및 유형을 별도 기술하여 주시기 바랍니다.

한편 이 과정에서 비교되는 것이 통신사기피해환급법상 지급정지제도이다. 즉 다수의 거래거절 및 종료조치를 반복하고 있는 의심거래고객에 대해서는 통신사기피해환급법상 지급정지제도와 전자금융거래제한 대상자 지정제도 및 지정취소제도[223]중 일부 조치들이 고객확인의무 거래거절 및 종료조치 고객에게도 필요하다고 생각한다. 현재 전기통신금융사기 피해 방지 및 피해금 환급에 관한 특별법에서는 피해자의 지급정지 요청에 관한 사항을 통지받은 경우, 해당 지급정지된 계좌의 명의인을 전자금융거래(컴퓨터, ATM·CD기, 전화기 등 전자적 장치를 통해 이루어지는 금융거래)가 제한되는 자로 지정하고 1. 이의제기, 2. 금융감독원 또는 수사기관이 해당계좌가 사기이용계좌가 아니라고 인정하는

223) 전기통신금융사기 피해 방지 및 피해금 환급에 관한 특별법 제13조의2.

경우, 3. 피해환급금 지급이 종료된 경우, 4. 그 밖에 대통령령으로 정하는 경우(① 피해구제를 신청한 모든 피해자가 그 신청을 취소하는 경우, ② 수사기관에서 사기이용계좌의 명의인이 전기통신금융사기 피해 방지 및 피해금 환급에 관한 특별법 제15조의2 제1항 각호 및 전자금융거래법 제6조 제3항을 위반한 사실이 없음을 확인하는 경우)에 전자금융거래제한대상자의 지정을 취소해주고 있다. 다만 사기이용계좌 명의인은 채권소멸 공고기간 중 사기계좌가 아니라는 사실을 소명하여 지급정지에 대해 이의제기가 가능하고 이의제기가 유효한 경우에는 명의인도 다시 돈을 인출하여 사용할 수가 있는 구조로 설정되어 있다.

효율적인 거래거절 및 종료제도를 운영하기 위해서는 다수 반복적인 거래거절 및 종료고객이면서 긴급한 의심거래보고가 된 고객이 자유롭게 잔고를 이전하도록 두는 것은 자금세탁방지제도의 효율성을 감소시킨다고 생각한다. 자금세탁행위자가 자금세탁방지 제도가 취약한 금융회사를 선택하는 행위는 전술한 정보공유체계의 구축을 통해서 어느정도 미연에 방지될 수 있다고 본다면 잔고 및 잔액의 자유로운 인출행위의 경우에는 거래당사자의 사전 거래동의서나 금융회사 등의 거래약관에 금융당국의 긴급의심거래보고 분석을 통한 정보제공결정 또는 수사당국의 관련 정보 입수 후 수사개시결정의 해제를 전제조건으로 하여 지급정지 등의 약정을 삽입하는 방식으로 보완이 가능하다고 생각한다.

이러한 입법적인 형태 혹은 행정청의 고시의 형태로 이러한 임시지급정지 조치가 개인의 재산권에 대한 과도한 제약으로서 행정상 비례의 원칙 위반인 과잉금지원칙 위배가 아닌가하는 의견이 있을 수 있다. 비례의 원칙이란 행정주체가 구체적인 행정목적을 실현함에 있어서 목적과 수단 간에 합리적 비례관계가 유지되어야 한다는 것으로 과잉금지의 원칙이라고도 한다. 헌법 제37조 제2항,[224] 행정규제기본법 제5조,[225] 행

---

224) 헌법 제37조.
225) 행정규제기본법 제5조.

정소송법 제27조[226] 등에서 이를 규정하고 있으며 대체적으로 비례의 원칙의 경우, (적합성의 원칙)행정기관이 취하는 조치 또는 수단은 그 목적을 달성하기에 적합하여야 하고, (필요성의 원칙)행정행위는 목적달성을 위해 필요한 한도 이상으로 행해져서는 아니되며, 행정목적 달성에 적합한 여러가지 수단 중에서 상대방에게 가장 덜 침익적인 수단을 선택해야 하고, (상당성의 원칙)행정조치를 취함에 따른 불이익이 그 조치로 인해 발생하는 이익보다 큰 경우에는 그 조치를 취해서는 안된다는 이익형량의 원칙이 비례의 원칙의 주된 내용이 되고 있다.

헌법재판소에서도 국민의 기본권을 제한하는 법률이 헌법적으로 정당화되려면 (1) 입법 목적의 정당성, (2) 방법의 적정성(적절성), (3) 피해의 최소성, (4) 법익의 균형성을 모두 지킬 것을 심사하여야 한다고 결정(헌법재판소 2002. 4. 25. 2001헌마614[227])한 바 있다.

헌법재판소 결정례의 항목별로 임시지급정지조치가 비례의 원칙을 준수하고 있는지를 사안에 적용을 하면 우선 임시지급정지 조치는 금융거래 등을 이용한 자금세탁행위와 공중협박자금조달행위를 규제하는 데 필요한 특정금융거래정보의 보고 및 이용 등에 관한 사항을 규정함으로써 범죄행위를 예방하고 나아가 건전하고 투명한 금융거래 질서를 확립하기 위한 특정금융정보법의 핵심제도인 고객확인제도의 실효적인 작동을 위해서 고객이 신원확인 정보 등의 제공을 거부하거나 자료를 제출하지 않는 등 고객확인을 할 수 없는 때 의심거래보고의 필요가 있고 해당 자금이 임의 인출되는 것을 정지한다는 측면에서 자금세탁방지라는 목적을 위해 정당성이 있다.

방법의 적정성 측면에서도 영구적으로 소유권을 박탈하는 것이 아니라(물론 이는 민사상의 재판을 통하거나 형사상 몰수 등을 통해 가능할 것으로 사료된다) 임시적인 제한 처분이라는 점과 반복적인 고객확인과

---

226) 행정소송법 제27조.

227) 헌법재판소 2002. 4. 25. 2001헌마614 결정 참조.

정의 자료제출의 거절 및 허위자료 제출로 인해 발생하는 정지처분으로 일시적으로 재산권을 제한하는 입법의 목적 달성을 위한 방법에 대비해 자금세탁방지 효과는 적절하고 효율적으로 보인다.

피해의 최소성과 법익균형성의 관점에서 살펴본다면 기본권 제한의 조치가 행정처분의 목적 달성을 위해 적절한 것으로 이외에는 별도로 보다 완화된 다른 수단이나 방법(대안)이 보이지 않으며, 계좌주의 경우 이의신청서를 제출하거나 요청받은 자료를 제출하는 형태로 다시 잔고나 자금의 인출이 가능하게 되는 상태가 될 수 있다는 점에서 행정처분이나 입법에 의하여 보호하려는 공익과 침해되는 사익을 비교형량할 때 보호되는 공익이 더 크거나 적어도 양자 간 균형이 유지된다고 보인다. 또한 이는 가처분 등 보전처분이 아니라 임시명령으로 금융회사 등에서 별다른 입증을 하지 못하면 해지가 된다는 점에서 침해적 요소도 크지 않다고 생각한다.[228)]

이에 사견으로는 금융소비자들이 금융관련법령에서 여러 제도에 대해서 과잉금지원칙을 주장하는 경우에는 개별법의 목적에 따라 다르게 보아야 할 측면이 있다고 생각한다. 현재 금융소비자의 경우 다양한 금융관계법령에서 그 권익침해의 방지와 보호를 위해서 여러 권리와 보장장치를 적용받고 있다. 근래에는 금융소비자보호법이 통합적으로 규정되면서 금융소비자에게 청약철회권, 위법계약해지권, 자료열람요구권 등 다양한 권한이 보장되었고 금융회사 등의 경우에는 적합, 적정성의 원칙, 설명의무의 준수 등 의무가 부여되고 있다.

뿐만 아니라 금융회사가 영업정지나 파산 등으로 고객의 예금을 지급하지 못하게 될 경우 해당 금융소비자를 위해 예금자보호법을 제정하여 고객들의 예금을 보호하고 있다. 개별적인 보호 이외에 금융시스템의 복잡성과 상호연결성 증대에 따라 금융회사의 임원 및 이사회의 배임이나 태만행위가 금융소비자에게 미칠 수 있는 피해를 막고 부실한 금융

228) 헌법재판소 2002. 4. 25. 2001헌마614 결정 참조.

회사의 지배구조로 인한 금융사고 문제의 발생도 방지하기 위해서 금융회사의 지배구조에 관한 법률도 제정하여 단단하게 금융소비자 등을 보호하고 있다. 이런 취지에서 살펴본다면 금융소비자의 경우 합법적이고 정상적인 금융소비자로서 활동을 하는 경우에는 다수의 관련법령에 의해서 보호를 받고 여러 권한을 인정하고 있지만 동시에 불법적인 목적으로 금융시스템을 이용하는 것을 방지하기 위한 목적으로 금융실명법과 특정금융정보법 등과 같은 자금세탁방지 관련법제도도 준수하여야 할 의무가 있는 것인 동시에 있는 것이라고 생각한다. 여러 금융관련법에서의 금융소비자에 대한 두터운 보호를 받는 만큼, 보호를 받을 금융소비자는 불법금융을 방지하기 위한 규제법률도 지켜야 하는 기본적인 고객의 의무도 동시에 존재하는 것이 전체 금융관련법령의 조화로운 해석이라고 생각된다. 또한 금융실명법의 법의 목적은 실지명의에 의한 금융거래를 실시하고 그 비밀을 보장하여 금융거래의 정상화를 꾀함으로써 경제정의를 실현하고 국민경제의 건전한 발전을 도모함이며, 특정금융정보법의 목적은 금융거래 등을 이용한 자금세탁행위와 공중협박자금조달행위를 규제하여 범죄행위를 예방하고 나아가 건전하고 투명한 금융거래 질서를 확립하는 것으로 이러한 개별법의 규제사항은 불법금융소비자의 진입을 차단함으로써 더 금융회사와 정상적인 금융소비자의 권익을 단단하게 보호하는 법제도라는 측면에서 특정금융정보법에서 규정하는 고객확인제도의 거래거절 및 종료제도의 효율적인 운영을 위한 임시정지제도는 과잉금지원칙의 각 요건사항들을 충분히 지키고 있다고 생각한다.

또한 이러한 동결제도와 유사한 입법례도 자금세탁방지법제에서 찾아볼 수 있다. 우선 특정금융정보법상에서는 현재 이러한 임시정지조치는 없지만 자금세탁 및 테러자금조달금지 목적으로 계좌를 사전에 동결시키는 테러자금조달금지법상 거래제한대상자 지정방식의 사전동결제도가 존재한다. 즉 테러자금조달금지법에서는 테러자금조달금지 또는 확산자금조달금지 목적으로 금융위원회는 우리나라가 체결한 조약 및 일반적으로 승인된 국제법규를 성실히 준수하기 위하여 또는 국제평화와 안전유지를 위한 국제적 노력에 특히 기여하기 위하여 규제가 필요하다고 인정되는 경우 공중협박자금조달 또는 대량살상무기확산과 관련되어 있는 것으로 판단되는 개인·법인·단체를 금융거래제한대상자로 지정하여 고시할 수 있다(테러자금조달금지법 제4조 제1항[229]).

이에 금융위원회는 2008년 12월 22일 UN 안전보장이사회 결의 1267호에 의해 지정된 탈레반 및 알카에다 관련자 등 974명의 개인 및 단체를 금융거래제한대상자로 최초 지정하고 나서 지속적으로 그 명단을 업데이트하고 있는데, 2020. 12. 17.자 기준으로 UN 안전보장이사회 1267/1989/2253호, 1718호, 2231호, 1988호 위원회가 지명한 테러 및 대량살상무기 확산 관련 개인 및 단체가 금융거래제한대상자로 지정되어 있으며(UN 안전보장이사회 각 위원회가 지명한 자는 금융거래제한대상자로 자동 지정되는 구조이다), 이와 별도로 총 686명의 개인, 단체가 지정되어 있다. 이와 같이 금융거래제한대상자로 지정·고시된 자가 금융회사등과 금융거래 및 그에 따른 지급·영수를 하거나 동산, 부동산, 채권 및 그 밖의 재산 또는 재산권에 대한 양도, 증여 등 처분 행위와 그 점유의 이전 및 원상의 변경을 하고자 할 경우에는 금융위원회의 허가를 받아야 한다.

이 제도는 특정 대상자나 단체 등을 거래제한대상자로 선지정한 연후에 해당 제한대상자의 경우 금융위원회 등의 허가를 받지 못하면 원초적으로 고객확인 과정에서 계좌개설이나 거래관계의 개설이 사전에 거절되게 되는 제도라고 할 수 있다. 이에 엄밀히 테러자금조달 금지법상 거래제한대상자 지정방식은 사후동결이 아닌 리스트를 업데이트하여 해당 리스트 대상자에 대한 거래관계를 사전에 동결하는 방식이라고 할 수 있다.

자금세탁방지 및 테러자금조달금지법제가 아닌 다른 금융관련법에서

---

229) 테러자금금지법 제4조.

도 이러한 임시정지제도를 찾아볼 수 있는 바, 대표적인 것으로는 통신사기피해환급법상 임시조치[230]가 있다. 즉 금융회사는 자체점검을 통하여 이용자의 계좌가 전기통신금융사기의 피해를 초래할 수 있는 의심거래계좌(피해의심거래계좌)로 이용되는 것으로 추정할 만한 사정이 있다고 인정되면 해당 이용자 계좌의 전부 또는 일부에 대하여 이체 또는 송금을 지연시키거나 일시 정지하는 조치(임시조치)를 취하여야 한다. 이는 전자금융거래에서 거래의 안전성과 신뢰성을 확보하기 위해[231] 금융회사 정보기술부문 보호업무 이행지침[232]의 일환으로 전기통신금융사기로 인한 피해금의 인출을 임시적으로 정지시키기 위해 피해의심거래로 추정되는 경우 금융회사 등에서 자체적으로 계좌를 동결[233]하는 제도이다. 뿐만 아니라 1회에 100만 원[234] 이상 금액이 송금·이체되어 입금된 경우 입금된 때로부터 해당금액 상당액 범위 내에서 30분간 자동화기기(CD/ATM기 등)를 통한 인출·이체가 지연되는 임시적 일시금융거래 정지제도인 지연인출제도도 도입되어 있다. 수취계좌(입금계좌) 기준 1회 100만 원 이상 현금 입금된 건에 대해 카드 등으로 자동화기기에서 출금·이체할 경우에는 1회 100만 원 이상이 입금된 후 이체 등으로 잔액이

230) 전기통신금융사기 피해 방지 및 피해금 환급에 관한 특별법 제2조의5.

231) 서울중앙지방법원 2017. 1. 25. 선고 2015가단5300687 판결 참고.

232) 금융회사 정보기술(IT)부문 보호업무 이행지침. 5. 이상금융거래 탐지시스템 구축·운영 부분 참조.

233) 물론 자금세탁 및 테러자금조달금지 목적으로 계좌를 사전에 동결시키는 제도도 있다. 이는 현재 테러자금조달금지법에서 이용되는 거래제한대상자지정 후 해당 제한대상자의 경우 금융위원회 등의 허가를 받지 못하면 원초적으로 고객확인 과정에서 계좌개설이나 거래관계의 개설이 사전에 거절되게 되는 제도라고 할 수 있다. 이에 엄밀히 테러자금조달 금지법상 거래제한대상자 지정방식은 사후동결이 아닌 거래관계의 사전 동결방식이라고 할 수 있다.

234) 당초 지연인출제도가 도입될 당시에는 입금계좌 기준 1회 300만 원 이상 현금 이체된 건에 대해 자동화기기에서 인출할 경우 입금된 시점부터 일정시간 인출을 지연하는 제도로 전 금융권이 '12.6.26.부터 10분 지연 인출제도를 시행되다가 금액기준이 100만 원으로, 시간기준이 30분으로 각각 강화되었다.

변동되어도 입금된 금액을 한도로 30분간 출금 지연되는 제도로 보이스피싱 사기범이 피해금을 인출하기 전에 사기범 통장에 대한 지급정지를 용이하게 하기 위한 제도이다. 입출금이 자유로운 예금(요구불예금) 취급기관(은행, 우체국, 농·수·축협 및 산림조합, 신협, 새마을금고, 저축은행, 금융투자회사 일부) 등이 참여하여 운영 중에 있다.

만약 위와 같은 형태 즉 법률이나 금융위원회 고시형태로 임시정지제도를 규율하는 것이 입법적인 정책문제라고 한다면 이를 현재 단계에서 적용가능한 대안들은 어떤 방안들이 있는지 살펴볼 필요가 있다. 가장 확실한 방법은 현재 운용되고 있는 설명 및 확인문구에 동의를 받는 형식으로 가능하다. 오히려 이러한 방식이 당사자가 명시적으로 지급정지 및 이에 대한 이의신청제도에 편입된다고 당사자가 약정을 하는 형태이기 때문에 더 분쟁의 소지가 없고 명확한 측면이 있다고 생각한다.

금융위원회 유권해석[235]에서도 금융회사 등이 법률상 의무인 고객확인을 이행하는 과정에서 고객이 명시적인 거부의사 등을 표시함으로써 불가피하게 금융회사등이 법률상 의무(고객확인)를 이행할 수 없는 사정이 발생할 경우 법률이 정한 바에 따라 그 고객과의 거래를 종료하는 것이라고 설시하였으며 이는 회사의 귀책사유 발생으로 약정상 또는 채무불이행에 따른 거래를 종료하는 것과는 달리 법률에 따른 종료사유라고 적시하고 있다. 이에 이후 당사자 간에 잔여 계좌에 있는 잔금 및 잔고의 정산부분 중 계약의 거래관계 종료에 따른 환급금 등의 처리 문제는 해당관련 법규를 고려하여 운영하는 것이 바람직할 것이라고 설시하고 있는데 각 금융관련법규에서도 해지 또는 해약에 대한 환급금의 결정[236]에 있어 각 당사자 간 약정을 할 수 있다고 규정하고 있다. 이에 약관이나 사전 동의서에 아래 〈표 31〉과 같이 "본인은 계좌 개설 또는 금융거래를 개시하고 유지하는데 있어 불법적인 목적으로 금융거래를 개시 유

235) 금융위원회 법령해석 회신문, "특정 금융거래정보의 보고 및 이용등에 관한 법률상 거래종료 의무 관련 법령해석 요청" (2020. 10. 20.) 참조.
236) 보험업법 제95조.

지하는 것이 아니며, 이를 위반하여 금융거래 계좌를 개설하거나 금융거래를 개시하는 경우 특정금융정보법 제5조의2제5항, 동법 시행령 제10조의7, 자금세탁방지 업무규정 제44조 및 제45조에 따라 고객확인을 할 수 없을 때에는 거래가 거절될 수 있으며, 일정 기간 지급정지 및 이에 대한 이의신청이 가능하다."라는 골자로 현재 이행되고 있는 설명 및 확인문구를 업데이트하여 징구하고 지급정지를 할 수 있는 장치가 개발될 필요가 있다.

〈표 31〉 설명 및 확인문구 예시표

「금융실명거래 및 비밀보장에 관한 법률」 제3조 제3항에 따라 누구든지 불법재산의 은닉, 자금세탁행위, 공중협박자금조달행위 및 강제 집행의 면탈, 그 밖의 탈법행위를 목적으로 타인의 실명으로 금융거래를 하여서는 아니되며, 이를 위반시 5년 이하의 징역 또는 5천만원 이하의 벌금에 처해질 수 있습니다. 또한 특정금융정보법 제5조의2제4항 및 제5항, 동법 시행령 제10조의7, 자금세탁방지 업무규정 제44조 및 제45조에 따라 고객확인을 할 수 없을 때에는 거래가 거절될 수 있으며 지급정지 및 이에 대한 이의신청 등이 가능합니다. 본인은 위 안내에 대해 금융회사로부터 충분한 설명을 들어 이해하였음을 확인합니다. 년 월 일 □ 위의 내용을 설명들었음 고객성명 ______ (인·서명) (대리인 신청시) 본인 ______의 대리인 ______ (인·서명)

제5절 요주의 인물 확인제도의 형해화

Ⅰ. 요주의 인물 확인제도의 의의

1. 의의

요주의 인물은 Watch List라고 표현을 하는데 요주의 인물 리스트 즉 자금세탁방지 업무규정 제43조 제1항의 요주의 인물 리스트를 지칭하는 것이다.

금융회사는 금융거래가 완료되기 전에 ① 테러자금금지법에서 금융위원회가 고시하는 금융거래제한대상자 리스트, ② UN에서 지정하는 제재대상자, ③ 자금세탁방지 업무규정 제69조 각 호에 따른 FATF 지정 위험국가의 국적자(개인, 법인 및 단체를 포함한다) 또는 거주자, ④ 회사의 주요 해외지점등 소재 국가의 정부에서 자금세탁행위 등의 위험을 우려하여 발표한 금융거래제한 대상자 리스트, ⑤ 외국의 정치적 주요인물 리스트 등과 같은 요주의 인물 리스트 정보와의 비교를 통해 해당 거래고객이 요주의 인물인지 여부를 확인할 수 있는 절차를 수립·운영하여야 한다. 실무적으로는 제재대상자 등 요주의인물을 'Watch List' 등으로 관리하고 고객 및 실제소유자의 성명을 동 목록에서 확인하여 위험평가에 반영하고 거래 승인절차 등을 준수하는지 확인하는 프로세스를 거치게 된다.

거래당사자뿐만 아니라 거래대리인, 실제소유자, 법인·단체 고객의 대표자가 요주의 인물인지 여부를 확인할 수 있는 절차를 수립·운영함에 있어 주요사항은 계좌개설 및 자금이체 등의 금융거래 완료 전에 요주의리스트 정보와 고객정보를 비교·확인하는 절차를 수립 운영하는 방식으로 진행되며 관리하게 되는 요주의 인물리스트를 만들고 업데이트를 하고 있다. 만약 금융회사는 고객이 이러한 요주의 인물에 해당하는 때에는 해당 고객과의 거래를 거절하거나 거래관계 수립을 위해 고위경영진(이사회에 대한 보고 자격 및 권한이 있는 회사 대표자 또는 부대표자 등의 경영진)의 승인을 얻는 등 필요한 조치를 취하여야 한다. 실무적으로는 요주의리스트 필터링(Watchlist Filtering) 결과, 고객정보와 리스트 정보가 매칭(동일한 것으로 판별되는 것)된 경우의 고객 처리 절차의 경우 우선 1) 금융거래제한대상자와 같이 거래거절에 해당하는 경우는 금융거래를 거절하는 프로세스와, 2) 외국의 정치적 주요인물과 같이 거래주의에 해당하는 경우 위험평가모델의 평가결과에 관계없이 초고위험으로 위험등급을 부여하여 고객확인의무를 이행하여 나아가게 하는 프로세스, 3) 별도로 거래 승인권자가 정해진 경우에는 승인(본부장 등)을 득한 후 거래하게 되는 프로세스 등으로 구분하여 진행하게 된다.

2. 주요내용

가. 제도의 개정

〈표 32〉 자금세탁방지 업무규정 비교표 ④

구 자금세탁방지 업무규정	현행 자금세탁방지 업무규정
제43조(요주의 인물 여부 확인) ①금융기관등은 금융거래가 완료되기 전에 다음 각 호와 같은 요주의 인물 리스트 정보와의 비교를 통해 당해 거래고객이 요주의 인물인지 여부를 확인할 수 있는 절차를 수립·운영하여야 한다.	제43조(요주의 인물 여부 확인) ① 금융회사등은 금융거래가 완료되기 전에 다음 각 호와 같은 요주의 인물 리스트 정보와의 비교를 통해 당해 거래고객(대리인, 법 제5조의2제1항제1호 나목에 따른 "실제소유자" 및 법인·단체 고객의 경우 대표자를 포함한다)이 요주의 인물인지 여부를 확인할 수 있는 절차를 수립·운영하여야 한다.
1. 공중협박자금조달금지법에서 금융위원회가 고시하는 금융거래제한대상자 리스트	1. 공중협박자금조달금지법에서 금융위원회가 고시하는 금융거래제한대상자 리스트

2. UN(United Nations)에서 발표하는 테러리스트 (Consolidated List of terrorists)	2. UN에서 지정하는 제재대상자
3. FATF에서 발표하는 비협조국가 리스트 (non-cooperative countries and territories) 및 FATF Statement에서 FATF 권고사항 이행취약국가로 발표한 리스트	3. 제69조 각 호에 따른 FATF지정 위험국가의 국적자(개인, 법인 및 단체를 포함한다) 또는 거주자
	4. 금융회사등의 주요 해외지점등 소재국가의 정부에서 자금세탁행위등의 위험을 우려하여 발표한 금융거래제한 대상자 리스트
4. 외국의 정치적 주요인물 리스트 등	5. 외국의 정치적 주요인물 리스트 등
② 금융기관등은 고객이 제1항에 따른 요주의 인물에 해당하는 때에는 당해 고객과의 거래를 거절하거나 거래관계 수립을 위해 고위경영진의 승인을 얻는 등 필요한 조치를 취하여야 한다.	② 금융회사등은 고객이 제1항에 따른 요주의 인물에 해당하는 때에는 당해 고객과의 거래를 거절하거나 거래관계 수립을 위해 고위경영진의 승인을 얻는 등 필요한 조치를 취하여야 한다.

〈표 32〉에서 보는 것과 같이 2019년 7월 1일부터 시행되고 있는 자금세탁방지 업무규정상 요주의인물 규정은 그 범위와 대상이 기존 자금세탁방지 업무규정에 비해 확대되게 되었다. 우선 범위적인 측면에서는 과거 UN(United Nations)에서 발표하는 테러리스트(Consolidated List of terrorists)라고 규정된 부분이 UN에서 지정하는 제재대상자라고 확대되어 과거에는 제재대상자 중에서 테러리스트만 해당이 되었다면 이제는 반드시 테러리스트 관련 제재대상자가 아닌 주요 탈세, 난민범죄, 대량학살 범죄, 대량살상무기개발 관련 대상자로 지정이 되는 경우에도 유엔에서 지정하는 제재대상자에 포함이 될 것이므로 모두 범위대상에 포함되게 되었다.

다음으로 FATF에서 발표하는 비협조국가 리스트(non-cooperative countries and territories) 및 FATF Statement에서 FATF 권고사항 이행취약국가로 발표한 리스트라고 규정된 부분이 자금세탁방지 업무규정 제69조 각 호에 따른 FATF지정 위험국가의 국적자(개인, 법인 및 단체를 포함한다) 또는 거주자라고 확대되어 기존에는 해당 위험국 국적자에서 해당 국적자는 물론이고 개인, 법인 단체뿐만 아니라 해당국가의 국적자가 아니더라도 FATF지정 위험국가에서의 일정 기간 머물러 거주자성을 인정받는 경우에는 위험국가의 국적자로 취급되면서 그 범위가 더 넓게 규정되었다.

이 뿐만이 아니다. 과거에는 별다른 규정이 없이 각 금융회사 등에서 자체적으로 요주의 인물 리스트 등으로 인정하거나 이를 참고하였던 대상인 미국의 제재대상자(SDN List) 등을 "금융회사등의 주요 해외지점등 소재 국가의 정부에서 자금세탁행위 등의 위험을 우려하여 발표한 금융거래제한 대상자 리스트"라는 방식으로 규정하여 범위에 포함하면서 명시적으로 주요국, 주로 미국이나 EU의 요주의인물 리스트를 제재대상자에 포함시키게 되어 그 범위를 더 확대하여 규정하게 되었다.

대상자도 획기적인 확대가 있었다. 과거 자금세탁방지 업무규정에서는 거래당사자가 1. 공중협박자금조달금지법에서 금융위원회가 고시하는 금융거래제한대상자 리스트, 2. UN(United Nations)에서 발표하는 테러리스트(Consolidated List of terrorists), 3. FATF에서 발표하는 비협조국가 리스트(non-cooperative countries and territories) 및 FATF Statement에서 FATF 권고사항 이행취약국가로 발표한 리스트, 4. 외국의 정치적 주요인물 리스트 등인 경우 요주의인물 확인을 거치는 것으로 제도를 운영하였다.

하지만 자금세탁방지 업무규정의 개정으로 ① 테러자금금지법에서 금융위원회가 고시하는 금융거래제한대상자 리스트, ② UN에서 지정하는 제재대상자, ③ 자금세탁방지 업무규정 제69조 각 호에 따른 FATF 지정 위험국가의 국적자(개인, 법인 및 단체를 포함한다) 또는 거주자, ④ 회사의 주요 해외지점등 소재 국가의 정부에서 자금세탁행위 등의 위험을 우려하여 발표한 금융거래제한 대상자 리스트, ⑤ 외국의 정치적 주요인물 리스트 등이 ⓐ 거래당사자이거나, ⓑ 대리인에 해당하거나, ⓒ 특정금융정보법 제5조의2제1항제1호 나목에 따른 "실제소유자"에 해당하거나, ⓓ 법인·단체 고객의 경우 대표자에 해당하는 경우 이를 모두 확인하여야 한다. 쉽게 이를 구성하면 아래 〈표 33〉과 같이 총 5개의 대상군 확인을 4개의 거래당사자 등의 형태에 맞게 모두 확인하게 되므로 20개의 확인 프로세스가 필요하게 되었다.

〈표 33〉 확인 대상군 및 거래당사자

대상군	거래당사자 군
① 테러자금금지법에서 금융위원회가 고시하는 금융거래제한대상자 리스트	㉠ 거래당사자 ㉡ 대리인 ㉢ 실제소유자 ㉣ 법인이나 단체의 대표자
② UN에서 지정하는 제재대상자	
③ 자금세탁방지 업무규정 제69조 각 호에 따른 FATF 지정 위험국가의 국적자(개인, 법인 및 단체를 포함한다) 또는 거주자	
④ 회사의 주요 해외지점등 소재 국가의 정부에서 자금세탁행위 등의 위험을 우려하여 발표한 금융거래제한대상자 리스트	
⑤ 외국의 정치적 주요인물 리스트	

나. 요주의 인물의 주요내용

1) 금융거래제한대상자 리스트: 공중협박자금조달금지법에서 금융위원회가 고시하는 금융거래제한대상자 리스트

금융위원회는 우리나라가 체결한 조약 및 일반적으로 승인된 국제법규를 성실히 준수하기 위하여 또는 국제평화와 안전유지를 위한 국제적 노력에 특히 기여하기 위하여 규제가 필요하다고 인정되는 경우 공중협박자금조달 또는 대량살상무기확산과 관련되어 있는 것으로 판단되는 개인·법인·단체를 금융거래제한대상자로 지정하여 고시할 수 있다(테러자금금지법 제4조 제1항[237]). 이와 같이 금융거래제한대상자로 지정·고

237) 테러자금금지법 제4조.

시된 자가 금융회사등과 금융거래 및 그에 따른 지급·영수를 하거나 동산, 부동산, 채권 및 그 밖의 재산 또는 재산권에 대한 양도, 증여 등 처분 행위와 그 점유의 이전 및 원상의 변경을 하고자 할 경우에는 금융위원회의 허가를 받아야 한다. 허가를 받지 않거나, 거짓이나 그 밖의 부정한 방법으로 허가를 받은 경우 3년 이하의 징역 또는 3천만 원 이하의 벌금으로 처벌받게 된다(테러자금금지법 제6조제2항).

대상자는 매해 1-2회씩 금융위원회 금융정보분석원이 고시의 형태로 발표하고 있는데 국제연합 안전보장이사회 결의 제1267호(1999년)·제1989호(2011년) 및 제2253호(2015), 제1718호(2006년), 제2231호(2015년), 제1988호(2011년) 및 각 후속결의 또는 동 이사회 결의 제1267호(1999년)·제1989호(2011년) 및 제2253호(2015), 제1718호(2006년), 제2231호(2015년), 제1988호(2011년)에 의하여 구성된 각 제재위원회(Security Council Committee)가 지정한 자는 자동적으로 지정이 되는 구조이며, 이 명단에다가 추가적으로 국제평화와 안전유지를 위한 국제적 노력에 특히 기여하기 위하여 공중협박자금조달 및 대량살상무기확산의 규제가 필요한 경우로서 금융위원회가 국제연합 안전보장이사회 결의 등에 따라 지정한 자가 별도로 금융위원회 고시형태로 통합되어 규정되어 있다. 이에 (1) 국제연합 안전보장이사회 결의 제1373호(2001년), (2) 국제연합 안전보장이사회 결의 제1718호(2006년)와 그 후속결의에 의한 대상자들이 2020년 12월 현재 약 686명[238]이 지정되어 있다.

물론 해당 금융거래등제한대상자의 경우 금융위원회의 금융거래등제한대상자 지정처분 또는 금융거래등의 허가거부 처분에 관해 이의가 있는 자는 그 처분이 있음을 안 날부터 30일 이내에 금융위원회에 이의신청을 할 수도 있다. 금융거래등제한대상자로 지정되어 고시된 자가 특정

238) 형태는 탈레반 및 알카에다 관련자 등이 먼저 적시(1. AL QAIDA)되고 명단의 후단에는 주로 북한 및 이란 대량살상 무기금융과 관련된 개인이나 법인 관련자들이 적시되어 있는 구조이다(https://www.kofiu.go.kr/kor/policy/ptfps02_1.do). 해당 명단은 지속적으로 업데이트 되고 있다.

금융정보법 제2조제1호의 금융회사 등과 동법 제2조제2호의 금융거래 및 그에 따른 지급·영수를 하고자 할 경우에는 금융위원회의 허가를 받아야 하며, 금융거래등제한대상자로 지정되어 고시된 자가 동산, 부동산, 채권 및 그 밖의 재산 또는 재산권에 관한 양도, 증여 등 처분행위와 그 점유의 이전 및 원상의 변경을 하고자 할 경우(그 상대방이 되는 경우를 포함한다)에는 금융거래등제한당사자 또는 그 상대방이 금융위원회의 허가를 받아야 한다.

2) UN에서 지정하는 제재대상자

UN 안전보장이사회는 UN헌장 제41조에 따라 국제평화와 안전유지를 위해 무력행사 이외의 제재조치를 취할 수 있다. 일반적으로 사용되는 조치에는 무기금수, 자산동결, 여행금지 등이 있으며 제재위원회(sanctions committee)는 UN회원국의 안보리제재 준수에 대한 감시·지원기능을 수행한다.

UN 제재대상자는 통합제재대상자 검색사이트[239]에서 확인이 가능하다. 물론 명단은 지속적으로 변동하므로 이에 대한 업데이트[240]가 필요하다. 일반적으로 UN에서 지정하는 제재대상자 역시 전술한 공중협박자금조달금지법에서 금융위원회가 고시하는 금융거래제한대상자 리스트에 포함된다.

---

239) UN안보리 제재대상자는 https://www.un.org/sc/suborg/en/sanctions/un-sc-consolidated-list (last visit 2022. 8. 1.)에서 확인할 수 있다.

240) 금융감독원, "2021. 3. 자금세탁방지 업무설명회 자료", 13면 참조. 거래고객이 요주의 인물인지 여부를 확인할 수 있는 절차를 수립·운용하고 있으나, 금융위원회가 고시하는 금융거래제한대상자 목록은 수시로 변경되고 있음에도 요주의 인물 목록을 1년 주기로 변경하고 있어, 요주의인물과 거래관계를 거절 또는 수립시 고위경영진의 승인 등이 누락될 소지가 있으니 요주의 목록을 수시로 갱신하여 요주의 인물에 대하여 적시에 확인하고 거래관계를 수립하는 경우에는 고위경영진의 승인을 얻는 등 필요한 조치를 마련할 필요가 있다는 지적이었다.

3) FATF지정 위험국가의 국적자 또는 거주자: 자금세탁방지 업무규정 제69조 각 호에 따른 FATF지정 위험국가의 국적자(개인, 법인 및 단체를 포함한다) 또는 거주자

〈표 34〉 FATF 위험국가 표

종 류		내 용	국가
① 조치를 요하는 고위험 국가	대응조치 (Counter-measure)	사실상 거래중단, 해당 국가에 금융회사 해외사무소 설립 금지 등 적극적 대응조치	이란 북한
	강화된 고객확인 (Enhanced due diligence)	자금세탁방지에 결함이 있어 해당국가와의 거래에 강화된 고객확인	없음
② 강화된 관찰 대상 국가		자금세탁방지의 결함을 치유 중인 국가	23개국[241]

자금세탁방지 업무규정 제69조 각 호에서는 1. FATF가 성명서(Public Statement) 등을 통해 발표하는 고위험 국가(Higher-risk countries) 리스트, 2. FATF가 이행 취약국가(Non-compliance)로 발표한 국가리스트에 따른 FATF지정 위험국가의 국적자(개인, 법인 및 단체를 포함한다) 또는 거주자라고 규정되어 있다.

자금세탁방지 업무규정 제69조의 제1호와 제2호의 차이는 쉽게 생각하면 해당 국가나 지역의 자금세탁이나 테러자금조달의 위험의 강도의 차이라고 생각하면 되는 바, FATF에서는 4개월마다 3개의 단계로 이를 구분하여 ① 대응조치가 필요한 고위험국가리스트, ② 강화된 주의를 기울여야 하는 고위험국가리스트, ③ FATF에서 요구하는 여러 이행사항이

241) 해당국은 매 총회의 성명서마다 변화가 있게 된다. 대상국 명단은 금융정보분석원 홈페이지 보도자료에 정기적으로 업데이트가 되므로 이를 주기적으로 확인할 필요가 있다. 참고로 2022년 6월 총회에서는 알바니아, 바베이도스, 아랍에미리트, 부르키나파소, 캄보디아, 케이만군도, 아이티, 자메이카, 요르단, 말리, 모로코, 미얀마, 니카라과, 파키스탄, 파나마, 필리핀, 세네갈, 남수단, 시리아, 터키, 우간다, 예멘, 지브롤터가 있다.

취약한 강화된 점검대상국가의 3개의 층으로 구분하여 이를 분류하고 있다. 특히 FATF에서 요구하는 여러 이행사항이 취약한 강화된 점검대상국가의 경우에는 결함이 있는데도 충분한 개선이 없거나 이행계획을 미수립한 국가의 경우에는 해당 국가와 거래관계에 특별한 주의를 기울여 국가 위험에 반영하거나, 결함이 있으나 FATF와 결함을 해소하기 위한 이행계획을 수립한 국가는 일부 업무에 참고하고 국가 위험에 일정 부분을 반영하는 방식으로 더 세분화하기도 한다.

FATF 지정 위험국가의 국적자는 해당 국적의 개인, 법인 및 단체를 포함하고, 또한 해당 국가의 거주자도 포함하는 의미이다. 과거에는 유권해석을 통해 'FATF 비협조 국가 등'에는 국가뿐 아니라 국적을 보유한 개인, 그 국가에 기반을 둔 법인, 금융회사 등 즉 ① 해당 국가의 법령에 따라 설립된 법인 및, ② 해당 국가의 법령에 따라 설립되어 금융업을 영위하는 자(그 자의 자회사 및 지점을 포함) 등을 포함하여 해석[242]하였지만 이를 명시적으로 개정된 자금세탁방지 업무규정에 반영함으로써 입법론적으로 해결하였다.

4) 해외지점등 소재 국가의 정부리스트: 금융회사 등의 주요 해외지점등 소재 국가의 정부에서 자금세탁행위 등의 위험을 우려하여 발표한 금융거래제한 대상자 리스트

미국은 국제비상경제권한법(IEEPA: International Emergency Economic Powers Act)을 포함한 여러 법령과 대통령이 발효하는 행정명령(executive order) 등에 따라 국가안보 등의 목적으로 테러 및 확산자금 조달금지에 대한 제재조치를 취하고 있다. 이 방식은 여러 가지가 있는데, 특정국 전체에 대한 포괄적 제재를 채택하기도 하며(북한, 이란), 특정 개인, 단체에 대한 거래를 제한하는 정밀화된 리스트 제재방식도 사용하고 있다. 특히, 미국의 자금세탁방지기구인 핀센(FinCEN)에서 발효하는 우선적 자

242) 금융정보분석원, 자금세탁방지 유권해석 사례집 (2018), 90면 참조.

금세탁우려 제재대상에 관여된 '제3자'를 제재하는 '간접제재 방식의 2차 제재', 소위 '세컨더리 보이콧'은 미국 달러결제에 필수적인 미국 금융시스템 접근을 제한하는 금융제재를 포함하는 경우도 있으므로 우리 금융회사 등에 영향을 미칠 수도 있으니 유의하여야 한다.

대표적으로 미국 재무부산하 OFAC에서 발표하는 제재대상자 리스트인 특별지정국가 국민 및 차단인사 목록(Specially Designated Nationals And Blocked Persons list, SDN List)[243)]이나 EU 제재대상자[244)]를 참고할 수 있다. 특히 미국의 제재대상자(SDN List)상의 대상자와 거래할 경우 미국 금융시스템에 대한 접근 제한, 대규모 제재금 부과 등 불이익이 발생할 수 있으니 주의가 필요하다. 금융위원회에서도 이러한 해외주요 지점 등에 대한 소재국가 정부에서 발표하는 리스트에 대해 금융거래제한대상자 리스트를 발표할 때마다 그 후단에 참고표시로 유의 문구를 두고 있다.

◇ **참고**

미국의 제재대상자(SDN List)는 아래 사이트에서 직접 확인 가능하며, 동 SDN List 상의 대상자와 거래할 경우 미국 금융시스템에 대한 접근 제한, 대규모 제재금 부과 등 불이익이 발생할 수 있으니 주의 필요.

- https://www.treasury.gov/ofac/downloads/sdnlist.pdf

적용대상 금융회사는 금융회사 등의 주요 해외지점등 해외지점이나 영업소가 있는 경우, 그리고 모든 해외 지점이나 영업소가 아닌 "주요" 해외 지점이나 영업소 소재 국가의 정부에서 자금세탁행위 등의 위험을

---

243) http://sdnsearch.ofac.treas.gov. The Specially Designated Nationals and Blocked Persons List, also known as the SDN List, is a United States government sanctions/embargo measure targeting U.S.-designated terrorists, officials and beneficiaries of certain authoritarian regimes, and international criminals (e.g., drug traffickers). The list is managed by the Office of Foreign Assets Control.

244) http://eeas.europa.eu/cfsp/sanctions/consol-list/index_en.htm.

우려하여 발표한 금융거래제한 대상자 리스트가 이에 해당할 것이지만, 전술한 것처럼 이러한 주요 해외지점이나 영업소의 경우에는 주로 미국이나 유럽 등 금융중심지 국가들에 설치되어 있을 가능성이 높으므로 대부분 미국 재무부 제재대상자나 EU 제재대상자 등에 해당할 가능성이 실무적으로 높으며, 모든 해외지점이나 영업소가 되도록 이 권고리스트를 포함할 수 있도록 하고 설사 해외에 지점이나 영업소가 없는 국내 금융회사 등도 해당 리스트 대상자에 대한 요주의인물 확인 체계를 구축하는 것이 제도의 취지상 적극적으로 요망된다.

5) 외국의 정치적 주요인물 리스트 등

외국의 정치적 주요인물(PEP: Politically Exposed Person, 혹은 PEPs로 칭한다)은 직위의 특성상 부정부패에 노출 위험이 커서 이와 관련한 금융회사 등의 의무사항을 강화하고 있는 것이다. 현재 자금세탁방지 업무규정에서는 국내 정치적 주요인물은 그 범위에 포함하지 않고 외국 및 국제기구의 정치적 주요인물만 그 범위에 포함시키고 있다. 현재 또는 과거에 외국에서 정치적·사회적으로 영향력을 가진 자, 그의 가족(부모, 형제, 배우자, 자녀, 혈연 또는 결혼에 의한 친인척) 또는 그와 밀접한 관계(특별한 금전거래를 수행)가 있는 자를 포함하며, 전술한 대로 거래고객, 대리인, 실제소유자, 대표자가 이와 같은 외국의 정치적 주요인물 리스트가 해당되는지[245] 모두를 살펴보는 방식으로 개정되었다. 현실적으로 실무상 요주의인물 리스트 대상자 중 가장 그 숫자가 많다고 볼 수 있는 부분인데 그 이유는 외국의 정치적 주요인물의 경우 해당자가 매우 포괄적으로 규정되어 있고 또한 시간적 범위가 길고, 대상자의 범위가 넓은 점, 외국의 정치적 주요인물과 관련되어 있는 사업자나 단체도 포함이 되고 있는 점, 대상자의 가족도 포함되고 있는 점 등 때문에 가장 그 범위가 넓다고 볼 수 있다. 물론 아직 입법화가 되지 아니하였지

245) 자금세탁방지 업무규정 제43조 제1항.

만 국내의 정치적 주요인물의 경우에도 현재 자금세탁방지 업무규정에서 적용하는 PEP에서는 제외된다고 하더라도 이는 고위험 고객으로 평가될 수 있는 여지가 얼마든지 있기 때문에 강화된 고객확인 의무가 적용될 여지는 상존한다고 할 수 있다.

현재 또는 과거에 외국에서 정치적·사회적으로 영향력을 가진 자, 그의 가족 또는 그와 밀접한 관계에 있는 자에 대해 과거 자금세탁방지 업무규정에서는 오로지 “현재”로만 규정을 하고 있었지만 개정된 자금세탁방지 업무규정에서는 “현재 또는 과거”라고 지칭하여 외국의 정치적 주요인물에 대한 시간적 한계가 없는 규정방식을 취하게 되었다(영구적인 정치적 주요인물 등재). 이에 과거 규정에 존재하였던 일반적으로 사임 후 1년 이내라는 문구는 삭제되게 된다. 물론 해당 외국의 정치적 주요인물의 경우에도 요주의인물 등재시에는 PEP 국적, 국가상황, 영향력, 부패도 등을 위험평가하여 결정하여야 할 것이며, 이는 FATF의 해설주석에서도 위험평가를 한 연후에 등재하여야 한다는 같은 견해를 취하고 있다.

외국정부의 행정, 사법, 국방, 기타 정부기관(국제기구를 포함)의 고위관리자, 주요 외국 정당의 고위관리자, 외국 국영기업의 경영자, 왕족 및 귀족, 종교계 지도자, 외국의 정치적 주요인물과 관련되어 있는 사업체 또는 단체가 그 대상인데 외국의 정치적 주요인물과 관련되어 있는 사업체 또는 단체의 경우에는 ① PEPs가 강화된 절차를 회피하기 위하여 자신의 계산으로 이루어지는 금융거래를 자신과 관련있는 ‘사업체 또는 단체’의 이름으로 수행하거나, ② PEPs가 ‘사업체 또는 단체’에 대해 지배력을 행사하는 자로, 고객의 명의는 ‘사업체 또는 단체’이나, PEPs 개인이 오로지 자신의 이익을 위해 거래를 하는 것으로 볼 수 있는 경우 등을 방지하기 위한 것이라고 볼 수 있다.[246] 이에 PEPs가 실제소유자로 볼 수 있는 사업체 또는 단체이거나, 지배력을 인정할 수 있는 법인 등, 또

246) 금융정보분석원, 자금세탁방지 유권해석 사례집 (2018), 92면 참조.

한 유령법인 등의 경우에는 이를 인정할 여지가 있다.

대상자의 가족은 외국의 정치적 주요인물의 부모, 형제, 배우자, 자녀, 혈연 또는 결혼에 의한 친인척관계에 있는 자를 의미한다. 사견으로는 혈연관계가 아닌 입양 등의 관계 역시 친인척관계에 포함되어 해석되어야 한다고 생각하며 규정상으로는 대상자와 밀접한 관계가 있는 자에 입양 등 관련자를 포함할 수 있다고 생각한다. 대상자와 밀접한 관계가 있는 자는 외국의 정치적 주요인물과 특별한 금전거래를 수행하는 자를 의미한다. 이는 공식적, 비공식적임을 불문한다.

다. 요주의 인물 고객과의 거래절차[247)]

요주의 인물 필터링은 우선 1단계로 Watch List 대사 대상을 선정하는데 이는 고객확인 요건에 해당하는 경우인 신규 계좌개설시 및 일정금액 이상의 일회성 금융거래의 경우, 전신송금시 송금자 정보를 확인하는 자금이체(원화송금, 해외송금, 국내 외환자금이체)의 경우 등의 대사 대상을 특정한다.

특정 이후에는 2단계로 Watch List 필터링 단계로 이러한 신규고객 등이 요주의인물과 동일인으로 판단되거나 예측되는지를 판별한다. 이에 따라 금융거래 완료 이전에 요주의 인물 리스트 정보를 수보하여 고객정보와 확인하여 비교대사하고 거래거절 대상자인지를 파악하는 프로세스이다.

마지막으로 3단계로 Watch List 필터링 재확인단계로 대사결과의 완전성 및 정확성에 대해서 별도로 재확인하는 절차로 나누어 볼 수 있다. 구체적으로는 Watch List 수행대상 및 대상별 전결규정에서 신규 고객(고객확인 대상 포함)에 대한 Watch List 필터링 수행방법 및 절차, Watch List 업데이트 주기 및 절차, Watch List 변경시 기존 고객에 대한 Watch List

---

247) 금융감독원, “2019. 2. 27. 자금세탁방지 주요지적사례”, 9면 참조.

필터링 수행방법 및 절차, 고객정보(국적, 영문이름 등) 변경시 Watch List 필터링 수행방법 및 절차, 필터링시 매칭 비율 및 적용한 기법 명시, Watch List 매칭시 인터넷 자료점검 등 당사자 확인 및 승인절차 등이 포함된다.[248] 실무적으로는 고객의 영문명 및 국문명을 확인하여 Watchlist 상 영문명을 비교하여 유사도를 측정하는 방식을 사용하고 있다. 이에 고객의 영문명과 국문명이 필요한데 외국인 고객의 경우에는 영문명을 확인하면 될 것이고 국내고객의 경우에는 고객의 국문명과 이에 대한 영문명을 확인하여 Watchlist Filtering을 거친다.[249]

Ⅱ. 요주의 인물 확인제도 문제점

1. 요주의 인물 확인 누락

법인이나 단체 실제소유자의 정확한 파악이 되지 않는 경우 나타날 수 있는 주요 문제점 중에 큰 요소는 바로 법인이나 단체 실제소유자의 확인이 불충분하게 이루어져 잘못된 실제소유자 정보로 요주의 인물 확인이 대사되게 될 것이므로 진정한 실제소유자에 대한 요주의 인물 확인이 누락될 수 있다는 것이다.

대부분의 금융회사는 법인·단체의 실제소유자 입력시에 중복이나 복

248) 금융정보분석원, "위험평가지표-운영위험지표(2021)", Watch List 내규 수준 참조.

249) 실무적으로는 요주의리스트 필터링(Batch Watchlist Filtering)은 3개의 형태로 운용되는 경우가 많다. 우선 1) CDD 신규 등록한 고객에 대해서는 실시간 요주의리스트 필터링(Real Time Watchlist Filtering)를 수행한다. 2) CDD 기등록된 고객에 대해서는 요주의리스트 필터링(Batch Watchlist Filtering) 결과를 자동 확인한다. 뿐만 아니라 3) 실시간 요주의리스트 필터링(Real Time Watchlist Filtering) 또는 배치 요주의리스트 필터링(Batch Watchlist Filtering)을 수행한 결과, 거래거절 대상으로 나온 고객은 거래를 거절하게 된다.

수로 병렬기입이 가능하도록 시스템을 설계하고는 있다. 하지만 문제는 이 시스템에 탑재가 되지 않는다면 위와 같은 요주의인물 확인 대사를 거치지 않게 된다는 것에 있다. 이에 복수나 병렬 실제소유자 기입이 가능하더라도 업무상 과실로 혹은 전술한 것처럼 지분구조 파악의 난해함으로 다른 실제소유자를 기입하거나 혹은 바지사장이나 위장사업자를 잘못하여 실제소유자로 입력하는 경우에 있어서는 제대로 된 요주의 인물 확인이 이루어 질 수가 없다. 이에 법인이나 단체의 실제소유자 확인 오류의 결과값은 단순히 법인단체의 신원확인 및 실제소유자 확인 부분에 국한되는 것이 아니라 중요한 요주의 인물 대사확인에 미치게 된다는 점에 있다.

더 큰 문제는 대형 금융회사 등이나 자금세탁방지 시스템이 잘 갖추어진 금융회사 등 외에 상대적으로 위의 요주의 인물 대사군에 탑재가 많이 되고 있는 외국인 등을 고객으로 수용하거나 거래관계를 맺게 될 가능성이 높은 중소형 금융회사나 새로 자금세탁방지 수범대상업권에 진입하는 온라인투자연계금융회사, 가상자산사업자, 전자금융업자, 일정 자산규모 이상의 대부업자, 소액해외송금업자 등의 경우에는 이러한 자금세탁방지 실제소유자 시스템이 체계적으로 구축되어 있지 아니할 가능성도 높다는 것이다.

또한 자금세탁방지 제도가 잘 갖추어진 금융회사 등의 경우에도 법인이나 단체의 실제소유자 확인시 시스템상 설사 복수의 실제소유자 입력대상이 확인된다고 하더라도 오로지 대표적인 지분권자 1인만 입력가능하고 동일지분 보유자 등을 병기하여 입력할 수 없는 경우도 많다. 이렇게 되면 실제소유자를 최대지분을 보유한 자연인 등으로 대표적으로 입력하거나 아니면 법인이나 단체의 대표자를 입력하는 경우가 많고, 시스템에 탑재등록하지 아니한 채 단순히 고객거래확인서에만 지분구조를 병기하여 작성해 두는 경우도 매우 많다. 이렇게 되는 경우 자금세탁방지 시스템에 입력이 되지 아니하기 때문에 요주의 인물 확인은 불가능하게 된다. 이에 거래당사자뿐만 아니라 실제소유자도 요주의 인물 확인 대상인데 일부만 요주의 인물을 확인하게 되거나 대표 1인만 확인하고 나머지 요주의 인물 확인 대상이 되는 실제소유자 등의 경우 요주의 인물 확인 면제와 같은 효과를 누리게 되는 결함이 발생한다.

2. 사설 데이터 업체에의 의존

현실적으로 외국의 정치적 주요인물을 정점으로 하여 그 대상자 수가 너무 많기 때문에 금융회사 등의 입장에서는 일일이 이에 대한 명단을 관리하기 어려운 실정이다. 그 대상군과 거래당사자 군이 확대된 것은 둘째 치더라도 기본적으로 외국의 정치적 주요인물의 범위가 워낙 방대하며, 게다가 자금세탁방지 업무규정에서는 외국의 정치적 주요인물을 일정 시간이 지나면 그 범위를 해제해주는 시스템이 아닌 "한번 외국의 정치적 주요인물이면 영원한 외국의 정치적 주요인물"로 보는 영구주의 경향을 띠고 있기 때문에 그 범위가 더 넓으며 계속 확대될 수밖에 없는 구조이다. 그 건수는 대략적으로 다르겠지만 실무적으로는 외국의 정치적 주요인물의 경우 친인척(RCA) 포함 약 80만 건 정도이고, OFAC(7천 건, Inactive 포함 12,000건), EU(5천 건, Inactive 포함 9천), UN(1천 건), 국내 금융거래제한대상자/기재부/국무조정실 리스트, World Bank (특정 국가사업 관련 입찰 참여제한 명단), IMF(Offshore Finance 평가리스트)로 그 범위를 특정할 수 있는데 범위가 넓다.[250]

이에 이러한 대상자를 일일이 검색하여 리스트 등재를 하기 부담스러울 뿐더러 이 리스트라는 것이 고정적인 형태가 아니라 출생, 사망, 신분관계의 변화 등에 의해 지속적으로 변화가 되다보니, 금융회사 등은

250) 일부 금융회사 등의 경우 이러한 Watch List만 사용하는 경우도 있고, 더 추가적으로 Adverse Media, State Owned Companies, OFAC 50% Rule, Sanctioned Cities and Ports 등을 패키지로 구입하여 운영하는 경우도 있다.

일반적으로 사설 데이터 제공업체에 의존하고 있는 경향이 강하다. 이에 데이터를 제공하는 외국사설업체는 "AML/CFT 데이터 솔루션"[251]이라는 형태로 FATF 국제기구의 권장사항에 따라 금융당국에서 요구하는 자금세탁방지 및 테러자금조달방지를 위한 Sanction list, financial criminal list, Politically Exposed Persons, Relatives and Close Associates 스크리닝에 필요한 개인 및 기업 프로필 리스트를 제공하고 있다. 현재 국내시중은행 대부분뿐만 아니라 전자금융업자, 가상화폐 거래소, 소액송금업자 등이 데이터 제공업체 프로그램에 의존하고 있으며 이를 사용하여 KYC/CDD를 수행하여 AML/CFT 스크리닝 작업을 진행하고 있다.

〈표 35〉 요주의 인물리스트 예시표

구분		번호	리스트	리스트 개요
국제	국가	1	FATF NCCT List	FATF 비협조 국가 리스트
		2	FATF AML 취약국가	AML 이행이 취약한 국가리스트
		3	OECD Tax Havens List	조세회피국가리스트
	개인	4	PEP	외국에서 정치, 사회적으로 영향력을 가진 사람들, 그들의 가족, 밀접

251) https://www.dowjones.com/ 회사 AML데이터 프로그램 설명자료 참조. AML/CFT 데이터 솔루션에서는 제재, 정치적 주요 인물 및 친적 또는 측근, 특별 관심 인물, 부정적 언론 매체 및 공기업 등 자금세탁방지 관련 데이터를 기반으로 전세계 200개국에서 60개의 현지 언어로 관련 정보 직접 리서치하여 광범위한 리서치로 제재 대상에 대한 2차 식별 자료(성별, 생년월일, 국적 등)를 검색, 보완하여 스크리닝의 효율성을 극대화하고 있다. 언어도 한글, 중국어, 일어를 포함한 다수의 원어 이름 검색 및 표기방식을 통해 OFAC, UN 및 EU 등의 국제 기국와 각국 정부 등의 거래금지 리스트 등 1,600개 이상의 리스트 제공하고 있다. 대표적인 다우존스 Risk and Compliance 서비스의 경우에는 Dow Jones Risk Center Portal(스크리닝 대상자 이름을 넣고 검색결과물을 개별적으로 확인하는 방법), Dow Jones Watchlist API/FEED(인물에 대한 스크리닝), One-time Screening(Ad-hoc으로 리서치팀이 다수의 인물을 한번에 스크리닝하여 결과물을 전달하는 방법) 등을 통해 금융회사 등에 인물검색정보를 제공하고 있다고 한다.

				한 관계가 있는 사람들 리스트
		5	FBI Most Wanted Terrorists	테러리스트
		6	Interpol Most Wanted	국제범죄경찰 조직인 인터폴에 의해 수배된 자에 대한 리스트
		7	OCC Unauthorized and Ficitious Banks List	미국내 허가받지 않은 은행 또는 위장은행리스트
		8	OFAC' s SDNs	테러리스트 집단과 관련되어 미국내 거래거절자 리스트
	및 단체	9	Primary Money Laundering Concern List	자금세탁으로 의심스러운 금융회사를 등록하여 특별조치를 취하도록 규정
		10	DOS terrorist Exclusion List	미국내 이민자의 테러리스트 관련 여부를 확인하기 위해 관리하고 있는 테러리스트 명단
		11	UN Consolidated List	경제사범, 무기 등 거래제한자 리스트
		12	WB List of Debarred Parties	사기/부패방지법 위반으로 인해 세계은행으로부터 자금조달제한을 받는 인물 및 조직에 대한 리스트
		13	EU Consolidated List	EU에서 발표하는 금융제재와 관련된 인물, 그룹, 업체리스트
국내	국가	14	국세청 조세회피 국가 리스트	조세회피국가 리스트
	개인 및 단체	15	금융거래제한대상자 리스트	금융거래제한대상자로 지정된 개인, 법인, 또는 단체리스트

이러한 부분 때문에 금융회사 등별로 구입하는 데이터 업체에 따라 요주의인물 리스트가 서로 상이하게 된다. 즉 금융회사 등은 1. 외부업체 등을 통해 구매하고 있는 금융회사 등, 2. 자체적으로 규정에 따라 리스트를 마련하여 정리하는 금융회사 등, 3. 금융회사 실정에 맞게 연구용역을 진행하여 맞춤형 요주의인물 리스트를 보유하는 경우, 4. 외국의 정치적 주요인물을 제외한 리스트만을 운영하는 경우, 5. 별도의 리스트

를 구매하거나 운영하지 않고 위험평가에서 이를 대사하려는 경우 등 다양한 형태로 요주의 인물 리스트를 만들고 있다. 이에 금융회사 등은 통일적인 요주의인물 리스트가 운영되지 않아 제각각이며, 또한 사설 데이터 업체에 지나친 의존으로 인해 제대로 확인되지 아니한 리스트가 별다른 심사없이 요주의인물 데이터로 탑재되어 운영이 된다던지, 그렇지도 않으면 이러한 비용 및 시간적인 고충에 요주의인물 대사시스템 구축을 포기하는 경우도 있다.

외부데이터 업체에의 의존의 더 큰 문제점은 기본적으로 외국의 회사에 의해 만들어진 프로그램으로 국내이용에 어느정도 한계가 있다는 점이다. 즉 외국어 표기법에도 불구하고 자유로운 영문식 표기로 외국인에 비해 알고리즘 매칭율 설정에 따른 과도한 오인탐지(오탐이라고 한다. false positive)가 많이 발생한다. 일견한 예시로 김범수(KIM BUM SOO)의 경우 KIM BUM SU(오탐), KIM BYUNG SOO(오탐) 등의 다수 오탐이 발생하기도 하며 음성이 같은 다른 표기(김정현의 예시: KIM JEONG HYUN, KIM JUNG HYUN 등)로 인해 요주의 인물 대사의 공백이 발생하기도 한다.

3. 고위경영진 승인 해석의 모호성 및 절차탈루

요주의 인물에 해당하는 때에는 당해 고객과의 거래를 거절하거나 거래관계 수립을 위해 고위경영진의 승인을 얻는 등 필요한 조치를 취하여야 한다. 하지만 문언상 "고위경영진의 승인을 얻는 등 필요한 조치"라고 규정되어 있어 포괄적인 표현으로 규정이 서술되어 있다. 이에 이를 너무 협소하게 해석하여 모두 "고위경영진의 승인을 반드시 얻어야 하는 것"으로 해석하면 곤란하다.

현재 요주의인물 중에서 1. 공중협박자금조달금지법에서 금융위원회가 고시하는 금융거래제한대상자 리스트, 2. UN에서 지정하는 제재대상자는 고위경영진의 승인이 있어도 거래를 할 수 없는 부분이 있다. 반면 3. 제69조 각 호에 따른 FATF지정 위험국가의 국적자(개인, 법인 및 단체를 포함한다) 또는 거주자, 4. 금융회사등의 주요 해외지점등 소재 국가의 정부에서 자금세탁행위등의 위험을 우려하여 발표한 금융거래제한 대상자 리스트의 경우는 각각의 경우에 따라 거래거절을 시켜야 되는 리스트와 고위경영진의 승인이 필요한 부분, 그렇지도 않다면 강화된 고객확인의무 조치를 통해 거래로 나아갈 수 있는 부분이 혼재되어 있는 리스트로 볼 수 있다. 마지막으로 5. 외국의 정치적 주요인물 리스트의 경우에는 법문에서 명시적으로 고위경영진의 승인을 얻는 등 필요한 조치를 취하여야 한다고 규정되어 있다. 이에 자금세탁방지 업무규정 제43조 제1항에서는 요주의 인물인지 여부를 확인할 수 있는 절차를 수립·운영하여야 한다는 점과 요주의 인물에 해당하는 때에는 당해 고객과의 거래를 거절하거나 거래관계 수립을 위해 고위경영진의 승인을 얻는 등 필요한 조치를 취하여야 한다고 같이 포함되어 규정되어 있다.

이렇게 구조적으로 이 5개의 요주의인물 대상자가 자금세탁방지 업무규정 제43조에 모두 일괄적으로 규정이 되어있다 보니 금융회사 별로 이 각 5개의 요주의 인물대상자에 대해 그 대응방식을 제각각으로 규정하는 경우가 많이 있으며, 또한 의무적으로 거래거절이 되거나 고위경영진의 승인이 필요한 사항에 대해 단순히 강화된 고객확인 조치를 취하는 경우 등으로 거래 승인조치에 나서려는 경우도 발견된다. 이 뿐만 아니라 고위경영진의 승인이라는 항목 역시 이 고위경영진이라는 개념의 추상성으로 인해 즉 어디까지가 고위인지에 대한 개념정립이 규정에 없다보니 자기전결결재나 하위직급의 결재에 갈음하면서 거래승인 절차에 나서는 경우 등도 있다.

III. 개선방안

1. 요주의 인물의 지속고객확인 및 재이행

우선 현재 개정된 자금세탁방지 업무규정에 따라 본인 이외에 대리인, 실제소유자, 법인·대표자에 대하여는 요주의 인물 리스트 정보와 대사하는 절차가 금융회사의 자금세탁방지 시스템에 필수적으로 반영되어야 한다. 이는 이미 법규상 개정된 부분으로 이에 대해서는 아직까지도 구 자금세탁방지 업무규정에 따라 본인 이외에 대리인, 실제소유자, 법인·대표자에 대하여 전산시스템에 요주의인물의 선택적 대사항목으로 반영되어 있는지도 살펴볼 필요가 있다. 기본적으로 금융회사 등의 자금세탁방지 요주의 인물 확인 시스템에서 "필수항목값"과 "선택항목값"을 나누어서 체크하도록 하는 구조 자체에는 문제가 없다. 하지만 아직도 거래당사자만을 필수항목으로 규정하고 기타 실제소유자, 대리인, 법인이나 단체의 대표자는 여전히 임의적, 선택적으로 추가할 수도 있는 구조로 되어 있는 경우가 많으므로 이 부분에 대한 점검이 필요하다. 금융감독원의 검사 및 감독 사례에서도 기존 시스템은 요주의 인물 여부 확인이 누락될 우려가 있어 대리인, 실제소유자, 법인·대표자 정보에 대하여도 요주의 인물 여부를 필수적으로 확인토록 전산시스템을 보완하여 운영할 필요가 있다는 지적사항이 있었다.

실제소유자 확인 사항의 요주의 인물 대사시 중요한 부분은 법인이나 단체의 실제소유자 확인시스템상 설사 복수의 실제소유자 입력대상이 확인된다고 하더라도 오로지 대표적인 지분권자 1인만 입력가능하게 되어 있는 부분이다. 이러한 경우 실제소유자 확인 미비가 곧 요주의 인물 확인 오류로 연결될 수 있는 측면이 있는 동시에 복수의 실제소유자가 존재하는 경우 이에 대해 모두 확인하지 아니하고 대표적인 1인만 확인하고 요주의 인물 대사를 넘어가는 부분의 문제가 발생할 수 있다. 특히 요주의 인물 확인 중 대다수를 차지하는 정치적 주요인물의 확인의 경우에 있어 외국회사나 기업 중에 실제소유자 등을 확인해 보면 아무래도 이러한 정치적 주요인물이 관련이 있는 기업이나 단체가 관련이 있는 경우가 높다. 물론 전술한 것처럼 외국의 정치적 주요인물과 관련되어 있는 사업체 또는 단체의 경우에는 강화된 절차를 회피하기 위하여 자신의 계산으로 이루어지는 금융거래를 자신과 관련있는 '사업체 또는 단체'의 이름으로 수행하거나, '사업체 또는 단체'에 대해 지배력을 행사하는 자로, 고객의 명의는 '사업체 또는 단체'이나, PEPs 개인이 오로지 자신의 이익을 위해 거래를 하는 것으로 볼 수 있는 경우 등의 특수한 정황적인 요건이 금융위원회의 유권해석상 더 추가되는 측면이 있다고 하더라도 그 대상자로 가능성이 있는 범위가 너무 방대하여 고위경영진의 승인 절차가 필요한 경우가 많다. 이렇다 보니 되도록 이러한 정치적 주요인물에 해당하지 아니하는 인물을 골라서 실제소유자로 확인하거나 실제소유자로 확인된 여러 대상자 중에서 정치적 주요인물이 아닌 대상자를 골라 그 사람에 대해 요주의인물 필터링을 거치고 아무 문제가 없는 것으로 확인하여 고위경영진의 승인없이 절차를 진행하게 될 수도 있다.

또한 아예 시스템적으로 다수인을 실제소유자로 병기하여 입력할 수 없는 경우도 많다. 일반적으로 현재 금융권에서는 4인 정도까지 실제소유자로 같이 입력을 할 수 있도록 시스템이 설계되어 있는 경우가 많은데 이 인원을 제한하여 입력할 수밖에 없는 부분도 일단 문제가 있을 수 있는 부분이다. 4인이 초과하는 실제소유자의 경우에는 필연적으로 인원을 줄여서 입력하여야 하기 때문이다(가령 어떤 법인이나 단체 지분구조도를 통해 A, B, C, D, E 5인이 각 20%의 지분을 보유하고 있는 구조의 경우에는 5명 모두를 입력하여야 할 필요가 있는데 4명까지만 입력할 수밖에 없다).

뿐만 아니라 실제소유자 전원에 대해 대사를 하지 아니하거나 최대

지분을 보유한 자연인 1인 등으로 대표 1인만을 입력하거나 아니면 법인이나 단체의 대표자를 입력하는 경우가 많고, 아예 시스템에 탑재등록하지 아니한 채 단순히 고객거래확인서에만 해당 지분구조를 병기하는 경우 등도 많다. 〈그림 8〉과 같이 요주의 인물 확인을 제대로 수행하려면 실제소유자 B에 대한 요주의 인물 확인이 필요한데 실제소유자로 A를 등재하여 형식적인 요주의 인물 확인대사를 할 수도 있기 때문이다.

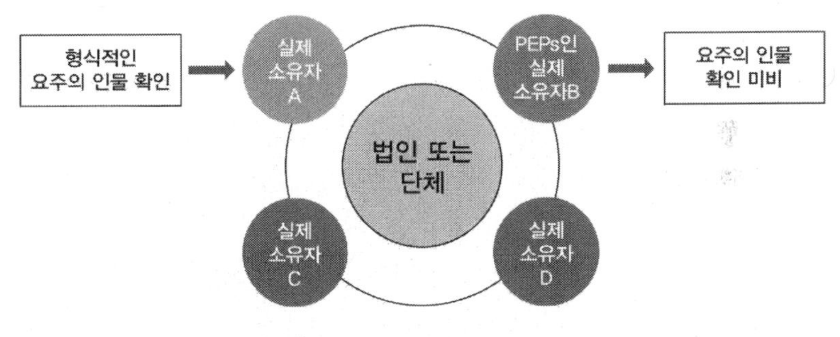

〈그림 8〉 요주의인물 확인루프홀

이러한 구조를 막기 위해서는 철저한 실제소유자 고객에 대한 요주의 인물 확인의 지속확인 및 재이행이 필요하다.

금융회사 등은 이미 거래를 하고 있었거나 거래를 과거에 한 고객에 대하여 적절한 시기에 고객확인을 하여야 하는 바 이는 1. 자금세탁행위 등의 우려가 높은 거래가 발생하는 경우, 2. 고객확인자료 기준이 실질적으로 변한 경우, 3. 계좌운영방식에 중요한 변화가 있는 경우, 4. 고객에 대한 정보가 충분히 확보되지 않았음을 알게 된 경우에 기존 고객에 대한 적절한 시기에 고객확인을 하여야 한다고 규정되어 있다.[252] 또한 금융회사 등은 이미 고객확인을 한 고객과 거래가 유지되는 동안 당해 고객에 대하여 지속적으로 고객확인을 하여야 하며, 위험도에 따라 고객확인의 재이행 주기를 설정·운용하여야 한다. 즉 특정금융정보법 시행

252) 자금세탁방지 업무규정 제25조.

령 제10조의6 제2항에서는 금융회사등은 고객확인을 한 후 해당 고객과 거래가 유지되는 동안 주기적으로 고객확인을 해야 하며, 이 경우 금융회사등은 고객의 거래행위 등을 고려한 자금세탁행위와 공중협박자금조달행위의 위험도에 따라 고객확인의 주기를 설정·운용해야 한다고 규정하고 있다. 자금세탁방지 업무규정에서도 금융회사등은 고객확인을 한 고객과 거래가 유지되는 동안 당해 고객에 대하여 지속적으로 고객확인을 하여야 하며 그 방법은 1. 거래전반에 대한 면밀한 조사 및 이를 통해 금융회사등이 확보하고 있는 고객·사업·위험평가·자금출처 등 정보가 실제 거래내용과 일관성이 있는지 검토, 2. 현존 기록에 대한 검토를 통해 고객확인을 위해 수집된 문서, 자료, 정보가 최신이며 적절한 것인지를 확인(특히 고위험군에 속하는 고객 또는 거래인 경우)을 거쳐서 금융회사등은 고객의 거래행위를 고려한 자금세탁행위 등의 위험도에 따라 고객확인의 재이행 주기를 설정·운용하여야 한다고 규정하고 있다.[253)]

실제소유자를 일부로 다른 사람으로 입력하거나 입력을 생략하는 방식으로 요주의 인물 중 특히 정치적 주요인물 관련 법인격에 대한 고위경영진의 승인 사항을 포함한 강화된 고객확인조치를 생략하는 부분은 자금세탁방지 업무규정 제25조 제2항상 자금세탁행위등의 우려가 높은 거래가 발생하는 경우, 고객확인자료 기준이 실질적으로 변한 경우, 고객에 대한 정보가 충분하게 확보되지 않았음을 알게 된 경우 등에 해당한다고 볼 수 있다.

또한 자금세탁방지 업무규정 제34조 제2항상의 금융회사등이 확보하고 있는 고객·사업·위험평가·자금출처 등 정보가 실제 거래내용과 일관성이 있는지 검토할 필요가 있고, 특히 고위험군에 속하는 고객인 요주의인물(정치적 주요인물)의 정보가 최신이며 적절한 것인지를 확인하기 위해 현존 기록에 대한 검토가 필요한 사항이라고 보인다. 이에 실제소유자 전원으로 확인되는 자연인에 대한 요주의 인물 리스트 확인이 이

253) 자금세탁방지 업무규정 제34조.

루어지고 있는지, 실제소유자 1인만 확인하거나 아니면 실제소유자에 대한 요주의 인물확인이 누락되고 있지 아니한지에 대한 재확인 및 지속적인 점검으로 해당 부분에 대한 결함을 보완해야 할 것으로 보인다.

금융정보분석원에서도 “위험평가지표-운영위험지표” 중 Watch List 최신화 주기표에서 Watch List 업데이트 주기에 대해 위험운영지표에서는 1) 주 단위, 수시(+5), 2) 월 단위(+4), 3) 분기 단위(+3), 4) 반기 단위(+2), 5) 연 단위(+1), 6) 년 이상(0)으로 지표의 가점을 운영하고 있다. 물론 업데이트만 하면 모두 완료되는 것이 아니라 이후에는 일괄대사가 필요하다고 규정하고 있다. 이에 지속적인 Watch List 최신화 및 이에 대한 점검이 필요하다고 하겠다.

2. 요주의 인물 리스트 시스템의 통일

요주의 인물리스트가 광범위하기 때문에 금융회사 등에서는 이에 대한 리스트를 패키지로 구매하거나 통일적인 요주의인물 리스트가 운영되지 않아 금융회사마다 각양각색으로 만들어지며, 또한 사설 데이터 업체에 지나친 의존으로 인해 제대로 확인되지 아니한 리스트가 별다른 심사없이 요주의인물 데이터로 탑재되어 운영이 되는 문제점이 있다.

이러한 리스트에 대한 검증 또한 무비판적으로 사설 데이터 리스트를 탑재하는 데에만 관심을 기울이고 있지 별다른 기타의 노력은 하지 아니하기 때문에 정확도에 대한 검증도 담보되지 않는다. 중소형 금융회사 및 신규 진입금융회사 등의 경우에는 이러한 구축비용이 너무 크기 때문에 일일이 수작업으로 참고 리스트를 다운받아 단일화된 리스트를 만드는 곳도 있으며 아예 시간적인 고충에 요주의인물 대사시스템 구축을 포기하는 경우가 많아 법집행의 실효력이 전혀 담보되지 아니하는 경우가 많다. 이는 전술한 거래거절 및 종료 프로세스 이슈에서도 언급되었던 것처럼 자금세탁행위자들에게 중요한 것은 금융회사 등을 통해 금융거래가 진행이 되느냐 여부인 것이지 어느 금융회사를 이용하는 것인가는 그리 중요한 문제가 아니다. 이 때문에 일부 금융회사의 요주의 인물 대사시스템 미비라고 하더라도 전체 자금세탁방지시스템의 결함으로 연결될 수 있다. 이에 대한 고충으로 일부 금융회사에서는 일부 정치적 주요인물을 중요도에 따라 중요 정치적 주요인물과 비중요 정치적 주요인물(non-material PEP)로 나누어서 고객이 PEP이면서 저위험 국가의 정부기관, 금융회사 혹은 지정된 거래소에 상장된 기업의 실제소유자이거나 등기이사인 경우에는 위험도가 높지 않은 것으로 보아 별도 구분하여 고위경영진 승인을 생략토록 하는 시스템을 만든 적이 있었다. 하지만 이 역시 자의적인 기준이 될 수 있어 불합리하므로 PEP는 예외 없이 고위경영진의 승인을 얻어 거래를 진행할 수 있도록 관련 업무를 개선할 필요가 있다는 금융감독원의 지적사항이 나오는 등 지속적으로 요주의 인물 리스트 시스템에 대한 부담은 현재진행형이다. 이러한 문제점으로 인해 금융회사 등 일부는 시스템 구축에 결함을 가지고 오게 되면서 궁극적으로는 자금세탁행위 위반사범의 반사적 이득으로 귀결되고 있다.

참고: 요주의 인물 대사리스트

1. 공중협박자금조달금지법에서 금융위원회가 고시하는 금융거래제한대상자 리스트
2. UN에서 지정하는 제재대상자
3. 제69조 각 호에 따른 FATF지정 위험국가의 국적자(개인, 법인 및 단체를 포함한다) 또는 거주자
4. 금융회사등의 주요 해외지점등 소재 국가의 정부에서 자금세탁행위등의 위험을 우려하여 발표한 금융거래제한 대상자 리스트
5. 외국의 정치적 주요인물 리스트 등

물론 금융회사 등의 입장에서 가장 간편한 것은 국제기구나 국가 즉 금융당국에서 이러한 요주의 인물 리스트를 정하여 규정해주는 것이다. 현재 특정금융정보법에서 아예 이러한 국가나 국제기구에서 지정하는 시스템을 배제하고 있지는 아니한 것이 공중협박자금조달금지법에서 금융위원회가 고시하는 금융거래제한대상자 리스트 즉 금융거래제한 대상자에 대해서는 어쨌든 매해 이 리스트를 업데이트를 하고 있으며, 자금세탁방지 업무규정 제69조 각 호에 따른 FATF지정 위험국가의 국적자(개인, 법인 및 단체 포함)나 해당 국가의 거주자 부분 역시 FATF가 그 성명서(Public Statement) 등을 통해 발표하는 고위험 국가(Higher-risk countries) 리스트를, 또는 일부 이행 취약국가(Non-compliance)로 발표한 국가리스트를 공식적인 성명서 형태로 매 4개월 마다 홈페이지에 공시를 하고 있다. UN에서 지정하는 제재대상자 역시 유엔 안보리 홈페이지에서 명시적으로 그 리스트를 공시하고 있고, 금융회사등의 주요 해외지점등 소재 국가의 정부에서 자금세탁행위등의 위험을 우려하여 발표한 금융거래제한 대상자 리스트 역시 미국 OFAC기구와 EU의 통합제재리스트를 참고하여 구성을 하면 될 것이기에 큰 어려움이 없다고 볼 수 있다. 게다가 금융회사 등이 만약 주요 해외지점 등이 없는 경우에는 이마저도 생략이 가능한 요소도 있을 수 있으므로 소위 국내금융(소위 LOCAL 금융)만 하는 경우에는 요주의인물 리스트 대사에 큰 불편함을 덜 수 있다.

이렇다면 문제는 외국의 정치적 주요인물 리스트 등이 될 것이다. 가장 그 대상자 수도 많고 리스트를 특정하기도 어렵기 때문에, 또한 각국마다 자금세탁방지 업무규정[254] 및 FATF 관련 규정에서 범주를 정하는 기준점이 정하여져 있다고 하더라도 개념정의 자체가 고위관리자, 지도자, 관련되어 있는 사업체 또는 단체, 특별한 금전거래를 수행하는 자 등으로 그 표현이 추상적이어서 그 범위가 넓어질 수밖에 없다. 이러다 보

254) 자금세탁방지 업무규정 제64조.

니 요주의인물 대사확인 과정은 결국 각 금융회사의 외국의 사설 데이터 업체와의 위 외국의 정치적 주요인물 리스트를 주로 탑재하는 용역계약에만 치중하는 형태로 변질되게 된다.

우선 정치적 주요인물 부분에 주요 대사군의 한정에 문제점이 생길 수밖에 없으므로 이 부분에 집중하여 개선안을 논의하여 보면 일반적으로 금융회사 자체 요주의 인물에 대한 대응조치는 일반적인 고객확인절차에다가 고객 또는 실제소유자가 PEPs인지 여부를 확인하는 절차가 후속적으로 이루어지며 이어서 이에 알맞는 적절한 조치인 강화된 고객확인 및 모니터링과 함께 고위경영진 승인절차 과정으로 이루어진다. 일반적인 금융회사 등의 경우에 고객확인절차 외에 외국의 정치적 주요인물을 확인하는 절차에는 KYC 업무규정이나 지침을 가지고 있는 바,[255] (ㄱ) 정치적 주요인물에 대한 기준, (ㄴ) Watch List에 포함된 외국의 정치적 주요인물에 대한 매칭(대사)방법 정의로 ⓐ 분기별 일괄 작업, ⓑ 개별 CDD시 대사방법 정의, (ㄷ) 외국의 정치적 주요인물과 매칭될 경우, 신문 또는 인터넷 등을 통해 관련 법인, 친인척 정보, 평판정보 수집 등과 관련절차에 대한 체크리스트 및 검토보고서 양식 마련, (ㄹ) 외국의 정치적 주요인물에 대한 고위경영진 승인절차 마련, (ㅁ) 외국의 정치적 주요인물에 대한 EDD 필수 수집정보 및 시스템 반영 여부 등의 순서로 업무절차가 이루어지게 된다.

위 업무절차 중 매칭(대사)방법과 매칭될 경우 각 금융회사에서 확인하는 법인, 친인척 정보, 평판정보의 수집 및 검토보고서 마련, 그리고 어느 단계까지 고위경영진으로 간주하여 결재를 진행할 것인지는 각 금융회사 등에서 자체적으로 정하여야 하는 사안이라고 한다면 결국 개선이 필요한 부분은 정치적 주요인물의 기준과 요주의인물(Watch List) 명단 설정이다.

이에 대한 근본적인 문제의 해결은 이러한 요주의인물을 정부에서

---

255) 금융정보분석원, "위험평가지표-운영위험지표(2021)", 지표부가설명 제8항 참조.

일괄 배포해주거나 고시하는 것이다. 다만 기본적으로 요주의 인물 목록(Watch List)은 이러한 정부가 발표하는 금융거래제한대상자뿐만 아니라 각국의 제재대상자(OFAC 등)와 외국의 정치적 주요인물(PEPs) 등을 포함하고 있어 이는 금융회사의 업무범위나 위험도에 따라 필요한 정보의 수준이 천차만별이므로 이를 각국 정부가 배포하는 사례는 없어 곤란한 부분이다. 또한 이외에도 현실적인 부분을 고려해 본다면 국가 및 정부당국에서 소위 "외국의 정치적 주요인물"을 규정짓는 과제가 있는데, 이 부분은 각국간의 관계와 함께 외교적인 문제도 발생할 수 있다. 뿐만 아니라 정치적 주요인물의 경우 현재 외국의 정치적 주요인물에만 그 범위가 한정되어 있는데 금융정보분석원 업무계획[256](2021. 2.)에 따르면 이를 확대하여 특정금융정보법을 개정하여 국내외 정치적 주요인물(PEPs: Politically Exposed Persons)에 대한 강화된 고객확인의무 부과도 추진하려는 계획이 있는 바, 이렇게 되면 정부와 금융당국에서 국내의 정치적 주요인물을 규정하여 이에 대해 금융거래에 대한 강화된 모니터링을 하게 한다는 오해의 소지도 높기 때문에 명단지정에 대한 금융당국의 부담은 더 가중될 수밖에 없는 등 현실적으로 어려운 실정이다.

이에 대해서는 금융회사 간에 요주의 인물리스트 대사체계의 편중을 막고 통일적인 인물 대사를 도입하기 위해서 국가에서 지정하는 방식이 불가능하고 어렵다고 하더라도 이에 대한 대안으로 각 협회별 데이터 제공시스템의 구축 및 공유가 가능할 것이며 개선방안이 될 수 있을 것이다. 우선 각 협회에서는 소속 금융회사 등이 운영하고 있는 정치적 주요인물 등에 대한 기준 등을 받아서 이를 정리한 후 각 협회 즉 은행연합회, 금융투자협회, 생명보험협회, 손해보험협회, 여신금융협회, 저축은행협회, 핀테크협회, 가상자산사업자 협회 등 각 협회별로 요주의 인물리스트의 기준을 세울 수 있으며 협회가 주축이 되어서 그 업권에 특화

256) 금융정보분석원, "자금세탁방지 역량 강화방안 및 2021년 FIU 중점 추진과제", 14면 참조.

된 요주의 인물 리스트를 개발하고 운용할 수 있다.

방법론상으로는 개발의 연속성을 위해 각 협회의 출연금을 기반으로 하는 독립된 제3의 정보제공 업체의 설립을 통해 별도의 법인으로 운영될 수 있도록 사전에 비용, 운영세칙, 요주의리스트 관련 업무 프로세스 등을 사전에 조율하는 것도 가능할 것이다. 이렇게 구축된 정치적 주요인물 리스트의 경우 소속 협회 구성원들에게는 공히 적용되도록 한다면 구축의 비용 부담도 줄어들고 또 통일적이고 예견가능한 정치적 주요인물 리스트를 마련할 수 있을 것이며, 무엇보다 각 업권 협회별로 의견을 제출받아 리스트를 마련하는 것이기 때문에 업권 고유의 특화된 위험평가가 이루어 질 수 있는 리스트의 개발 및 탑재가 가능할 것이라고 생각된다.

이러한 방식이 이미 이루어지고 있는 부분도 가상통화 관련 자금세탁방지 가이드라인에서도 발견할 수 있다. 현재 금융회사 등의 경우 고객을 취급업소로 인식하지 못한 경우 금융회사등의 고객이 취급업소 인지 여부를 식별하기 위한 절차를 운영하여야 하는 바, 이에 통계청 표준산업분류표를 사용하여 금융회사등은 고객이 1. 전자상거래, 2. 소매중개업, 3. 응용소프트웨어 개발 및 공급업, 4. 컴퓨터 및 주변장치, 소프트웨어 소매업, 5. 통신판매업 등에 해당하는 경우 그 고객이 취급업소인지 여부를 식별할 수 있도록 특별히 주의를 기울이고 있으며 각 협회를 통해 금융회사등 간에 공유한 취급업소 현황을 취급업소 식별에 활용하도록 규정하고 있다. 이에 금융회사등은 국내외에 소재한 취급업소 현황을 금융회사등의 내부인 준법감시 담당부서와 사업 담당부서와 금융회사등 간에 공유할 수 있는 체계를 구축하여 업권내 및 업권간 공유까지도 할 수 있도록 규정하고 있다. 이에 가상통화 관련 자금세탁방지 가이드라인 상의 정보공유체계의 운영제도와 유사한 형태로 외국의 정치적 주요인물에 대한 대상기준과 조회방법 등을 공유하고 이에 대해 협회 차원에서의 자체 조사 및 발굴을 통해 표준리스트를 개발하여 공유한다면 금융회사간 통일성있고 빈틈없는 요주의 인물대사군이 만들어 질 수 있다고 생각한다.

3. 고위경영진 승인사항 탈루 방지

5개의 요주의인물 대상자 중 거래 계속을 위해 주로 논의되는 부분이 가장 많은 대상자를 규정하고 있는 외국의 정치적 주요인물 부분이다. 외국의 정치적 주요인물을 포함한 요주의인물의 경우 거래거절로 나서는 경우에는 큰 문제가 없겠지만, 만약 거래승인으로 나서려고 하는 경우에는 고위경영진의 승인이 필요한 사항이 있어서 어디까지가 고위경영진으로 인정될 수 있는 부분인지, 그리고 반드시 고위경영진의 승인을 받아야 되는 것인지 등이 문제될 수 있다.

우선 외국의 정치적 주요인물 대상자를 제외한 요주의인물 대상자에 대해 반드시 고위경영진의 승인을 득하여야 하는 것인지에 대해 살펴본다. 특히 거래제한대상자의 경우에는 고위경영진의 승인 등 필요한 조치를 얻고서라도 거래가 법적으로 거절되는 것이기 때문에 FATF 지정 위험국가를 중심으로 먼저 살펴본다.

고위경영진의 승인을 얻는다는 것은 크게 두 가지 의미가 있는데 일정직급이 넘는 고위직이 해당 내용을 검토하여 보기 때문에 더 신중하고 깊이 있는 검토를 하게 된다는 측면이 있다는 점과 함께 고위경영진에 대해 준법부에서 거래결재 승인 보고 문서를 올리고 이에 대해 결재의 "승인" 문서가 나오기 때문에 해당 거래 개설에 대한 서명자의 책임부분이 문제될 수 있다. 뿐만 아니라 고객확인을 위한 내부의 승인과 관련한 자료는 금융관계 종료시로부터 5년간 보존하여야 하는 금융회사 등의 보존의무가 있는 고객확인기록[257]과 관련된 자료이기 때문에 그 부담이 더 가중되는 측면이 있다. 이에 고위경영진의 승인은 금융회사

257) 자금세탁방지 업무규정 제85조 제1항.

등 및 해당 임직원에게는 매우 민감한 부분이다.

자금세탁방지 업무규정 제43조 제2항에서는 우선 금융회사등은 고객이 제1항에 따른 요주의 인물에 해당하는 때에는 당해 고객과의 거래를 거절하거나 거래관계 수립을 위해 고위경영진의 승인을 얻는 등 필요한 조치를 취하여야 한다고 규정되어 있다. 이에 외국의 정치적 주요인물을 제외하면 요주의 인물에 대한 거래승인 프로세스로 대표적인 조치가 고위경영진의 승인일 뿐이며 이 역시도 필요한 조치 중 하나가 될 것이다.

이에 대해서는 반드시 고위경영진 승인을 필요로 하는 것은 아니라는 점으로 금융위원회에서도 다수의 유권해석을 내리고 있다. 요주의 인물 리스트 필터링에 관련된 대응조치 유권해석과 관련하여 FATF 성명서(public Statement) 발표 대상 국가 또는 제도에 중대한 결함이 있으나 FATF 협력하여 결함을 해소하기 위해 지속 모니터링 중인 국가(Improving Global AML/CFT Compliance: On-going process)의 고객인 경우(자금세탁방지 업무규정 제43조 제1항 3호)에는 강화된 고객확인과 더불어 강화된 모니터링을 지속적으로 실시해야 한다(자금세탁방지 업무규정 제69조 이하)고 해석하여 고위경영진 승인에 대한 명시적인 표현이 없고 다양한 필요한 조치가 요구된다는 형식으로만 기술하고 있다.[258)]

뿐만 아니라 FATF 지정 위험국가에 대한 자금세탁방지 업무규정에서도 특별주의의무 절차(특별한 주의 및 FATF 지정 위험 국가의 고객에 대하여 자금세탁행위등의 위험을 평가할 수 있는 절차를 수립하여 운영)와 거래목적 확인(FATF 지정 위험국가의 고객과 금융거래를 하는 경우 명확한 경제적 또는 법적 목적을 확인할 수 없을 때에는 당해 거래의 배경과 목적을 최대한 조사하여야 함) 등과 함께 강화된 고객확인 및 거래에 대한 모니터링 강화 및 의심되는 거래보고 체계 등을 규정하고 있으

258) 금융정보분석원, 자금세탁방지 유권해석 사례집 (2018), 89면 참조. '요주의 인물 리스트 필터링에서 매치되었으나 금융거래제한 대상자나 테러리스트가 아닌 고객이 있습니다. 이런 경우에는 어떤 방식의 고객확인이 이루어져야 하나요' 문의 유권해석 참조.

며 추가적으로 FIU 혹은 FATF의 추가대응조치[259]만을 규정하고 있고 고위경영진의 승인이라는 표현이 없다.

그렇다고 무조건 FATF 이행취약국가는 고위경영진의 승인이 필요없는 것으로 해석한다고 볼 수는 없으며 다양한 대응조치 수단이 병용될 수 있다고 생각한다. 물론 고위경영진 승인을 받는 것도 좋은 예시이므로 회사마다 내규를 통해 포함시킬 수 있는 부분이라고 생각한다. 다만 고위경영진의 승인 절차의 복잡성과 그 책임에 대한 부담감 및 약 20여 개국이 평균적으로 넘는 국가의 국적자(개인, 법인 및 단체 포함)나 해당 국가의 거주자를 모두 요주의 인물로 등재하여 이에 대해 필요한 조치를 충분히 다하기 어렵다는 현실적인 이유를 같이 고려해 본다면 다수의 요주의 인물 대상자의 대사에 대해 불충분하게 이루어지는 것을 방지하기 위해서 사견으로는 분기별로 1-2개국에 해당하는 대응조치국(21년 4분기 기준으로 현재 이란과 북한이 해당하며 소위 블랙리스트라 칭함)은 제외하고 약 20여 개국에 달하는 이행참고국에 탄력적인 승인제도의 운용이 가능하다고 생각한다.

FATF 자금세탁위험 고려 이행참고국은 분기별로 변동이 심하여 그 국적자 및 거주자 수가 적지 아니하며, 시간적으로도 4개월마다 변화가 심하므로 자금세탁방지 업무규정과 기존 유권해석 등에 따라 강화된 고객확인과 더불어 강화된 모니터링을 지속적으로 실시하고 거래승인에 대한 전결권을 일부 고위경영진이 아닌 이하 직급에서도 가능할 것으로 보인다. 또한 사후에 일괄 고위경영진 등에 보고하는 방식으로도 운용할 수도 있다고 생각된다.

요주의 인물 중 정치적 주요인물에 대한 거래 승인에 있어서는 고위경영진의 승인이 필수 사항이다. 현행 자금세탁방지 업무규정에서도 고객 또는 실제소유자가 외국의 정치적 주요인물인지를 판단할 수 있도록 적절한 확인절차와 계좌에 대한 거래권한을 가지고 있는 가족 또는 밀

---

259) 자금세탁방지 업무규정 제72조.

접한 관계가 있는 자에 대한 성명, 생년월일, 국적 및 외국의 정치적 주요인물과 관련된 법인 또는 단체에 대한 정보를 확인하는 등 재산 및 자금의 원천을 파악하기 위해 합당한 조치와 함께 강화된 모니터링조치도 물론 병행되어야 한다. 외국의 정치적 주요인물의 거래관계 수립에 가장 핵심적인 요소인 고위경영진 승인과 관련하여서는 자금세탁방지 업무규정에 1. 외국의 정치적 주요인물이 신규로 계좌를 개설하는 경우 그 거래의 수용, 2. 이미 계좌를 개설한 고객(또는 실제소유자)이 외국의 정치적 주요인물로 확인된 경우 그 고객과 거래의 계속 유지를 위해서는 고위경영진의 승인이 필요하다고 규정하고 있다.[260]

이제 문제되는 부분은 고위경영진의 해당당사자와 그 범위이다. 금융당국과 법령에서는 되도록 이 고위경영진의 범위를 직급을 상향하여 소수만을 그 대상으로 하면서 더 책임감 있는 거래승인 결정이 내려질 수 있도록 해석하고 싶은 반면 실무에서 금융회사 등은 결재승인에 대한 부담감과 그 결재의 책임부분 등 때문에 되도록 결재권자를 하향하여 조정하거나 자금세탁방지 부서의 부서장이 전결로 처리하려고 하는 경향이 강한 측면도 존재한다.

현재 금융위원회 유권해석에서는 '고위경영진'을 은행법상 은행의 경우 반드시 대표이사가 아닌 「금융회사지배구조법」상 임원급 이상의 준법감시인(예: 은행장이나 직속총괄 부행장급 등이 이에 해당한다고 보인다)으로 그 대상을 정하고 있다.[261] 그 요건으로 첫 번째로는 외국의 정치적 주요인물이 금융회사를 악용하려는 자금세탁 등의 위험을 사전에 예방하자는 것이므로, 고위경영진은 자금세탁/테러자금조달방지 주요정책 결정에 대한 권한이 있는, 즉 결정에 대한 책임을 질 수 있는 임원급

260) 자금세탁방지 업무규정 제66조.

261) 금융정보분석원, 자금세탁방지 유권해석 사례집 (2018), 90면 참조. "업무규정 제43조 제2항에 따라 요주의 인물에 해당하는 고객과의 거래를 거절하거나 거래관계 수립을 위해 고위경영진의 승인을 얻어야 하는 데, 이때 고위경영진의 범위가 궁금합니다"의 질의 답변.

이라는 요건(임원 요건)을 규정하였으며 동시에 금융거래의 자금세탁/테러자금조달 위험관련 이해도가 높은 자 즉 전문성이라는 요건(전문성 요건)을 규정한 바 있다. 뿐만 아니라 2009년 금융위원회 유권해석에서는 고위경영진은 이사회에 보고할 자격과 권한이 있는 경영진(회사 대표자 또는 부대표자)을 의미하기 때문에 비록 준법감시인이 그 회사의 임원급이라 하더라도 고위경영진은 아니므로, 외국의 정치적 주요인물에 대한 검토와 승인은 단순 임원에 불과한 준법감시인 보다는 고위경영진이 하는 것이 자금세탁방지제도의 취지에 부합하는 것이라고 해석하여 되도록 이사회에 보고가능성이 높은 담당자의 검토와 승인이 필요하다고 설시한 바도 있다.[262)]

이러한 점들을 고려한다면 결국 외국의 정치적 주요인물에 대한 거래 승인에 대해서는 자금세탁방지 전문성이 있는 전문성과, 이사회에의 보고가능성, 그리고 되도록 책임을 질 수 있는 높은 직급이라는 3가지 요소가 결부되어 승인의 프로세스가 이루어져야 할 것이다. 우선 대규모 금융회사의 경우는 준법감시인, 내부통제담당자, 금융소비자보호담당부서, 내부거래담당부서, 위험통제부서, 임원급의 감사 혹은 감사위원회, 상품승인위원회 등 다수의 내부통제부서 및 임원급이 존재한다. 반면 소규모 금융회사 혹은 새로이 금융회사 등의 수범범위에 편입된 대상회사 등의 경우에는 별도의 담당조직이 없는 경우도 많고 대표자 1인 이외 다수의 실무자급 구성원으로 조직이 구성될 수도 있어 이러한 경우에는 관리자 혹은 금융거래 결재 요청자보다 직급이 상향조정된 AML/CTF 주요 정책 결정에 대한 권한이 있으며, 금융거래의 자금세탁/테러자금조달 위험 관련 이해도가 높은 자로 부서장의 전결과 대표자 혹은 부대표자나 임원급 고위경영진의 사후승인의 절차가 필요하다고 생각한다. 또는 업무의 효율성을 위해서는 사전에 준법감시인(임원)의 위임을 받은 준법감시팀장(부서장)이 수행하는 프로세스 정도가 필요할 것으로 보인다.

---

262) 금융위원회 금융정보분석원, "강화된 고객확인제도(2009)", 80면 참조.

외국의 정치적 주요인물에 대한 거래승인의 본질적 부분은 한 금융회사가 총합적으로 자금세탁방지 의무를 지면서 그 결재과정에서 책임과 역할을 분담하는 것이지 한명의 전문가나 담당자가 이를 모두 승인결재를 진다는 것은 요주의 인물 대사 업무에도 과부하가 걸린 자금세탁방지 현업부서에서는 불가능에 가까운 일이라고 보인다. 이에 고위경영진의 승인은 결국 위에서 필요로 하는 자금세탁방지 전문성이 있는 전문성과, 이사회에의 보고가능성, 그리고 되도록 책임을 질 수 있는 높은 직급이라는 3가지 요소가 금융회사 등에 총합적으로 귀책되면서 이루어져야 할 것이다.

이를 요건별로 분설해 보면 ① 자금세탁방지의 전문성은 준법부서 혹은 준법감시인이 내부결재 보고 과정을 통해 요주의인물 대사 후 승인필요 프로세스를 검토하였을 것이므로 거래승인 보고 기안은 준법부에서 필요성을 담은 보고서와 함께 시작되는 것으로 출발한다. 이후 ② 이사회에 보고가능성을 위해 해당 외국의 정치적 주요인물이 실제소유자로 있는 법인이나 단체, 혹은 외국의 정치적 주요인물과 거래를 원하는 임원급의 법인영업부서의 장이 거래요청을 올리고 승인사유를 적시하는 것으로 고위경영진의 합동 승인이 이루어져야 할 것으로 해당 부분에 대해서는 법인영업부서나 현 영업부서의 책임자가 거래승인에 대해 이사회에서 보고 등이 가능할 수 있도록 조치되어야 할 것이다. ③ 그리고 이 모든 프로세스에 대하여 임원급의 준법감시인이 협동결재를 하면서 과정을 검사하고 사전에 모니터링하면서 문제가 될 소지가 없는지를 살펴보는 프로세스로 진행이 되어야 할 것이라고 생각한다.

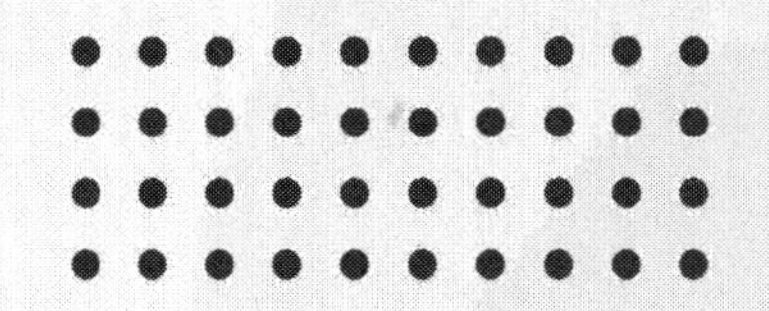

제4장
결론

본 논문에서는 우선 자금세탁방지법제도 상 3대제도인 의심거래보고제도, 고액현금거래보고제도, 고객확인제도를 자금세탁행위를 막기 위한 방어기제로서의 금융회사 등의 조치 등을 중심으로 하여 살펴보았다. 특히 개정된 고객확인제도의 요건을 살펴보면서 적용가능한 금융거래 등에 대한 요건 등에 연구해보았다. 이후 차명거래금지제도의 도입과 법률관계에 대해 살펴보면서 현재 규제체제를 금융실명법, 특정금융정보법, 범죄수익은닉규제법 등을 통해 함께 보았으며 무엇보다 특히 불완전하게 도입된 제도와 이에 대한 편법적인 운용으로 인하여 발생할 수 있는 문제점들에 대해 금융실명법 제정 이전, 이후 및 차명거래금지제도 도입 이후로 나누어 비교 분석하였다. 이후 자금세탁방지법상 실제소유자 확인제도의 취지와 특히 현행법인 및 단체의 실제소유자 확인 방안인 사전준비단계와 3단계 확인 방안에 대해 서술하였다.

본 논문에서 주로 지적하고 싶은 문제점들을 5가지 영역으로 나누어 법인 또는 단체의 실제소유자 확인 미비 부분을 중심으로 가상자산사업자 실제소유자 확인 미비 부분, 계층적 실제소유자 확인의 임의성 문제부분, 실제소유자 확인의 면제대상의 문제부분, 형식적인 실제소유자 신고주의 부분, 요주의 인물 확인제도의 형해화에 대해 각 문제점과 개선방안에 대해 기술하였다.

우선 가상자산사업자에 대한 실제소유자 확인 미비와 관련하여 현행 제도로는 가상자산사업자의 실제소유자가 문제가 되는 신고인이나 신고법인의 대표자 및 임원 등이 법위반자나 위반 법인들에 해당하는 경우 이를 실질적으로 심사하기가 어렵다. 가상자산사업자는 별도로 금융관련 법률로 포섭을 한 적이 없기 때문에 관련 전제범죄를 모두 전과심사에 활용할 수 있어야 하며, 과거 범죄이력이 문제된 대상자나 혹은 범죄

경력이 있는 가상자산 사업을 진출하려고 하는 대상자들의 경우에는 이미 지난 기간의 전제범죄 전과라고 하더라도 적극적인 심사요건의 실사를 통하여 미연에 이러한 금융관계법령 위반 전과가 있는 가상자산사업 신청자들의 사업진입을 사전에 차단할 필요가 있다. 물론 심사 대상자는 신고인, 대표자 및 임원뿐만 아니라 대주주 등 실제소유자가 포함되어야 한다.

또한 가상자산사업자의 신고에 금융위원회에서 심사를 할 것을 회피하기 위해 실제소유자를 감춘 형태의 법인을 설립하는 여러 방안에 대해서도 현재 규정상으로는 이를 알아내기 어렵다. 이에 별도 회피법인의 설립을 통한 탈법행위가 나타날 수 있다. 실제소유자로서 인수한 상호저축은행 혹은 대부업체에서 직접 담보대출을 실행하는 방안, 인수한 상호저축은행 혹은 대부업체의 지원을 받은 온라인투자연계업자 등에서 담보대출을 실시하는 방안이나 상호저축은행 혹은 대부업체의 지원을 받은 신설 위장법인인 합작대부업체를 설립하여 담보대출을 실시하는 방안 등 다양한 형태의 위장방안이 가능하다.

이에 고객확인 대상이 되는 금융거래 등의 범위를 넓게 해석하고, 다층적 실제소유자의 확인의무를 임의적 의무에서 강행적 의무로 바꾸어 운용하여 보관증 담보부 대출 계약을 체결할 수 없도록 고객거부 의무를 적용하여야 할 것이며, SPC법인에 대한 고객확인의무를 간략하게 생략할 수 없도록 하여야 할 것이다.

적극적인 위반 사업자에 대한 행정제재도 요망된다. 이에 과태료 규정상 금융실명법상 그리고 특정금융정보법상 부과가 가능한 부분을 적극적으로 해석하고 실제소유자 확인 미비를 강화된 고객확인 의무 위반에 준하여 강력한 과태료 제재가 가능하도록 하여야 할 것이다. 또한 근본적으로는 문제의 발단은 가상자산사업자들이 상호저축은행 등 금융회사 등을 인수하는 방안으로부터 시작할 것이기 때문에 이 대주주 적격성에 대한 심의를 강화하여야 할 것이다.

다음으로 계층적 실제소유자 확인의 임의성 문제이다. 계층적 법인의 지배구조의 경우에는 법령상 그 실제소유자 확인이 임의적인 의무로 규정되어 있어 임의적 계층적 실제소유자 확인 조항은 실무적으로 결국 장식조항으로 그칠 우려가 높아졌다. 이에 검증자료를 찾기 어려운 과정을 현출해주면서 실제소유자 확인 조항을 활용할 수 없다는 점을 내세워 3단계인 대표자 등의 이름을 적는 경우가 대다수이다. 실제소유자의 확인단계를 어디까지 진행하여야 하는지 선택권을 실질적으로 고객과 금융회사 등이 가지고 있어 일부러 고객이 현출해주기를 원하는 위장된 실제소유자라던지 혹은 전위법인, 면제법인을 선택하여 실제소유자 확인이 부실하게 이루어지는 등 실제소유자 확인의무의 형해화를 초래하고 있다. 특히 이는 자료를 구하기 어렵거나 지분구조를 파악하기 어려운 외국회사 등 검증자료를 구하기 어려운 회사들, 구조가 복잡한 사모집합투자기구(PF)의 경우, 금융 및 운용리스 등 이용형 상품 등의 경우, 비영리법인 및 기타 특수한 형태의 법률관계의 경우, 모자회사, 본사 및 지사, 계열회사 등 연관법인의 경우, 비대면 실명확인의 경우 등 기존고객의 재확인의 경우 더더욱 그러하다.

이러한 문제점은 현행 임의적 계층법인 실제소유자 확인을 의무적인 사항으로 고치고 다만 예외적으로 고객이 제출한 서류 및 법인등기부등본, 주주명부, 사업자등록증, 고유번호증 등 객관적인 서류 등을 통해 확인이 불가능하다고 인정되는 경우에는 관리자의 승인 등을 거쳐 이를 생략할 수 있는 구조로 바꾸어 금융회사 등에 책임을 부과함과 동시에 확인의무를 강화할 필요가 있다고 생각된다. 아울러 규정상 존재하는 법인 및 단체의 구분을 준수하여 확인하면서 새로 도입된 법인 및 단체의 신원 확인 및 검증 조항을 확대하여 해석하고 지배구조 및 실제존재 여부를 실사하는 방식으로 실질심사가 이루어져야 한다.

세 번째로 실제소유자 확인의 면제대상이 너무 넓게 해석되고 있다. 우선 공공기관의 운영에 관한 법률에 따른 공공기관, 정부출연연구기관

등의 설립·운영 및 육성에 관한 법률 및 과학기술분야 정부출연연구기관 등의 설립·운영 및 육성에 관한 법률에 따라 설립된 정부출연연구기관, 과학기술분야 정부출연연구기관 및 연구회, 지방공기업법에 따라 설립된 지방직영기업·지방공사 및 지방공단, 자금세탁과 공중협박자금조달의 위험성이 없는 것으로 판단되어 금융정보분석원장이 지정하는 자 등의 경우에는 법문에 명확히 규정되어 있으므로 큰 문제는 없지만 문제가 되는 부분은 다른 금융회사등 부분과 자본시장과 금융투자업에 관한 법률 제159조제1항에 따른 사업보고서 제출대상법인 부분은 단순히 면제법인으로 보기에는 문제의 소지가 많다. 특정금융정보법상 실제소유자 확인 면제 제도의 취지는 자료 등이 객관적으로 입증되고 투명한 자료원이 있는 경우 그 해당 법인들의 경우 투명성과 공개적인 자료에 의해 그 지배구조를 명확히 살펴볼 수 있기 때문에 금융회사 등이 이중의 수고를 더는 측면으로 금융업무의 효율성과 금융소비자의 불편함을 덜기 위하여 일부 실제소유자 확인면제 대상법인으로 지정한 것이다.

이에 제도의 본질적 취지로 돌아가 만약 실제소유자 면제대상 범위에 포함된다고 하더라도 이와 같은 요건에 부합하지 않는다면 즉 불투명하거나 지배구조와 관련한 정보가 객관적으로 현출되지 않거나 거짓, 허위의 자료라고 한다면 오히려 강화된 고객확인 대상으로 편재하거나 거래를 거절, 종료하여야 하는 대상이 될 수 있는 것이다. 이에 금융회사 등의 법인과 사업보고서 제출대상 법인의 범위는 위험평가를 거쳐 엄격하고도 축소되어 해석되어야 한다.

네 번째로 형식적인 실제소유자 신고주의 부분이다. 금융회사 등의 입장에서는 고객이 신고하는 실제소유자 확인서에 의존할 수밖에 없고 금융회사는 임의 혹은 강제적 조사권을 부여받고 있지 않고 있으며 관계기관 협조요구권 등이 없기 때문에 일단 고객이 신고한 위 내용이 사실에 부합하는지 여부를 확인하기 쉽지 않다.

하지만 현행 자금세탁방지 업무규정에 의하면 실제소유자의 확인 및 검증의무가 있는 점, 금융회사등은 고객을 궁극적으로 지배하거나 통제하는 자연인이 누구인지를 "신뢰할 수 있고 독립적인 관련정보 및 자료등"을 이용하여 그 신원을 확인하고 검증하기 위한 "합리적인 조치"를 취하여야 한다고 규정된 점 등을 통해 볼 때 금융회사 등은 고객이 제출한 서류 및 자료를 실질적으로 심사할 의무가 있으므로 법령상 규정된 대로 이러한 고객을 편입하려고 노력할 필요가 없이 엄격하게 고객확인의무상 자료제출 미비나 부정확한 자료의 제출로 거래를 거절 또는 종료하는 프로세스를 적극 활용하여야 할 것이다. 이러한 거래거절 및 종료는 한 개의 금융회사에서만 그쳐 불법자금이 인출되어 다른 금융회사로 이전되는 것도 총합적으로 방지되어야 될 측면이 있기 때문에 불법자금의 이전의 풍선효과를 막기 위해 정보공유체계가 업권 내, 업권 간 활용될 필요가 있으며 지급정지 후 해제제도 등의 장치도 보완될 필요가 있다고 생각한다. 뿐만 아니라 금융회사에서도 관련자료를 폭넓게 관찰하고 징구할 수 있도록 디지털 증거원이나 증명자료 및 신분증 이미지 파일 등을 활용할 수 있는 방안을 열어주어야 할 것이다.

마지막으로 요주의 인물 확인제도의 형해화 부분을 살펴보았다. 특히 요주의 인물대사의 경우에는 개정 자금세탁방지 업무규정에 의해서 그 적용범위나 대상이 크게 확대된 반면 금융회사 등의 불충분한 거래당사자 및 실제소유자의 확인과 전산시스템의 미구축 및 오류로 인해 연쇄적으로 요주의인물에서도 그 하자가 승계되는 문제점이 발생하고 있다. 특히 방대한 대상자 데이터로 인해 각 금융회사 별로 데이터의 관리가 통일적이지 못하고 사설 데이터 업체 및 용역회사에 대한 의존으로 그 자료마저도 체계적이지 않고 검증되지 아니한 자료가 남용되고 있다. 이러한 요주의 인물 대사를 거쳐 거래승인에 나서는 경우 각 금융회사의 고위경영진의 승인이 필요한바, 이러한 통제장치도 유효적으로 작동하지 않는 경우가 많다. 이에 업권별 통합데이터 베이스 구축 및 활용을 통해 소수 데이터 업체에의 의존을 벗어나면서 요주의 인물을 상호점검하여 이를 효율적으로 운용하고 지속적인 요주의 인물 리스트 업데이트와 금융회사 임원의 연대 거래승인을 통해 고위경영진의 승인이 탈루되는 것을 막을 필요가 있다고 하겠다.

결국 차명거래 및 이에 대한 자금세탁범죄에 대한 근원적인 해결책은 형식적으로 자금세탁방지법제도에서의 실제소유자 확인제도를 도입하는데 그쳐서는 아니되고 해당조항을 적극적으로 해석하고 운용하는데 있을 것이다. 현행 제도에 맹점이 있다면 그 부분을 고쳐나가고 현재 제도상으로 가능한 부분이 있다면 적극적으로 이를 운용하고 활용하여 법인 또는 단체의 실제소유자 확인제도의 약점을 이용하여 금융시스템으로 편입하려고 하는 불법자금의 근원을 색출하고 이를 차단하여야 비로소 우리나라의 자금세탁방지법인 특정금융정보법이 본래 역할을 다할 수 있을 것이라고 생각한다.

참고문헌

[단행본]

관계부처합동, 국가 자금세탁·테러자금조달 위험평가 (2018. 11.)

금융감독원, 검사업무안내서 (2019)

__________, 금융지주회사법 해설 (2003)

__________, 경영참여형 사모집합투자기구 실무안내 (2016. 12.)

__________, 자산운용법규 실무안내 (2018. 3.)

금융위원회, 위험평가 운영위험 지표 정의서 (2021. 8.)

__________, 가상자산사업자 신고메뉴얼 (2021. 2. 17.)

__________, 금융정보분석원, NPO의 테러자금조달 악용방지 가이드라인 (2019)

금융정보분석원, 한국의 자금세탁방지제도, 범신사 (2002)

______________, 자금세탁방지 유권해석 사례집 (2018)

______________, 자금세탁 전제범죄 해설 (2010)

______________, 가상통화 관련 자금세탁방지 가이드라인 (2018)

______________, 강화된 고객확인제도 질의응답 (2009. 9.)

______________, 은행 AML/CFT 위험기반접근법 처리기준 (2014)

______________, 위험평가지표-운영위험지표 (2021)

______________, 혐의거래 참고유형 (2005)

금융투자협회, 개정 금융실명법 안내 (2014. 11.)

____________, 금융투자회사의 컴플라이언스 매뉴얼 (2020)

김자봉, "금융실명제 시행 20년의 성과와 향후 과제", 한국금융연구원 (2016)

법제처, 법령안심사기준 (2020)

법무부, 범죄수익은닉의 규제 및 처벌등에 관한 법률해설 (2002)

______, 자금세탁범죄 해설과 판례 (2011)

상장회사협의회, 상장회사실무해설집 (2018)

은행연합회, 가상자산사업자 자금세탁 위험평가 업무방법서 (2021)

__________, 금융실명거래업무해설 (2016)

FATF, INTERNATIONAL STANDARDS ON COMBATING MONEY LAUNDERING AND THE FINANCING OF TERRORISM & PROLIFERATION (2020)

____, Republic of Korea, Mutual Evaluation Report (2020. 4.)

____, Japan, Mutual Evaluation Report (2021. 8.)

____, VIRTUAL ASSETS AND VIRTUAL ASSET SERVICE PROVIDERS (2019)

[논문]

강석구, "주요 국가의 불법자금추적체계 연구", 연구총서 05-17, 한국형사정책연구원 (2005. 12.)

김완석, "차명금융거래의 문제점과 개선방안", 중앙법학 제6집 제3호 (2004)

김양곤, "자금세탁방지법상의 실제소유자 확인 및 검증에 관한 소고", 경희법학 제53권 제2호 (2018)

김유태, "차명거래의 법적쟁점에 대한 연구", 고려대학교 (2012)

김자봉, "금융실명제도의 연구-미국의 고객확인제도(CIP)와 우리나라의 실명확인제도/고객확인제도의 비교를 중심으로", 은행법연구 제12권 제2호 (2019. 11.)

김재식·정희철, "자금세탁방지제도에 대한 이해와 대응 방안", 삼일회계법인 (2007)

김재형, '금융거래의 당사자에 관한 판단기준', 저스티스 제93호, 한국법학원 (2006)

문성관, "금융실명제하에서의 출연자와 예금명의자가 서로 다른 경우 예금주의 인정기준 및 출연자의 예금반환채권의 행사방법", 재판실무연구 (2001)

박상기, "돈세탁행위의 유형과 특정금융정보법 종사자의 책임", 형사법연구 제9호 (1998)

박상철, '기명식 예금에 있어서의 예금주의 인정', 판례연구 3집, 부산판례연구회 (1993)

박선아, "금융실명정책과 차명예금계약의 예금주 결정", 대법원 선고 전원합의체 판결 2009. 3. 19. 선고 2008다45828.「법과 정책연구」9권 제2호, 한국법정책학회 (2009)

소건영,「렌탈의 법적 고찰」,『사법행정』제50권 제12호, 한국사법행정학회 (2009. 12.)

송덕수, "금융실명제하에 있어서 예금계약의 당사자 내지 예금채권자의 결정",「판례실무연구」, 박영사 (1998)

송재일, 금융실명제에서 계약해석과 법해석의 문제, "신협연구", 제57호
오창수, "금융실명제하에서의 예금주 명의신탁과 출연자와 명의자의 관계", 「판례연구」15집, 서울지방변호사회 (2001)
윤진수, "계약당사자의 결정에 관한 고찰 특히 예금계약을 중심으로", 판례실무연구 (1998)
이계인, '주요국의 금융실명제도', 입법조사월보 통권 제222호, 국회사무처 (1993)
이창구, '예금주의 인정에 관하여', 대법원 판례해설 제8호, 법원도서관 (1988)
전경근, '예금계약에 관한 연구', 서울대학교 법학박사 학위논문 (1999)
진정구, "차명금융거래 금지 통한 금융거래의 정상화", 국회입법소식지(2014)
차정현, "지하경제 양성화를 위한 미국 FIU의 정보활용 실태조사 연구", 인사혁신처 국외부처간공동용역보고서 (2013. 12.)
차정현, "차명거래금지와 자금세탁방지제도", 대한민국 정책브리핑, 2015. 3.
Kelly Neal Carpenter, "Money Laundering", American Criminal Law Review, vol 30(1993)
Alaa Saleh Ghaith, "Ultimate Beneficial Owners (UBO) Between Identification and Verification"

[정부공문]

금융위원회, "가상통화 투기근절을 위한 특별대책('17.12.28) 중 금융부문 대책 시행"(2018. 1. 23.) 제11면 참조
________, 2021. 6. 17. 특정금융정보법 시행령 입법예고 보도자료
________, 2018. 5. 10. 특금법 시행령 입법예고 참고자료
________, 법률 제17113호, 2020. 3. 24., 일부개정 제개정이유문
________, 2021. 9. 26. 금융위원회 보도참고자료
________, 2020. 5. 27. 금융위원회, 혁신금융서비스 지정 보도자료
________, 2021. 3.「특정 금융거래정보 보고 등에 관한 검사 및 제재규정」규정변경예고 자료
________, 2021. 7. 1. 금융위원회 보도자료(가상자산사업자 등 관련 유관기관 협의회 개최)
________, 2021. 7. 29. 금융위원회 보도자료(가상자산사업자 집금계좌에 대한 전수 조사결과 14개 위장계좌가 발견되었습니다)
________, 2016. 5. 비대면 실명확인 운영현황 및 향후 계획
________, 2020. 6. 8. 전자금융거래의 편리성·안전성 확보를 위한「금융분야

인증·신원확인 제도혁신 T/F」
_________, 2021. 10. 13. 금융위원회 혁신금융서비스 지정
_________, 2021. 3. 17. 금융위원회 보도자료. "금융소비자의 권익을 넓히고 보호의 실효성을 높이기 위한 새로운 제도가 안착되도록 시장과 함께 뛰겠습니다."
_________, 2015. 11. "16년부터 신규계좌 개설시 실제소유자를 확인합니다"
_________, 2021. 11. 23. 가상자산업권 민간협회 관련 금융위원회 입장 보도자료
_________, 2021. 11. 24. 가상자산업권 민간협회 관련 금융위원회 입장 보도해명자료
금융정보분석원, 자금세탁방지 역량 강화방안 및 FIU 중점 추진과제 (2021)
_____________, 2020. 10. 특정금융정보법 규제영향분석서
_____________, 2020. 11. 특정금융정보법 조문별 제개정이유서
_____________, 특금법 시행령 일부개정령안 입법예고 보도자료 (2020. 11. 3.)
_____________, 2016. 11. 9. 금융정보분석원 보도자료

금융감독원, 2021. 3. 업무설명회 자료
_________, 2019. 2. 자금세탁방지 검사 주요 지적사례
_________, 2021. 3. 자금세탁방지 업무설명회 자료
_________, 2012. 10. 31. 대포통장 근절 종합대책 마련 및 시행 공문
_________, 2018년 검사 주요 지적사례(자금세탁방지업무 설명회 개최 관련 협조요청, 금융감독원 자금세탁방지검사2팀-58)
_________, "동일인이 단기간(20영업일 이내) 다수의 예금계좌를 개설하는 것에 대해서 내부통제를 강화하여 달라는 금융감독원의 내부통제 강화요청"(2017. 6. 19. 감2017-11013)

행정안전부, 2019. 9. 23. "정부, 연말부터 금융업무 제출용 종이증명서, 전자증명서로 대체" 관련 공문
_________, 2019. 11. 12. "정부, 12월 주민등록등초본 전자증명서 서비스 시행 앞두고 사전준비" 관련 공문
_________, 2020. 9. 3. 행정안전부 보도 참고자료

[자료]

은행연합회 및 금융투자협회, "비대면 실명확인 관련 구체적 적용방안(2017. 7.)

금융투자협회, "금융투자회사의 컴플라이언스 매뉴얼 Ⅲ편(자산운용) 금융감독원 업무관련 Q&A(감총자금일-147) (2016. 4. 11.)
__________, "금융투자회사의 컴플라이언스 매뉴얼 공통·증권·선물편"- 2018년 검사 주요 지적사례(자금세탁방지업무 설명회 개최 관련 협조요청, 금융감독원 자금세탁방지검사2팀-58, 2019. 02. 21.)
기획재정부, "2021년도 공공기관 지정" (2021. 1. 29.자 보도자료)
전국은행연합회 외 8개 연합회, "금융실명법 주요 개정내용 및 관련 Q&A"
국회 재정경제위원회 수석전문위원, 금융실명거래 및 비밀보장에 관한 법률안 검토보고 (1997)
국회 정무위원회, 금융실명거래 및 비밀보장 관한 법률 일부개정법률안 심사보고서 (2015. 5.)
__________, 특정 금융거래정보의 보고 및 이용 등에 관한 법률 일부개정법률안(대안) 개정설명서 (2020. 3.)

[법령해석 회신문]

금융위원회 법령해석 회신문, "소액해외이체업자를 통한 해외송금의 일회성 금융거래 해당 여부" (2017. 12. 20.)
__________, "자금세탁방지 및 공중협박자금조달금지에 관한 업무규정 제41조의 '검증'에 대한 법령해석" (2020. 9. 28.)
__________, "본인의 특수관계인인 친척이 대주주이자 대표이사로 있는 회사(본인 지분 0%)도 본인의 특수관계인에 해당하는지" (2006. 6. 26.) 참조
__________, "특정금융거래정보의 보고 및 이용 등에 관한 법률 부칙 제2조 단서 해석 여부" (2021. 8. 10.) 참조.
__________, "전자지급결제대행(이하 'PG')업자가 PG 업무에 따른 가맹점정산대금을 지급하는 과정에서, 가맹점정산대금을 가맹점이 아니라, 가맹점이 지정하는 제3자(이하 '제3자')에게 지급하는 경우, 제3자에 대한 고객확인이 필요한지 여부" (2021. 3. 17.) 참조.
__________, "저축은행이 비금융회사와 합병을 하여 저축은행이 존속법인이 되려고 하는 경우, 이러한 합병이 상호저축은행법상 허용되는지 여부 관련"(2021. 8. 9.) 참조.
__________, "「특정 금융거래정보의 보고 및 이용 등에 관한 법률 시행령」(이하 "시행령") 제10조의5(실제소유자에 대한 확인) 관련 법

인 또는 단체고객의 실제소유자 확인 대상 및 범위 해석 관련"(2016. 6. 15.) 참조.

________________________, "온라인투자연계금융업 및 이용자 보호에 관한 법률(이하 "온라인투자연계금융업법")에 따라 온라인투자연계금융업자와 투자금 및 상환금에 관한 예치 또는 신탁계약(수익자를 온라인투자연계금융업자로 하는 신탁 계약)을 체결한 은행이 특정 금융거래정보의 보고 및 이용 등에 관한 법률(이하 "특정금융정보법")에 따른 고객확인의무(특정금융정보법 제5조의2)를 부담하는지 여부" (2021. 6. 1.) 참조.

________________________, "신용정보회사를 통해 조회 한 주요 주주현황 정보를 자금세탁방지 실제소유자 확인 및 검증서류로 활용해도 무방한지 여부"(2020. 11. 6.)

________________________, "'은행 앱을 활용한 간편실명확인 서비스'를 이용한 고객확인 가능여부" (2021. 5. 13.)

________________________, "가족관계에 있는 대리인이 계좌를 신규개설할 경우 본인(예금주)의 실명확인증표 필요 여부" (2020. 10. 15.)

________________________, "특정 금융거래정보의 보고 및 이용등에 관한 법률상 거래종료 의무 관련 법령해석 요청" (2015. 7. 1.)

________________________, "특정 금융거래정보의 보고 및 이용등에 관한 법률상 거래종료 의무 관련 법령해석 요청" (2020. 10. 20.)

________________________, "혐의거래 관련 정보공유 가능 여부" (2018. 4. 20.)

법제처 법령해석 회신문, "금융위원회 - 금융실명제 이전에 개설된 차명계좌를 차명에 따라 실명 확인한 경우 실소유자의 실명전환의무 유무 및 과징금 징수 여부(구「금융실명거래및비밀보장에관한긴급재정경제명령」 제5조 등 관련)" (2018. 2. 12.) 참조

____________________, "결격사유가 신설되었으나 부칙에 적용례 또는 경과조치가 없는 경우, 개정법의 시행으로 결격사유에 해당하게 된 자에 대한 개정법 적용 가부(「사회복지사업법」 제35조의2제2항제1호 등 관련)" (2013. 4. 26.) 참조

[판례]

대법원 2013. 1. 24. 선고 2012다91224 판결

대법원 2001. 12. 28. 선고 2001다17565 판결

대법원 1996. 4. 23. 선고 95다55986 판결

대법원 1998. 1. 23. 선고 97다35658 판결
대법원 1998. 6. 12. 선고 97다18455 판결
대법원 1998. 11. 13. 선고 97디53359 판결
대법원 2000. 3. 10. 선고 99다67031 판결
대법원 2009. 3. 19. 선고 2008다45828 판결
대법원 2017. 12. 22. 선고 2017도12346 판결
대법원 2017. 12. 22. 선고 2017도12346 판결
대법원 2018. 11. 9. 선고 2014도9026 판결
대법원 2018. 5. 30. 선고 2018도3619 판결
대법원 2013. 9. 12. 선고 2011다57869 판결
대법원 1988. 9. 27. 선고 85다카1397 판결
대법원 1994. 10. 14. 선고 94다11590 판결
대법원 2003. 4. 11. 선고 2001다11406 판결
대법원 1995. 7. 14. 선고 94다44262 판결
대법원 2007. 10. 29. 선고 2005두4649 판결
대법원 2021. 4. 15. 선고 2020도16902 판결
대법원 2008. 2. 28. 선고 2007도10004 판결
서울고등법원 2020. 11. 26. 선고 2020노1005 판결
서울중앙지방법원 2017. 1. 25.선고 2015가단5300687 판결
서울중앙지방법원 2020. 5. 22. 선고 2019고합1028 판결
서울중앙지방법원 2004. 4. 1. 선고 2004고합2 판결
서울동부지방법원 2007. 4. 13. 선고 2006고합256, 386, 2007고합5 판결
서울서부지방법원 2008. 4. 4. 선고 2008고단11 판결
서울서부지법 2006. 3. 30. 선고 2006고합11 판결
서울서부지방법원 2007. 8. 31. 발령 2007고약13681 약식명령
인천지방법원 2010. 8. 12. 선고 2010고단2214 판결
청주지방법원 2019. 8. 23. 선고 2018노1363 판결
청주지방법원 2019. 5. 31. 선고 2019고단576 판결
대구지방법원 2019. 12. 19. 선고 2019고정1009 판결
부산지방법원 2006. 5. 19. 선고 2005고합465 판결
부산지방법원 2021. 6. 10. 선고 2021노674 판결
부산지방법원 2007. 11. 27. 선고 2007고단3966, 2007고단5001(병합) 판결
부산지방법원 2006. 6. 2. 선고 2006고합14 판결
부산지방법원 2005. 12. 9. 선고 2005고합515 판결

부산지방법원 2007. 11. 13. 선고 2007고합521 판결
부산지법 동부지원 2008. 7. 22. 선고 2008고단747 판결
부산지법 동부지원 2005. 1. 21. 선고 2004고합227 판결
창원지방법원 마산지원 2021. 2. 16. 선고 2019고단1313, 2020고단530 판결
헌법재판소 2002. 4. 25. 2001헌마614 결정

[온라인 자료]

FATF 홈페이지 (https://www.fatf-gafi.org/)
국회의안정보시스템 (http://likms.assembly.go.kr/bill)
국세청 (https://www.nts.go.kr/nts/cm/cntnts/cntntsView.do?mi=6533&cntntsId=7960)
한국인터넷진흥원 (https://isms.kisa.or.kr/main/isms/intro/)
행정안전부 (https://www.mois.go.kr)
지방공공기관통합공시 (https://www.cleaneye.go.kr/siteGuide/pubCompStatus.do)
기업공시 시스템 (http://dart.fss.or.kr/)
금융소비자 정보포털 (https://fine.fss.or.kr/main/index.jsp)
국제자금세탁방지협회 뉴스레터 (https://www.moneylaundering.com/)
UN 제재위원회 (https://www.un.org/sc/suborg/en/sanctions/un-sc-consolidated-list)
금융정보분석원 (https://www.kofiu.go.kr/kor/main.do)
미국 재무부 OFAC (http://sdnsearch.ofac.treas.gov)
EU 제재위원회 (http://eeas.europa.eu/cfsp/sanctions/consol-list/index_en.htm)
다우존스사 홈페이지 (https://www.dowjones.com/)
미국 통화감독청 (https://www.occ.gov/news-issuances/news-releases)
미국정부공보 (https://www.gpo.gov/fdsys/granule/FR-2003-05-09/03-11019)

찾아보기

가

가맹본부 168
가맹점사업자 168
가상자산사업자 203
가상자산사업자 자금세탁 위험평가 방안 148
가상자산 이전시 정보제공 의무 107
가상통화 관련 자금세탁방지 가이드라인 192
가족대리의 원칙 233
간소화된 고객확인 30
강화된 고객확인 30
거래거절 및 종료제도 237
거래동결제도 242
경영참여형 사모집합투자기구(PEF) 156
계열회사 168
계좌의 신규 개설 33
계층적 실제소유자 확인 150
고객거래확인서 219
고객신고주의 223
고객신원확인 프로그램 40
고객위험 205
고객확인제도 15, 22, 27
고액현금거래 보고제도 26
고위경영진 296
고위경영진의 승인 293
고위험 국가 270
공공단체 195
공익법인 163
금융거래제한대상자 267
금융리스 161
금융실명법 4
금융회사 종사자의 신고의무 82
기업집단 168
기존고객의 재확인 175

다

단계별 실제소유자 확인제도 46
단계별 지분 확인 47
단계적 확인방법 8
대주주 50
디지털 실명확인증표 꾸러미 232
디지털 전자증명서 231

마

면제대상법인 194
면제법인 182
모회사와 자회사 166

바

범죄수익 84
범죄수익은닉규제법 58
법인 또는 단체의 대표자 52
법인의 신원확인 사항 184
복수의 비대면 확인방식 170
본사(점) 및 지사(점) 167

비대면 실명확인 169
비영리단체 228
비협조국가 리스트 265

사
사실상 영향력 51
사실상 지배자 51
사업보고서 제출대상법인 214
사전동결제도 258
선의차명 77
설명의무 68
소액해외송금업자 210
시정명령 118
신고·등록제 97
신뢰보호의 원칙 109
실명확인이 가능한 입출금 계정 97
실제소유자 37
실제소유자 확인서 양식 222
실제소유자 확인의 면제 46
실지명의 177
실지명의 확인 4

아
알선행위 66
역외펀드 154
오인탐지 281
온라인투자연계금융업자 212
외국의 정치적 주요인물 273
요주의리스트 필터링 264
요주의 인물 263
운용리스 160
위험평가 200
의심거래 보고제도 23
이행 취약국가 270
일회성 금융거래 33
임시조치 260
일회성 금융거래 33

자
자금세탁 15
전문투자형 사모집합투자기구 156
전제범죄 25
정보공유체계 248
제재대상자 266
종합자산관리서비스 173
중개행위 67
지급정지제도 254
지급정지 후 해제제도 250
지배 및 종속회사 166
지주회사 166
지체없이 252
직권 실질심사주의 235
집금계좌 148

차
차등적 제재조치 199
차명거래 55
차명거래 규제제도 65
차명거래금지제도 18
차명금융거래 3
최대주주 50
추가적인 확인사항 186

타
테러자금금지법 17
특정금융정보법 57

AML/CFT 데이터 솔루션 279
FATF 국제기준 권고사항 37
UN에서 지정하는 제재대상자 269
Watch List 대사 275
Watch List 필터링 275
Watch List 필터링 재확인 275

서울대학교 법학연구소 법학 연구총서

1. 住宅의 競賣와 賃借人 保護에 관한 實務硏究
   閔日榮 저 412쪽 20,000원
2. 부실채권 정리제도의 국제 표준화
   鄭在龍 저 228쪽 13,000원
3. 개인정보보호와 자기정보통제권 ●
   권건보 저 364쪽 18,000원
4. 부동산투자회사제도의 법적 구조와 세제
   박훈 저 268쪽 13,000원
5. 재벌의 경제력집중 규제 ●
   홍명수 저 332쪽 17,000원
6. 행정소송상 예방적 구제 ●
   이현수 저 362쪽 18,000원
7. 남북교류협력의 규범체계
   이효원 저 412쪽 20,000원
8. 형법상 법률의 착오론 ●
   안성조 저 440쪽 22,000원
9. 행정계약법의 이해 ●
   김대인 저 448쪽 22,000원
10. 이사의 손해배상책임의 제한 ●
   최문희 저 370쪽 18,000원
11. 조선시대의 형사법 –대명률과 국전– ●
   조지만 저 428쪽 21,000원
12. 특허침해로 인한 손해배상액의 산정 ●
   박성수 저 528쪽 26,000원
13. 채권자대위권 연구
   여하윤 저 288쪽 15,000원
14. 형성권 연구 ●
   김영희 저 312쪽 16,000원
15. 증권집단소송과 화해 ●
   박철희 저 352쪽 18,000원
16. The Concept of Authority
   박준석 저 256쪽 13,000원
17. 국내세법과 조세조약
   이재호 저 320쪽 16,000원
18. 건국과 헌법
   김수용 저 528쪽 27,000원
19. 중국의 계약책임법
   채성국 저 432쪽 22,000원
20. 중지미수의 이론 ●
   최준혁 저 424쪽 22,000원
21. WTO 보조금 협정상 위임·지시 보조금의 법적 의미 ●
   이재민 저 484쪽 29,000원
22. 중국의 사법제도 ▲
   정철 저 383쪽 23,000원
23. 부당해고의 구제
   정진경 저 672쪽 40,000원
24. 서양의 세습가산제
   이철우 저 302쪽 21,000원
25. 유언의 해석 ▲
   현소혜 저 332쪽 23,000원
26. 營造物의 개념과 이론 ●
   이상덕 저 504쪽 35,000원
27. 미술가의 저작인격권 ●
   구본진 저 436쪽 30,000원
28. 독점규제법 집행론
   조성국 저 376쪽 26,000원
29. 파트너쉽 과세제도의 이론과 논점
   김석환 저 334쪽 23,000원
30. 비국가행위자의 테러행위에 대한 무력대응
   도경옥 저 316쪽 22,000원
31. 慰藉料에 관한 硏究 –不法行爲를 중심으로– ●
   이창현 저 420쪽 29,000원
32. 젠더관점에 따른 제노사이드규범의 재구성
   홍소연 저 228쪽 16,000원
33. 親生子關係의 決定基準
   권재문 저 388쪽 27,000원
34. 기후변화와 WTO = 탄소배출권 국경조정 ▲
   김호철 저 400쪽 28,000원
35. 韓國 憲法과 共和主義 ●
   김동훈 저 382쪽 27,000원
36. 국가임무의 '機能私化'와 국가의 책임
   차민식 저 406쪽 29,000원
37. 유럽연합의 규범통제제도 – 유럽연합 정체성 평가와 남북한 통합에의 함의 –
   김용훈 저 338쪽 24,000원
38. 글로벌 경쟁시대 적극행정 실현을 위한 행정부 법해석권의 재조명
   이성엽 저 313쪽 23,000원
39. 기능성원리연구
   유영선 저 423쪽 33,000원
40. 주식에 대한 경제적 이익과 의결권
   김지평 저 378쪽 31,000원
41. 情報市場과 均衡
   김주영 저 376쪽 30,000원
42. 일사부재리 원칙의 국제적 전개
   김기준 저 352쪽 27,000원
43. 독점규제법상 부당한 공동행위에 대한 손해배상청구 ▲
   이선희 저 351쪽 27,000원

44. 기업결합의 경쟁제한성 판단기준
- 수평결합을 중심으로 -
이민호 저 483쪽 33,000원

45. 퍼블리시티권의 이론적 구성
- 인격권에 의한 보호를 중심으로 - ▲
권태상 저 401쪽 30,000원

46. 동산·채권담보권 연구 ▲
김현진 저 488쪽 33,000원

47. 포스트 교토체제하 배출권거래제의 국제적 연계 ▲
이창수 저 332쪽 24,000원

48. 독립행정기관에 관한 헌법학적 연구
김소연 저 270쪽 20,000원

49. 무죄판결과 법관의 사실인정 ▲
김상준 저 458쪽 33,000원

50. 신탁법상 수익자 보호의 법리
이연갑 저 260쪽 19,000원

51. 프랑스의 警察行政
이승민 저 394쪽 28,000원

52. 민법상 손해의 개념
- 불법행위를 중심으로 -
신동현 저 346쪽 26,000원

53. 부동산등기의 진정성 보장 연구
구연모 저 388쪽 28,000원

54. 독일 재량행위 이론의 이해
이은상 저 272쪽 21,000원

55. 장애인을 위한 성년후견제도
구상엽 저 296쪽 22,000원

56. 헌법과 선거관리기구
성승환 저 464쪽 34,000원

57. 폐기물 관리 법제에 관한 연구
황계영 저 394쪽 29,000원

58. 서식의 충돌
-계약의 성립과 내용 확정에 관하여-
김성민 저 394쪽 29,000원

59. 권리행사방해죄에 관한 연구
이진수 저 432쪽 33,000원

60. 디지털 증거수집에 있어서의 협력의무
이용 저 458쪽 33,000원

61. 기본권 제한 심사의 법익 형량
이민열 저 468쪽 35,000원

62. 프랑스 행정법상 분리가능행위 ●
강지은 저 316쪽 25,000원

63. 자본시장에서의 이익충돌에 관한 연구 ▲
김정연 저 456쪽 34,000원

64. 남북 통일, 경제통합과 법제도 통합
김완기 저 394쪽 29,000원

65. 조인트벤처
정재오 저 346쪽 27,000원

66. 고정사업장 과세의 이론과 쟁점
김해마중 저 371쪽 26,000원

67. 배심재판에 있어서 공판준비절차에 관한 연구
민수현 저 346쪽 26,000원

68. 법원의 특허침해 손해액 산정법
최지선 저 444쪽 37,000원

69. 발명의 진보성 판단에 관한 연구
이헌 저 433쪽 35,000원

70. 북한 경제와 법
- 체제전환의 비교법적 분석 -
장소영 저 372쪽 28,000원

71. 유럽민사법 공통참조기준안(DCFR) 부당이득편 연구
이상훈 저 308쪽 25,000원

72. 공정거래법상 일감몰아주기에 관한 연구
백승엽 저 392쪽 29,000원

73. 국제범죄의 지휘관책임
이윤제 저 414쪽 32,000원

74. 상계
김기환 저 484쪽 35,000원

75. 저작권법상 기술적 보호조치에 관한 연구
임광섭 저 380쪽 29,000원

76. 독일 공법상 국가임무론과 보장국가론 ●
박재윤 저 330쪽 25,000원

77. FRAND 확약의 효력과 표준특허권 행사의 한계
나지원 저 258쪽 20,000원

78. 퍼블리시티권의 한계에 관한 연구
임상혁 저 256쪽 27,000원

79. 방어적 민주주의
김종현 저 354쪽 25,000원

80. M&A와 주주 보호
정준혁 저 396쪽 29,000원

81. 실손의료보험 연구
박성민 저 406쪽 28,000원

82. 사업신탁의 법리
이영경 저 354쪽 25,000원

83. 기업 뇌물과 형사책임
오택림 저 384쪽 28,000원

84. 저작재산권의 입법형성에 관한 연구
신혜은 저 286쪽 20,000원

85. 애덤 스미스와 국가
이황희 저 344쪽 26,000원

86. 친자관계의 결정
양진섭 저 354쪽 27,000원

87. 사회통합을 위한 북한주민지원제도
정구진 저 384쪽 30,000원

88. 사회보험과 사회연대
장승혁 저 152쪽 13,000원

89. 계약해석의 방법에 관한 연구
- 계약해석의 규범적 성격을 중심으로 -
최준규 저 390쪽 28,000원

90. 사이버 명예훼손의 형사법적 연구
박정난 저 380쪽 27,000원

91. 도산절차와 미이행 쌍무계약
– 민법·채무자회생법의 해석론 및 입법론 –
김영주 저 418쪽 29,000원

92. 계속적 공급계약 연구
장보은 저 328쪽 24,000원

93. 소유권유보에 관한 연구
김은아 저 376쪽 28,000원

94. 피의자 신문의 이론과 실제
이형근 저 386쪽 29,000원

95. 국제자본시장법시론
이종혁 저 342쪽 25,000원

96. 국제적 분쟁과 소송금지명령
이창현 저 492쪽 34,000원

97. 문화예술과 국가의 관계 연구
강은경 저 390쪽 27,000원

98. 레옹 뒤기(Léon Duguit)의
공법 이론에 관한 연구
장윤영 저 280쪽 19,000원

99. 온라인서비스제공자의 법적 책임
신지혜 저 316쪽 24,000원

100. 과잉금지원칙의 이론과 실무
이재홍 저 312쪽 24,000원

101. 필리버스터의 역사와 이론
– 의회 의사진행방해제도의 헌법학적 연구 –
양태건 저 344쪽 26,000원

102. 매체환경 변화와 검열금지
임효준 저 321쪽 24,000원

103. 도시계획법과 지적
– 한국과 일본의 비교를 중심으로 –
배기철 저 267쪽 20,000원

104. 채무면제계약의 보험성
임수민 저 308쪽 24,000원

105. 법인 과세와 주주 과세의 통합
김의석 저 304쪽 22,000원

106. 중앙은행의 디지털화폐(CBDC)
발행에 관한 연구
서자영 저 332쪽 24,000원

107. 국제거래에 관한 분쟁해결절차의 경합
– 소송과 중재 –
이필복 저 384쪽 27,000원

108. 보건의료 빅데이터의 활용과 개인정보보호
김지희 저 352쪽 25,000원

● 학술원 우수학술 도서

▲ 문화체육관광부 우수학술 도서